## 文库编委会

**主　编**：李建平
**副主编**：廖福霖　苏振芳　何贻纶　李建建
**编　委**：(按姓氏笔画排列)
　　　　　王岗峰　刘义圣　何贻纶　李建平
　　　　　苏振芳　陈少晖　陈永森　陈桂蓉
　　　　　吴有根　张华荣　杨立英　林　卿
　　　　　林子华　林旭霞　林修果　郑又贤
　　　　　郑传芳　赵麟斌　郭铁民　黄晓辉
　　　　　俞歌春　蔡秀玲　廖福霖　潘玉腾

福建师范大学省重点学科建设项目

马克思主义理论与现实研究文库
主编 ⊙ 李建平

黄聪英 / 著

# 新时代中国实体经济高质量发展研究
——基于政治经济学视域

Research on High-Quality Development of China's Real Economy in the New Era
——Based on the Perspective of Political Economy

社会科学文献出版社
SOCIAL SCIENCES ACADEMIC PRESS (CHINA)

# 马克思主义理论与现实研究文库
## 总序

  神州大地风雷激荡，海峡西岸春潮澎湃。福建师范大学省重点高校建设项目"马克思主义理论与现实研究文库"与大家见面了。

  本文库以坚持、发展和弘扬马克思主义为宗旨。这既是神圣的使命，又是历史的责任。马克思主义问世已经一个半世纪了，尽管她遭遇到各种各样的围攻、谩骂、禁锢、歪曲……但仍顽强地成长、广泛地传播、蓬勃地发展；尽管也有成百上千种理论、学说来与之较量，企图取而代之，但都无法得逞。苏东剧变虽然使世界社会主义遭受严重挫折，但无损马克思主义真理的光辉。马克思主义者在认真总结东欧剧变、苏联解体的教训后，将使马克思主义理论变得更纯洁、更成熟，朝着更健康的方向发展。

  当20世纪即将结束的时候，英国广播公司在全球范围内举行过一次"千年风云人物"网上评选。结果，马克思被评为千年思想家，得票高居榜首。中国共产党人80多年来，坚持以马克思主义为指导，取得了革命和建设一个又一个的胜利，开创了中国特色社会主义道路，把一个贫困落后的中国，变成一个初步繁荣昌盛、欣欣向荣的中国。在进入21世纪后，中国共产党再次庄严宣告，马克思主义是我们立党立国的根本指导思想，是全党全国人民团结奋斗的共同思想基础，并且以极大的决心和气魄，在全国实施马克思主义理论研究和建设的宏大工程，在马克思主义发展史上留下光辉的篇章。

  马克思主义之所以具有如此强大的生命力和竞争力，在于她具有以下五个突出的品格。

  一是科学性。一种理论、观点能被称为科学，它必须满足两个条件：一是合理地解释历史的发展，特别是其中的一些难题、怪象；二是有效地预见未来，并为尔后的实践所证实。列宁在评价马克思一生中的两大发现之一唯物史观时这样写道："马克思的历史唯物主义是科学思想中的最大成果。过去在历史观和政治观方面占支配地位的那种混乱和随意性，被一种极其完整严密的科学理论所代替，这种科学理论说明，由于生产力的发展，如何从一种社会生活结构中发展出另一种更高级的结构，例如从农奴制度中生长出资本主义。"① 中国改革开放20多年的实践已向世人有力地证明中国所选择的中国特色社会主义道路及其指导思想马克思主义是完全正确的，而西方一些别有用心的人士所鼓吹的"中国崩溃论"等论调则是完全错误的。

马克思主义是科学，这就要求我们以科学的态度对待马克思主义。针对林彪、"四人帮"肆意割裂、歪曲毛泽东思想，邓小平提出要完整、准确地理解毛泽东思想，这是十分正确的。同样，我们对马克思主义的主要创始人马克思的学说也要完整、准确地理解。在这方面，由于种种原因，我们还做得不够理想。例如，对马克思主义哲学，我们主要通过恩格斯、列宁，甚至斯大林的著作来了解，而对马克思在《资本论》中所应用的十分丰富的辩证法思想，则研究得不多。《资本论》虽然主要是研究资本主义这一特殊的市场经济，但同任何特殊事物中都包含着一般一样，透过资本主义市场经济这一"特殊"，马克思也揭示了市场经济的"一般"，这个"一般"对社会主义市场经济也是同样适用的。因此，我认为要从现时代的观点重新解读《资本论》，发掘那些有益于建设社会主义市场经济的东西。学术界有人提出要"回到马克思""走近马克思""与马克思同行"，但最重要的是要完整、准确地理解马克思。恩格斯在《资本论》第二卷序言中写道："只要列举一下马克思为第二卷留下的亲笔材料，就可以证明，马克思在公布他的经济学方面的伟大发现以前，是以多么无比认真的态度，以多么严格的自我批评精神，力求使这些伟大发现达到最完善的程度。"② 因此，我们对待马克思的著作，对待马克思的一系列"伟大发现"，也要采取"无比认真的态度"和"严格的自我批评精神"。只有以科学的精神和科学的态度才能产生科学的结论。

二是人民性。列宁指出："马克思学说中的主要的一点，就是阐明了无产阶级作为社会主义社会创造者的世界历史作用。"③ 马克思主义从来没有

---

① 《列宁选集》第2卷，人民出版社，1995，第311页。
② 《马克思恩格斯全集》第24卷，人民出版社，1972，第4页。
③ 《列宁选集》第2卷，人民出版社，1995，第305页。

隐讳，她是为无产阶级服务的，是无产阶级认识世界和改造世界的思想武器。但是，无产阶级又是人民群众的一部分——当然是核心部分。无产阶级的利益和广大人民群众的利益是一致的，而且，无产阶级只有解放全人类，最后才能解放自己。可以说，马克思主义不仅是反映无产阶级利益的学说，同时也是反映最广大人民群众利益的学说。阶级性和人民性本质上是一致的，只不过在不同的时期强调的侧重点有所不同罢了。在革命战争年代，强调马克思主义的阶级性，是完全必要的，也是十分正确的；在社会主义建设时期，随着社会主要矛盾的转换，在坚持马克思主义阶级性的同时，应该强调她的人民性，强调马克思主义反映最广大人民群众的根本利益要求。"三个代表"重要思想以及科学发展观、"执政为民"、"以人为本"、构建和谐社会、社会主义荣辱观等，一经问世就备受关注，受到了人民群众的热烈拥护，就是因为它们具有鲜明的人民性。过去很长一段时间中，由于受"左"的思潮的影响，我们把人权看成资产阶级的观点，采取回避、批判的态度，结果在国际政治斗争中经常处于被动境地。这一情况在20世纪90年代发生了根本变化。1991年11月1日，中国正式公布了《中国的人权状况》，高度评价人权是一个"伟大的名词""崇高的目标"，是"长期以来人类追求的理想"。以此为开端，中国掀起了研究人权、关心人权、维护人权的热潮，人权理论成为马克思主义理论体系的一个重要组成部分。人权理论在我国所发生的变化，说明人民性的确应该成为马克思主义的一个重要特征。

　　三是实践性。"强调理论对于实践的依赖关系，理论的基础是实践，又转过来为实践服务。判定认识或理论之是否真理，不是依主观上觉得如何而定，而是依客观上社会实践的结果如何而定。真理的标准只能是社会的实践。"[①] 毛泽东同志在将近70年前讲的这段话，至今仍十分正确。马克思主义是放之四海而皆准的普遍真理，因为她揭示了人类社会发展的客观规律，为人类进步、社会发展，为全人类的最后解放指明了正确方向；但在实际运用马克思主义的理论时，又要同各国的具体实践相结合，不能生搬硬套，不能搞教条主义。实践在发展，马克思主义本身也要随着实践的发展而发展。马克思主义虽然诞生于19世纪，但她没有停留在19世纪。作为一个开放的理论体系，150多年来，她始终与时代同行，与实践同步。党的

---

① 《毛泽东选集》第1卷，人民出版社，1991，第284页。

十六大把"与时俱进"作为中国共产党新时期思想路线的重要内容，把始终做到实践基础上的理论创新当作我们必须长期坚持的治党治国之道，这正是对马克思主义实践性高度重视的深刻体现。

社会实践是检验科学与非科学、真理与谬误的试金石。当苏东剧变时，西方一些人兴高采烈，并且迫不及待地兜售所谓的"华盛顿共识"，把它当成解决各国社会经济危机、走向繁荣富强的"灵丹妙药"。但实践表明，推行"华盛顿共识"的国家非但没有摆脱危机，反而陷入了更深重的灾难，"华盛顿共识"不得不宣告失败。与之形成鲜明对照的是，中国坚持和发展马克思主义，走中国特色社会主义道路，取得了令世人瞩目的伟大成绩。中国的成功实践已在国际上逐步形成了"北京共识"，这既是中国20多年来改革开放实践的胜利，也是中国化马克思主义的胜利。

四是战斗性。马克思在《资本论》第一卷的序言中写道："在政治经济学领域内，自由的科学研究遇到的敌人，不只是它在一切其他领域内遇到的敌人。政治经济学所研究的材料的特殊性，把人们心中最激烈、最卑鄙、最恶劣的感情，把代表私人利益的复仇女神召唤到战场上来反对自由的科学研究。"[1] 由于马克思主义公然申明是为无产阶级和广大人民群众谋利益的，所以她从一问世，就受到了敌人的百般攻击，在其生命的旅途中每走一步都得经过战斗。马克思一生中的主要著作大多是和资产阶级思想家进行论战的记录，就连《资本论》的副标题也是"政治经济学批判"。"正因为这样，所以马克思是当代最遭嫉恨和最受诬蔑的人。"[2] 可是，当马克思逝世的时候，在整个欧洲和美洲，从西伯利亚矿井到加利福尼亚，千百万战友无不尊敬、爱戴和悼念他。恩格斯十分公正地说："他可能有过许多敌人，但未必有一个私敌。"[3]

在我国，马克思主义已经处于意识形态领域的指导地位，在马克思主义的指引下，全党全国人民正在为实现第三步战略目标、推进现代化建设而努力。但是，我们也要清醒地看到，在新的历史条件下，巩固马克思主义在意识形态领域的指导地位面临的形势是严峻的。从国际上看，西方敌对势力把中国作为意识形态的主要对手，对我国实施西化、分化的图谋不

---

[1] 《马克思恩格斯全集》第23卷，人民出版社，1972，第12页。
[2] 《马克思恩格斯选集》第3卷，人民出版社，1995，第777页。
[3] 《马克思恩格斯选集》第3卷，人民出版社，1995，第778页。

会改变。从国内看，随着社会主义市场经济的发展和对外开放的扩大，社会经济成分、组织形式、就业方式、利益关系和分配方式日益多样化，人们思想活动的独立性、选择性、多变性和差异性进一步增强。在这种情况下，出现非马克思主义甚至反马克思主义的思想倾向也就不可避免了。面对这种挑战，我们不能回避，不能沉默，不能妥协，更不能随声附和、同流合污。苏联、东欧的前车之鉴，我们记忆犹新。我们应该表明态度，应该奋起反击，进行有理有据、有说服力的批判，以捍卫马克思主义的科学尊严。例如，有人肆意贬低、歪曲、否定马克思的劳动价值论，企图动摇马克思主义政治经济学大厦的基石，难道我们能听之任之吗？有人千方百计地要把"华盛顿共识"推销到中国来，妄图使中国重蹈拉美、东欧和东南亚一些国家的覆辙，我们能袖手旁观吗？当然不能！这不仅是党性立场所致，也是科学良知使然！在这一点上，我们应该向德国工人运动的老战士、杰出的马克思主义理论家弗兰茨·梅林学习，他在一个世纪前写的批判各种反马克思主义思潮的论文（已收入《保卫马克思主义》一书中，1927年由苏联出版，中文版由人民出版社于1982年出版），今天读来仍然感到新鲜和亲切。

五是国际性。1848年，当马克思、恩格斯出版《共产党宣言》，发出"全世界无产者，联合起来"的号召时，就注定了马克思主义是一种超越地域、肤色、文化局限的国际性的思想理论体系。当今，方兴未艾的经济全球化浪潮正深刻地影响着世界各国的经济社会进程，尽管这种影响有其积极的一面，但也会给许多发展中国家造成消极的甚至是严重的后果。这已为许多事实所证明。如何在经济全球化进程中趋利避害，扬善去恶，除了以马克思主义做指导外，别无其他更好的主义。因此，马克思主义的国际化，现在比以往任何时候都显得重要和迫切。西方垄断资本出于维护其根本利益的考虑，竭力反对马克思主义的国际化，也就不足为奇了。

中国共产党人把马克思主义普遍真理与中国具体实践相结合，产生了中国化的马克思主义，指引中国的革命与建设不断取得新的胜利。随着中国改革开放不断深入、综合国力不断增强、人民生活不断改善、国际地位不断提高，世界各国对中国的兴趣日益浓厚。因此，"北京共识""中国模式"逐渐成为国际论坛的重要议题。看来，中国化的马克思主义正在走向世界，这不仅是马克思主义在中国85年发展的必然，也是当今世界经济社会形势发展的必然。作为中国的马克思主义者，应该感到自豪，因为对马克思主义的发展做出了自己的贡献；应该要有广阔的国际视野，不仅要关注世界的风云变幻，也要了解和研究国外马克思主义研究的动态。要积极推进国际的学术交流与合作，让中国化的马克思主义为世界各国朋友所了解，并与他们一道，共同推进马克思主义的发展。

以上所述马克思主义的五大品格，也是本文库所遵循的指导思想。福建师范大学历来重视马克思主义理论的教学与研究，20多年来在本科生、研究生中坚持开设《资本论》和其他马克思主义原著课程，出版、发表了许多用马克思主义立场、观点和方法分析问题、解决问题的论著。学校把马克思主义理论研究和学科建设紧密结合起来，迄今已获得理论经济学、历史学、中国语言文学等一级学科博士点、博士后科研流动站和马克思主义原理、马克思主义中国化、思想政治教育等二级学科博士点，培养了一大批有志于马克思主义理论教学和研究的学术骨干。2006年年初，学校整合相关院系师资，成立了马克思主义研究院。本文库是学校学习、研究、宣传马克思主义理论的重要阵地，也是开展对外学术交流的重要平台。

本文库初步安排10辑。大体是：马克思主义哲学研究；《资本论》与马克思主义经济理论研究；中国社会主义市场经济研究；马克思主义中国化研究；思想政治教育研究；马克思主义发展史研究；社会主义经济发展史研究；国外马克思主义研究；西方经济学与当代资本主义研究；建设海峡西岸经济区研究等。每辑包括若干种著作，计划用10年左右的时间，出版100种著作。本文库的出版得到福建省重点高校建设项目的特别资助和社会科学文献出版社的大力支持，在此表示衷心感谢！

胡锦涛同志十分重视实施马克思主义理论研究和建设工程，勉励参与这一工程的学者要进一步增强责任感和使命感，满腔热忱地投身这一工程，始终坚持解放思想、实事求是、与时俱进，大力弘扬理论联系实际的马克思主义学风，深入研究马克思主义基本原理，深入研究邓小平理论和"三个代表"重要思想，深入研究重大的理论和实际问题，为马克思主义在中国的发展，为全面建设小康社会、开创中国特色社会主义新局面作出新的更大的贡献。这段语重心长的话，也是本文库所追求的终极目标。

是为序。

李建平

2006年3月31日

# 目 录

前　言 ················································································· 1

绪　论 ················································································· 1
 一　研究背景 ···································································· 1
 二　研究意义 ···································································· 7
 三　研究动态及评析 ························································· 11
 四　研究方案 ··································································· 19

## 第一章　实体经济的理论渊源　21
 第一节　马克思主义相关理论 ············································ 21
 第二节　西方经济学相关理论 ············································ 53
 第三节　实体经济理论的一般评述 ······································ 61

## 第二章　实体经济相关概念　63
 第一节　实体经济的概念、特点与功能 ······························· 63
 第二节　实体经济与虚拟经济的关系 ·································· 71
 第三节　实体经济与第三产业的关系 ·································· 80

## 第三章　中国发展实体经济的现状　83
 第一节　中国发展实体经济的优势 ······································ 83
 第二节　中国发展实体经济的劣势 ······································ 97
 第三节　中国发展实体经济的机遇 ···································· 119
 第四节　中国发展实体经济的挑战 ···································· 130

## 第四章　发达国家发展实体经济的经验与教训　146
 第一节　发达国家发展实体经济的道路分析 ······················· 146

第二节 发达国家发展实体经济的经验借鉴……………………… 186
第三节 发达国家发展实体经济的教训对中国的启示…………… 189

**第五章 新时代中国实体经济高质量发展的路径选择**……………… 195
第一节 推动中国实体经济高质量发展的指导思想……………… 195
第二节 优化产业结构，提升产业实力…………………………… 199
第三节 激发企业活力，坚守实体经济…………………………… 210
第四节 加强宏观调控，服务实体经济…………………………… 219
第五节 深化体制改革，壮大实体经济…………………………… 226

**结　语**……………………………………………………………………… 253

**参考文献**…………………………………………………………………… 256

**后　记**……………………………………………………………………… 291

# 前　言

　　实体经济是人类社会赖以生存和发展的坚实基础，是社会物质财富的源泉，是国家繁荣昌盛的根基，也是社会和谐稳定的保障。2008年国际金融危机爆发以来，重振实体经济已成为国际社会、中国政府、学术界和实业界共同关注的核心议题。2011年底召开的中央经济工作会议提出，要"牢牢把握发展实体经济这一坚实基础"，"努力营造鼓励脚踏实地、勤劳创业、实业致富的社会氛围"。[①] 党的十八大报告明确指出，要"牢牢把握发展实体经济这一坚实基础，实行更加有利于实体经济发展的政策措施"[②]。党的十九大报告强调："建设现代化经济体系，必须把发展经济的着力点放在实体经济上，把提高供给体系质量作为主攻方向，显著增强我国经济质量优势。"[③] "十四五"规划和2035年远景目标纲要强调："加快发展现代产业体系，巩固壮大实体经济根基。"[④] 党的二十大报告进一步强调："坚持把发展经济的着力点放在实体经济上，推进新型工业化，加快建设制造强国、质量强国、航天强国、交通强国、网络强国、数字中国。"[⑤]

　　作为一个发展中大国，中国是靠实体经济发展起来的，也要靠实体经济走向未来。实体经济是国民经济稳健发展的坚实基础、增强综合国力的重要支点和抵御风险挑战的最大依凭。因此，立足新发展阶段、贯彻新发

---

[①] 《胡锦涛文选》第3卷，人民出版社，2016，第575页。
[②] 《胡锦涛文选》第3卷，人民出版社，2016，第630页。
[③] 《习近平著作选读》第2卷，人民出版社，2023，第25页。
[④] 《中华人民共和国国民经济和社会发展第十四个五年规划和2035年远景目标纲要》，人民出版社，2021，第23页。
[⑤] 《习近平著作选读》第1卷，人民出版社，2023，第25页。

展理念、构建新发展格局，巩固中国实体经济根基是值得研究的重大议题，具有深刻的理论意义和现实意义。

本书坚持以马克思主义政治经济学基本理论为指导，从理论体系、评价体系和对策体系三部分对中国推动实体经济高质量发展做了积极探索。

理论体系是在广泛收集、研究实体经济相关文献的基础上，根据研究目的和研究意义，构建分析实体经济的理论框架。本书在充分借鉴国内外实体经济相关研究成果的基础上，综合运用经济学、管理学等多学科理论，搭建实体经济的理论体系。一方面，梳理实体经济的理论基础。马克思主义政治经济学关于发展实体经济的相关论述，为研究实体经济提供了重要的理论依据；西方经济学的产业结构理论、内生技术变化理论、金融发展与经济增长理论和政府干预与经济增长理论也为发展实体经济提供了一定的理论借鉴。另一方面，探讨实体经济的范畴界定。本书分析了实体经济的科学内涵、主要特点和功能，研究了实体经济与虚拟经济、第三产业的关系，作为理论分析框架和评价实践的基础。

在理论分析的基础上，运用定性分析和定量分析相结合的方法、态势分析法、比较分析法等，分析中国发展实体经济的优势和劣势、机遇和挑战，总结发达国家发展实体经济的经验和教训。评价体系客观反映当前及未来一段时间中国实体经济的发展态势，借鉴和吸取发达国家发展实体经济的经验和教训，为中国推动实体经济高质量发展提供参考依据。

本书根据理论推演和综合评价结果提出推动中国实体经济高质量发展的对策建议，把抽象的理论分析和具体的综合评价结合起来，通过深入研究中国实体经济的发展水平，有针对性地提出推动中国实体经济高质量发展的路径选择，为厚植中国式现代化的实体经济根基提供决策依据。

# 绪 论

## 一　研究背景

### （一）金融危机暴露虚拟经济弊端

2007年8月，美国次贷危机导致美国陷入20世纪30年代以来最大的一次金融危机，继而危机迅速演变为一场不断深化并波及全球的国际金融风暴。这场金融风暴横扫西方世界，导致欧美各国经济低迷，有的国家甚至濒临破产。此次国际金融危机发生的一个重要原因在于欧美国家长期忽视发展实体经济，过度的金融创新与相应的监管失控，导致虚拟经济过度膨胀甚至严重脱离了实体经济。20世纪70年代以来，欧美发达资本主义国家制造业的实际利润率持续低迷，实体经济逐渐陷入困境。在金融自由化和国际化的双重作用下，大量产业资本进入金融、证券等虚拟经济领域，导致金融资产急剧膨胀，虚拟经济发展迅猛。国际货币基金组织的统计数据显示，1980年全球金融资产价值仅12万亿美元，与当年全球生产总值规模基本相当；1993年达到53万亿美元，为当年全球生产总值的2倍；2003年增长到124万亿美元，超过全球生产总值的3倍；2007年全球金融体系内的商业银行资产余额、未偿债券余额和股票市值合计达到230万亿美元，为当年全球生产总值的4.21倍。[①] 据统计，2007年全球实物经济额10万多亿美元，生产总值约54万亿美元，全球衍生金融产品市值为681万亿美元，与全球生产总值的比值为13∶1；该年美国生产总值约14万亿美元，其金融衍生品与生产总值的比值为29∶1，而其金融衍生品与实

---

① 朱民等：《改变未来的金融危机》，中国金融出版社，2009，第190页。

物经济的比值竟高达 68∶1。① 据 20 世纪 90 年代英国经济学家阿莱的研究，在世界市场总的价值构成中，虚拟经济占了大多数，但从当时情况来看，实体经济连 0.1% 的规模也达不到，② 这种经济发展状况被西方学者形象地描述为"倒金字塔形"。③

适度的虚拟经济有利于促进实体经济健康发展，而虚拟经济过度扩张就可能引发泡沫经济，导致全球金融危机频发。由于主要发达经济体虚拟经济过度膨胀且与实体经济严重脱节，产业"空心化"日甚导致实体经济缺乏新的增长点，而虚拟经济领域累积的风险却日益膨胀，一旦金融风暴袭来，这些国家的金融机构和金融体系就可能遭受沉重打击，实体经济也将随之陷入空前严重的危机。例如，美国政府在 2008 年 11 月公布的 4 份报告显示，美国失业人数处于经济衰退期的水平，消费者支出降幅达到 2001 年"9·11"恐怖袭击事件后的最高水平，工厂订单量骤减，新房销售量也降至近 18 年来的最低点。④ 美国次贷危机余波未息，欧债危机又烽火四起。由于长期以来房地产业的盲目膨胀，欧债危机全面爆发后，实体经济空心化最为严重的西班牙、法国、英国和比利时等欧盟国家的抗衰退能力明显不足。从某种程度上来说，欧债危机也是虚拟经济与实体经济失衡的危机。据测算，2001~2016 年，主要资本主义国家虚拟经济日益脱离实体经济独立运行、自我循环规模持续扩张，虚拟经济对实体经济的关联性趋于下降，虚拟经济自我循环创造国内生产总值的能力增强，而国内生产总值反映实际生产活动的功能减弱。⑤

总之，2008 年国际金融危机的爆发深刻暴露了全球虚拟经济与实体经济的对立，凸显了全球虚拟经济过度膨胀的严重弊端。当前，全球虚拟经济脱离实体经济的趋势仍未完全逆转，作为一个尚未完成产业结构转型的实体经济大国，中国必须吸取这些教训，厘清实体经济与虚拟经济的关系，巩固壮大实体经济根基，持之以恒防范化解重大金融风险，护航中国实体

---

① 李慎明：《当前资本主义经济危机的成因、前景及应对建议》，《国外社会科学》2009 年第 4 期。
② 陈文玲、梅冠群：《2017—2018 年世界经济的趋势、矛盾与变量》，《南京社会科学》2017 年第 12 期。
③ 孟令国、邓学寰：《虚拟经济对实体经济的影响及建议》，《广东社会科学》2000 年第 6 期。
④ 时寒冰：《中国怎么办——当次贷危机改变世界》，机械工业出版社，2009，第 IX 页。
⑤ 刘晓欣、田恒：《虚拟经济与实体经济的关联性——主要资本主义国家比较研究》，《中国社会科学》2021 年第 10 期。

经济高质量发展。

## （二）"脱实向虚"是中国经济的主要风险之一

实体经济是国民经济的根基，重视发展实体经济是中国的优良传统。新中国成立初期，坚持大力发展实体经济，一大批重大工业项目相继落成，为发展国民经济奠定了坚实的实业基础。改革开放特别是2001年加入世界贸易组织（WTO）后，中国建立了更加完备的工业体系，以制造业为代表的实体经济迅猛发展，华为、格力、海尔、福耀玻璃、宁德时代等一大批具有全球竞争力的知名企业迅速崛起；充满活力的中小企业遍地开花，为中国和世界提供丰富多样、物美价廉的产品，中国经济进入黄金发展期。党的十八大以来，中国加快推动实体经济转型升级，成为全球唯一拥有联合国产业分类目录中所有工业门类的国家（美国只拥有全部门类的95%左右），包括41个大类、207个中类和666个小类，220多种工业品产量位居世界第一，① 既能生产航空航天、工程机械等重工业装备，也能生产纺织品、食品、家具等轻工业产品，拥有全球最大规模的完整的现代工业体系，成为名副其实的实体经济大国。

但是，2008年国际金融危机以后，"脱实向虚"逐渐成为中国经济面临的主要风险之一。中国经济面临的"虚实背离"问题，主要表现在"结构性产能过剩比较严重""实体经济边际利润率和平均利润率下滑""大量资金流向虚拟经济，使资产泡沫膨胀，金融风险逐步显现，社会再生产中的生产、流通、分配、消费整体循环不畅"等方面，其"根源是重大结构性失衡"，包括"实体经济结构性供需失衡""金融和实体经济失衡""房地产和实体经济失衡"。② 例如，不少大型实体经济企业把投资重点转向房地产业、银行理财与信托投资，不少货币资金没有进入实体经济领域，而是停留在货币系统进行自我循环。2011年的监测数据显示，温州1100亿元民间借贷资金中，用于一般生产经营的仅占35%。③ 党的十八大以来，经过党和国家的不懈努力，中国经济"脱实向虚"状况有所改变，但有些地区、部门对实体经济重视程度不够，近年来制造业的比重下滑过快过早。据统

---

① 韩鑫：《70年 经济社会跨越式发展——货物贸易总额第一、外汇储备余额第一、高铁里程第一、银行业规模第一》，《人民日报》2019年9月25日，第2版。
② 《习近平关于社会主义经济建设论述摘编》，中央文献出版社，2017，第90、113~114页。
③ 汝信、陆学艺、李培林主编《2012年中国社会形势分析与预测》，社会科学文献出版社，2012，第245页。

计，中国制造业增加值占国内生产总值的比重由2016年的28.1%下降至2020年的26.3%，到2023年为26.2%，2013~2022年制造业城镇单位就业人员占全部城镇单位就业人员的比重也下降了约7个百分点，[①]存在实体经济被空心化、边缘化的问题，特别是出现资源、资金、人力不向实体经济流动等现象。

实体经济与虚拟经济之间投资回报率的巨大反差是中国经济"脱实向虚"的主要原因。一段时间以来，中国实体经济与虚拟经济之间的投资回报率反差巨大，诱使资金"脱实向虚"，严重影响实体经济盈利能力。据统计，2006年以来中国微观企业出现了明显的金融化特征，泛金融行业的利润占比从2004年约15%快速提高到2018年的60%左右，金融渠道的利润积累日益成为非金融企业获取盈利的重要模式，[②]比较利益诱导大量实体经济企业把从实业平台取得的资本投向虚拟经济领域。统计数据显示，中国虚拟经济总量从1978年的156.2亿元增加至2000年的8983.1亿元，进而迅猛增加至2021年的168766.4亿元；其占国内生产总值的比重从1978年的4.25%增加至2000年的8.96%，进而快速攀升至2021年的14.89%。这表明中国资本"脱实向虚"、制造业综合成本居高不下、产能过剩风险、产业外迁等是导致制造业比重过早过快下降的偶然性因素。[③]2020年暴发的新冠疫情肆虐全球，实体经济面临更多不确定性，更难实现盈利，导致全球经济停滞甚至严重衰退。为应对经济下滑，世界各国快速采取前所未有的大规模经济刺激措施，发挥了稳定全球经济的重要作用，但也带来全球流动性泛滥问题，加剧中国经济"脱实向虚"风险。

虚拟经济背离实体经济日甚，势必造成实体经济空心化。例如，2011年浙江省温州地区民营企业的债务危机从表面上看是资金链断裂，实质是实体经济空心化。2008年国际金融危机爆发后，中国实体经济特别是广大中小实体经济企业遭遇融资难融资贵、用工成本上升、原材料价格上涨、税收负担比较重、利润却"薄如刀片"等发展瓶颈，企业的生产经营压力越来越大。党的十八大以来，中国出台了一系列降低实体经济企业成本的

---

[①]《党的二十届三中全会〈决定〉学习辅导百问》，学习出版社、党建读物出版社，2024，第41页。

[②] 参见张成思《金融化的逻辑与反思》，《经济研究》2019年第11期；张成思、张步昙《中国实业投资率下降之谜：经济金融化视角》，《经济研究》2016年第12期。

[③] 赵姗：《明确战略导向 稳住中国制造》，《中国经济时报》2021年5月13日，第A01版。

政策措施，优化了实体经济成本结构，但实体经济企业的房屋租金、燃料动力、交通运输、商务活动费用等成本所占比重仍持续上升，从2010年占现金收入比例的5.95%上升到2019年的7.55%。[①] 与此同时，2008年以来发达国家"再工业化"发展战略咄咄逼人，新兴经济体国家在后"紧追不舍"，中国推动实体经济高质量发展面临"前有狼后有虎"的前所未有的挑战。

总之，虚拟经济的本质是为实体经济服务，但是过度膨胀的虚拟经济潜藏着摧垮实体经济的巨大风险。国民经济平稳发展的根基在于高质量发展的实体经济。因此，中国"脱虚向实"的责任重于泰山，必须不遗余力地做强实体经济，做实虚拟经济，在巩固壮大实体经济的基础上推动经济高质量发展，为全面建成社会主义现代化强国提供坚实的经济基础。

（三）推动实体经济高质量发展是党和国家的重要决策

实体经济是大国经济的命脉所在。中国是世界上最大的发展中国家，一旦实体经济受到削弱，经济过度虚拟化，不仅会阻碍实体经济企业生存和发展、制约经济高质量发展，而且无法为全面建成社会主义现代化强国和实现共同富裕的战略目标提供坚实的物质基础。党的十八大以前，中国经济"脱实向虚"问题已经引起民间的广泛关注，也引起党和国家的警惕和高度重视。2011年，党和国家领导人以及经济工作者强调频率较高的一个词语是"实体经济"。2011年10月，温家宝在天津考察时指出："一个国家要想能应对危机，必须有发达的实体经济。我们要把更大的力量放在发展实体经济，特别是扶持战略性新兴产业上来。"[②] 2011年11月，胡锦涛在法国戛纳举行的二十国集团领导人第六次峰会上的讲话中指出："把财政和货币政策落到实处，确保资金流向实体经济部门，扩大生产，增加就业。"[③] 2011年底召开的中央经济工作会议强调："牢牢把握发展实体经济这一坚实基础。……要高度重视实体经济发展，人才和资金等要更多投向实体经济，政策措施要更加有助于发展实体经济，收入分配要更多向劳动倾斜，努力营造鼓励脚踏实地、勤劳创业、实业致富的社会氛围。"[④] 2011年12月，温

---

① 张金昌、潘艺、黄静：《实体经济"降成本"效果评价》，《财政科学》2020年第10期。
② 转引自齐东向、马志刚《实体经济是企业发展之根》，《经济日报》2011年12月26日，第13版。
③ 《十七大以来重要文献选编》（下），中央文献出版社，2013，第594页。
④ 《胡锦涛文选》第3卷，人民出版社，2016，第575页。

家宝在江苏调研时指出,银行要制定更加具体的措施,大力支持实体经济发展。① 在短短几个月的时间里,中国国家领导人反复强调要高度重视和大力支持实体经济发展,积极部署相关振兴实体经济的政策措施,可见中央高层已就振兴实体经济达成共识。温家宝在2012年全国金融工作会议上强调,坚决抑制社会资本"脱实向虚"、以钱炒钱,防止虚拟经济过度自我循环和膨胀。② 在2012年两会上,实体经济成为代表委员热议的重点话题之一。张德江指出:"任何忽视实体经济发展的思想都是错误的,任何不利于实体经济发展的政策都应该调整。"③ 发展实体经济成为2012年政府工作报告的最大亮点,回归实体经济的呼声也越来越高。

党的十八大以来,以习近平同志为核心的党中央强调实体经济发展至关重要,任何时候都不能"脱实向虚",并把振兴实体经济摆到了更加突出的位置,作出了振兴实体经济的一系列重大决策部署,有力推动了实体经济高质量发展。党的十八大报告强调:"牢牢把握发展实体经济这一坚实基础,实行更加有利于实体经济发展的政策措施,强化需求导向,推动战略性新兴产业、先进制造业健康发展,加快传统产业转型升级,推动服务业特别是现代服务业发展壮大,……支持小微企业特别是科技型小微企业发展。"④ 2013年8月,习近平总书记在辽宁考察时指出,实体经济是国家的本钱,要发展制造业尤其是先进制造业,加强技术创新,加快信息化、工业化融合。⑤ 2017年3月,李克强在第十二届全国人民代表大会第五次会议上的政府工作报告中明确提出:"以创新引领实体经济转型升级。实体经济从来都是我国发展的根基,当务之急是加快转型升级。要深入实施创新驱动发展战略,推动实体经济优化结构,不断提高质量、效益和竞争力。"⑥ 2017年10月,习近平总书记在党的十九大报告中进一步强调:"建设现代化经济体系,必须把发展经济的着力点放在实体经济上,把提高供给体系

---

① 《温家宝总理考察江苏企业 鼓励银行支持实体经济》,央视网,https://jingji.cntv.cn/20111222/106288_1.shtml。
② 《十七大以来重要文献选编》(下),中央文献出版社,2013,第769页。
③ 转引自李锦、谭云明编著《中国实体经济99评》,清华大学出版社,2012,第38页。
④ 《胡锦涛文选》第3卷,人民出版社,2016,第630页。
⑤ 《习近平:技术和粮食一样要端自己的饭碗》,新华网,http://www.xinhuanet.com/politics/2013-08/30/c_117161230.htm。
⑥ 《十八大以来重要文献选编》(下),中央文献出版社,2018,第636页。

质量作为主攻方向，显著增强我国经济质量优势。"[①] 2022年10月，习近平总书记在党的二十大报告中指出："坚持把发展经济的着力点放在实体经济上，推进新型工业化，加快建设制造强国、质量强国、航天强国、交通强国、网络强国、数字中国。"[②] 党的二十届三中全会强调，要"健全促进实体经济和数字经济深度融合制度""健全提升产业链供应链韧性和安全水平制度""完善推动高质量发展激励约束机制，塑造发展新动能新优势"。[③] 此外，党的十八大以来，政府工作报告和中央经济工作会议多次强调要贯彻落实创新驱动发展战略、增强金融运行效率和服务实体经济能力，通过深化供给侧结构性改革和加强需求侧管理，加快构建新发展格局，推动中国制造向中国创造转变，中国速度向中国质量转变，制造大国向制造强国转变。

总之，以习近平同志为核心的党中央深刻认识到实体经济在国民经济发展中的基础性地位，始终坚持党对实体经济发展工作的集中统一领导，把做实做强做优实体经济作为主攻方向，明确制造业是实体经济的主体，强调推动实体经济和虚拟经济协调发展，制定实施了一系列降成本、强创新、造环境的支持实体经济发展的政策措施，坚定不移建设实体经济强国、质量强国，加快提升产业基础高级化和产业链现代化水平，充分彰显了中国推动实体经济高质量发展、夯实实体经济根基的决心和魄力，为全面建设社会主义现代化国家、全面推进中华民族伟大复兴奠定坚实的物质基础。

## 二　研究意义

实体经济是一个国家或地区经济平稳发展的根基。当2008年国际金融危机横扫全球和2020年暴发的新冠疫情肆虐全球时，那些长期忽视发展实体经济的国家，其经济纷纷跌入谷底，有的国家甚至濒临破产。金融危机和疫情让世界各国重新深刻认识到实体经济的极端重要性，不少国家制定了"再工业化"发展战略，加快推进实体经济回归和复苏。中国是实体经济大国，经济总量位居世界第二，拥有发展实体经济的诸多优势和机遇，但也存在不少劣势和挑战。因此，当前研究实体经济问题具有重要的理论意义和现实意义。

---

[①] 《习近平著作选读》第2卷，人民出版社，2023，第25页。
[②] 《习近平著作选读》第1卷，人民出版社，2023，第25页。
[③] 《中共中央关于进一步全面深化改革　推进中国式现代化的决定》，人民出版社，2024，第10~13页。

(一) 理论意义

1. 有利于回归马克思主义政治经济学

2008年,国际金融风暴袭来,环球股市狂泻,金融资产缩水,虚拟经济的崩溃进而导致脆弱的实体经济动荡不安。马克思,这位曾被西方遗忘的历史人物,随着这场国际金融危机重返人们的视野。马克思主义政治经济学的经典著作,尤其是马克思的《资本论》骤然畅销全球,马克思主义政治经济学在西方重新获得青睐。这是因为世人希望通过重新阅读马克思主义政治经济学著作,换个视角思考国际金融危机的根源,审视世界经济和本国经济的发展状况,寻找克服这场危机的现实途径和办法。回顾2008年国际金融危机的轨迹,我们可以看到规模庞大的虚拟经济对日益萎缩的实体经济的重重盘剥,也不难发现脆弱的实体经济与国际金融危机的内在联系。只有从马克思主义政治经济学的视角出发,才能看清这场经济危机的本质特征、揭示其发生的根本原因。正是这场国际金融危机使世界各国清醒过来,深刻意识到实体经济是国民经济的基础和重要支撑。马克思和恩格斯在《德意志意识形态》中指出:"我们首先应当确定一切人类生存的第一个前提,也就是一切历史的第一个前提,这个前提是:人们为了能够'创造历史',必须能够生活。但是为了生活,首先就需要吃喝住穿以及其他一些东西。因此第一个历史活动就是生产满足这些需要的资料,即生产物质生活本身,而且,这是人们从几千年前直到今天单是为了维持生活就必须每日每时从事的历史活动,是一切历史的基本条件。"[①] 同时,《资本论》是马克思主义政治经济学的经典著作之一,通篇研究的是实体经济,研究对象是生产和流通,篇章结构和主要理论也都紧紧围绕发展实体经济这一主题。在马克思和恩格斯看来,物质资料的生产不仅是人类最基本的经济实践活动,而且是人类社会存在和发展的坚实基础。世界经济风云变幻,2008年国际金融危机再次证明马克思主义政治经济学具有无可比拟的学术生命力,是不断得到实践检验的科学真理。因此,运用马克思主义的立场、观点和方法,分析解决中国实体经济发展的理论和现实问题,可谓意义重大。

2. 有利于抵制和批判新自由主义

新自由主义是在亚当·斯密古典自由主义思想的基础上逐步形成和发展起来的理论体系,"有效而完美的市场、明晰的私人产权和拒绝任何形式

---

① 《马克思恩格斯文集》第1卷,人民出版社,2009,第531页。

的国家干预,这种'三位一体公式'构成了新自由主义者心目中理想的市场经济"①。新自由主义的某些主张具有一定的合理性,但其核心政策主张是建立在历史唯心主义的基础上的,具有很强的虚伪性和欺骗性。沃勒斯坦揭露了"华盛顿共识"关于"重启各国经济增长和摆脱全球利润停滞"这一许诺的伪善性:"工业企业的利润停滞在世界范围内继续存在。各地股票市场的急剧走高不是建立在生产性利润上,而主要建立在投机性金融操纵上。"② 在过去几十年里,以市场原教旨主义为核心的新自由主义经济理论,为国际金融垄断资本向全球扩张提供了充足的理论依据。作为西方发达国家官方意识形态的新自由主义思潮泛滥,导致一些发展中国家的现代化进程中断或延缓,给拉美地区、原苏联地区和东南亚地区诸多国家和人民带来了深重的灾难。同时,发达资本主义国家经济加速金融化,虚拟经济日益膨胀,实体经济不断萎缩,最终引发了2008年国际金融危机。这次国际金融危机给世界劳动人民带来了深重苦难,也引发了西方国家的经济危机、政治动荡和思想震动。新自由主义的历史局限性在国际金融危机面前暴露无遗,曾经备受推崇的新自由主义在西方受到了严重的质疑和严厉的批判。当代著名经济学家、诺贝尔经济学奖获得者约瑟夫·斯蒂格利茨认为:"游戏规则已经在全球范围内发生了改变,华盛顿共识政策及其背后的市场原教旨主义的基本意识形态已经没有生命力了。"③ 而金融危机本质上是美国新自由主义市场经济治理思想和运行模式的严重危机。④ 当前,中国仍处于全面深化改革的关键时期,加快转变经济发展方式、实现经济社会高质量发展,必须旗帜鲜明地抵制和排除新自由主义思潮的干扰。因此,研究实体经济,主张做强实体经济、做优虚拟经济,有利于抵制和批判新自由主义思潮,营造"勤劳做实业能富、创新做实业大富"的社会氛围。

3. 为今后的经济发展指明方向

当今世界,百年未有之大变局加速演进,世界经济发展正处在十字路口,积累的深层次矛盾和问题越来越多,主要是虚拟经济与实体经济、市

---

① 李建平:《新自由主义市场拜物教批判——马克思〈资本论〉的当代启示》,《当代经济研究》2012年第9期。
② 转引自《党委中心组学习参考2010》,中共党史出版社,2010,第219页。
③ 〔美〕斯蒂格利茨:《自由市场的坠落》,李俊青等译,机械工业出版社,2011,第262页。
④ 王伟光:《运用马克思主义立场、观点和方法,科学认识美国金融危机的本质和原因——重读〈资本论〉和〈帝国主义论〉》,《马克思主义研究》2009年第2期。

场机制与政府干预等关系越来越不协调，其中市场机制与政府干预往往顾此失彼，难以相辅相成。从市场机制和政府干预的关系来看，2008年国际金融危机爆发以来，世界主要经济体的政府为缓解危机大规模介入经济调控。以史为鉴，世界各国亟待探索出一套市场与政府相协调、市场机制与政府干预相辅相成的经济理论和政策，以充分发挥市场和政府的协同作用，重振世界实体经济。从虚拟经济与实体经济的关系来看，世界范围内经济危机频发，根源之一就在于虚拟经济泛滥，加之实体经济本身比较脆弱，一旦危机袭来，世界各国实体经济都会受到巨大冲击。2008年国际金融危机爆发以来，人们不仅进一步认清了新自由主义的实质和危害，也深刻意识到一国经济"脱实向虚"的严重危害。实践证明，大力发展实体经济是实现世界经济稳定发展的根基。2012年全球经济震荡加剧，引发全球实体经济回归大潮。早在2011年底的中央经济工作会议和党的十八大上，我国就强调了"牢牢把握发展实体经济这一坚实基础"的重要性，同时出台了振兴实体经济的一系列政策措施。从2008年国际金融危机到当今世界百年未有之大变局加速演进，世界经济仍处于深度调整时期，如何加快推动经济结构转型升级，着力提高实体经济发展质量和效益，在未来世界经济发展中占据制高点，是当前世界各国共同面临的重大课题。因此，深入开展实体经济相关问题研究，可以为重塑中国实体经济提供相关对策建议，助力中国实体经济高质量发展。

（二）现实意义

1. 紧扣全球回归实体经济的时代潮流

2008年，始于美国的金融海啸横扫全球，欧债危机接踵而至，欧美发达国家经济纷纷陷入困境。经历国际金融危机和欧债危机的洗礼后，世界各国和地区普遍深刻认识到经济发展"脱实向虚"造成经济结构失衡的严重危害，因此相继在经济复苏的战略规划中强调回归实体经济。美国大力实施"再工业化"发展战略，欧洲、韩国和日本等国家和地区重新制定了产业调整的战略规划，大力扶持实体经济，旨在加快抢占21世纪先进制造业制高点。因此，在世界经济发展重心回归实体经济领域、全球产业结构加快调整的背景下，总结发达国家发展实体经济的成功经验和主要教训，可以为中国推动实体经济高质量发展提供深刻的启迪和有益的帮助。

2. 顺应中国振兴实体经济的现实要求

重视发展实体经济是中国的优良传统。新中国成立特别是改革开放以来，中国在实体经济的总量规模、产业结构和效益水平方面都取得了举世瞩目的发展成就。凭借政府政策的大力支持、研发经费的持续增长以及相对低廉的生产成本，中国实体经济的核心部分——制造业已经多年居全球制造业首位。但是，近年来中国发展实体经济遭遇产能过剩、成本高企、需求疲软、利润受挤压等多重因素影响，"脱实向虚"现象不容忽视。这种现象引起了党和国家的高度重视，大力发展实体经济成为党和国家的重要决策。实体经济是国民经济的根基。研究实体经济顺应历史和时代的发展要求，是探索推动中国实体经济高质量发展、加快建设现代化产业体系实践路径的内在要求。

3. 为相关部门决策提供政策依据

中国实体经济的回归与转型升级是一项系统工程，既要使市场在资源配置中起决定性作用，又要更好发挥政府作用。本书梳理了实体经济的理论渊源，界定了实体经济的相关概念，分析了中国发展实体经济的优势、劣势、机遇和挑战，总结了发达国家发展实体经济的经验和教训，提出了推动中国实体经济高质量发展的相关对策建议，以期为相关部门推动实体经济高质量发展提供决策依据。

### 三 研究动态及评析

#### （一）国内实体经济研究动态

2008年国际金融危机爆发，全球实体经济遭受巨大冲击。2008年以前国内研究实体经济的学者并不多。2011年底召开的中央经济工作会议提出，要"牢牢把握发展实体经济这一坚实基础"，"努力营造鼓励脚踏实地、勤劳创业、实业致富的社会氛围"。[①] 这次会议的召开激发了国内学者研究实体经济的极大热情。2012年以来，与实体经济相关的研究论文显著增加，研究内容涉及面广。就当前可查阅的资料来看，学术界的研究主要聚焦实体经济的内涵、为什么要发展实体经济、实体经济与虚拟经济的关系、如何发展实体经济等方面。

1. 关于实体经济内涵的研究

关于实体经济内涵及外延的研究，无论是在理论层面还是在政策层面均未形成共识，已有研究更多地认为实体经济是相对于虚拟经济而言的。成思危认为，实体经济即资本以市场为依托所进行的物质生产、流通、交

---

① 《胡锦涛文选》第3卷，人民出版社，2016，第575页。

换等经济活动。① 王国刚认为,实体经济是指物质资料生产、销售以及直接为此提供劳务所形成的经济活动及其关系的总和;它主要包括农业、工业、交通运输业、商业、建筑业、邮电业等产业部门。② 周小川提出,实体经济不仅包括物质产品的生产,也包括服务业,不能认为实体经济只是物质经济。③ 中央党校中国特色社会主义理论体系研究中心认为,实体经济主要是指经济运行以有形的物质为载体、进入市场的要素以实物形态为主体的经济活动,主要包括农业、制造业、传统服务业等领域。④ 冯飞指出:"'实体经济'的提法确实比较少见。实体经济是相对于虚拟经济而言的,主要是指产业部门,就是能够创造物质产品的部门,其中既包括制造业、农业、服务业,也包括一些新的业态,如流通业当中的无形市场等。"⑤ 杨晓龙指出,实体经济是与虚拟经济相对应的经济学概念,即不是以资本化的定价方式形成的价值系统就是实体经济,反之则是虚拟经济。⑥ 张平认为,实体经济主要是指农业、制造业及服务业,涵盖第一、二、三产业,其中,服务业特别是现代服务业也是实体经济的重要组成部分。⑦ 金碚认为,广义的实体经济包括第一产业、第二产业和第三产业中的直接服务业和工业化服务业,其中,金融服务业因具有自我扩张和衍生膨胀的特点不能纳入实体经济。⑧ 罗能生、罗富政指出,最广义的实体经济是指除金融业和房地产业以外的所有产业。⑨ 何玉长、张沁悦认为,实体经济是以实际资本运行为基础的社会物质产品、精神产品和劳务活动的生产、交换、分配和消费活动。⑩ 黄群慧

---

① 成思危:《虚拟经济论丛》,民主与建设出版社,2003,第8页。
② 王国刚:《关于虚拟经济的几个问题》,《东南学术》2004年第1期。
③ 《周小川:精确实体经济概念 更好支持实体经济发展》,中央政府门户网站,https://www.gov.cn/jrzg/2011-12/15/content_2021576.htm。
④ 中央党校中国特色社会主义理论体系研究中心:《牢牢把握实体经济这一坚实基础——深入学习贯彻中央经济工作会议精神》,《经济日报》2011年12月25日,第6版。
⑤ 冯飞:《形成新的比较优势必须发展实体经济》,《党政干部参考》2012年第2期。
⑥ 杨晓龙:《我国实体经济实现转型发展的路径选择》,《学术交流》2012年第5期。
⑦ 张平:《牢牢把握发展实体经济这一坚实基础(学习贯彻中央经济工作会议精神)》,《人民日报》2012年1月30日,第7版。
⑧ 金碚:《牢牢把握发展实体经济这一坚实基础》,《求是》2012年第7期。
⑨ 罗能生、罗富政:《改革开放以来我国实体经济演变趋势及其影响因素研究》,《中国软科学》2012年第11期。
⑩ 何玉长、张沁悦:《实体与虚拟:二元经济之中美比较》,《深圳大学学报》(人文社会科学版)2014年第3期。

认为，制造业是实体经济的核心部分。① 刘晓欣、张艺鹏在三部门经济划分中直接将金融、房地产部门划分为虚拟经济部门，而两个实体经济部门中均未包括与金融、房产相关的内容。②

2. 关于为什么要发展实体经济的研究

实体经济是国民经济之本。中央党校中国特色社会主义理论体系研究中心认为，发达稳健的实体经济是国民经济的基础，具有提供就业岗位、改善人民生活、实现经济持续发展和社会稳定等重要作用。③ 金碚、李锦、贺璐婷、王克群认为，中国仍处于社会主义初级阶段，坚持大力发展实体经济是中国的优良传统，既是适应国内外经济形势新变化的必然要求、解决"产业空心化"和"四化"等重大问题的关键举措、防范化解金融风险和经济危机的经验之道，也是营造鼓励脚踏实地、勤劳创业、实业致富社会氛围的内在需要。④ 舒展、程建华认为，实体经济是国民经济稳定增长的主要支撑力量、衡量综合国力的重要指标之一、提高我国国际竞争力的关键因素。⑤ 毛阳海、王芳艳认为，实体经济是现代化经济体系的根基、铸牢中华民族共同体意识的物质基础、推动高质量发展的根本之策。⑥

3. 关于实体经济与虚拟经济关系的研究

实体经济与虚拟经济的关系是一个世界性问题，也是多年来学术界比较关注的主题。1997年亚洲金融危机爆发后，国内学者纷纷展开了对虚拟经济、实体经济的相关研究。2002年11月，党的十六大报告首次明确提出要将"正确处理发展高新技术产业和传统产业、资金技术密集型产业和劳动密集型产业、虚拟经济和实体经济的关系"⑦ 作为全面建设小康社会的重要措施。自

---

① 黄群慧：《论新时期中国实体经济的发展》，《中国工业经济》2017年第9期。
② 刘晓欣、张艺鹏：《中国经济"脱实向虚"倾向的理论与实证研究——基于虚拟经济与实体经济产业关联的视角》，《上海经济研究》2019年第2期。
③ 中央党校中国特色社会主义理论体系研究中心：《牢牢把握实体经济这一坚实基础——深入学习贯彻中央经济工作会议精神》，《经济日报》2011年12月25日，第6版。
④ 参见金碚《牢牢把握发展实体经济这一坚实基础》，《求是》2012年第7期；李锦、贺璐婷《稳中求进关键在于抓住实体经济》，《当代社科视野》2012年第2期；王克群《发展实体经济的必要性、挑战及建议——学习中央经济工作会议精神》，《江南社会学院学报》2012年第1期。
⑤ 舒展、程建华：《我国实体经济"脱实向虚"现象解析及应对策略》，《贵州社会科学》2017年第8期。
⑥ 毛阳海、王芳艳：《新时代促进西藏实体经济高质量发展的几个总体性问题》，《西藏民族大学学报》（哲学社会科学版）2022年第1期。
⑦ 《江泽民文选》第3卷，人民出版社，2006，第545页。

此，实体经济和虚拟经济作为一对范畴出现在中国发展战略的显著位置，学术界也日益关注二者的关系。刘骏民、陈文玲、李晓西、杨琳、李宝伟、梁志欣、程晶蓉、袁增霆、王国忠、王群勇、张智峰主要分析了虚拟经济与实体经济的辩证关系、虚拟经济与泡沫经济及金融危机的关系等问题。①

2008年以来的国际金融危机严重拖累了实体经济，又一次使实体经济和虚拟经济的关系成为学术界的研究焦点。截至2024年7月，中国知网上关于实体经济和虚拟经济相互关系研究的博士学位论文有37篇，朱伟骅、段彦飞、龚颖安、周莹莹、刘传哲、张谊明、张凡、刘林川、曹文文、范薇、林章悦、石凯、尚友芳、刘晓欣、陈天鑫认为，实体经济和虚拟经济彼此依赖并相互促进，虚拟经济如果过度背离实体经济会产生较大风险，如扭曲资源配置方式、形成资产价格泡沫，甚至严重危及世界经济安全，特别是对发展中国家的实体经济造成巨大冲击；因此中国必须夯实实体经济这一国民经济的根基，着力加大数字普惠金融、金融科技、融资租赁等虚拟经济对实体经济的支持力度，推动实体经济与虚拟经济协调发展。②

---

① 参见刘骏民《从虚拟资本到虚拟经济》，山东人民出版社，1998；陈文玲《论实物经济、虚拟经济与泡沫经济——从崭新的视角看东南亚金融危机与中国的宏观经济运行》，《管理世界》1998年第6期；李晓西、杨琳《虚拟经济、泡沫经济与实体经济》，《财贸经济》2000年第6期；李宝伟、梁志欣、程晶蓉《虚拟经济的界定及其理论构架》，《南开经济研究》2002年第5期；袁增霆《个人金融、实体经济与服务政策研究》，博士学位论文，武汉大学，2004；王国忠、王群勇《经济虚拟化与虚拟经济的独立性特征研究——虚拟经济与实体经济关系的动态化过程》，《当代财经》2005年第3期；张智峰《虚拟经济与实体经济非协调发展研究》，博士学位论文，天津财经大学，2007。

② 参见朱伟骅《虚拟经济与实体经济背离程度研究》，博士学位论文，复旦大学，2008；段彦飞《虚拟经济与实体经济关系研究》，博士学位论文，南开大学，2009；龚颖安《虚拟经济对实体经济的影响研究》，博士学位论文，江西财经大学，2010；周莹莹、刘传哲《虚拟经济与实体经济协调发展研究》，经济管理出版社，2013；张谊明《实体经济虚拟化：理论分析及现实应用》，博士学位论文，西南财经大学，2012；刘林川《虚拟经济与实体经济协调发展研究——基于总量与结构的视角》，博士学位论文，南开大学，2014；张凡《欧元区虚拟经济与实体经济关系研究——理论分析与实证测算》，博士学位论文，南开大学，2013；曹文文《中国虚拟经济与实体经济行业收入分配格局研究》，博士学位论文，武汉大学，2015；范薇《金融发展与实体经济资本配置效率的研究——基于双方互动的视角》，博士学位论文，武汉大学，2016；林章悦《我国融资租赁支持实体经济发展：机制与风险评估》，博士学位论文，天津财经大学，2017；石凯《经济虚拟化与实体经济发展——影响机理、统计测度和实证研究》，博士学位论文，西南财经大学，2020；尚友芳《我国实体经济与金融体系风险溢出研究》，博士学位论文，中央财经大学，2021；刘晓欣、陈天鑫《重新认识当代宏观经济运行的基本规律——基于"实体经济—虚拟经济"分析框架视角》，《当代经济研究》2024年第4期。

4. 关于如何发展实体经济的研究

实体经济是建设现代化经济体系的着力点。杜晓、杨卉、庄聪生认为，大力发展实体经济，要健全社会主义市场经济体制，优化社会氛围，多管齐下改善小微实体经济企业的发展环境。① 中央党校中国特色社会主义理论体系研究中心、李义平、赵洪祝、陶武先、李鹏飞、庄聪生、杨晓龙、舒展、程建华认为，大力发展实体经济，要加强顶层设计，牢固树立实体经济是国民经济根基的发展理念，坚持做优农业、做强工业、做实服务业；要弘扬实业精神，加强实体经济企业自身建设以加快转型升级，培育企业家精神及与市场经济相适应的文化，通过科技创新和金融创新打造实体经济核心竞争力；要正确处理好虚拟经济与实体经济的关系，促进实体经济健康发展。② 李扬认为，要通过理顺利率、汇率和无风险收益率曲线等媒介资源配置的市场基准、建立稳定的筹集长期资金和权益类资本的机制、大力发展普惠金融、建立市场化风险处置机制以及完善金融监管框架等，在降低流通成本、提高金融的中介效率和分配效率的基础上，不断提高金融服务实体经济效率。③ 随着新一代信息技术的崛起，学者从人工智能、大数据、区块链等视角进一步探讨了新发展阶段实体经济的发展路径。何玉长、方坤、任保平、宋文月、李晓华分析了人工智能与实体经济的融合路径。④

---

① 参见杜晓、杨卉《中国实体经济大发展期待金融制度改革》，《法制日报》2011年12月23日，第4版；庄聪生《小微企业：实体经济的着力点》，《农家科技（城乡统筹）》2012年第4期。

② 参见中央党校中国特色社会主义理论体系研究中心《牢牢把握实体经济这一坚实基础——深入学习贯彻中央经济工作会议精神》，《经济日报》2011年12月25日，第6版；李义平《实体经济是稳定增长的根基》，《中国民营科技与经济》2012年第9期；赵洪祝《大力发展实体经济》，《今日浙江》2012年第9期；陶武先《转型升级背景下的实体经济发展探析》，《经济体制改革》2012年第4期；李鹏飞《实体经济发展面临的困境和应对措施》，《领导之友》2012年第4期；庄聪生《小微企业：实体经济的着力点》，《农家科技（城乡统筹）》2012年第4期；杨晓龙《我国实体经济实现转型发展的路径选择》，《学术交流》2012年第5期；舒展、程建华《我国实体经济"脱实向虚"现象解析及应对策略》，《贵州社会科学》2017年第8期。

③ 李扬：《"金融服务实体经济"辨》，《经济研究》2017年第6期。

④ 参见何玉长、方坤《人工智能与实体经济融合的理论阐释》，《学术月刊》2018年第5期；任保平、宋文月《新一代人工智能和实体经济深度融合促进高质量发展的效应与路径》，《西北大学学报》（哲学社会科学版）2019年第5期；李晓华《人工智能赋能实体经济存在的问题与应对》，《人民论坛》2020年第28期。

李辉探讨了大数据推动经济高质量发展的实践基础与政策选择。① 李晓华、司晓、周宇、陈锦强、惠宁研究了互联网驱动实体经济创新发展的效应及对策。② 于佳宁、庄雷、渠慎宁梳理了区块链与实体经济融合的机理，分析了区块链助推实体经济高质量发展的模式、载体与路径。③ 汪亚楠、叶欣、许林、齐景嘉、李蕾、田秀娟、李睿、陈雨露、韩文龙、李艳春、李占平、王辉探讨了数字金融、数字技术、金融科技、数字经济、数字新质生产力重塑中国实体经济的对策建议。④

从国内外研究进展来看，《中国实体经济99评》和《实体经济导论》是专门研究实体经济的著作。《中国实体经济99评》由李锦和谭云明编著，于2012年9月在清华大学出版社出版。该著作旨在告诉读者：实体经济空心化是中国发展的主要隐患，出现实体经济空心化的原因，振兴中国实体经济的措施。该著作的主要内容包括：脱实向虚、温州危情、银行暴利、楼市泡沫、金融改革、小微企业、企业自强、政企关系和企业精神。《中国实体经济99评》是中国实体经济方面的第一本经济学专著，但其内容主要由系列财经评论组成。⑤《实体经济导论》由叶桐和卢达溶编著，于2012年12月在清华大学出版社出版，该著作以工业各个生产部门为章节，分别讲述经济生活中不同工业部门的生产特点和思维方式，也就是以具体的经济技术生产实体为案例，展现工程思维的某些特点对于管理、经济的启示，如彻底的实践性、系统性。该著作主要包括"导论：经管人才必须面向经

---

① 李辉：《大数据推动我国经济高质量发展的理论机理、实践基础与政策选择》，《经济学家》2019年第3期。
② 参见李晓华、司晓《产业互联网如何更好服务实体经济》，《上海企业》2019年第10期；周宇、陈锦强《互联网驱动实体经济创新发展的效应研究》，《福建论坛》（人文社会科学版）2020年第7期；惠宁、陈锦强《中国经济高质量发展的新动能：互联网与实体经济融合》，《西北大学学报》（哲学社会科学版）2020年第5期。
③ 参见于佳宁《加快区块链技术 创新赋能实体经济》，《中国金融家》2019年第11期；庄雷《区块链与实体经济融合的机理与路径：基于产业重构与升级视角》，《社会科学》2020年第9期；渠慎宁《区块链助推实体经济高质量发展：模式、载体与路径》，《改革》2020年第1期。
④ 参见汪亚楠、叶欣、许林《数字金融能提振实体经济吗》，《财经科学》2020年第3期；齐景嘉、李蕾《论金融科技对实体经济的影响——基于上市公司股票数据的分析》，《学术交流》2021年第7期；田秀娟、李睿《数字技术赋能实体经济转型发展——基于熊彼特内生增长理论的分析框架》，《管理世界》2022年第5期；陈雨露《数字经济与实体经济融合发展的理论探索》，《经济研究》2023年第9期；韩文龙、李艳春《数字经济与实体经济深度融合的政治经济学分析》，《理论月刊》2023年第11期；李占平、王辉《数字新质生产力与实体经济高质量发展：理论分析与实证检验》，《统计与决策》2024年第10期。
⑤ 参见李锦、谭云明编著《中国实体经济99评》，清华大学出版社，2012。

济实践""工业篇（Ⅰ）：工业的基本印象""工业篇（Ⅱ）：工程和工程师""工业篇（Ⅲ）：工程系统和工业布局""经济篇：经济不止是经济"五大部分。①《实体经济导论》是一本面向经济管理类专业大学生的教材，旨在引导读者养成"实体经济思维方式"和掌握"实体经济方法"。

（二）国外实体经济研究动态

1. 关于实体经济的定义

"实体经济"（Real Economy）是一个成熟的西方经济学概念，在国外学术研究中一般都是直接使用。尽管实体经济一词运用广泛，但是具体到对该概念内涵进行探讨的并不多，至今仍没有统一的定义。在西方经济学理论体系中，实体经济范畴源自"实际变量"（Real Variables），与其对应的是范畴明确的"名义变量"（Nominal Economy），二者的差别在于是否包括物价变动，是否受货币总量影响；"实体经济"（Real Economy）也与"名义经济"（Nominal Economy）、"货币经济"（Monetary Economy）以及"金融经济"（Financial Economy）相对应。"实体经济"与这些经济形态的区分往往是以"计入GDP"为基本界限。经济学巨匠约翰·梅纳德·凯恩斯（John Maynard Keynes）将整个经济体系划分为实体经济和符号经济两大部分，认为经济学所研究的主要问题实质上就是以货物、服务为形式的实体经济和以货币、信用为代表的符号经济二者之间的内在关系。② 管理学之父——美国学者彼得·德鲁克把"实体经济"（Real Economy）看作产品和服务的流通，③ 并把他自己提出的与实体经济相对立的、并列的"符号经济"（Symbol Economy）看作资本的运动、外汇率以及信用流通。④ 美国马克思主义经济学重要杂志《每月评论》编辑部曾以《实体经济和泡沫经济》为题刊文回复Ted Trainer的读者来信："您所提出的问题，只能通过区分经济学家们所指的与GDP直接相关的'实体经济'（Real Economy）以及与资产竞价（the bidding up of asset prices）或纸式债权（paper claims）有关的投机或金融经济（speculative or financial economy）来回答。"⑤ 在美国次贷危机爆发后，

---

① 参见叶桐、卢达溶编著《实体经济导论》，清华大学出版社，2012。
② 转引自白钦先、常海中《金融虚拟性演进及其正负功能研究》，中国金融出版社，2008，第9页。
③ 〔美〕彼得·德鲁克：《管理的前沿》，许斌译，上海译文出版社，1999，第19页。
④ 转引自张红梅《虚拟经济与经济危机》，博士学位论文，厦门大学，2009，第31页。
⑤ 参见刘冠军、刘刚《虚拟经济与实物经济互动的文献综述及逻辑辨析》，《山东社会科学》2010年第11期。

美联储与西方媒体开始频繁使用"实体经济"一词，与之相关联的是整个经济体系中除去房地产与金融市场之外的部分，从美国的经济体系构成来看，包括制造业、进出口、经常账户以及零售销售等在内的部分被美联储笼统地概括为"实体经济"。

2. 关于实体经济与虚拟经济的关系

国外关于虚拟经济及其与实体经济关系的研究相对较少，主要是对金融市场和实体经济的相互影响方面进行研究，侧重于金融市场的收益分析及实际产出分析。魏克赛尔和凯恩斯在以货币为代表的虚拟资产对实体经济的作用机制方面做出了先驱性分析。① Guttmann 通过研究美国 1972~1982 年萧条期间的重大结构调整，认为该时期美国虚拟资本的爆炸式增长为其经济结构转变提供了巨大动力。② 卢卡斯·门克霍夫通过分析德国金融资产比率，认为以金融部门为代表的虚拟经济部门已经与实体经济分离，并辨别了三种分离假说，针对金融市场与实体经济分离现象构建了典型的"背离假说"论证模式。③

（三）对现有研究的评析

就当前可查阅的资料来看，国内外学术界的研究主要聚焦实体经济的内涵、为什么要发展实体经济、实体经济与虚拟经济的关系、如何发展实体经济等方面。上述充满真知灼见的研究成果无疑增进了人们对实体经济的了解，为国家制定发展实体经济的政策措施提供了科学依据，也为本课题的研究提供了深厚的理论底蕴，但缺乏从马克思主义政治经济学视角对实体经济进行系统研究，特别是对实体经济的理论渊源、概念界定、发展现状和发展路径的系统研究仍有待补足。当前，国内外聚焦研究实体经济的学术专著不多，可能的原因是，第一，实体经济虽然是一个成熟的经济学概念，但是长期以来人们却很少关注它，直接针对实体经济内涵和外延的研究成果并不多。直至 2008 年爆发的国际金融危机拖累了实体经济后，实体经济问题才成为世界各国关注的焦点。第二，实体经济研究涉及经济、金融、技术和管理等多门学科，需要综合运用多学科知识对其进行研究，

---

① 参见周莹莹、刘传哲《虚拟经济与实体经济关系的国内外研究进展与展望》，《金融发展研究》2011 年第 4 期。

② 参见周莹莹、刘传哲《虚拟经济与实体经济关系的国内外研究进展与展望》，《金融发展研究》2011 年第 4 期。

③ 参见邓任菲《基于实体经济和虚拟经济范畴的文献综述》，《武汉金融》2012 年第 3 期。

难度较大。

振兴实体经济的目的在于稳增长、抗危机和保民生。2008年国际金融危机爆发后，实体经济领域的国际竞争日益激烈。谁能率先掌握竞争优势，谁就能在未来实体经济领域的发展中拥有竞争力、享有主动权。因此，深入系统研究中国实体经济是恰当的，也是必要的，有利于理解实体经济的基本特征和内在规律，对于中国推动实体经济高质量发展、提升实体经济竞争力、构建高质量现代化经济体系也是大有帮助的。

总之，研究实体经济是一项意义重大同时又颇具挑战性的工作。尽管在实体经济理论研究和构建分析框架上可借鉴的成果不多，但在坚持以马克思主义政治经济学基本理论为指导、掌握研究方法的基础上，通过努力钻研还是能够取得预期研究成果的。

## 四 研究方案

### （一）研究思路

本书坚持以马克思主义为指导，运用马克思主义政治经济学和西方经济学理论，根据国内外实体经济的研究动态提出问题，综合运用多种研究方法，将理论研究与实证分析有机统一起来解决相关问题，得出相关结论和提出建议。本书的基本思路如图0-1所示。

### （二）研究方法

根据研究目标与研究内容的安排，按照马克思主义唯物辩证法的要求，本书运用理论研究与实证分析相结合、微观分析与宏观分析相结合、定性分析与定量分析相结合等方法，运用马克思主义政治经济学的基本理论，立足经济现实，关注中国实体经济发展环境的新变化，以求研究成果具有扎实的理论基础和可操作性。

1. 文献研究法

本书采用文献研究法，通过梳理大量相关的国内外文献资料，结合马克思主义唯物史观、马克思主义关于发展实体经济的相关论述、中国化时代化的马克思主义关于发展实体经济的相关论述和西方经济学的产业结构理论、内生技术变化理论、金融发展与经济增长理论、政府干预与经济增长理论等相关理论的分析，厘清实体经济的理论渊源，并对实体经济理论进行历史考察。

图 0-1 研究思路

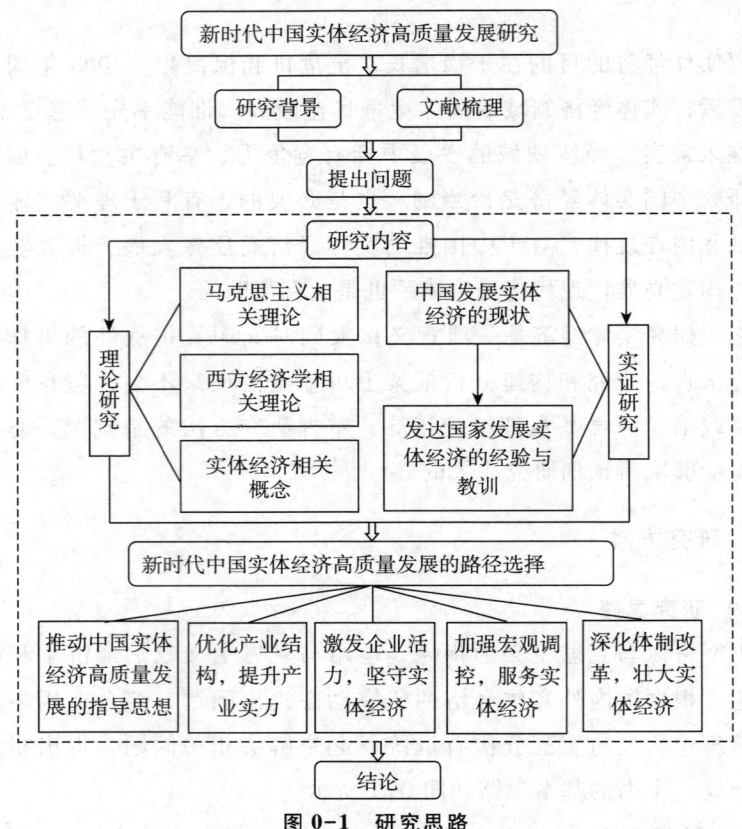

**2. 比较分析法**

本书采用比较分析法，总结了德国、美国和日本等发达国家发展实体经济的成功经验和主要教训，为中国推动实体经济高质量发展提供决策依据。

**3. 定性分析和定量分析相结合的方法**

本书融合多门学科的理论和观点，从实体经济相关概念出发，厘清实体经济与虚拟经济、第三产业的相互关系，构建推动中国实体经济高质量发展的理论框架。借助统计学的分析工具和方法，构建实体经济的评价指标，采集权威客观的数据，对中国实体经济的发展水平进行定量研究。

**4. 态势分析法**

本书运用态势分析法，研究中国发展实体经济的优势和劣势，分析中国发展实体经济的重大机遇和严峻挑战，为提出推动中国实体经济高质量发展的对策建议提供依据。

# 第一章
# 实体经济的理论渊源

## 第一节 马克思主义相关理论

### 一 马克思主义唯物史观

历史唯物主义的创始人是马克思和恩格斯。恩格斯指出，唯物史观是马克思一生中的两个伟大发现之一。从《1844年经济学哲学手稿》、《关于费尔巴哈的提纲》、《德意志意识形态》、《〈政治经济学批判〉序言》以及《资本论》等马克思主义经典著作中，我们可以看到马克思主义唯物史观的发展脉络和精彩论述。马克思主义唯物史观的基本思想是："人们在自己生活的社会生产中发生一定的、必然的、不以他们的意志为转移的关系，即同他们的物质生产力的一定发展阶段相适合的生产关系。这些生产关系的总和构成社会的经济结构，即有法律的和政治的上层建筑竖立其上并有一定的社会意识形式与之相适应的现实基础。物质生活的生产方式制约着整个社会生活、政治生活和精神生活的过程。不是人们的意识决定人们的存在，相反，是人们的社会存在决定人们的意识。社会的物质生产力发展到一定阶段，便同它们一直在其中运动的现存生产关系或财产关系（这只是生产关系的法律用语）发生矛盾。于是这些关系便由生产力的发展形式变成生产力的桎梏。那时社会革命的时代就到来了。随着经济基础的变更，全部庞大的上层建筑也或慢或快地发生变革。"[1] 胡培兆、邹文英认为，恩

---

[1] 《马克思恩格斯文集》第2卷，人民出版社，2009，第591~592页。

格斯在晚年对唯物史观公式做了补充说明，强调上层建筑的各种因素对历史的发展也有作用，由此唯物史观公式就臻于完美。①

马克思、恩格斯认为，社会存在决定社会意识，所以在人类发展史上，不同的物质实践条件就决定了不同的思想观念的产生，同时社会意识具有相对独立性，对社会存在具有能动的反作用。近年来，党和国家提出大力发展实体经济的理论和方针政策之所以取得显著成效，正是因为它们都是从中国的社会存在（中国现时代的社会物质条件的总和）出发的，也就是从中国的基本国情和发展要求出发的。因此，我们必须牢记中国的基本国情，敏锐把握中国实体经济的发展水平，破解发展瓶颈，深入实施创新驱动发展战略，坚持全面深化改革开放，充分释放改革红利，推动中国实体经济高质量发展。

马克思、恩格斯认为，物质生产在人类历史发展中起着决定性作用。他们在《德意志意识形态》中指出："我们首先应当确定一切人类生存的第一个前提，也就是一切历史的第一个前提，这个前提是：人们为了能够'创造历史'，必须能够生活。但是为了生活，首先就需要吃喝住穿以及其他一些东西。因此第一个历史活动就是生产满足这些需要的资料，即生产物质生活本身，而且，这是人们从几千年前直到今天单是为了维持生活就必须每日每时从事的历史活动，是一切历史的基本条件。"② 他们强调："任何一个民族，如果停止劳动，不用说一年，就是几个星期，也要灭亡，这是每一个小孩子都知道的。"③ "物质生活的生产方式制约着整个社会生活、政治生活和精神生活的过程。"④ 由此可见，实体经济是任何一个国家和地区经济发展的根基，也是更好地满足人民日益增长的美好生活需要的前提。中国应继续发扬重视实体经济的优良传统，做强实体经济，做优虚拟经济，为全面建成社会主义现代化强国和实现中华民族伟大复兴的中国梦奠定坚实的物质基础。

在马克思和恩格斯看来，生产力与生产关系之间的矛盾决定和制约着经济基础和上层建筑的矛盾，生产关系要适应生产力的发展状况，上层建

---

① 胡培兆、邹文英：《以唯物史观对待马克思主义经典著作（学者论坛）》，《人民日报》2012年7月19日，第7版。
② 《马克思恩格斯文集》第1卷，人民出版社，2009，第531页。
③ 《马克思恩格斯文集》第10卷，人民出版社，2009，第289页。
④ 《马克思恩格斯文集》第2卷，人民出版社，2009，第591页。

筑（包括政治上层建筑和思想上层建筑）也要适应经济基础。生产力是推动经济社会进步最活跃、最革命的要素。马克思主义历来强调发展社会生产力，邓小平也提出社会主义的根本任务是解放和发展生产力。在全球回归和重振实体经济的浪潮中，中国要立足新发展阶段，贯彻新发展理念，贯彻落实《中共中央关于党的百年奋斗重大成就和历史经验的决议》精神，全面深化改革开放，正确处理政府与市场的关系，使市场在资源配置中起决定性作用和更好发挥政府作用，加快构建新发展格局，大力发展新质生产力，加强顶层设计，增强实体经济三大产业发展的协调性，不断提升实体经济的综合竞争力。

## 二　马克思主义经典作家关于实体经济的相关论述

马克思主义历来最注重发展生产力。马克思和恩格斯对实体经济的相关论述十分丰富，他们也高度重视科学技术对经济发展的重要作用。同时，在如何发展实体经济问题上，列宁、斯大林也有不少相关论述。

### （一）马克思恩格斯关于发展实体经济的相关论述

#### 1. 马克思的生产劳动理论

生产劳动理论是马克思劳动价值论的重要组成部分，在马克思主义政治经济学中处于重要地位。实体经济是国民经济的坚实基础，马克思主义政治经济学早就对此进行了系统深刻的阐述。在批判地继承古典经济学生产劳动理论的基础上，马克思通过伟大的变革进一步创立了科学的生产劳动理论。

马克思在生产劳动问题上有许多独到的见解、精彩的论述。物质生活资料的生产是人类社会存在和发展的前提和基础。早在 19 世纪 40 年代初，马克思转向经济学研究后就开始涉及生产劳动问题，他认为魁奈的一个重大贡献就是把对生产劳动的考察从流通领域转向生产领域。后来，马克思提出："摆在面前的对象，首先是物质生产。在社会中进行生产的个人，——因而，这些个人的一定社会性质的生产，当然是出发点。"[①] 在此，马克思提出的"物质生产"正是研究生产劳动问题的出发点。人类生活需要食物、衣服、房屋等物质资料，这就决定了物质资料生产的必要性，也说明物质资料的生产是人类社会生存和发展的坚实基础。恩格斯在《在马克思墓前的讲话》

---

[①] 《马克思恩格斯文集》第 8 卷，人民出版社，2009，第 5 页。

中评价马克思的理论贡献时指出:"正像达尔文发现有机界的发展规律一样,马克思发现了人类历史的发展规律,即历来为繁芜丛杂的意识形态所掩盖着的一个简单事实:人们首先必须吃、喝、住、穿,然后才能从事政治、科学、艺术、宗教等等;所以,直接的物质的生活资料的生产,从而一个民族或一个时代的一定的经济发展阶段,便构成基础,人们的国家设施、法的观点、艺术以至宗教观念,就是从这个基础上发展起来的,因而,也必须由这个基础来解释,而不是像过去那样做得相反。"[1]

基于把劳动看成人与自然的关系的视角,马克思认为,"劳动首先是人和自然之间的过程,是人以自身的活动来中介、调整和控制人和自然之间的物质变换的过程。人自身作为一种自然力与自然物质相对立"[2]。"如果整个劳动过程从其结果的角度加以考察,那么劳动资料和劳动对象二者表现为生产资料,劳动本身则表现为生产劳动。"[3] 这是马克思基于一般劳动过程的视角给生产劳动所下的定义。

基于资本主义生产劳动特殊性的视角,马克思指出,"从资本主义生产的意义上说,生产劳动是雇佣劳动,它同资本的可变部分(花在工资上的那部分资本)相交换,不仅把这部分资本(也就是自己劳动能力的价值)再生产出来,而且,除此之外,还为资本家生产剩余价值。仅仅由于这一点,商品或货币才转化为资本,才作为资本生产出来。只有生产资本的雇佣劳动才是生产劳动"[4]。可见,从资本主义生产劳动的特殊性来看,与"资本相交换的劳动"能够给资本家带来剩余价值,因此属于生产劳动,其他劳动则属于非生产劳动。何炼成认为,资本主义生产劳动反映的是"资本主义制度下的经济关系,即资本家剥削雇佣劳动的关系,反映着价值增殖即剩余价值的生产过程;这种关系和过程是资本主义社会所特有的,正是由于这种特殊性,使资本主义制度和其他社会制度区别开来"[5]。

在科学界定两种不同性质的生产劳动的基础上,马克思深入分析了它们的发展趋势,将生产劳动从直接"生产工人"的劳动扩展到"总体工人"的劳动。马克思认为:"总体工人的各个成员较直接地或者较间接地作用于

---

[1] 《马克思恩格斯文集》第 3 卷,人民出版社,2009,第 601 页。
[2] 《马克思恩格斯文集》第 5 卷,人民出版社,2009,第 207~208 页。
[3] 《马克思恩格斯文集》第 5 卷,人民出版社,2009,第 581 页。
[4] 《马克思恩格斯文集》第 8 卷,人民出版社,2009,第 213 页。
[5] 《何炼成选集》,山西经济出版社,1992,第 55 页。

劳动对象。因此，随着劳动过程的协作性质本身的发展，生产劳动和它的承担者即生产工人的概念也就必然扩大。为了从事生产劳动，现在不一定要亲自动手；只要成为总体工人的一个器官，完成他所属的某一种职能就够了。"① 可见，马克思认为，生产劳动是指总体的物质生产，包括参与生产的体力劳动者的劳动，也包括围绕产品生产的科学研究、工程技术、经营管理等脑力劳动者的劳动。马克思还将生产性劳动扩展到运输业，强调"运输业是一个物质生产领域"②，"运输业所出售的东西，就是场所的变动本身……运输工具的运行，它的场所变动，也就是它所进行的生产过程。这种效用只能在生产过程中被消费"③。这种将场所变更的服务看作"产品"的做法，对我们认识如今的生产性劳动具有重要的启发意义。马克思认为，商品的保管、运输和包装等方面的劳动属于生产性劳动，是生产过程在流通过程内的继续。④

2. 生产决定消费、分配和交换

马克思认为，生产、分配、交换、消费是社会再生产过程的四个环节。他精辟地阐述了四个环节之间的辩证关系："一定的生产决定一定的消费、分配、交换和这些不同要素相互间的一定关系。当然，生产就其单方面形式来说也决定于其他要素。"⑤

首先，马克思认为，生产决定消费，在社会再生产过程中居于首要地位。马克思指出："生产生产着消费：（1）是由于生产为消费创造材料；（2）是由于生产决定消费的方式；（3）是由于生产通过它起初当做对象生产出来的产品在消费者身上引起需要。"⑥ 由此可见，在马克思看来，生产是第一性的，生产决定消费，因为"它生产出消费的对象，消费的方式，消费的动力"⑦。马克思强调，没有生产就没有消费。社会生产水平决定了人们的消费对象，因此古代人无法享用现代社会中的普通家用电器。社会

---

① 《马克思恩格斯文集》第5卷，人民出版社，2009，第582页。
② 《马克思恩格斯文集》第8卷，人民出版社，2009，第419页。
③ 《马克思恩格斯文集》第6卷，人民出版社，2009，第65页。
④ 参见《马克思恩格斯文集》第6卷，人民出版社，2009，第154、170页；《马克思主义政治经济学概论》编写组编《马克思主义政治经济学概论》，人民出版社，2021，第168~169页。
⑤ 《马克思恩格斯文集》第8卷，人民出版社，2009，第23页。
⑥ 《马克思恩格斯文集》第8卷，人民出版社，2009，第16页。
⑦ 《马克思恩格斯文集》第8卷，人民出版社，2009，第16页。

生产方式决定着人们的消费方式，马克思指出，"用刀叉吃熟肉来解除的饥饿不同于用手、指甲和牙齿啃生肉来解除的饥饿。因此，不仅消费的对象，而且消费的方式，不仅在客体方面，而且在主体方面，都是生产所生产的"[①]。人类社会的生产也能创造出新的消费需求。正是因为人类发明了电并且掌握了生产的技术，才有了各种各样的家用电器的发明和生产，进而创造了人们对电以及各种电器的消费需求。

其次，马克思认为，"消费创造出生产的动力"[②]，因此扩大消费是社会再生产的强大动力和最终目的。马克思指出，没有消费也就没有生产。消费是社会再生产的一个关键环节，它不仅是整个社会再生产过程的终点，也是社会再生产过程的起点。消费虽然受到人类社会生产力发展水平的制约，但是它对社会再生产也具有反作用。马克思认为："消费从两方面生产着生产：（1）因为产品只是在消费中才成为现实的产品……（2）因为消费创造出新的生产的需要，也就是创造出生产的观念上的内在动机，后者是生产的前提。"[③] 可见，社会生产归根结底应服从于消费的内在要求。社会生产制造的产品能否成为人们的消费对象，关键要看产品的质量、性能和结构能否满足人们的消费需要。如果制造的产品无法销售出去，那么也就失去了生产的意义。

最后，生产决定分配，分配影响消费。分配归根结底是由人类社会生产力的发展水平所决定的，只有社会生产持续健康发展，才能为分配提供坚实的物质基础。同时，分配制度是否合理，攸关消费水平和消费质量，进而影响生产的社会环境和动力。

总之，生产在社会再生产中居于主导地位，而分配和交换也会反作用于生产和消费，是连接生产和消费的纽带。马克思关于生产、分配、交换、消费四个环节相互关系的精辟论述，对于中国构建扩大消费需求的长效机制、促使消费成为推动实体经济高质量发展的主要动力，具有十分重要的理论指导意义。

### 3. 实体经济是《资本论》的研究主题

在马克思所处的时代，物质产品生产占据支配地位，实体经济较多，

---

① 《马克思恩格斯文集》第8卷，人民出版社，2009，第16页。
② 《马克思恩格斯文集》第8卷，人民出版社，2009，第15页。
③ 《马克思恩格斯文集》第8卷，人民出版社，2009，第15页。

虚拟经济较少,马克思将其研究重点放在物质生产领域。《资本论》是马克思倾注毕生心血写成的一部科学巨著,他在其中开门见山地指出:"不论财富的社会的形式如何,使用价值总是构成财富的物质的内容。"[①] 这里所说的"使用价值"是指作为物质产品的商品的使用价值。马克思认为,只有生产物质产品的劳动才是生产性劳动,其他劳动都是非生产性劳动。

《资本论》通篇研究的是实体经济,以研究工业和农业为主,以商业研究为辅。马克思再生产理论认为,生产生产资料的部类(主要是重工业)和生产消费资料的部类(主要是农业和轻工业)应该实现统筹发展。马克思不仅强调生产生产资料的部类应该优先发展,还高度重视农业生产,强调农业生产是一切社会的基础和前提。马克思指出:"重农学派的正确之点在于,剩余价值的全部生产,从而资本的全部发展,按自然基础来说,实际上都是建立在农业劳动生产率的基础上的。如果人在一个工作日内,不能生产出比每个劳动者再生产自身所需的生活资料更多的生活资料,在最狭窄的意义上说,也就是生产出更多的农产品,如果他全部劳动力每日的耗费只够再生产他满足个人需要所不可缺少的生活资料,那就根本谈不上剩余产品,也谈不上剩余价值。超过劳动者个人需要的农业劳动生产率,是全部社会的基础,并且首先是资本主义生产的基础。"[②]

从研究对象来看,《资本论》研究的"是资本主义生产方式以及和它相适应的生产关系和交换关系"[③]。马克思在《资本论》第1卷序言中指出:"本书的最终目的就是揭示现代社会的经济运动规律。"[④] 在《资本论》中,马克思研究了创新对市场经济的重大作用、实体经济与虚拟经济的关系,分析了资本循环、资本周转和社会总资本再生产的实现条件等问题。新征程上,中国仍处于全面深化改革的关键时期,必然涉及生产关系调整的问题。因此,上述思想对中国加快推进与社会主义市场经济相适应的生产关系的变革,具有重要的借鉴意义。

从《资本论》的结构来看,《资本论》研究的是资本的生产过程、资本的流通过程、资本主义生产的总过程。例如,在研究资本的流通过程时,马克思先从微观视角分析资本循环和资本周转,再从宏观视角研究社会总

---

① 《马克思恩格斯文集》第5卷,人民出版社,2009,第49页。
② 《马克思恩格斯文集》第7卷,人民出版社,2009,第888页。
③ 《马克思恩格斯文集》第5卷,人民出版社,2009,第8页。
④ 《马克思恩格斯全集》第44卷,人民出版社,2001,第10页。

资本的再生产问题,这也是在研究实体经济的运行问题。新中国成立后,中国遵循马克思主义政治经济学的基本原理,高度重视发展工业和农业等实体经济,在制定相关政策和制度时均考虑到实体经济发展的需要。

从《资本论》的理论来看,劳动价值论、剩余价值论、虚拟资本理论、社会总产品理论等均是其经典理论,与实体经济密切相关。例如,马克思认为,实体经济与虚拟经济的关系十分密切,但是,如果处于交换和分配领域的虚拟资本的发展严重背离了实体经济的发展要求,那么最终将引发危机。又如,根据马克思主义政治经济学中的社会总产品理论,国民收入的统计范围严格限制在物质生产部门,因此,在相当长的时期里,中国国民经济的核算只限于实体经济中的物质生产部门。

4. 马克思恩格斯的科技思想

马克思和恩格斯一致认为科学技术是生产力。19世纪中叶,人类社会经历了近代史上的第一次和第二次科技革命,科学技术蓬勃发展,开始被广泛地运用于生产领域,成为社会生产力发展的强大"助推器"。"资产阶级在它的不到一百年的阶级统治中所创造的生产力,比过去一切世代创造的全部生产力还要多,还要大。自然力的征服,机器的采用,化学在工业和农业中的应用,轮船的行驶,铁路的通行,电报的使用,整个整个大陆的开垦,河川的通航,仿佛用法术从地下呼唤出来的大量人口——过去哪一个世纪料想到在社会劳动里蕴藏有这样的生产力呢?"① 通过考察机器大工业发展带来生产力的巨大飞跃,马克思和恩格斯提出科学技术是生产力的一部分、"生产力中也包括科学"② 等观点,认为"劳动生产力是随着科学和技术的不断进步而不断发展的"③。

在马克思和恩格斯看来,科学技术是"一个伟大的历史杠杆"④。恩格斯认为科学技术可以改变一个时代,他指出,"只要他知道如何认识我们时代的异常革命的性质,——在这个时代,蒸汽和风力、电力和印刷机、大炮和金矿的开发合在一起在一年当中引起的变化和革命要多过以往整整一个世纪"⑤。恩格斯还指出:"如果什么地方有了新的科学成就,不论能否实

---

① 《马克思恩格斯文集》第2卷,人民出版社,2009,第36页。
② 《马克思恩格斯全集》第46卷下册,人民出版社,1980,第211页。
③ 《马克思恩格斯文集》第5卷,人民出版社,2009,第698页。
④ 《马克思恩格斯全集》第25卷,人民出版社,2001,第592页。
⑤ 《马克思恩格斯全集》第12卷,人民出版社,1998,第40页。

际应用，马克思比谁都感到莫大的喜悦。但是，他把科学首先看成是一个伟大的历史杠杆，看成是按最明显的字面意义而言的革命力量。"① 总之，马克思和恩格斯高度重视科学技术对生产力发展和社会变革产生的重要影响，生动揭示了科学技术的强大引擎作用。

（二）列宁关于发展实体经济的相关论述

列宁在其革命和政治生涯中，始终非常重视发展生产力。他强调："无产阶级取得国家政权以后，它的最主要最根本的需要就是增加产品数量，大大提高社会生产力。"② 列宁十分关注工业、农业等实体经济的发展问题，相关论述十分丰富，集中体现在新经济政策时期的论著和最后构想中。

首先，从十月革命胜利到1918年春这几个月，是列宁在实践中探索经济文化落后的俄国如何迅速发展实体经济的阶段。在此期间，在经济发展道路问题上，俄国实行了土地国有化和大工业国有化，列宁强调要把发展生产力作为首要任务，不要追求清一色的"纯社会主义"的经济形式。列宁在《苏维埃政权的当前任务》中指出，俄国有丰富的资源，如矿石、燃料、森林、水利等，"用最新技术来开采这些天然富源，就能造成生产力空前发展的基础"③。

其次，在战时共产主义时期，列宁多次提出，发展大规模的社会主义农业是正确处理工农业发展关系、发展大农庄、推动集体农庄所有制向全民所有制转变的主要途径。列宁认为，"共产主义就是苏维埃政权加全国电气化"④，"只有有了技术，只有在农业中大规模地使用拖拉机和机器，只有大规模电气化，才能解决小农这个问题，才能像人们所说的使他们的整个心理健全起来。只有这样才能根本地和非常迅速地改造小农"⑤。

最后，在新经济政策时期，从1921年3月俄共（布）十大到列宁逝世前这一时期，实行以粮食税为主要内容的"新经济政策"，这是列宁发展苏联实体经济思想的集中体现，其主要内容如下。第一，在农业方面，用固定的粮食税代替余粮收集制。第二，在土地经营方面，允许土地出租和雇佣劳动。第三，在工业方面，实行"租让制"和"租赁制"。第四，在劳动

---

① 《马克思恩格斯全集》第25卷，人民出版社，2001，第592页。
② 《列宁全集》第42卷，人民出版社，2017，第380页。
③ 《列宁全集》第34卷，人民出版社，2017，第169页。
④ 《列宁全集》第40卷，人民出版社，2017，第30页。
⑤ 《列宁全集》第41卷，人民出版社，2017，第53页。

报酬方面，在国营企业恢复计件工资和奖金制，废除平均主义的工资实物分配制，代之以货币工资。第五，在商业方面，由国家贸易垄断制和实物配给制改为坚持国家计划领导前提下的自由贸易和商品交换。第六，在经济管理体制方面，苏俄政府废除战时共产主义时期高度集权的总局管理体制，实行统一领导、多层次分级管理的新体制，坚持物质利益原则，采用行政手段和经济手段相结合、计划与市场相结合的办法调节经济，扩大了地方和企业的自主权。① 作为苏联工业化理论的奠基者，列宁深知工业化对经济建设的重大意义。列宁认为："不挽救重工业，不恢复重工业，我们就不能建成任何工业，而没有工业，我们就会灭亡，而不能成为独立国家。"② 为加快发展工业和农业等实体经济，列宁十分重视技术创新，强调要充分利用发达国家的一切优秀成果，努力实现工业和农业的协调发展。他强调："苏维埃共和国无论如何都要采用这方面一切有价值的科学技术成果。社会主义能否实现，就取决于我们把苏维埃政权和苏维埃管理组织同资本主义最新的进步的东西结合得好坏。应该在俄国组织对泰罗制的研究和传授，有系统地试行这种制度并使之适用。"③ 列宁认为，"在一个文盲的国家里是不能建成共产主义社会的"④，因此，无产阶级教育必须为无产阶级革命和社会主义建设服务，要使教育与生产劳动相结合，加快发展普通教育、综合技术教育、职业教育和高等教育，⑤ 着力提高劳动者的文化技术水平。

新经济政策的实施，重构了工业与农业之间正常的经济联系，巩固了工农联盟，让饱受战争破坏的俄国经济得到复苏和发展，得到广大人民尤其是农民的欢迎，克服了政治经济危机，巩固了新生的苏维埃政权。可以说，新经济政策是列宁探索建设和发展苏俄经济最重要的成果，也是列宁实体经济发展思想的主体内容和重要组成部分。新经济政策折射出列宁实事求是、勇于创新的精神，说明发展实体经济必须从本国基本国情出发，适时创新发展思维，调整发展政策，制定发展战略，走适合本国国情的实体经济发展道路。

---

① 参见周琦《从空想到科学——对社会主义理论、运动和制度的反思》，湖南人民出版社，2005，第88~89页。
② 《列宁全集》第43卷，人民出版社，2017，第286页。
③ 《列宁全集》第34卷，人民出版社，2017，第170~171页。
④ 《列宁选集》第4卷，人民出版社，2012，第294页。
⑤ 宋小敏：《列宁关于发展教育事业的若干原则思想》，《中国地质大学学报》（社会科学版）2002年第2期。

## （三）斯大林关于发展实体经济的相关论述

在列宁逝世后，斯大林在实践中进一步丰富了发展实体经济的思想，他的工业化理论被称为"社会主义工业化的经典模式"①。在当时的国内外背景下，斯大林高度重视发展重工业。他在联共（布）第十四次代表大会上强调："我们的前途，意思是说把我国从农业国变成工业国……把我国从农业国变成能自力生产必需的装备的工业国，——这就是我们总路线的实质和基础。"② 1928 年，苏联开始实施第一个"五年计划"，开展大规模有计划的经济建设。后来，在斯大林的领导下，苏联全面开展社会主义工业化建设，实行超高速优先发展重工业的发展战略。斯大林时期，苏联实行高度集中的计划经济体制，采取高积累的方法将大量社会资源优先配置给重工业部门，苏联重工业得到迅猛发展，迅速由传统的农业国转变为世界工业强国，为反法西斯战争的胜利奠定了坚实的物质基础。不过，这种降低轻工业和农业的发展速度，长期片面强调发展重工业的发展模式，造成苏联国民经济比例严重失调。同时，斯大林也认识到农业和工业之间的密切关系。他强调："发展工业，生产农业机器和拖拉机，以大量工业品供给农民，又是一种前提，没有它就不能保证我国工业有较大的发展。"③ 农村经济的发展、农民生活的改善，是社会主义工业赖以生存和发展的前提和基础。因此，中国要不断增强工业生产能力，增加工业品对农村的供给，扩大农村消费市场，加快推进城乡融合发展。

## 三 中国化时代化的马克思主义关于实体经济的相关论述

实体经济是国民经济的坚实基础，是财富创造的根本源泉，是国家繁荣昌盛的重要支柱。中国共产党立足于中国特色社会主义的伟大实践，坚定不移发展实体经济，扎实推进实体经济高质量发展，关于实体经济的相关论述颇丰。

### （一）毛泽东关于发展实体经济的相关论述

1956 年社会主义改造完成后，在中国特色社会主义建设道路的初步探索中，毛泽东在借鉴苏联发展经验和教训的基础上，撰写了《论十大关系》

---

① 陈冬：《可持续基础上的跨越式发展——新型工业化的理论研究与实证分析》，博士学位论文，福建师范大学，2004，第 24 页。
② 《斯大林全集》第 7 卷，人民出版社，1958，第 293~294 页。
③ 《斯大林选集》上卷，人民出版社，1979，第 477 页。

《关于正确处理人民内部矛盾》等重要著作，为中国发展实体经济提供了许多宝贵的思路。

1. 解放和发展生产力是社会主义的题中应有之义

毛泽东认为，在社会主义改造完成后，我们的"根本任务已经由解放生产力变为在新的生产关系下面保护和发展生产力"①。他指出，"社会主义革命的目的是为了解放生产力"②，而共产党执政后"就是要搞生产……现在生产关系是改变了，就要提高生产力"③，中国的社会主义建设要从"人口多、底子薄，经济落后"④的基本国情出发，在制定发展战略时，"宁肯把困难想得多一点，因而把时间设想得长一点"⑤。他强调，中国在搞经济建设的过程中不能照搬照抄别国的经验模式，而要实现马克思列宁主义基本原理同中国具体实际的"第二次结合"；要遵循客观规律，且"一定要努力把党内党外、国内国外的一切积极的因素，直接的、间接的积极因素，全部调动起来"⑥。

2. 重视实体经济的统筹发展

在中国特色社会主义建设的初步探索中，毛泽东十分重视农业和工业等实体经济的统筹发展。在产业结构方面，毛泽东始终高度重视中国的农业和农民问题，他提出，"我国有五亿多农业人口，农民的情况如何，对于我国经济的发展和政权的巩固，关系极大"⑦。为实现中国国民经济协调发展，他提出"发展工业必须和发展农业同时并举"⑧，处理好农、轻、重的关系，着力优化农、轻、重的投资比例。在产业布局方面，毛泽东认为，要"好好地利用和发展沿海的工业老底子，可以使我们更有力量来发展和支持内地工业"⑨。总之，要注重发展农业和轻工业，既满足人民的生活需要，又为重工业的发展积累更多资金。

3. 重视科技对经济发展的重大作用

毛泽东高度重视科学技术，认为科学技术是一种建设强大的社会主义

---

① 《毛泽东文集》第7卷，人民出版社，1999，第218页。
② 《毛泽东文集》第7卷，人民出版社，1999，第1页。
③ 《毛泽东文集》第8卷，人民出版社，1999，第351页。
④ 《毛泽东文集》第8卷，人民出版社，1999，第302页。
⑤ 《毛泽东文集》第8卷，人民出版社，1999，第302页。
⑥ 《毛泽东文集》第7卷，人民出版社，1999，第44页。
⑦ 《毛泽东文集》第7卷，人民出版社，1999，第219页。
⑧ 《毛泽东文集》第7卷，人民出版社，1999，第241页。
⑨ 《毛泽东文集》第7卷，人民出版社，1999，第26页。

国家的伟大革命力量。早在1949年11月，中国科学院就已正式成立，可见国家对科技的高度重视。在1953年新中国实施第一个五年计划时，毛泽东要求人民学习先进的科学技术来建设我们的国家。1956年，毛泽东号召全党全国"向科学进军"，为追赶世界科学先进水平而奋斗。他认为，中国要进行技术革命、革技术落后的命，同时要求把党的工作重点放到技术革命上。毛泽东十分重视科技促进经济发展的重大作用，因为"不搞科学技术，生产力无法提高"[1]。他强调，在中国这样一个经济文化比较落后的大国搞建设，必须遵循节约的基本原则，[2] "必须注意尽可能充分地利用人力和设备，尽可能改善劳动组织、改善经营管理和提高劳动生产率"[3]，而"提高劳动生产率，一靠物质技术，二靠文化教育，三靠政治思想工作"[4]。他还强调了占据世界科技创新制高点的重要性，"我们不能走世界各国技术发展的老路，跟在别人后面一步一步地爬行。我们必须打破常规，尽量采用先进技术，在一个不太长的历史时期内，把我国建设成为一个社会主义的现代化的强国"[5]。

毛泽东关于推动中国实体经济健康发展的相关论述还有很多，尽管如今国内外形势已经发生了翻天覆地的变化，但毛泽东关于发展实体经济的重要论述，对推动中国实体经济高质量发展仍具有十分重要的指导意义。

（二）邓小平关于发展实体经济的相关论述

改革开放后，根据中国长期处于社会主义初级阶段的最大的基本国情，邓小平在社会主义建设实践中提出了"发展才是硬道理""两个飞跃""科学技术是第一生产力"等关于发展实体经济的重要论述，不断丰富和发展指导实体经济发展的宝贵思想。

1. 发展才是硬道理

邓小平历来高度重视发展社会主义社会的生产力。早在新中国成立初期，邓小平就指出："共产党就是为发展社会生产力的，否则就违背了马克思主义理论。"[6] 党的八大召开后，他强调"今后的主要任务是搞建设"[7]。

---

[1] 《毛泽东文集》第8卷，人民出版社，1999，第351页。
[2] 参见《毛泽东文集》第6卷，人民出版社，1999，第447页。
[3] 《毛泽东文集》第6卷，人民出版社，1999，第461页。
[4] 《毛泽东文集》第8卷，人民出版社，1999，第124~125页。
[5] 《毛泽东文集》第8卷，人民出版社，1999，第341页。
[6] 《邓小平文选》第1卷，人民出版社，1994，第148页。
[7] 《邓小平文选》第1卷，人民出版社，1994，第261页。

改革开放后，在深刻总结中国发展社会主义的历史经验教训的基础上，邓小平多次强调发展社会生产力的极端重要性，如"社会主义阶段的最根本任务就是发展生产力"[①]，"社会主义就是要发展生产力，这是一个很长的历史阶段"[②]。邓小平引领中国确立了党在社会主义初级阶段"一个中心、两个基本点"的基本路线，强调"最主要的是搞经济建设，发展国民经济，发展社会生产力。这件事情一定要死扭住不放"[③]。1992年初，邓小平在"南方谈话"中鲜明提出"发展才是硬道理"[④]的著名论断，充分强调了发展生产力的极端重要性。

2. 农业发展"两个飞跃"思想

农业是国民经济的基础。邓小平高度重视农业的基础地位，始终坚持把农业放在国民经济发展战略的首位。邓小平一再提醒全党，"农业是根本，不要忘掉"，"我们整个经济发展的战略，能源、交通是重点，农业也是重点"[⑤]。邓小平从中国国情出发，适时推动农村的制度创新，解放和发展农村生产力。例如，对于家庭联产承包责任制，邓小平给予了极大的支持，认为它是具有革命意义的改革。实行家庭联产承包责任制后，中国不仅粮食产量连年迅猛增长，而且形成了乡镇企业"异军突起"的农村经济发展新景象。20世纪80年代中期以来，家庭联产承包责任制的缺陷逐渐显现，农村某些地区开始发展适度规模经营，发展集体经济。对此，1990年3月，邓小平又适时提出"两个飞跃"思想："中国社会主义农业的改革和发展，从长远的观点看，要有两个飞跃。第一个飞跃，是废除人民公社，实行家庭联产承包为主的责任制。这是一个很大的前进，要长期坚持不变。第二个飞跃，是适应科学种田和生产社会化的需要，发展适度规模经营，发展集体经济。这是又一个很大的前进，当然这是很长的过程。"[⑥]邓小平的"两个飞跃"思想，既肯定了改革开放以来中国农业改革的发展成就，又展望了未来中国农业的改革方向，对当前乃至今后中国实现农业现代化具有重要的指导意义。邓小平十分重视调动农民的生产积极性。他认为：

---

[①] 《邓小平文选》第3卷，人民出版社，1993，第63页。
[②] 《邓小平文选》第3卷，人民出版社，1993，第228页。
[③] 《邓小平文选》第2卷，人民出版社，1994，第276页。
[④] 《邓小平文选》第3卷，人民出版社，1993，第377页。
[⑤] 《邓小平文选》第3卷，人民出版社，1993，第23、17页。
[⑥] 《邓小平文选》第3卷，人民出版社，1993，第355页。

"农业要恢复,要有一系列的政策,主要是两个方面的政策。一个方面是把农民的积极性调动起来,使农民能够积极发展农业生产,多搞点粮食,把经济作物恢复起来。另一个方面是工业支援农业。"[①] 他积极倡导农村发展多种经营,也十分重视科教兴农。他指出:"将来农业问题的出路,最终要由生物工程来解决,要靠尖端技术。"[②]

3. 科学技术是第一生产力

1978年,党的十一届三中全会召开后,中国科技事业迎来了发展的春天。邓小平反复强调科学技术在现代经济发展中第一位的变革作用,认为科学技术必须走在国民经济的前面。党的十一届三中全会以后,邓小平提出了"科学技术是第一生产力"的著名论断。邓小平指出:"马克思说过,科学技术是生产力,事实证明这话讲得很对。依我看,科学技术是第一生产力。"[③] "经济发展得快一点,必须依靠科技和教育。"[④] 劳动者素质的高低与知识分子的数量和质量,攸关经济发展后劲的大小,攸关综合国力的强弱,因此必须"尊重知识,尊重人才"[⑤]。邓小平还大力推进科技体制改革,力促科技和经济密切结合。

邓小平始终十分重视中国实体经济的增长速度和发展质量,他强调要争取"有一个比较好的又比较快的发展速度"[⑥],"一定要首先抓好管理和质量,讲求经济效益和总的社会效益,这样的速度才过得硬"[⑦]。

(三) 江泽民关于发展实体经济的相关论述

以江泽民同志为主要代表的中国共产党人,高度重视发展实体经济,引领中国逐步建立社会主义市场经济体制,优化实体经济发展环境,释放实体经济发展活力。

1. 发展是党执政兴国的第一要务

江泽民指出:"马克思主义执政党必须高度重视解放和发展生产力。离开发展,坚持党的先进性、发挥社会主义制度的优越性和实现民富国强都

---

① 《邓小平文选》第1卷,人民出版社,1994,第322页。
② 《邓小平文选》第3卷,人民出版社,1993,第275页。
③ 《邓小平文选》第3卷,人民出版社,1993,第274页。
④ 《邓小平文选》第3卷,人民出版社,1993,第377页。
⑤ 《邓小平文选》第2卷,人民出版社,1994,第40页。
⑥ 《邓小平文选》第2卷,人民出版社,1994,第197页。
⑦ 《邓小平文选》第3卷,人民出版社,1993,第143页。

无从谈起。"① 把发展作为党执政兴国的第一要务,这是中国共产党的执政地位决定的,是对执政规律认识的深化,也是党实现其所承担的历史责任的需要。江泽民强调:"一个国家特别是一个大国的经济发展,必须建立在坚实的物质技术基础和合理的经济结构之上,必须有自己强大的基础产业,否则经不起困难和风险的冲击。"② 江泽民在党的十六大报告中首次提出正确处理"虚拟经济和实体经济的关系"③,让人们初步认识到推动实体经济与虚拟经济协调发展的重要性。

2. 科学技术是先进生产力的集中体现和主要标志

面对世界科技进步的潮流与经济发展的新形势,江泽民敏锐地认识到,21世纪里"谁在知识和科技创新上占优势,谁就在发展上占据主导地位"④。他认为:"科学技术是第一生产力,而且是先进生产力的集中体现和主要标志。"⑤ "创新是一个民族进步的灵魂,是一个国家兴旺发达的不竭动力。创新的关键在人才,人才的成长靠教育","科技创新越来越成为当今社会生产力解放和发展的重要基础和标志"。⑥ "人才是一个国家发展最重要的资源。"⑦ 他领导中国全面实施科教兴国战略,认为要"坚持教育为本,把科技和教育摆在经济社会发展的重要位置,增强国家的科技实力以及向现实生产力转化的能力,提高全民族的科技文化素质,把经济建设转到依靠科技进步和提高劳动者素质的轨道上来"⑧。江泽民确立了中国科技创新的战略目标,即建立国家创新体系,鼓励自主创新。中国要顺应科技进步潮流,"坚持以信息化带动工业化,以工业化促进信息化,走出一条科技含量高、经济效益好、资源消耗低、环境污染少、人力资源优势得到充分发挥的新型工业化路子"⑨。

3. 关于工农业协调发展的论述

江泽民认为,"三农"问题攸关中国改革开放和现代化建设全局。他强

---

① 《江泽民文选》第3卷,人民出版社,2006,第538页。
② 《江泽民文选》第2卷,人民出版社,2006,第102页。
③ 《江泽民文选》第3卷,人民出版社,2006,第545页。
④ 《江泽民文选》第2卷,人民出版社,2006,第329页。
⑤ 《江泽民文选》第3卷,人民出版社,2006,第275页。
⑥ 《江泽民文选》第2卷,人民出版社,2006,第237、392页。
⑦ 《江泽民文选》第3卷,人民出版社,2006,第27页。
⑧ 《江泽民文选》第1卷,人民出版社,2006,第428页。
⑨ 《江泽民文选》第3卷,人民出版社,2006,第545页。

调:"建国初期实行依靠农业积累发展工业的战略是必要的。现在条件不同了,应该调整结构,包括调整基本建设投资、财政预算内资金、信贷资金结构。宁肯暂时少上几个工业项目,也要保证农业发展的紧迫需要。"① "农业是社会效益大而比较效益低的产业,光靠市场调节不行,……必须通过国家宏观调控加以扶持和保护,逐步形成以工补农、以工建农、以工带农的机制。"② 他认为,发展小城镇是个大战略,有利于化解农村经济发展中面临的深层次矛盾;调整优化经济结构十分重要,因为"我国经济发展中的突出矛盾和深层次问题是经济结构不合理,主要表现为产业结构不合理,地区发展不协调,城镇化水平低"③ 等。"发展经济不能只靠增加投资、扩大规模、铺摊子、上项目等外延方式发展新的生产能力。"④ 中国要创新发展观念和思路,"把结构调整作为主线"⑤,"实行经济结构的战略性调整"⑥,加快推进经济增长方式从粗放型向集约型转变,"走出一条速度较快、效益较好、整体素质不断提高的经济社会协调发展的路子"⑦。

(四) 胡锦涛关于发展实体经济的相关论述

2008年国际金融危机爆发后,胡锦涛在国际会议上强调要重视实体经济,在国内主张大力发展社会生产力,牢牢把握发展实体经济这一坚实基础,实施创新驱动发展战略,建设创新型国家,这极大地丰富了中国发展实体经济的思路和战略。

1. 发展是解决中国一切问题的总钥匙

物质资料的生产始终是人类社会存在和发展的基础,而社会生产力是人类社会可持续发展的最终决定力量。胡锦涛强调:"发展是解决中国一切问题的总钥匙,发展对于全面建设小康社会、加快推进社会主义现代化,对于开创中国特色社会主义事业新局面、实现中华民族伟大复兴,具有决定性意义。"⑧ 我们必须始终坚持把发展作为党执政兴国的第一要务,抓住经济建设这个中心,尊重经济规律,贯彻落实科教兴国战略和人才强国战

---

① 江泽民:《论社会主义市场经济》,中央文献出版社,2006,第144页。
② 《江泽民论有中国特色社会主义(专题摘编)》,中央文献出版社,2002,第129~130页。
③ 《江泽民文选》第3卷,人民出版社,2006,第119页。
④ 江泽民:《论社会主义市场经济》,中央文献出版社,2006,第116页。
⑤ 《江泽民文选》第3卷,人民出版社,2006,第118页。
⑥ 《江泽民文选》第3卷,人民出版社,2006,第119页。
⑦ 《江泽民文选》第2卷,人民出版社,2006,第510页。
⑧ 《胡锦涛文选》第3卷,人民出版社,2016,第95页。

略,加快转变经济发展方式,着力提高实体经济的发展质量和效益,为实现中华民族伟大复兴打下坚实基础。

2. 牢牢把握发展实体经济这一坚实基础

2008年国际金融危机爆发后,以胡锦涛同志为总书记的党中央敏锐地认识到国际金融危机的严重性及其对实体经济的深刻影响,果断实施积极的财政政策和适度宽松的货币政策,实行开拓内外消费市场、扩大国内投资需求、实施产业振兴规划、大力推进科技创新、深化财税金融体制改革等一揽子政策措施,大力扶持和发展实体经济,实体经济复苏成效显著。2011年中央经济工作会议强调,要"牢牢把握发展实体经济这一坚实基础。……努力营造鼓励脚踏实地、勤劳创业、实业致富的社会氛围"①。胡锦涛在党的十八大报告中进一步指出:"牢牢把握发展实体经济这一坚实基础,实行更加有利于实体经济发展的政策措施,推动战略性新兴产业、先进制造业健康发展,加快传统产业转型升级,推动服务业特别是现代服务业发展壮大,支持小微企业特别是科技型小微企业发展。"② 从农业来看,党历来高度重视并大力发展农业,强调解决好"三农"问题是全党工作的重中之重。基于农业在国民经济中的基础地位,胡锦涛指出,"要坚持'多予、少取、放活'的方针,采取综合措施,努力增加农民收入"③。从工业来看,胡锦涛指出,工业是实体经济的主体,也是我国转变经济发展方式、调整优化产业结构的主战场。④ 中国要实施创新驱动发展战略,加快推进现代产业体系建设,深化信息技术在工业领域中的集成应用,坚持走中国特色新型工业化、信息化、城镇化、农业现代化道路。胡锦涛还主张优化服务业的发展环境,大力支持小微企业和服务业发展。

3. 建设创新型国家

胡锦涛高度重视科技进步在推动国家经济发展中的重要作用。他认为,"科学技术是第一生产力,是推动人类文明进步的革命力量"⑤,"对一个国家、一个民族现在和未来的发展具有决定性意义"⑥。2005年10月,胡锦涛

---

① 《胡锦涛文选》第3卷,人民出版社,2016,第575页。
② 《胡锦涛文选》第3卷,人民出版社,2016,第630页。
③ 《十六大以来重要文献选编》(上),中央文献出版社,2005,第116页。
④ 参见苗圩《坚定不移走中国特色新型工业化道路 努力实现从工业大国向工业强国转变——学习胡锦涛总书记重要讲话精神的体会》,《中国经济和信息化》2012年第11期。
⑤ 《十六大以来重要文献选编》(下),中央文献出版社,2008,第184页。
⑥ 《十六大以来重要文献选编》(中),中央文献出版社,2006,第112页。

首次提出建设创新型国家的战略构想。2006年1月，中共中央正式提出"建设创新型国家"的重大战略任务。2006年2月，国务院出台《国家中长期科学和技术发展规划纲要（2006—2020年）》，"自主创新，重点跨越，支撑发展，引领未来"是之后15年科技工作的指导方针。胡锦涛代表党中央提出未来15年中国科技发展的总体目标，强调"建设创新型国家，关键在人才，尤其在创新型科技人才"[①]。为此，"要坚持贯彻尊重劳动、尊重知识、尊重人才、尊重创造的方针，全面实施人才强国战略"[②]，"努力造就数以亿计的高素质劳动者、数以千万计的专门人才和一大批拔尖创新人才，把优秀人才集聚到国家科技事业中来"[③]。胡锦涛特别重视实施创新驱动发展战略，强调要坚持走中国特色自主创新道路，努力增强自主创新能力；深化科技体制改革，健全国家技术创新体系，让企业成为技术创新的主体，增强科技对实体经济发展的重大支撑引领作用；努力健全知识创新体系，加大知识产权保护力度，激发全社会的创新活力，为建设创新型国家奠定坚实基础。

**（五）习近平总书记关于发展实体经济的重要论述**

发展是人类社会的永恒主题，也是当代中国的主旋律。实体经济是国民经济的根基，也是国家强盛的重要支柱。党的十八大以来，以习近平同志为核心的党中央立足中华民族伟大复兴战略全局和世界百年未有之大变局，围绕"为什么发展实体经济""发展什么样的实体经济""怎样发展实体经济"，深入系统地论述了中国发展实体经济的战略意义、主要目标、实现路径等重大问题，为推动实体经济高质量发展提供了根本遵循。

1. 实体经济高质量发展是实现中华民族伟大复兴的必然要求

世界各国发展经验表明，国家强大、民族兴盛、社会发展、人民幸福，都离不开高度发达的物质文明。推动经济高质量发展，实体经济高质量发展是根本。2017年4月，习近平总书记在广西考察时强调，一个国家一定要有正确的战略选择，中国是个大国，必须发展实体经济，不断推进工业现代化，提高制造业水平。[④] 不断发展壮大的实体经济，为中华民族迎来从站起来、富起来到强起来的伟大飞跃提供了坚实的物质技术支撑，推进中

---

① 《十六大以来重要文献选编》（下），中央文献出版社，2008，第481页。
② 《胡锦涛文选》第2卷，人民出版社，2016，第408页。
③ 《十七大以来重要文献选编》（上），中央文献出版社，2009，第498页。
④ 参见本书编辑组编《国企公开课》第一辑（下），人民出版社，2019，第170页。

国式现代化、实现中华民族伟大复兴必然要求我们坚持把发展经济的着力点放在实体经济上。

首先,实体经济高质量发展是实现中华民族伟大复兴的物质基础。历史和现实表明,实体经济是一国经济的立身之本,发达稳健的实体经济是综合国力的根基。中华民族是世界上古老而伟大的民族,历来十分重视发展实体经济,创造了辉煌灿烂的物质文明,以繁荣强大的文明体屹立于世界民族之林。特别是党的十八大以来,以习近平同志为核心的党中央,把实体经济及其背后的科技支撑,作为民族复兴千秋伟业的坚强柱石和应对国际竞争大风大浪的定海神针,[①] 聚焦实体经济高质量发展作出一系列战略部署,稳步推进实体经济高质量发展。2016年12月,习近平总书记在中央经济工作会议上的讲话中指出:"振兴实体经济是供给侧结构性改革的主要任务,供给侧结构性改革要向振兴实体经济发力、聚力。不论经济发展到什么时候,实体经济都是我国经济发展、我们在国际经济竞争中赢得主动的根基。我国经济是靠实体经济起家的,也要靠实体经济走向未来。"[②] 2018年1月,习近平总书记在主持中共十九届中央政治局第三次集体学习时指出:"实体经济是一国经济的立身之本,是财富创造的根本源泉,是国家强盛的重要支柱。"[③] 2018年10月,习近平总书记在广东省考察时指出:"从大国到强国,实体经济发展至关重要,任何时候都不能脱实向虚。"[④] 习近平总书记关于发展实体经济的重要论断,体现了对经济发展规律的深刻认识,明确了发展实体经济的极端重要性,为中国正确处理实体经济与虚拟经济的关系、加快推动实体经济高质量发展提供了科学指引。在国际国内形势纷繁复杂、新一轮科技革命和产业变革蓬勃发展背景下,中国全面推进强国建设、民族复兴伟业面临战略机遇和风险挑战并存、不确定难预料因素增多、来自外部的打压遏制随时可能升级等问题,我们比以往任何时候都更加需要坚定推动实体经济高质量发展的信心和决心,更加需要强大实体经济的支撑。中国要进一步全面深化改革,健全推动实体经济高质量发展的体制机制,塑造实体经济高质量发展新动能新优势,厚植中国

---

[①] 刘铮等:《从"实"字看为民族复兴奠定更强大物质基础——习近平经济思想的生动实践述评之二》,《人民日报》2021年12月6日,第1版。
[②] 《习近平关于社会主义经济建设论述摘编》,中央文献出版社,2017,第116页。
[③] 《习近平谈治国理政》第3卷,外文出版社,2020,第242页。
[④] 转引自吴晓求等《谋局:中国资本市场的变革与突围》,经济日报出版社,2022,第78页。

式现代化的实体经济根基,让中华民族以更加昂扬的姿态屹立于世界民族之林。

其次,实体经济高质量发展是全面建成社会主义现代化强国的题中应有之义。党的十九大报告指出,我国的奋斗目标是到2035年基本实现社会主义现代化,到21世纪中叶把我国建成富强民主文明和谐美丽的社会主义现代化强国。国家强,现代化经济体系必须强。现代化经济体系是社会主义现代化强国的重要支撑,实体经济则是建设现代化经济体系的基石和重要着力点。2013年7月,习近平总书记在湖北调研时强调,工业化对于国家强大至关重要,国家强大要靠实体经济,不能泡沫化。[1] 2013年8月,习近平总书记在辽宁考察时指出,实体经济是国家的本钱,要发展制造业尤其是先进制造业,加强技术创新,加快信息化、工业化融合。[2] 2017年10月,习近平总书记在党的十九大报告中强调:"建设现代化经济体系,必须把发展经济的着力点放在实体经济上,把提高供给体系质量作为主攻方向,显著增强我国经济质量优势。"[3] 2022年10月,习近平总书记在党的二十大报告中指出,实现高质量发展是中国式现代化的本质要求之一,"高质量发展是全面建设社会主义现代化国家的首要任务"[4]。2023年5月,习近平总书记在二十届中央财经委员会第一次会议上指出,现代化产业体系是现代化国家的物质技术基础,必须把发展经济的着力点放在实体经济上,为实现第二个百年奋斗目标提供坚强物质支撑。[5] 总之,实体经济是高质量发展的根基和引擎,也是建设现代化经济体系的着力点,实体经济高质量发展是中国全面建成社会主义现代化强国的题中应有之义。

最后,实体经济高质量发展是满足人民日益增长的美好生活需要的内在要求。随着中国特色社会主义进入新时代,我国社会主要矛盾已经转化为人民日益增长的美好生活需要和不平衡不充分的发展之间的矛盾。习近平总书记强调,"发展是党执政兴国的第一要务,是解决中国所有问题的关键"[6],

---

[1] 参见冯俊主编《中国治理新方略》,人民出版社,2017,第17页。
[2] 《习近平:技术和粮食一样要端自己的饭碗》,新华网,http://www.xinhuanet.com/politics/2013-08/30/c_117161230.htm。
[3] 《习近平著作选读》第2卷,人民出版社,2023,第25页。
[4] 《习近平著作选读》第1卷,人民出版社,2023,第23页。
[5] 《加快建设以实体经济为支撑的现代化产业体系 以人口高质量发展支撑中国式现代化》,《人民日报》2023年5月6日,第1版。
[6] 《习近平谈治国理政》第2卷,外文出版社,2017,第38页。

"高质量发展是全面建设社会主义现代化国家的首要任务"①,"实体经济是基础,各种制造业不能丢,作为十四亿人口的大国,粮食和实体产业要以自己为主,这一条绝对不能丢"②。2021年3月,习近平总书记在参加十三届全国人大四次会议青海代表团审议时强调:"要始终把最广大人民根本利益放在心上,坚定不移增进民生福祉,把高质量发展同满足人民美好生活需要紧密结合起来,推动坚持生态优先、推动高质量发展、创造高品质生活有机结合、相得益彰。"③ 实体经济高质量发展,就是能够很好地满足人民日益增长的美好生活需要的发展。推动实体经济高质量发展是更好地满足人民日益增长的美好生活需要的基础和前提,而满足人民日益增长的美好生活需要是推动实体经济高质量发展的价值目标。中国深入实施创新驱动发展战略,加快培育和发展新质生产力,进一步全面深化改革推动实体经济高质量发展,归根结底是为了不断满足人民日益增长的美好生活需要,这是坚持以人民为中心的发展思想的题中应有之义。中国要坚持把高质量发展作为新时代的硬道理,以经济体制改革为牵引,健全推动实体经济高质量发展的体制机制,加快推动实体经济产业转型升级,加快建设适应科技新变化、人民新需要、优质高效多样化的供给体系,提供更多优质产品和服务,更好满足人民日益增长的美好生活需要。

2. 做实做强做优实体经济是中国高质量发展的主攻方向

习近平总书记高度重视实体经济发展,2020年8月在安徽考察时指出,"要深刻把握发展的阶段性新特征新要求,坚持把做实做强做优实体经济作为主攻方向"④。习近平总书记的重要论述为中国实实在在、心无旁骛地推动实体经济高质量发展指明了前进方向,提供了根本遵循,彰显了中国加快推动实体经济高质量发展的信心和决心。

首先,做实实体经济。2008年国际金融危机和2020年暴发的新冠疫情,让世界各国更加深刻认识到实体经济特别是制造业对于支撑经济增长、保障国家安全、护航国计民生的极端重要性。一方面,保持制造业合理比

---

① 《习近平著作选读》第1卷,人民出版社,2023,第23页。
② 习近平:《论把握新发展阶段、贯彻新发展理念、构建新发展格局》,中央文献出版社,2021,第345页。
③ 习近平:《论把握新发展阶段、贯彻新发展理念、构建新发展格局》,中央文献出版社,2021,第533页。
④ 《习近平关于网络强国论述摘编》,中央文献出版社,2021,第145页。

重。制造业是实体经济的主体，是立国之本、强国之基，历来是世界经济大国强国参与国际竞争的"杀手锏"。2017年12月，习近平总书记在考察徐工集团重型机械有限公司时强调："必须始终高度重视发展壮大实体经济，抓实体经济一定要抓好制造业""制造业高质量发展是我国经济高质量发展的重中之重，建设社会主义现代化强国、发展壮大实体经济，都离不开制造业。"①面对疫情的严重冲击，"我国完备的制造业体系发挥了至关重要的支撑作用，再次证明制造业对国家特别是大国发展和安全的重要意义"②。2023年全国两会期间，习近平总书记在参加江苏代表团审议时指出："我国的制造业门类非常齐全，现在要努力的，就是全面提升，过去的中低端要向上走，布局高端。高质量发展就要体现在这里。任何时候中国都不能缺少制造业。"③另一方面，促进实体经济与虚拟经济协调发展。实体经济与虚拟经济是相互依存、共生共荣的关系。实体经济是虚拟经济健康发展的根基，而虚拟经济对实体经济的发展具有双重作用。当实体经济与虚拟经济协调发展时，健康的虚拟经济是实体经济高质量发展的强大引擎；当实体经济与虚拟经济严重失衡时，虚拟经济严重背离实体经济发展需求将导致实体经济动荡不安。习近平总书记高度重视发展实体经济，考察企业时深有感触地说："工业化很重要，我们这么一个大国要强大，要靠实体经济，不能泡沫化。自力更生任何时候都不能少，我们自己的饭碗主要要装自己生产的粮食。"④2019年1月，习近平总书记在天津港考察时指出，实体经济是大国的根基，经济不能脱实向虚。⑤总之，建立保持制造业合理比重投入机制，着力引导劳动、资本、土地、知识、技术、管理、数据等要素资源向实体经济特别是制造业集聚发力，促进制造业保持合理比重，是中国推动制造业高质量发展、夯实实体经济根基的内在要求。

其次，做优实体经济。当今世界百年未有之大变局加速演进，新一轮科技革命和产业变革蓬勃发展，大国博弈与科技竞争愈发激烈，全球产业链供应链深度调整。加快推动实体经济高质量发展，做优实体经济是中国

---

① 转引自郑庆东主编《习近平经济思想研究文集（2022）》，人民出版社，2023，第379页。
② 《习近平著作选读》第2卷，人民出版社，2023，第372页。
③ 转引自杜尚泽《"任何时候中国都不能缺少制造业"》，《人民日报》2023年3月6日，第1版。
④ 转引自徐蔚冰《优先发展重工业国家战略的形成》，《中国经济时报》2019年6月3日，第A04版。
⑤ 参见郑庆东主编《习近平经济思想研究文集（2022）》，人民出版社，2023，第368页。

在大国博弈中站稳脚跟的前提基础。2013年7月,习近平总书记在武汉考察企业时动情地说,工业是我们的立国之本,要大力发扬自力更生精神,研发生产我们自己的品牌产品,形成我们的核心竞争力,进而推动国家繁荣富强,工人阶级要把这个历史责任承担起来![1] 2013年11月,习近平总书记在山东考察时强调"保障粮食安全是一个永恒的课题,任何时候都不能放松"[2]。2019年9月,习近平总书记在河南调研时指出,制造业是实体经济的基础,实体经济是中国发展的本钱,是构筑未来发展战略优势的重要支撑。要坚定推进产业转型升级,加强自主创新,发展高端制造、智能制造,把中国制造业和实体经济搞上去,推动中国经济由量大转向质强,扎扎实实实现"两个一百年"奋斗目标。[3] 2022年10月,习近平总书记在党的二十大报告中指出:"支持专精特新企业发展,推动制造业高端化、智能化、绿色化发展。"[4] 2024年3月,习近平总书记在主持召开新时代推动中部地区崛起座谈会时强调:"立足实体经济这个根基,做大做强先进制造业,积极推进新型工业化,改造提升传统产业,培育壮大新兴产业,超前布局建设未来产业,加快构建以先进制造业为支撑的现代化产业体系。"[5] 总之,中国要健全提升产业链供应链韧性和安全水平制度,因地制宜发展新质生产力,以科技创新引领产业创新,加快推动实体经济特别是制造业高端化、智能化、绿色化发展,不断提升实体经济的"含金量""含新量""含绿量",加快提升产业链供应链韧性和安全水平,持续增强有效防范化解"脱钩断链"风险的定力和实力,为全面建设社会主义现代化国家和实现中华民族伟大复兴奠定坚实的物质基础。

最后,做强实体经济。美国、德国、法国、日本等世界经济强国崛起的历程表明:唯有做强实体经济才能实现经济强国。实体经济是高质量发展的基石,是强国富民的根基,也是中国参与国际合作和竞争的优势所在。改革开放40余年来,中国已经成长为一个实体经济大国,但还不是实体经济强国。2021年3月,"十四五"规划和2035年远景目标纲要强调:"加快

---

[1] 参见《坚定不移全面深化改革开放 脚踏实地推动经济社会发展》,《人民日报》2013年7月24日,第1版。
[2] 《习近平关于国家粮食安全论述摘编》,中央文献出版社,2023,第3页。
[3] 参见新华月报编《新中国70年大事记(1949.10.1—2019.10.1)》(下),人民出版社,2020,第1999页。
[4] 《习近平著作选读》第1卷,人民出版社,2023,第25页。
[5] 《在更高起点上扎实推动中部地区崛起》,《人民日报》2024年3月21日,第1版。

发展现代产业体系，巩固壮大实体经济根基。"① 2022年10月，习近平总书记在党的二十大报告中进一步强调："坚持把发展经济的着力点放在实体经济上，推进新型工业化，加快建设制造强国、质量强国、航天强国、交通强国、网络强国、数字中国。"② 实体经济强，产业链必须强。2023年11月，习近平总书记在亚太经合组织第三十次领导人非正式会议上的讲话中指出："中国具有社会主义市场经济的体制优势、超大规模市场的需求优势、产业体系配套完整的供给优势、大量高素质劳动者和企业家的人才优势，经济发展具备强劲的内生动力、韧性、潜力。"③ 总之，要牢牢把握"有中国共产党的坚强领导""有中国特色社会主义制度的显著优势""有持续快速发展积累的坚实基础""有长期稳定的社会环境""有自信自强的精神力量"等战略性有利条件，④ 进一步全面深化改革开放，健全做强实体经济的体制机制，塑造实体经济高质量发展新动能新优势，加快推动中国经济迈上高质量发展新台阶。

3. 中国实体经济高质量发展的路径选择

实体经济是国民经济的根基和命脉，推动实体经济高质量发展是党和国家的重大决策部署，也是全面建成社会主义现代化强国的题中应有之义。习近平总书记明确指出，"高质量发展，就是能够很好满足人民日益增长的美好生活需要的发展，是体现新发展理念的发展"⑤。中国要强化科技创新驱动，抓好抓实协调发展，全面推进绿色转型，营造良好发展环境，加快推动实体经济高质量发展迈上新台阶，为强国建设、民族复兴伟业奠定坚实的物质基础。

首先，强化科技创新驱动，加快推动实体经济高质量发展。科技创新是引领实体经济高质量发展的第一动力。当今世界，各国实体经济实力乃至综合国力的较量，归根结底是科技创新能力的竞争。"从全球范围看，科学技术越来越成为推动经济社会发展的主要力量，创新驱动是大势所趋。"⑥ 从国内现实来看，创新驱动是形势所迫。"一个地方、一个企业，要突破发

---

① 《中华人民共和国国民经济和社会发展第十四个五年规划和2035年远景目标纲要》，人民出版社，2021，第23页。
② 《习近平著作选读》第1卷，人民出版社，2023，第25页。
③ 《习近平在亚太经合组织第三十次领导人非正式会议上的讲话》，人民出版社，2023，第6页。
④ 习近平：《论"三农"工作》，中央文献出版社，2022，第329~330页。
⑤ 《习近平著作选读》第2卷，人民出版社，2023，第67页。
⑥ 《习近平关于科技创新论述摘编》，中央文献出版社，2016，第77页。

展瓶颈、解决深层次矛盾和问题，根本出路在于创新，关键要靠科技力量。"① 可见，坚持以创新驱动引领实体经济转型升级，是新时代新征程上推动中国实体经济高质量发展的关键路径。2020年7月，习近平总书记在企业家座谈会上强调："要提升产业链供应链现代化水平，大力推动科技创新，加快关键核心技术攻关，打造未来发展新优势。"② 2022年6月，习近平总书记在四川考察时强调："推进科技创新，要在各领域积极培育高精尖特企业，打造更多'隐形冠军'，形成科技创新体集群。"③ 2022年10月，习近平总书记在党的二十大报告中指出："必须坚持科技是第一生产力、人才是第一资源、创新是第一动力，深入实施科教兴国战略、人才强国战略、创新驱动发展战略，开辟发展新领域新赛道，不断塑造发展新动能新优势。"④ 2024年2月，习近平总书记在中共中央政治局第十一次集体学习时强调："发展新质生产力是推动高质量发展的内在要求和重要着力点，必须继续做好创新这篇大文章，推动新质生产力加快发展。"⑤ 党的二十届三中全会强调："健全促进实体经济和数字经济深度融合制度""塑造发展新动能新优势"。⑥ 习近平总书记的重要论述为中国以科技创新驱动实体经济高质量发展指明了前进方向，提供了行动指南。中国要全面贯彻落实党的二十大和党的二十届二中、三中全会精神，深入实施科教兴国战略、人才强国战略、创新驱动发展战略，统筹推进教育科技人才体制机制一体改革，健全新型举国体制，聚焦国家战略和经济社会发展现实需要持续完善科技创新体系，加快新能源、人工智能、生物制造、绿色低碳、纳米技术、量子计算等前沿科技研发和应用推广，不断提升国家创新体系整体效能，加快培育和形成新质生产力，激发实体经济高质量发展新动能。要强化实体经济企业科技创新主体地位，支持企业牵头组建上下游紧密合作的创新联合体，持续推进关键核心技术协同攻关，促进数字技术和实体经济深度融合，推动科技成果加快转化为现实生产力。要凝聚实体经济企业、

---

① 《习近平关于科技创新论述摘编》，中央文献出版社，2016，第3页。
② 《习近平著作选读》第2卷，人民出版社，2023，第324页。
③ 《深入贯彻新发展理念主动融入新发展格局　在新的征程上奋力谱写四川发展新篇章》，《人民日报》2022年6月10日，第1版。
④ 《习近平著作选读》第1卷，人民出版社，2023，第28页。
⑤ 《加快发展新质生产力　扎实推进高质量发展》，《人民日报》2024年2月2日，第1版。
⑥ 《中共中央关于进一步全面深化改革　推进中国式现代化的决定》，人民出版社，2024，第10~13页。

行业、市场、科研院所和高校等多方力量，加快推动"专精特新"企业高质量发展，增强产业链供应链韧性。大力弘扬企业家精神和工匠精神，培养更多高素质技术技能人才、能工巧匠、大国工匠，为实体经济高质量发展提供强劲动能。总之，要进一步充分发挥科技创新的主导作用，加快推动中国实体经济特别是制造业高端化、智能化、绿色化发展，助力实体经济企业降成本、提质量、增效益，不断提升实体经济企业获取盈利的能力和竞争力，巩固壮大实体经济根基。

其次，抓好抓实协调发展，加快推动实体经济高质量发展。协调是实体经济持续健康发展的内在要求，也是评价实体经济高质量发展的重要标准。改革开放40余年来，中国实体经济取得举世瞩目的发展成就，但发展不平衡不充分问题仍然突出。2016年底召开的中央经济工作会议指出，"我国经济运行面临的突出矛盾和问题，虽然有周期性、总量性因素，但根源是重大结构性失衡。概括起来，主要表现为'三大失衡'。一是实体经济结构性供需失衡"，"二是金融和实体经济失衡"，"三是房地产和实体经济失衡"。[①]"三大失衡"是制约中国实体经济高质量发展的突出问题。习近平总书记指出，要"推动金融、房地产同实体经济协调发展"[②]，强调要"坚守实体经济，落实高质量发展"[③]。因此，中国必须坚持系统观念，全面深化改革开放，加快建设以实体经济为支撑的现代化产业体系。一方面，坚持以实体经济为重。要建立保持制造业合理比重投入机制，进一步优化财税支持政策，完善先进制造业增值税加计抵减政策，合理降低实体经济特别是制造业综合成本和税费负担，并且坚持把金融服务实体经济作为根本宗旨，加快建设中国特色现代金融市场体系，持续提升服务实体经济质效，在稳步提高实体经济质量效益中实现盈利能力提升，引导各类资源和生产要素顺畅流向实体经济，保持制造业占国内生产总值比重基本稳定，避免经济发展"脱实向虚"。另一方面，推动三次产业协调发展。现代化产业体系是包括现代化的工业、农业、服务业和基础设施在内的一个完整的有机体，是现代化国家的物质技术基础。习近平总书记强调："一手抓传统产业转型升级，一手抓战略性新兴产业发展壮大，推动制造业加速向数字化、

---

① 《全面建成小康社会重要文献选编》（下），人民出版社、新华出版社，2022，第957页。
② 《习近平著作选读》第2卷，人民出版社，2023，第503页。
③ 《习近平书信选集》第1卷，中央文献出版社，2022，第160页。

网络化、智能化发展，提高产业链供应链稳定性和现代化水平。"①"加快构建战略性新兴产业和传统制造业并驾齐驱、现代服务业和传统服务业相互促进、信息化和工业化深度融合的产业发展新格局。"②"加快发展数字经济，促进数字经济和实体经济深度融合，打造具有国际竞争力的数字产业集群。"③中国要充分发挥市场在资源配置中的决定性作用和更好发挥政府作用，把实施扩大内需战略同深化供给侧结构性改革有机结合起来，健全现代化的基础设施，培育壮大先进制造业集群，巩固优势产业领先地位，补齐产业发展短板弱项，坚持三次产业和上下游之间融合发展，推动形成一二三产业协同发展、融合互动的良好格局，同时加快构建大中小实体经济企业竞合共生的良好发展生态，坚定不移推进产业结构优化升级，促进产业产品绿色升级，持续提高供给体系质量和效率，高质量实现供给需求动态平衡，为实体经济高质量发展开辟更大的实现空间。

再次，全面推进绿色转型，加快推动实体经济高质量发展。高质量发展是全面建设社会主义现代化国家的首要任务，而绿色发展是高质量发展的鲜明底色。2022年10月，习近平总书记在党的二十大报告中指出："加快发展方式绿色转型。推动经济社会发展绿色化、低碳化是实现高质量发展的关键环节。"④全面推进中国实体经济绿色转型是实现高质量发展的必由之路，也是建设人与自然和谐共生现代化的内在要求。党的十八大以来，中国实体经济全面绿色转型步伐坚实，绿色产业处于扩张期，绿色产品供给能力稳步提升，绿色消费驶入"快车道"，绿色生活方式快速兴起，持续激发市场活力。据统计，中国在国家层面已累计培育5095家绿色工厂、371家绿色工业园区、605家绿色供应链管理企业、500余家绿色制造专业化服务机构，⑤建成全球最大、最完整和最具竞争力的清洁能源产业链，太阳能发电和风力发电装机规模超过11亿千瓦，新能源汽车产销量连续9年位居全球第一，⑥说明中国实体经济绿色转型取得显著成效，彰显了中国的大国

---

① 《习近平关于网络强国论述摘编》，中央文献出版社，2021，第145页。
② 《十八大以来重要文献选编》（下），中央文献出版社，2018，第201页。
③ 《习近平著作选读》第1卷，人民出版社，2023，第25页。
④ 《习近平著作选读》第1卷，人民出版社，2023，第41页。
⑤ 丁怡婷、王政、王云杉：《实体经济质量效益稳步提高（经济平稳起步 持续回升向好）》，《人民日报》2024年5月8日，第1版。
⑥ 《在经济发展中促进绿色转型 在绿色转型中实现更大发展》，《人民日报》2024年5月7日，第12版。

担当，为世界绿色发展持续注入强劲动力。同时也要看到，新征程上，中国实体经济全面绿色转型面临产业结构偏重、能源结构偏煤、资源环境约束长期存在等挑战。习近平总书记强调："发展是安全的基础，安全是发展的条件。"① 实现高质量发展和高水平安全良性互动，既是全面推进实体经济绿色转型的内在要求，也是推进中国式现代化的重要保障。党的二十届三中全会强调，健全绿色低碳发展机制，聚焦建设美丽中国，加快经济社会发展全面绿色转型。② 一方面，加快推动实体经济产业结构绿色低碳转型。绿色低碳产业是推动实体经济全面绿色转型的强劲动能。中国要坚持绿水青山就是金山银山的理念，加快制定并深入实施支持实体经济产业结构绿色低碳转型的财税、金融、投资、价格政策和标准体系。要大力推动传统产业绿色低碳改造升级，支持实体经济企业运用数智技术、绿色技术改造提升传统产业，不断提高钢铁、有色金属、石化、化工、建材、造纸、印染等高耗能行业的绿色低碳发展水平。要加快发展新能源、新材料、绿色环保等战略性新兴产业，前瞻布局人工智能、量子科技、新型储能等未来产业，加快打造一批绿色低碳领军实体经济企业和专精特新中小企业，不断提升绿色低碳产业在经济总量中的比重，稳步增强绿色低碳技术、绿色产品和服务供给能力。要健全绿色消费激励机制，优化政府绿色采购政策，完善绿色税制，激发实体经济绿色低碳发展的内生动力，加快形成绿色生产方式和生活方式，厚植实体经济高质量发展的绿色底色。另一方面，加快推动能源绿色低碳转型。能源是实体经济的基础和发展动力，也是碳排放的最主要来源和绿色转型的重点领域。稳妥推进能源绿色低碳转型，加快构建能源供给新体系，既是适应全球能源体系转型、保障国家能源安全的战略举措，也是加快实体经济绿色低碳转型、推进中国式现代化的必由之路。中国能源转型已经取得历史性成就，为实体经济绿色低碳转型提供了有力保障，为全球绿色发展注入动能。然而，能源转型是一场广泛而深刻的经济社会系统性变革，是一项长期而艰巨的战略性任务，难以一蹴而就，需要久久为功。一要加快培育能源绿色低碳消费模式，擦亮能源绿色消费底色。习近平总书记强调，要一以贯之坚持节约优先方针，更高水

---

① 《习近平谈治国理政》，外交出版社，2014，第356页。
② 《中共中央关于进一步全面深化改革　推进中国式现代化的决定》，人民出版社，2024，第40、5页。

平、更高质量地做好节能工作，用最小成本实现最大收益。① 中国要坚持把节约能源资源放在首位，深入实施节能优先战略，既要强化节能降碳制度约束，健全支持绿色消费的财税、金融、价格政策和标准体系，推动能源消耗总量和强度调控逐步转向碳排放总量和强度"双控"，促进工业、建筑业、交通运输业等能源消耗"大户"用能电气化、低碳化，增加清洁能源消费所占比重，优化能源消费结构，又要加快构建绿色低碳国民教育体系，引导全民牢固树立节能是"第一能源"理念，持续提升实体经济企业用能精细化管理水平，扎实推进全社会节能提效，加快形成绿色低碳消费方式和生活方式，为推动实体经济全面绿色转型提供可靠保障。二要进一步深化能源领域改革，加快构建多元清洁、安全韧性的能源供给新体系。习近平总书记强调，要加快建设新型能源体系，注重传统能源与新能源多能互补、深度融合。② 中国必须立足基本国情和新发展阶段，把握好新能源和传统能源协调平衡，推动传统能源与新能源深度融合发展，提升能源系统韧性，打造中国特色能源供给新体系，为实体经济全面绿色转型提供新动能、构筑新优势，为人民美好生活赋能添彩。要瞄准世界科技前沿，强化能源企业科技创新主体地位，健全能源科技创新体系，以数字化智能化技术赋能源产业转型升级，既要有序推进风电、光伏发电、氢能等清洁能源跃升发展，因地制宜开发水电等优势传统能源，积极安全有序发展核电，稳步推动生物质能、地热能和海洋能发展，全力提升清洁能源供给能力，又要加快推动煤炭、油气等传统能源绿色转型，发挥好传统能源支撑和兜底保障作用，为推动实体经济全面绿色转型保驾护航。大力推进能源治理现代化，加快打造能源新质生产力，不断提升能源含"新"量，为实体经济全面绿色转型奠定坚实基础。

最后，营造良好发展环境，加快推动实体经济高质量发展。良好的发展环境是推动实体经济高质量发展的基本保障。党的十八大以来，中国接续出台了一系列振兴实体经济的政策措施，积极营造实干兴邦、实业报国的良好社会氛围，力促实体经济降本增效，稳步提升实体经济质量效益。但是，中国实体经济特别是制造业仍面临"市场的冰山、融资的高山、转

---

① 《建设更高水平开放型经济新体制　推动能耗双控逐步转向碳排放双控》，中国政府网，https://www.gov.cn/yaowen/liebiao/202307/content_6891167.htm。
② 《在更高起点上扎实推动中部地区崛起》，《人民日报》2024年3月21日，第1版。

型的火山"[1]等现实障碍,自主创新乏力、综合成本偏高等成为制约企业转型升级的重要因素。唯有政企携手、多方努力,精准有效落实好纾困惠企政策,加快构筑市场的"海洋"、融资的"高地"、转型的动能,才能更好地助力中国实体经济高质量发展。

一是全面实施市场准入负面清单制度。一些实体经济企业在市场准入、审批许可中所遭遇的或明或暗的阻力,被企业家称为市场的"冰山"。市场准入负面清单制度是融化市场的"冰山"、加快完善市场准入制度的重要抓手。习近平总书记强调:"要推进简政放权,全面实施市场准入负面清单制度,支持企业更好参与市场合作和竞争。"[2]党的二十届三中全会指出:"深入破除市场准入壁垒""完善市场准入制度,优化新业态新领域市场准入环境"。[3] 这是构建高水平社会主义市场经济体制,推动实体经济高质量发展的重要举措。中国要深入贯彻落实党的二十届三中全会精神,完善市场准入制度顶层设计,加快构建开放透明、规范有序、平等竞争、权责清晰、监管有力的市场准入制度体系。要坚持动态调整市场准入负面清单,不断完善并严格落实市场准入"全国一张清单"管理模式,科学确定市场准入规则,创新优化新业态新领域市场准入环境,加大放宽市场准入试点力度,稳步扩大制度型开放,倒逼简政简到位、放权放到位,不断加强事中事后监管,持续提升监管效能,确保经营主体意见得到顺畅表达、准入环境得到客观评价,推动有效市场和有为政府更好结合,营造市场化、法治化、国际化一流营商环境,充分激发各类经营主体的内生动力和创新活力,加快构筑市场的"海洋",持续为实体经济高质量发展"注入新动力、增添新活力、拓展新空间"。[4]

二是着力提升金融服务实体经济质效。党的十八大以来,在党中央集中统一领导下,中国金融业快速发展,服务实体经济的能力和质效不断提升,为实体经济高质量发展提供了重要支持。同时也要看到,中国金融服务实体经济的质效不高,"融资的高山"主要是指实体经济融资难融资贵等问题突出。习近平总书记指出:"实体经济是金融的根基,金融是实体经济

---

[1] 《习近平著作选读》第1卷,人民出版社,2023,第464~465页。
[2] 《习近平著作选读》第2卷,人民出版社,2023,第320页。
[3] 《中共中央关于进一步全面深化改革 推进中国式现代化的决定》,人民出版社,2024,第7~10页。
[4] 《习近平谈治国理政》第2卷,外文出版社,2017,第100页。

的血脉，为实体经济服务是金融的天职，是金融的宗旨，也是防范金融风险的根本举措。"①党的二十届三中全会强调："完善金融机构定位和治理，健全服务实体经济的激励约束机制。"②新征程上，中国加快完善金融机构定位和治理，持续提升金融服务实体经济质效，是推动金融业稳健发展的内在要求、服务实体经济高质量发展的迫切需要，也是防范化解金融风险的战略举措。中国要坚持和加强党对金融工作的集中统一领导，持续深化党建与公司治理的有机融合，充分发挥金融机构党委把方向、管大局、保落实的领导作用，完善金融监管体系，加强金融系统内部管理和风险控制，建立健全中国特色现代金融企业制度，构建多层次资本市场和多元化融资渠道，当好服务实体经济的主力军。要坚守金融服务实体经济的主业主责，不断深化金融供给侧结构性改革，倾力做好科技金融、绿色金融、普惠金融、养老金融、数字金融五篇大文章，建立健全敢贷、愿贷、能贷、会贷的长效机制，以金融高质量发展全面推进金融强国建设，加快构筑融资的"高地"，"为实体经济发展提供更高质量、更有效率的金融服务"③，厚植中国式现代化的实体经济根基。

三是加快推动实体经济转型升级。党的十八大以来，中国实体经济转型升级步伐稳健，质量和效益明显提升，但总体上看发展方式仍较粗放，不少领域大而不强、大而不优，转型升级面临较大成本压力和资金、人才、科技等瓶颈制约，需要跨越"转型的火山"。高质量发展是全面建设社会主义现代化国家的首要任务，实体经济是高质量发展的主体，而转型升级是实体经济高质量发展的关键所在。必须把坚持高质量发展作为新时代的硬道理，并使其成为全党全社会的共识和自觉行动，加快推动中国实体经济转型升级，这是尊重经济规律、把握国内外发展大势、顺应实践要求和满足人民愿望的战略选择，也是以中国式现代化全面推进强国建设、民族复兴伟业的必然要求。推动中国实体经济转型升级是一项艰巨的系统工程，关键要靠实体经济企业自身练好内功，也需要政府营造有利于创新创业创造的良好发展环境。因此，中国政府要加快实施产业基础再造工程，健全

---

① 《习近平著作选读》第1卷，人民出版社，2023，第614页。
② 《中共中央关于进一步全面深化改革　推进中国式现代化的决定》，人民出版社，2024，第20页。
③ 习近平：《论把握新发展阶段、贯彻新发展理念、构建新发展格局》，中央文献出版社，2021，第308页。

增强基础能力的制度框架和政策体系，整合优化资源配置，加大基础研究和颠覆性创新研究力度，开展更多关键核心技术攻关。要充分发挥新型举国体制优势，创新协同推进机制，深入实施重大技术装备攻关工程，增强实体经济高质量发展新动能新活力。要大力培育一批"专精特新"小巨人企业和"单项冠军"企业，加快补齐产业链供应链短板弱项，增强产业链供应链自主可控能力。要加快构建现代化基础设施体系，既要加快构建包括信息基础设施、融合基础设施、创新基础设施在内的新型基础设施规划和标准体系，健全新型基础设施融合利用机制，又要加快推进港口、铁路、道路、能源、水利等传统基础设施数字化改造、智能化运营，统筹推进传统基础设施和新型基础设施建设，打造系统完备、高效实用、智能绿色、安全可靠的现代化基础设施体系，为实体经济转型升级提供坚实支撑。要着力营造实干兴邦、实业报国的良好社会氛围，坚持鼓励勤劳创新致富，大力弘扬和培育企业家精神，引导企业家坚守"实实在在、心无旁骛做实业"的本分，聚集实体经济高质量发展动能。

## 第二节 西方经济学相关理论

### 一 产业结构理论

产业结构升级具有一定的规律性，西方学者对产业结构升级问题的研究起步较早，他们从经济增长、发展经济学、产业政策等角度对产业升级进行广泛研究，形成了比较丰富的产业结构升级理论，为深化和拓展实体经济产业结构研究奠定了深厚的理论基础。

17~18世纪，西方经济学家已开始涉及产业结构相关问题研究。产业结构升级理论可追溯至17世纪英国经济学家威廉·配第（William Petty）的经济思想。1672年，威廉·配第在《政治算术》中指出，工业从业人员的收入高于农业领域的从业人员，而商业从业人员的收入又高于工业领域的从业人员。[①] 他认为，当时荷兰的国民收入水平大大超过欧洲其他国家，就是因为其制造业和商业从业人员占较大比重。可见，各国产业和职业人口结构不同，就会带来国民收入水平差异，配第的发现为后人研究经济发

---

① 〔英〕威廉·配第:《政治算术》，马妍译，中国社会科学出版社，2010，第11页。

展的决定因素指明了方向。因此，提高各产业的劳动生产率或者努力向高生产率的产业转移，是加快各国经济发展的根本途径。1758 年和 1766 年，重农学派创始人弗朗斯瓦·魁奈（Francois Quesnay）出版了《经济表》和《经济表分析》等重要论著，研究社会资本再生产和流通条件，这是投入产出问题的理论渊源。1776 年，亚当·斯密（Adam Smith）提出，要按照绝对成本的高低进行成本分工，根据农工批零商业的先后顺序制定产业发展规划和确定资金投入领域，优化资源配置。可见，配第、魁奈和斯密结合当时经济社会发展水平，对产业结构升级问题所进行的初步探索，成为产业结构升级理论的重要思想渊源。

18 世纪中叶以来，世界工业发展突飞猛进，服务业发展较快并在 20 世纪 30 年代经济大危机中展现出明显优势。20 世纪 30~40 年代，在继承配第经济思想的基础上，费夏、科林·克拉克（Colin Clark）、赤松要（Kaname Akamatsu）、里昂惕夫、西蒙·史密斯·库兹涅茨（Simon Smith Kuznets）等经济学家深入研究了产业结构升级问题，进一步丰富和发展了产业结构升级理论。费夏根据统计数据，第一次提出了三次产业的划分方法，产业结构理论已经初具雏形。

1932 年，日本经济学家赤松要在《我国经济发展的综合原理》中提出产业发展的"雁行形态论"，并通过后期研究继续丰富发展"雁行模式理论"，该理论成为 20 世纪 70 年代日本产业转移的重要理论依据。赤松要认为，产业转移在推动日本产业结构升级过程中发挥了不可忽视的重大作用，这个过程包括进口、当地生产、开拓出口、出口增长四个阶段并呈周期循环态势。[1] 这些阶段用图表示就犹如雁阵飞翔一样。此后，人们常用雁行模式表述后发国家或地区的产业结构升级。20 世纪 70 年代中期，小岛清（Kiyoshi Kojima）进一步提出"边际产业扩张论"（又称"小岛清模式"），认为对外直接投资与国际贸易是互补关系，而不是替代关系，往往能够实现产业转移地和承接地的双赢效果。

在科学继承配第等前人研究成果的基础上，英国经济学家科林·克拉克进一步深入研究产业结构问题，并于 1940 年出版《经济进步条件》一书。他在该著作中指出，人均国民收入水平与三大产业就业结构的发展变化之间紧密相连，有章可循。他认为，当一国人均国民收入水平逐渐提高

---

[1] 姜运仓：《"雁行模式"与中国区域经济发展》，《特区经济》2011 年第 4 期。

时，劳动力就业中心的转移将遵循从第一产业到第二产业再到第三产业的规律，该规律被称为克拉克法则。克拉克逐渐构建了比较完整、系统的产业结构升级理论框架。1941年，美国经济学家西蒙·史密斯·库兹涅茨出版《国民收入及其构成》一书。他将产业结构划分为农业部门、工业部门和服务部门。基于三次产业占国民收入比重变化的视角，他进一步深刻论证了产业结构的演化规律。他认为，随着工业现代化的推进，工业在国民经济中所占的份额将呈现出先上升后下降的倒U形发展态势。

第二次世界大战结束后，饱受战争创伤的世界各国纷纷高度重视发展经济，加快推进经济复苏进程。随着世界经济的平稳发展，产业结构升级问题日益凸显，亟须科学理论的指导。因此，一大批研究产业结构升级理论的经济学家应运而生，极大地丰富和发展了产业结构升级理论。里昂惕夫等人的产业结构理论，主要阐述了第二次世界大战结束后欧美各国的经济增长与产业结构之间的密切关系。以刘易斯、赫希曼、罗斯托、钱纳里等为主要代表的经济学家，纷纷将研究重点放在发展中国家产业结构的发展上。同时，基于产业政策的研究视角，一批日本学者也深入探讨了产业结构发展问题。

产业结构理论主要阐述了三次产业结构的发展和演变规律：从第一产业来看，其产值和从业人员所占比重均趋于下降；从第二产业来看，其所占份额先是迅速上升，然后趋于稳定（但美国第二产业的比重逐渐下降）；从第三产业来看，其所占份额则趋于上升。总体上看，欧美发达国家的产业结构主要呈现出由"一、二、三"向"三、二、一"转变的发展态势，这基本上符合世界产业结构的演变规律。

健康的产业结构是实体经济高质量发展的基本前提。产业结构升级理论为我们揭示了三大产业及其相互之间的紧密联系、结构变迁和优化路径，也说明了产业结构优化升级对推动实体经济高质量发展的极端重要性。但是，美国产业结构的变迁历程也给我们提供了极其深刻的教训和启示。当前，产业结构不尽合理仍是中国实体经济高质量发展进程中面临的突出问题，我们要围绕推动实体经济高质量发展这个主题，牢牢抓住加快产业结构调整这条主线，加快发展新质生产力，着力构建现代化产业体系，助力中国实体经济高质量发展。

## 二 内生技术变化理论

长期以来，经济增长问题是经济学研究的重大论题，也是经济学界的争论焦点之一。20世纪80年代中期以来，罗默、卢卡斯等经济学家在汲取前人研究成果的基础上，围绕"内生技术变化"发表了一系列论文，分析了长期增长的可能性及根本原因。[①] 特别是1990年罗默发表《内生技术变迁》，开拓了内生技术变化增长思路的研究。随后，以格罗斯曼、赫尔普曼、阿格辛、霍维特、史格斯罗姆等为代表的经济学家又从不同角度推进了这一研究思路。他们认为，研究与开发活动是经济刺激的产物，人们着力开展研发活动所获得的创新成果正是经济增长的源泉。科技创新是厂商为了追逐利润极大化而有意识地扩大投资的产物。通过研发活动所创造的新知识必然具有某种程度的排他性，从而使得新知识的开发者在市场竞争中占据暂时的垄断地位，获得暂时的垄断利润，直至被新的创新所取代。厂商为了追求垄断利润，加上垄断利润具有暂时性特点，因此创新无止境，经济也随之实现持续增长。

在深入研究的基础上，罗默和卢卡斯等经济学家认为，内生的技术进步在经济增长中具有决定性作用，是经济可持续发展的源泉。他们探讨了技术进步的发展路径，为创立新经济增长理论作出突出贡献。在他们看来，除了劳动和资本等生产要素外，技术已发展为产品生产的第三大要素，技术进步是经济运行中的内生变量，也是带动各国经济平稳增长的强大"助推器"。人们将罗默、格罗斯曼、赫尔普曼以及霍维特等人提出的研究和开发与增长模型简化为内生技术变动模型，这个模型属于连续时间模型，主要涉及劳动（$L$）、资本（$K$）、技术（$A$）、产量（$Y$）等变量。[②] 该模型假设存在负责制造产品的产品生产部门和负责生产知识资本的研发部门两个部门。从劳动力的数量来看，$a_L$表示用于研发部门的劳动力份额，$1-a_L$则表示投入产品生产部门的劳动力份额；从资本的数量来看，$a_k$表示投入研发部门的资本份额，那么剩余的份额则投入产品生产部门，同时将$a_L$和$a_k$看作是外生的、不变的。即使知识资本被同时投入不同场合使用也不会相

---

[①] 张利群：《技术创新与区域经济增长——基于吉林省老工业基地的实证研究》，博士学位论文，吉林大学，2010。

[②] 信春华、赵金煜：《基于内生经济增长理论的高技术标准促进经济增长作用机理分析》，《科技进步与对策》2009年第13期。

互影响，因此全部的知识资本 $A$ 可以供两个部门同时使用。因此，在 $t$ 时期里的产品生产数量可以表示如下：

$$Y(t) = [(1-a_k)K(t)]^{\alpha}[A(t)(1-a_L)L(t)]^{1-\alpha}, 0<\alpha<1 \qquad (1)$$

从方程（1）来看，产品生产函数中资本和劳动的规模报酬不变。

新知识的生产主要由投入研究的资本、劳动的数量及现有的技术水平共同决定。运用一般化的柯布—道格拉斯生产函数表示新知识的生产函数为：

$$A(t) = B[a_k K(t)]^{\beta}[a_L L(t)]^{\gamma} A(t)^{\theta}, B>0, \beta \geq 0, \gamma \geq 0 \qquad (2)$$

其中 $B$ 为转移参数。

在方程（2）中，参数 $\theta$ 反映了现有知识资本关乎技术研发的成败，其影响或正或负。当过去积累的知识资本能够提供思想和工具，使未来新知识的产生更加容易时，$\theta$ 为正；由于最先得到的知识资本可能比较容易，因此，当知识资本越大，获得新发现比较困难时，$\theta$ 为负。因此，当 $\theta=1$ 时，$\dot{A}$ 与 $A$ 成比例；当 $\theta>1$ 时，效果趋大；当 $\theta<1$ 时，则效果趋小。①

在罗默内生技术变动模型的基础上，结合中国装备制造业的发展现状，林木西、崔纯对该模型做了进一步拓展：假设模型涉及四个变量即劳动（$L$）、固定资本（$K$）、中间投入品（$S$）以及产出（$Y$），该模型属于连续时间模型。② 同时，假设在装备制造业中存在两个部门：一个是最终产品生产部门，另一个是中间投入部门。最终产品生产部门主要负责最终产品的生产与组装，而中间投入部门则专门为产品生产部门提供各种各样的中间投入品，主要包括生产上游环节的研究开发、产品设计、工程设计、信息收集、管理咨询及金融保险等，生产下游环节的运输通信、广告、市场营销及售后服务等，生产管理活动中的质量控制、品牌营销、人事管理、人员培训、财务管理及法律事务等。如果用 $S$ 表示装备制造业最终生产部门所需的中间投入品，那么 $S$ 由两部分组成，即一是装备制造业的中间投入部门所生产的中间投入品（$S_E$），二是生产性服务业为其提供的服务产品（$S_{ps}$），则 $S = S_E + S_{ps}$。那么，在 $t$ 时期里生产的产品数量为：

---

① 信春华、赵金煜：《基于内生经济增长理论的高技术标准促进经济增长作用机理分析》，《科技进步与对策》2009 年第 13 期。
② 林木西、崔纯：《生产性服务业与装备制造业的互动发展》，《当代经济研究》2013 年第 12 期。

$$Y(t) = [L_Y(t)(S_E+S_{ps})]^{1-\alpha}K(t)^\alpha, 0<\alpha<1 \qquad (3)$$

经过分析，林木西、崔纯认为装备制造业最终产品生产部门的生产函数为：

$$Y(t) = \alpha^{\frac{\alpha}{1-\alpha}} L_Y \times \frac{\alpha-1}{2\alpha-1}[P(S_E+S_{ps})]^{\frac{2\alpha-1}{\alpha-1}}, 0<\alpha<1 \qquad (4)$$

从方程（4）来看，劳动力、中间投入部门、生产性服务业提供的中间投入品的价格等因素，共同决定了装备制造业的最终产品产出量。

可见，在内生技术变化理论中，一方面，技术不是外生的，也不是人类无法控制的东西，它是厂商为了追求利润极大化实施投资决策的产物；另一方面，生产性服务业通过为实体经济提供服务产品，有力促进了实体经济高质量发展。因此，政府应充分发挥宏观调控职能，通过加大科技投入力度、保护知识产权、优化发展环境等措施，深入贯彻落实创新驱动发展战略，提高自主创新水平；要加快发展应用技术型高校，大力支持职业教育，使之源源不断地为实体经济提供强大的人才支撑。

### 三　金融发展与经济增长理论

自银行诞生以来，人类就开始思考金融对经济增长的作用。金融发展理论主要研究金融发展与经济增长之间的关系，其中金融发展主要是指金融体系的规模或效率得到扩大或提高，而经济增长则主要是指实体经济的发展，因此金融发展理论主要研究如何建立高效的金融体系并充分利用金融资源，实现金融可持续发展，进而最大限度地实现实体经济可持续发展。金融发展理论主要经历了金融结构理论、金融深化理论和内生金融发展理论等发展阶段。

20世纪60年代，针对不少发展中国家遭遇不同程度的储蓄不足和资金短缺困境，以雷蒙德·戈德史密斯等为代表的一批经济学家，开始对发展中国家金融发展与经济增长关系进行研究，认为金融发展滞后和金融体系运行低效是抑制发展中国家经济发展的根本原因。在《金融结构与金融发展》一书中，戈德史密斯初步建立了衡量一国金融结构和金融发展水平的基本指标体系，为研究提高金融发展水平以促进实体经济发展奠定坚实基础。

罗纳德·麦金农（Ronald I. Mckinnon）和肖（E. S. Shaw）从不同视角

分析发展中国家的金融现状，总结金融和经济发展的相互关系。[①] 麦金农和肖所提出的"金融抑制"（Financial Repression）和"金融深化"（Financial Deepening）理论，引起经济学界的广泛关注和讨论，被视为金融发展理论的重大突破。在麦金农和肖看来，所谓金融抑制，主要是指政府过度干预金融市场和金融体系，但又未能有效控制通货膨胀，造成金融市场尤其是国内资本市场发生扭曲，利率和汇率不能真实反映资本稀缺程度的一种金融现象。被抑制的金融体系发展滞后，不能有效促进经济增长，进而陷入金融抑制和经济落后的恶性循环。发展中国家普遍存在金融抑制现象，主要形式包括名义利率限制、高额存款准备金、外汇汇率高估、特别的信贷机构等。金融抑制现象并非发展中国家政府的目标和主观愿望，而是其金融管制的"副产品"。金融抑制阻碍经济发展，而发展滞后的经济又制约金融体制的改革创新。为适应经济和金融全球化发展趋势，发展中国家应该放弃金融抑制政策，推行金融深化改革，实现金融和经济的良性循环。金融深化的主要内容是政府取消对金融体系和市场的过度干预，放松利率和汇率管制，实施以利率市场化为主的金融自由化政策，使利率和汇率真实反映资本市场的供求状况，实现金融与经济发展的良性循环。金融深化理论得到不少国家的认同并付诸实践，但因种种原因多数发展中国家的改革并不是很成功。经济学家纷纷重新审视金融深化理论，对金融深化理论进行拓展，内生金融发展理论就是重要成果之一。

在金融发展与经济增长关系研究方面，20世纪90年代，金融发展理论研究者在继承前人的内生增长理论并克服金融深化理论固有缺陷的基础上，创立了内生金融发展理论。内生金融发展理论从崭新的视角论证了金融中介体和金融市场的内生形成：随着经济的发展，不确定性和信息不对称等因素造成资金融通过程中的交易成本趋于上升并阻碍经济发展，为了降低交易成本，当经济发展到一定程度时就会内生地要求金融体系形成和发展。金融经济学家通过实证分析发现，金融发展对实体经济增长的影响，主要是通过影响国家储蓄率和资本配置效率发挥作用的，由此定量分析了金融功能对实体经济增长的贡献。同时，内生金融发展理论进一步阐述了内生

---

[①] 参见〔美〕R. I. 麦金农《经济发展中的货币与资本》，卢骢译，上海三联书店、上海人民出版社，1997；〔美〕爱德华·肖《经济发展中的金融深化》，邵伏军等译，上海三联书店，1988。

的金融中介体和金融市场如何与实体经济增长发生相互作用。以赫尔曼（Hellmann）、穆尔多克（Murdock）和斯蒂格利茨（Stiglitz）为代表的经济学家提出了金融约束的理论分析框架，认为金融约束是发展中国家和转型国家金融发展的新路径。金融约束主要是指政府通过实施控制存贷款利率、限制市场准入，甚至对资本市场的直接竞争加以管制等一系列金融政策，为生产部门和金融部门制造租金（即超过竞争性市场所产生的收益）机会，从而调动生产企业、金融企业和居民的生产、投资和储蓄的积极性，进而促进金融深化。当然，为保证金融约束政策的有效性，发展中国家必须具备稳定的宏观经济环境、较低的通货膨胀率、正的实际利率等前提条件。此外，近年来，制度在金融发展中的重要作用日益凸显，学者们深入研究了法律制度、文化传统和利益集团等因素与金融发展的相互关系，逐渐形成了现代内生金融发展理论。该理论认为，制度因素已成为决定交易成本大小、风险管理水平高低、信息不对称程度的关键因素，在金融发展中发挥十分重要的作用。

金融是现代经济的核心，在实体经济发展中具有不可替代的重要作用。改革开放以来，中国金融业配置资源和服务实体经济的能力得到大幅提升，但是仍存在金融体系功能失调、金融市场结构失衡、金融机构治理失范、金融监管失位等问题。因此，我们要借鉴西方金融发展理论的合理部分，充分发挥市场在资源配置中的决定性作用和更好发挥政府作用，全面深化金融供给侧结构性改革，不断完善金融市场体系，着力提升金融服务实体经济能力和质效，助力中国实体经济高质量发展。

### 四　政府干预与经济增长理论

1929~1933年空前规模的世界经济危机在实践上造就了罗斯福政府干预国家经济的新政，也在理论上造就了凯恩斯的国家干预理论。1936年，凯恩斯出版《就业、利息和货币通论》，系统阐述其经济理论。凯恩斯认为，经济危机产生的原因在于有效需求不足，而有效需求不足又可归因于边际消费倾向递减、资本边际效率递减以及灵活偏好等三大心理规律的作用。他认为，应对如此大规模的经济危机，单靠市场调节，经济复苏势必十分缓慢，因此政府必须迅速反应，积极干预。[①] 凯恩斯及其追随者以调节社会

---

① 参见〔英〕约翰·梅纳德·凯恩斯《就业、利息和货币通论》，高鸿业译，商务印书馆，1999。

总需求、实现经济稳定增长为目标，特别强调财政政策的作用。他们认为，当经济发展比较低迷时，政府应通过降低税率、扩大政府直接投资、增发公债、增加货币供应量以及降低利率等措施，刺激投资和消费，提振经济；当经济发展过热时，政府则应实施提高税率、缩减政府开支、控制货币供应量增长、提高利率等措施，抑制过热的投资和消费，保障经济平稳发展。20世纪50~60年代，凯恩斯经济政策发挥了刺激经济增长、缓和经济危机、减少失业等重要作用，但无法根除资本主义所固有的基本矛盾。因此，在面对20世纪70年代物价高涨和大量失业并存的"滞胀"问题时，凯恩斯经济政策无能为力，其理论亟待完善。20世纪80年代，新凯恩斯主义学派逐渐兴起，主要代表人物包括格利高里·曼昆、拉里·萨默森等人。新凯恩斯学派的主要理论包括价格粘性论、劳动市场论、信贷配给论。该学派在有微观理论基础的前提下，坚持原凯恩斯主义的宏观经济政策有效性思想，坚持把货币政策与财政政策放在同等重要的地位，将适当的总需求水平和最佳的财政—货币政策结合起来。世界经济发展实践证明，只有放开市场调节这只"看不见的手"，同时用好政府宏观调控这只"看得见的手"，方能促进实体经济平稳增长，提高实体经济的发展质量和效益。

## 第三节 实体经济理论的一般评述

马克思主义经济学侧重于宏观领域研究。关于马克思主义经济学的研究对象，马克思明确指出，"我要在本书研究的，是资本主义生产方式以及和它相适应的生产关系和交换关系"[①]。为了推动实体经济高质量发展，必然需要加快改革步伐，这就会涉及大量生产关系调整问题。马克思主义经济学高度重视物质资料生产，构建连接生产过程和生产关系，分析分配、交换、消费关系的比较系统的理论框架，为我们提供了认识金融危机和经济危机、推动实体经济高质量发展的规律性思路。人们认为，2008年国际金融危机的根源仍然在于生产力与生产关系之间的矛盾、虚拟经济与实体经济之间的严重矛盾。长期以来，欧美国家虚拟经济急剧膨胀，实体经济却不断萎缩。从马克思主义经济学的理论框架来看，国际金融危机之所以爆发，深层原因在于生产领域与消费领域之间的矛盾十分突出，处于交换

---

① 《马克思恩格斯文集》第5卷，人民出版社，2009，第8页。

和分配领域的虚拟经济严重背离了处于生产领域的实体经济的发展要求。同时，长期忽视发展实体经济、过度超前消费的非理性行为以及贫富差距拉大等问题，是虚拟经济的发展严重背离实体经济的重要原因。总之，马克思主义相关理论揭示了人类社会经济发展的客观规律，强调实体经济是国民经济的命脉，为我们提供了极其丰富的关于发展实体经济的相关建议，这些理论为我们研究实体经济奠定了坚实的理论基础，也为推动实体经济企业高质量发展提供了行动指南。

然而，当代西方经济学主要研究资源配置问题，研究经济运行和经济现象，主要侧重于微观领域研究，将微观分析与宏观分析割裂开来是其显著特点。当代西方经济学排斥生产和再生产过程研究，尤其排斥生产资料所有制关系问题研究，其研究对象仅局限于流通过程中的各类具体的经济现象，总是在竞争领域的表面打转，这是其最根本的缺陷。因此，西方经济学由于其固有的内在缺陷，难以对各种经济社会现象做出深刻合理的解释。

总之，在中国全面深化改革、大力推动实体经济高质量发展的新发展阶段，中国经济学家应将马克思主义已有的经济理论和中国发展实体经济的具体实践结合起来，对中国实体经济高质量发展作出经得起实践检验的理论概括，着力发展中国特色社会主义经济理论，以更好地指导中国经济实践，不断丰富和发展马克思主义政治经济学。

# 第二章
# 实体经济相关概念

当今世界,百年未有之大变局加速演进,世界经济复苏动力不足,国际市场需求疲软,中国推动实体经济高质量发展面临重大机遇和严峻挑战。因此,中国必须凝心聚力发展新质生产力,加快建设现代化经济体系,厚植中国式现代化的实体经济根基。研究实体经济发展问题,首先应明确界定实体经济这个范畴。

## 第一节 实体经济的概念、特点与功能

界定实体经济这个范畴,首先要分析其概念和特点,并阐述其在经济社会发展中的重要作用。

### 一 实体经济的概念

在中国传统文化中,"经济"一词是"经世济民""经邦治国"等词语的缩略语。当今社会,"经济"主要是指人们为了从社会体系中获得一定的回报而积极从事的各种各样的活动。"实体"是哲学上的一个重要范畴。马克思主义以前的哲学认为,变化着的事物有一种永恒不变的基础,即实体。马克思主义哲学在科学总结实体范畴发展过程的基础上指出,物质是指不依赖于意识而又能为人的意识所反映的客观实在;而所谓"实体"就是永远运动着和发展着的物质。实体,给人的感觉是实实在在、物质性的、具体的、直接的。[1] 按照于光远先生在《经济大辞典》中的解释,在系统论

---

[1] 叶桐、卢达溶编著《实体经济导论》,清华大学出版社,2012,第7~8页。

中，实体是指存在于系统中的确定物体，是系统的研究对象。在经济系统中，作为经济系统研究对象的实体一般包括消费者、厂商和政府等相关组织。

实体经济是整个经济系统的有机构成之一。关于实体经济的概念，目前学术界还没有一个权威的、统一的定义。从国内理论界来看，关于实体经济的定义主要有以下三种。第一，把物质生产活动统统视为实体经济，把非物质生产活动都看作虚拟经济，实体经济主要包括农业、制造业、能源、交通运输、邮电、建筑等物质生产活动。第二，实体经济是指物质产品和精神产品的生产、销售以及为之提供相应服务的经济活动，不仅包括农业、制造业、能源、交通运输、邮电和建筑等物质生产活动，还包括商业、文化、艺术以及体育等精神产品的生产和服务；不仅包括第一产业和第二产业，还包括第三产业中除金融业之外的其他产业。第三，最广义的实体经济包括第一产业、第二产业和第三产业中的直接服务业和工业化服务业。可见，关于实体经济的定义各有特点。尽管关于实体经济的概念具有较多相似之处，但是关于实体经济的范围界定却存在较大差异。

2012年6月，李克强到国家会议中心参观了首届中国（北京）国际服务贸易交易会展览。主题核心展区主要展现了中国商业、教育、通信、金融、旅游以及运输等12大类服务贸易领域的发展情况和发展前景。李克强指出，服务业大多是实体经济，具有带动就业、降低消耗和污染、促进创新等优势，是一个国家整体竞争力的重要组成部分。[①] 党的十八大报告明确指出，要"牢牢把握发展实体经济这一坚实基础，实行更加有利于实体经济发展的政策措施，强化需求导向，推动战略性新兴产业、先进制造业健康发展，加快传统产业转型升级，推动服务业特别是现代服务业发展壮大……支持小微企业特别是科技型小微企业发展"[②]。同时，从《中华人民共和国国民经济和社会发展第十四个五年规划和2035年远景目标纲要》来看，生产性服务业主要包括研发设计、工业设计、商务咨询、检验检测认证、供应链金融、信息数据、人力资源、现代物流、采购分销、生产控制、运营管理、售后服务等；生活性服务业主要包括健康、养老、托育、文化、旅

---

[①] 《李克强参观首届中国（北京）国际服务贸易交易会展览》，《经济日报》2012年6月2日，第2版。

[②] 《胡锦涛文选》第3卷，人民出版社，2016，第630页。

游、体育、物业、家政服务业等。①

实体经济是与虚拟经济相对而言的，在综合学术界及党中央对实体经济范畴界定的基础上，加之考虑到金融服务业和房地产业具有自我扩张和衍生膨胀的特点，虚拟经济的特征比较明显，因此，本书认为，实体经济的范畴界定从最狭义到最广义可划分为以下三个层次（见图2-1）。第一，按照传统的观点，实体经济的范畴是指生产物质产品的工业经济，主要包括制造业，采矿业，电力、热力、燃气及水生产和供应业，建筑业。在此范畴界定下，实体经济具有标准化管理、集约化生产和规模化经济等特点。第二，根据经济活动是否从事物质生产，或是否为物质生产提供相应的服务，实体经济的范畴是指传统意义上的工业与农业，主要包括工业（即层次1中的内容）、农业（农、林、牧、渔）、运输业（铁路、航运、长途）。第三，实体经济是指国民经济中第一产业、第二产业以及扣除金融业和房地产业的服务业。

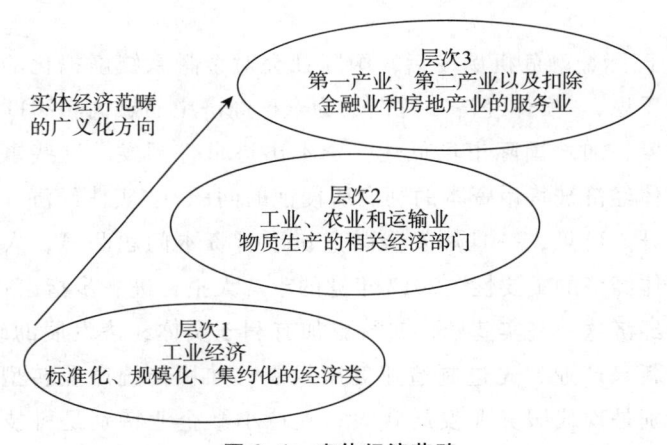

**图 2-1 实体经济范畴**

资料来源：笔者依据叶桐、卢达溶编著《实体经济导论》（清华大学出版社，2012，第9~10页）中的部分资料自制。

2002年11月，江泽民在党的十六大报告中指出："推进产业结构优化升级……正确处理发展高新技术产业和传统产业、资金技术密集型产业和劳动密集型产业、虚拟经济和实体经济的关系。"② 党的十六大报告在关于

---

① 《中华人民共和国国民经济和社会发展第十四个五年规划和2035年远景目标纲要》，人民出版社，2021，第29~30页。
② 《江泽民文选》第3卷，人民出版社，2006，第545页。

产业结构优化升级的部分首次提出"正确处理虚拟经济和实体经济的关系",可见在亚洲金融危机后党和国家已初步认识到实体经济和虚拟经济协同发展的重要性。根据党的十六大精神,处理好虚拟经济和实体经济的关系,要点是不再直接对虚拟经济持否定或负面的态度;不仅要求虚拟经济不能脱离实体经济,而且要注意发挥虚拟经济对实体经济的促进作用。因此,当时提出实体经济这个概念,目的在于使人们认识到实体经济在国民经济中的基础性地位,并纠正以往忽视虚拟经济作用的错误看法,科学认识虚拟经济在经济体系中所发挥的积极作用。可见,观念上的纠偏是"实体经济"一词在2002~2005年被政府、媒体和学者多次提及的原因。因此,当虚拟经济的定义和作用被重新定位后,虚拟经济和实体经济这一对概念就较少出现了。此后,中国和国际金融市场趋于稳定,党的十七大报告没有出现"实体经济"这个概念,也没有深入论述实体经济和虚拟经济之间的关系。

2008年国际金融危机爆发后,国际社会对金融系统虚拟化的重重衍生品进行深刻反思,"实体经济"逐渐成为全球经济中的热词。2011年,中国银根一再收紧,加之国际市场低迷,资本出逃事件频发。这些事件使人们高度关注实体经济被货币资本的利润所侵蚀的问题,"实体经济"一词的提及率再次攀升。可见,一旦爆发金融危机或者资本问题凸显,人们总能深刻体会到实体经济的重要性。2012年党的十八大报告进一步指出:"牢牢把握发展实体经济这一坚实基础,实行更加有利于实体经济发展的政策措施,推动战略性新兴产业、先进制造业健康发展,加快传统产业转型升级,推动服务业特别是现代服务业发展壮大,支持小微企业特别是科技型小微企业发展。"① 2013年8月,习近平总书记在辽宁考察时指出,"实体经济是国家的本钱,要发展制造业尤其是先进制造业,加强技术创新,加快信息化、工业化融合"②。党的十九大报告指出:"建设现代化经济体系,必须把发展经济的着力点放在实体经济上。"③ "十四五"规划和2035年远景目标纲要提出:"加快发展现代产业体系,巩固壮大实体经济根基。"④ 党的二十

---

① 《胡锦涛文选》第3卷,人民出版社,2016,第630页。
② 转引自《新理念 新思想 新战略80词》,人民出版社,2016,第176页。
③ 《习近平著作选读》第2卷,人民出版社,2023,第25页。
④ 《中华人民共和国国民经济和社会发展第十四个五年规划和2035年远景目标纲要》,人民出版社,2021,第23页。

大报告进一步强调:"建设现代化产业体系。坚持把发展经济的着力点放在实体经济上,推进新型工业化,加快建设制造强国、质量强国、航天强国、交通强国、网络强国、数字中国。实施产业基础再造工程和重大技术装备攻关工程,支持专精特新企业发展,推动制造业高端化、智能化、绿色化发展。"[1]

总之,振兴实体经济是党和国家的重要决策。中国长期重视发展实体经济,是全球重要的制造业大国之一。特别是党的十八大以来,党和国家反复强调实体经济在国民经济发展中的重要作用,要求着力发展壮大实体经济根基,增强中国实体经济核心竞争力,推动经济社会高质量发展。

## 二 实体经济的特点

实体经济的特点可以归纳为有形性、主体性、基础性和均衡性等四个方面。

### (一)有形性

有形性是实体经济作为物质生产的直观特点。实体经济的经济活动和经济行为都是有形的、可感知的,其经济行为作用对象也是有形的、可感知的,其目的和结果是生产出能为人切实感知的物质产品和精神产品,或者是为生产这些产品而提供各种服务,往往具有明确的技术标准。

### (二)主体性

主体性是指实体经济在整个经济系统中居于支柱性地位。当前,社会经济中特别是城市生活中所需要的各种工业品,绝大多数是由各类制造业提供的。实体经济系统提供的工业、农业、服务产品,满足了人们生活中衣、食、住、行等绝大部分需求,是解决社会需求的主要经济产出部类。因此,实体经济是人类社会赖以存在和发展的坚实基础,如果一国(特别是大国)实体经济不占国民经济的主体地位,就难以有效抵御金融危机和经济危机。

### (三)基础性

实体经济在整个国民经济体系中具有基础性的重要作用。衣食住行的需求是人类社会的主导需求,也是基本需求。自古以来,实体经济领域的农业、工业等物质生产领域提供物质产品,服务业提供精神产品和服务产

---

[1] 《习近平著作选读》第1卷,人民出版社,2023,第25页。

品,这些产品满足了人类社会发展的最基本需求。随着社会分工的不断深化和科学技术的持续创新,实体经济在发展中逐渐产生了对借贷资本的需求,而借贷资本这种虚拟资本的发展进一步推动了虚拟经济的形成和发展。纵观世界经济发展史,金融业和房地产业等虚拟经济都是在实体经济发展的基础上逐步形成和发展起来的。虚拟经济的本质是为实体经济服务,如果虚拟经济的发展过度膨胀甚至严重背离实体经济的发展需要,势必阻碍实体经济的发展,最终虚拟经济的发展也失去了稳固的根基。因此,无论经济社会发展如何风云变幻,实体经济始终是人类社会生存和发展的坚实基础。

### (四)均衡性

均衡性是指随着经济的不断发展,尽管实体经济在所有经济总量中所占的比重可能会趋于下降,但是实体经济和虚拟经济之间必须保持一定程度的均衡,否则将导致经济的剧烈动荡乃至经济的崩盘。据统计,西方发达国家的实体经济总量有的已经降到50%以下,个别国家甚至出现了"倒金字塔"形的经济发展状况,即3%左右的实体经济支撑着97%左右的虚拟经济。[①]但是,国际金融危机的严峻形势和一场突如其来的新冠疫情警示世人,出现制造业空心化的国家必须着手提高实体经济在整个经济系统中的比例,谨防出现虚拟经济陷入困境而严重波及实体经济的现象,确保实体经济与虚拟经济之间保持必要的均衡,以防范化解各领域风险,更好地统筹发展和安全,推动高质量发展。

### 三 实体经济的功能

发达稳健的实体经济是社会生产力的集中体现,是物质财富的源泉、国家强盛的根基、社会和谐的保障。

### (一)实体经济是物质财富的源泉

财富是人类社会生存与发展的必要条件,主要来源于物质产品、精神产品和服务的生产,流通规模的扩大。经济学在相当长的时间里认为物质产品是社会的真正财富,生产物质产品的实体经济则是社会物质财富的主要来源,而实体经济的规模和竞争力则决定了财富的数量和质量。

首先,实体经济是人类利用自然资源或者自身掌握的知识和技能、运

---

[①] 孟令国、邓学衷:《虚拟经济对实体经济的影响及建议》,《广东社会科学》2000年第6期。

用各种工具从事的各项生产活动，是创造财富的基本经济形态。实体经济代表着真实的产品和服务的生产与流通，直接创造使用价值，为人类提供生产消费和个人消费的产品，是人类社会赖以生存和发展的基础。

其次，实体经济中的生产活动将物质资源转化为物质产品，为人类提供各种生产资料和生活资料以及服务，在满足人类物质需求的同时也提供用以满足人类精神需求的文化、艺术等精神产品，是不断满足人民日益增长的美好生活需要的根本途径。在马克思看来，社会生活在本质上是实践的，物质生活资料的生产是人类社会存在和发展的基础。实体经济直接创造物质财富，满足国民衣、食、住、行等方面的基本需求。古往今来，人们都需要吃饭、穿衣、行动、居住、看病和休闲，各种各样的生活资料是满足人们的物质生活和精神生活的物质前提。在市场经济条件下，商品是社会财富的物质形态，如果实体经济不能健康发展，那么商品生产也可能停滞不前，而人类的生存、发展和享受等消费需求也就失去了可靠的保障。因此，实业兴邦，一国实体经济的发展水平直接影响人们生活的物质基础，对人们的工作、学习和生活水平具有决定性作用。

最后，实体经济通过运用各种各样的生产资料，可以源源不断地为人类社会创造真实财富。实体经济的主要载体是产品，产品的价格主要由成本和平均利润等因素共同决定，产品的交易遵循市场供求规律，并通过社会再生产的循环往复实现财富的积累和增值。虽然虚拟经济也具有"财富效应"，但它只是"以钱生钱"，只是社会财富的转移和重新分配，未能创造出新的社会财富。

总之，只有实体经济才是财富创造的真正来源，高质量发展的实体经济可以增加社会财富，也可以为虚拟经济的可持续发展奠定坚实基础。

（二）实体经济是国家强盛的根基

实体经济的发展程度标志着一个国家或地区经济的发展水平。

一方面，发达稳健的实体经济是实现中国经济高质量发展的基础，在加快发展方式绿色转型、提升国民经济发展质量和效益中发挥着中坚作用。制造业是实体经济的主体，是推动中国经济增长的强大引擎。但是，改革开放以来中国主要依靠劳动力的低成本优势迅速崛起为世界制造业大国，如今进入产业结构转型升级的关键时期，国内劳动力、土地、能源和资源等要素日益紧缺，成本也快速上升。总体上看，中国已经进入工业化的中后期，高科技制造业有个别领域处于领先地位，但总体上仍然属于中低端，正迈向中高端。

另一方面，发达国家现在更加重视发展实体经济，注重提升制造业技术创新水平，力图以科技为资本在未来制造业发展中抢占优势地位。中国与这些国家在实体经济领域的竞争、摩擦在所难免，如何在制造业方面继续保持优势地位已成为中国面临的严峻挑战。因此，中国必须高度关注实体经济，牢牢把握发展实体经济这一坚实基础，引导更多的人力、物力和财力投向实体经济，做大做强做优实体经济，进而不断增强综合国力。

总之，高质量的实体经济是国民经济可持续发展的可靠保障，也是虚拟经济健康发展的物质前提。坚持以新发展理念为指导做实做强做优实体经济，是防范化解重大风险的坚实基础，是全面建设社会主义现代化国家的内在要求，也是提升综合国力的必由之路。

### （三）实体经济是社会和谐的保障

首先，发达稳健的实体经济是最大的就业容纳器和创新驱动器，在维持经济社会稳定中发挥中坚作用。纵观中外经济的发展历程，在收入大体相当的国家和地区中，那些工业特别是制造业所占比重较高的国家和地区，由于就业比较充分，其经济增长速度和社会稳定性都比较好；而那些缺乏坚实的制造业基础的国家和地区，一旦发生经济危机，失业率往往居高不下，容易陷入经济社会动荡不安的局面。因此，扩大就业是保障和改善民生的头等大事，而发达稳健的实体经济正是实现充分就业的重要途径。实体经济涵盖绝大多数大中小微企业，其中，小微企业由于创业及就业门槛不高，具有很强的吸纳就业能力，对缩小收入差距、保障和改善民生、扎实推动全体人民共同富裕具有不可替代的重要作用。发达的实体经济还能吸纳更多的农村人口进城就业，加快中国城镇化进程。

其次，发达稳健的实体经济有利于加快推进基本公共服务均等化，是推动城乡区域协调发展、促进社会公平和稳定的可靠保障。中国是世界第一人口大国，14亿多人民对农产品、工业品、服务产品以及住房的消费需求规模十分庞大。只有大力发展实体经济，才能为社会提供更加丰富的公共产品，满足人民各方面的基本需求。只有发展壮大实体经济，才能不断扩大税基、拓宽税源、增加财政收入，增强政府对公共产品的供给力，加快推进基本公共服务均等化，满足城乡人民多样化需求。

最后，发达稳健的实体经济有利于引导人们树立正确的致富观、价值观和幸福观，这是社会和谐稳定的思想保障。《管子·牧民》曰：仓廪实而知礼节，衣食足而知荣辱。大力发展实体经济，扩大就业，加快推进基本公共服务均等化，不断提高人民生活品质，为促进人民物质生活和精神生活共同富裕提供可靠保障，不断提升国民素质，有利于引导国人警惕和远离投机炒作，营造鼓励脚踏实地、勤劳创业、实业致富的社会氛围，引导人们树立正确的致富观、价值观和幸福观，优化实体经济高质量发展的外部环境。

## 第二节 实体经济与虚拟经济的关系

现代经济系统包括实体经济和虚拟经济两大经济形态，二者紧密联系，不可分割。纵观世界经济发展史，实体经济始终是人类赖以生存和发展的物质基础。实体经济是国民经济的根基，也是虚拟经济健康发展的前提。虚拟经济是实体经济高度发展的产物，应始终坚持为实体经济服务的本质要求。20世纪80年代以来，发达国家和一些新兴工业化国家的虚拟经济进入快速发展时期，虚拟经济的总量规模和增长速度远超实体经济，虚拟经济的相对独立性日益显现。成思危认为："实体经济是经济中的硬件，虚拟经济是经济中的软件，它们是互相依存的。"[1] 从实际经济运行过程来看，实体经济与虚拟经济之间的基本关系是：健康的实体经济是虚拟经济可持续发展的前提和可靠保障；虚拟经济对实体经济也起着巨大的反作用，虚拟经济的发展可以反映实体经济的发展状况，也可以相对独立于实体经济而运行。实体经济与虚拟经济之间是对立统一的关系，它们通过各自的作用机制双轮驱动现代经济不断向前发展。

### 一 实体经济与虚拟经济的区别

"实体经济"是一个与"虚拟经济"相对应的经济学概念。"实体经济"这个概念首先是作为与"虚拟资本"相对应的概念而被创造出来的。成思危认为，虚拟经济这个词语就是从马克思《资本论》英文本中虚拟资本转化而来的。[2] 从文献资料来看，虚拟资本这个概念是英国银行家威·利瑟姆最早提出的，马克思借用了这个概念。"威·利瑟姆（约克郡的银行

---

[1] 成思危：《虚拟经济论丛》，民主与建设出版社，2003，第48页。
[2] 成思危：《虚拟经济论丛》，民主与建设出版社，2003，第46页。

家）在《关于通货问题的书信》（1840年伦敦增订第2版）中说：'融通票据，就是人们在一张流通的汇票到期以前又签发另一张代替它的汇票，这样，通过单纯流通手段的制造，就创造出虚拟资本。'"[1] 成思危指出："马克思在《资本论》第三卷第五篇第25章及其以后几章中，对虚拟资本进行了详细的分析。可将其主要内容归纳为两条：一是虚拟资本是在借贷资本（生息资本）和银行信用制度的基础上产生的，包括股票、债券、不动产抵押单等；二是虚拟资本本身没有价值，但是可以通过循环运动产生利润，获取某种形式的剩余价值。"[2] 可以说，马克思是第一个深入系统研究虚拟资本理论的经济学家，但是囿于时代和当时的经济社会发展水平，他并没有明确提出虚拟经济的概念。中国经济学界一直是在马克思主义指导下进行经济学问题研究的，学者们基于虚拟资本的概念衍生出虚拟经济的概念。所谓虚拟经济，主要是指与虚拟资本以金融市场为主要依托的循环运动有关的经济活动，是一种直接以钱生钱的经济活动，其核心是资本的信用化和证券化。广义的虚拟经济除了目前研究较为关注的衍生金融业、投机性房地产业之外，还包括体育经济、博彩业和收藏业等。虚拟经济的特点是高度流动性、不稳定性、高风险性和高投机性。

如上所述，实体经济的内涵界定相对比较统一。实体经济与虚拟经济除了定义不尽相同之外，二者的区别还表现在以下五个方面。

### （一）价值载体不同

实体经济内部价值运动的载体是实物产品（包括物质产品、精神产品和相关的服务）；而虚拟经济内部价值运动的主要载体是股票和债券等有价证券。实体经济的货币收入主要通过物质产品、精神产品以及服务的生产和流通来实现；虚拟经济的货币收入则是通过虚拟资产的衍生和交易实现的。

### （二）生产方式不同

实体经济是根据相应的生产技术，按照消费者的需求创造使用价值的一种经济活动。马克思在《资本论》中阐述了资本循环过程：首先用货币资本（$G$）通过交换在市场上雇佣工人（$A$）、购买原材料和机器设备，建设厂房（$Pm$），在投入以上生产要素的基础上，雇佣工人运用生产资料为资

---

[1] 《马克思恩格斯文集》第7卷，人民出版社，2009，第451页。
[2] 成思危：《虚拟经济论丛》，民主与建设出版社，2003，第46页。

本家生产（$P$）出商品（$W'$），产品通过流通变成商品，商品最终在市场上出售才能再变成货币（$G'$），并且满足了消费者的需求。① $G \to W \cdots P \cdots W' \to G'$ 这一过程创造了剩余价值，因此是实体经济的生产过程。

而从虚拟经济来看，虚拟资本是由借贷资本演化而来的。借贷资本是资本所有者为了获取利息而暂时贷给职能资本家使用的闲置的货币资本，通过信用手段为各种生产性活动融通所需资金。虚拟资产是基于资本的所有权、使用权、经营权和抵押担保等权利的分离而设计出来的各种代表一定数量资产和某种权利的证券。从理论上来说，虚拟资本可以不依赖于实际资产而被"凭空"地无限量地设计出来，如华尔街的金融衍生品。在虚拟经济活动中，虚拟资本不经过实体经济循环，也没有创造出新的实物财富，只是对交易各方的货币进行再分配。$G—G'$ 的资本运动过程体现了虚拟资本食利性的重要特点，说明虚拟经济是一种"以钱生钱"的经济活动。成思危指出："如果做一个比喻的话，可以认为虚拟经济的产品是各种金融工具，虚拟经济的工厂是各种金融机构，虚拟经济的交换场所是各种金融市场。"②

（三）定价机制不同

实体经济中的商品和服务是有生产成本的，其价格高低与成本密切相关，这类产品的价格通常随着科学技术水平的提高、成本的削减以及竞争等导致的平均利润率趋向下降而呈现出不断下降的趋势。因此，实体经济中商品（实物产品和服务）的物质定价系统由成本和平均利润支撑，这种定价方式反映了实体经济的主要特征。实体经济中实物产品的流通起源于其实际的生产过程，商品价格的形成取决于实物产品本身的价值、市场供求关系和技术发展水平，如果没有货币因素的干扰，商品价格将随着技术进步而趋于下降。

而虚拟经济中虚拟资产采用的是资本化的定价方式，属于观念支撑的定价系统。在虚拟经济中，人们通过虚拟资产交易赚取价差收益，虚拟资产的交易过程并不涉及实体经济发展所必需的具体投入产出过程，然而它却同样拥有实现价值增殖的可能性。人们最关注的只是虚拟资产的价格，由于价格只是反映虚拟资本的预期收益，因此，虚拟资本的价格总是呈现出波动性，很容易脱离它所代表的实际资产的价格，经常出现其价格被严

---

① 参见《马克思恩格斯文集》第 6 卷，人民出版社，2009，第 31 页。
② 成思危：《虚拟经济论丛》，民主与建设出版社，2003，第 46~47 页。

重低估或高估的现象。

**(四) 稳定程度不同**

实体经济的产品所采用的成本加平均利润的定价方式，主要是基于已经发生的成本，只需要对已经产生的成本进行核算，然后再加上一个适度的利润，因此，实体经济的稳定性较高，且成本的稳定性决定了实物产品的价格要稳定得多。

与实体经济相比较，虚拟经济的稳定性较低。虚拟经济在运行上具有内在的波动性，这是由其自身的虚拟性所决定的。虚拟经济中金融产品的定价在很大程度上取决于市场供求关系、人们的心理预期和信心，但是人们的心理预期和信心往往又取决于宏观经济环境、行业发展前景、国内外政治形势以及周边环境等诸多因素，因此金融产品价格的波动幅度较大，造成虚拟经济的稳定性较低。

**(五) 存在方式不同**

实体经济是国民经济的根基。实体经济的存在和发展是整个经济系统顺利运行的物质基础，随着人类社会的发展进步，其发展规模可以无限膨胀。而虚拟经济是实体经济高度发展的产物，实体经济始终是虚拟经济可持续发展的坚实基础，制约虚拟经济作用的发挥。虚拟经济尽管具有相对独立性，有其自身的运动规律和成长过程，但它始终必须寄生在实体经济这一坚实的物质基础上。虚拟经济的发展规模可能会大幅度偏离实体经济的发展规模，但是无论虚拟经济如何波动，最终还是要回到实体经济上来，不能过度背离实体经济的发展要求。因为如果没有稳健的实体经济作强大支撑，当实际资本的增殖运动不顺畅时，虚拟经济的运行也终将陷入停滞。

## 二 实体经济与虚拟经济的联系

如上所述，实体经济和虚拟经济是相对独立的两个经济范畴，尽管二者之间存在诸多区别，但与此同时二者彼此依赖、相互促进，且一旦虚拟经济过度背离实体经济就会产生较大风险。纵观世界经济发展史，实体经济是虚拟经济产生和发展的前提和基础，因此实体经济比虚拟经济更加重要。随着实体经济的发展壮大，虚拟经济逐步形成和发展起来，并在其发展过程中充当了实体经济发展的"助推器"。然而，如果虚拟经济的发展规模日益膨胀，甚至严重脱离了实体经济的发展需要，一旦虚拟经济崩溃，势必造成实体经济动荡不安。

## （一）实体经济是虚拟经济健康发展的根基

虚拟经济是实体经济高度发展的产物。健康的实体经济是虚拟经济可持续发展的根基，强大的实体经济更是虚拟经济规模扩张的可靠保障。

### 1. 实体经济是虚拟经济形成和发展的基础

纵观人类经济发展史，日渐兴起的实体经济是虚拟经济产生和发展的现实基础。商品交换的发展特别是货币的产生，成为实体经济进入发展新阶段的一个重要标志。在货币产生后的商品经济条件下，货币财富在人与人之间的分布是不均衡的，调剂货币资金余缺成为经济发展的必然，加之受到获利心理的驱动，私人之间的借贷活动日渐兴起。在私人借贷活动中，凭借债权债务的书面凭据即借据，贷方要求借方按期还本付息；而借方则把借来的资金投入实体经济发展中。这种借据可以说是虚拟资本的最早形式，而贷方凭借借据得到利息收益的借贷活动，经过一段时间的发展之后，逐渐演变为最初的虚拟经济活动。从世界经济发展史来看，实体经济也是虚拟经济可持续发展的可靠保障。一方面，实体经济是虚拟经济扩大经营规模的前提。当今世界，科技发展日新月异，实体经济不断发展壮大，融资需求也随之持续增加，银行等金融机构便应运而生。为满足日益膨胀的融资需求，银行体系的存贷规模急速扩张，业务不断增加，从而加快了虚拟经济的发展步伐。另一方面，实体经济也是各种虚拟经济工具创新的基础。实体经济企业对资本的强大需求催生了金融市场，也促进了有价证券的自由买卖。实体经济的发展壮大还带来了国际贸易规模的迅速扩张和融资服务需求的与日俱增，为规避实体经济活动中的诸多风险，纷繁复杂的金融衍生工具应运而生，从而进一步扩大了国际金融市场的发展规模。因此，虚拟经济活动并非与实体经济活动同步产生，它是在实体经济发展到一定阶段后，为适应实体经济发展的内在需要而逐渐产生和发展起来的，其出发点和落脚点都应是服务实体经济。总之，实体经济是虚拟经济产生和发展的物质前提，一旦严重背离实体经济，虚拟经济就会成为空中楼阁。

### 2. 实体经济与虚拟经济休戚相关

发达的实体经济是虚拟经济健康运行的坚实基础，而脆弱的实体经济终将导致虚拟经济成为无源之水、无本之木，甚至陷入停滞状态。如果实体经济企业的经营状况恶化，如出现产品积压甚至是企业破产等情况，这种在实体经济中产生的风险很快就会传递到虚拟经济中，进而削弱虚拟经济有序运转的信用基础。再者，如果上市公司的经营质量大幅下降，公司股票价格乃至虚拟经济可能就会动荡不安。因此，实体经济与虚拟经济休戚相关，如果实体经济繁荣发展，虚拟经济也可以稳健运行；如果实体经济发展停滞，虚拟经济最终也会陷入困境。

3. 实体经济始终是虚拟经济稳健运行的轴心

在国民经济体系中，发达的实体经济始终是虚拟经济稳健运行的轴心。实体经济和虚拟经济的运行周期可以概括为：实施鼓励实体经济发展的政策措施→实体经济迅猛发展→金融衍生品等相关产品价格开始上涨→影响实体经济发展的不稳定因素出现→经济泡沫开始聚集→金融资产价格不断上扬→虚拟经济的增速远远超过实体经济的增速→泡沫经济开始形成→泡沫日益膨胀→外部冲击导致泡沫破裂→投资者的信心遭受重挫→金融资产价格急剧下跌→实体经济受到严重影响，增速趋缓。① 因此，在国民经济的运行周期中，实体经济与虚拟经济联系紧密、互为因果。虚拟经济与实体经济的运行周期可能不同，发展速度也可能有快有慢。但是，无论世界经济发展如何风云变幻，也不管一国经济的发展水平如何，实体经济始终是国民经济健康发展的坚实基础，虚拟经济的发展始终不能离实体经济这个轴心太远。

总之，如果实体经济健康发展，虚拟经济的运行就拥有坚实的物质基础；反之，如果实体经济危机四伏，虚拟经济也只能病态发展，最终严重危及实体经济的运行。

（二）虚拟经济对实体经济的双重作用

虚拟经济对实体经济的发展具有双重作用（见图 2-2）：当虚拟经济与实体经济实现均衡发展时，虚拟经济是实体经济健康发展的强大"助推器"，在促进生产和流通方面发挥重大作用；反之，当虚拟经济运行失序、创新过度、日益膨胀以至于严重背离了实体经济的发展要求时，也将导致实体经济动荡不安。

1. 健康的虚拟经济是实体经济健康发展的强大"助推器"

金融是现代经济的核心，资金是实体经济的"血液"。健康的虚拟经济特别是金融业，是实体经济可持续发展的强大"助推器"。虚拟经济对实体经济的积极作用主要表现在以下三个方面。

---

① 周莹莹、刘传哲：《我国虚拟经济与实体经济的联动效应——基于资本市场、金融衍生品市场与实体经济数据的实证研究》，《山西财经大学学报》2011 年第 5 期。

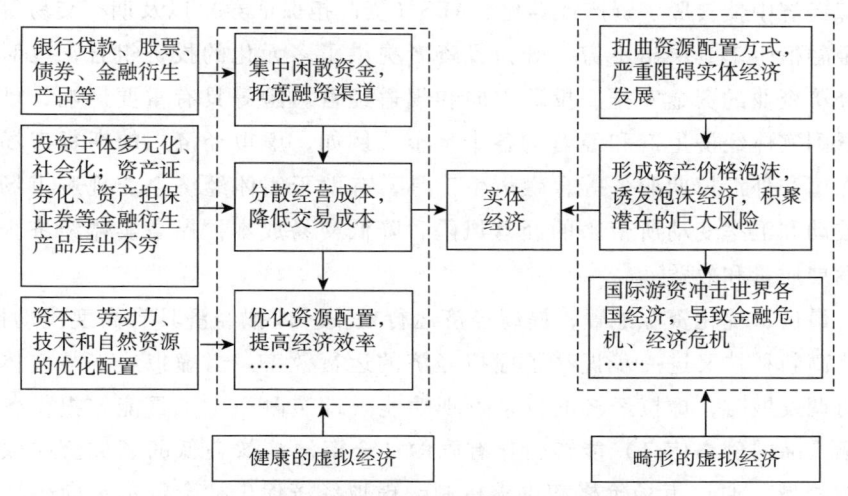

图 2-2　虚拟经济对实体经济的双重作用

资料来源：笔者依据周莹莹、刘传哲《我国虚拟经济与实体经济的联动效应——基于资本市场、金融衍生品市场与实体经济数据的实证研究》(《山西财经大学学报》2011年第5期)中的部分资料自制。

首先，集中闲散资本，拓宽实业融资渠道。发展实体经济需要充沛的资金支持，而健康的虚拟经济具有集中大量闲散资本的重要作用，可以在拓宽融资渠道的基础上更好地满足实体经济的资金需求。实体经济企业筹集资金的途径主要包括间接融资和直接融资，间接融资主要是指银行贷款，直接融资是指通过发行股票或债券等有价证券，融通发展所需资金。虚拟经济具有高收益性的显著特点，社会上大量的闲散资金总是十分青睐股票、债券和金融衍生品投资，因此，虚拟经济可以明显拓宽实体经济的融资渠道。而在金融体制改革的基础上，虚拟资本市场在融资渠道、技术、成本等方面与传统融资方式相比都具有不可比拟的优越性，因此有利于加快资金周转速度，提高储蓄转化为投资的效率。总之，健康的虚拟经济是实体经济良性运转的"催化剂"。

其次，分散实业经营风险，降低企业交易成本。健康的虚拟经济能够分散实体经济企业的经营风险，降低交易成本，优化实体企业的发展环境。发达的资本市场和实体经济企业的制度创新，使得实体经济企业的投资主体日益多元化、社会化，也实现了企业产权的所有权、经营权和收益权的相对分离。因此，即使企业的所有权发生变更，其对实体经济企业经营活动的影响也将弱化，企业经营风险得以降低，稳定性则得以增强。同时，虚拟经济中债转股、资产证券化、ABS（资产担保证券）以及期权交易等各类金融衍生工具层出不穷，既为投资者提供了多元化的投资组合，也对实体经济企业的资金安排、投资方向和规避经营风险等具有重要影响，已经渗透到实体经济生产和经营的各个环节。例如，虚拟经济中的期货市场套期保值和外汇掉期业务等金融衍生工具，有助于实体经济企业规避市场价格波动和汇率变动所带来的经营风险，降低交易成本，提高实体经济企业的发展质量和效益。

最后，优化资源配置，提高经济运行效率。虚拟经济具有高度流动性，现代高新科技又进一步提高了虚拟经济的运行效率。当虚拟经济与实体经济协调发展时，虚拟经济的价格发现功能（即金融衍生工具能够提供各种金融产品的价格信息）能够引导有限的社会资源从效益低的领域流向效益高的领域。通过市场价格和供求机制，虚拟经济促进社会资本流向生产效率更高、经济效益更好、发展前景更优的实体经济企业和产业，实现社会资本的最优配置，提高经济发展质效。健康的虚拟经济还有利于实现劳动力、技术和自然资源等要素在实体经济领域的重组和优化配置，以产业链带动上下游产业实现协同发展。因此，虚拟资本的高效流动，倒逼实体经济企业加快转型升级，优化实体经济产业结构，提高实体经济企业的经营效率和社会资源的整体配置效率，进而提高整个实体经济系统的运行效率。

可见，健康的虚拟经济是实体经济健康发展的"助推器"，在现代经济发展史上扮演十分重要的角色。2008年国际金融危机爆发前，虚拟经济甚至成为美国经济的支柱产业。可以说，2008年以来的国际金融危机罪不在虚拟经济，而在于虚拟经济严重脱离实体经济、过度自我循环和膨胀。然而不可否认的是，近年来虚拟经济自身也获得迅猛发展，其发展规模已成为体现一国国际地位和国际竞争力的重要指标。虚拟经济发展规模的扩张不仅促进国内生产总值的增长，而且带动相关服务业发展，创造大量就业机会，在国民经济发展中将继续扮演不可替代的重要角色。

2. 畸形的虚拟经济对实体经济的消极作用

虚拟经济对实体经济的作用是一把"双刃剑"，我们在看到虚拟经济对实体经济的积极作用的同时，也应科学认识虚拟经济对实体经济的消极作用。虚拟经济具有高风险性，一旦虚拟经济过度膨胀，将会严重制约实体经济的发展，甚至引发金融危机和经济危机。畸形的虚拟经济对实体经济的消极作用主要表现在以下三个方面。

首先，畸形的虚拟经济会扭曲资源配置方式，严重阻碍实体经济发展。如果虚拟经济发展过度膨胀，将会扭曲资源配置方式，导致实体经济遭遇融资难融资贵等问题，阻碍实体经济发展。一方面，虚拟经济的过度发展会挤占实体经济发展所需资金，导致实体经济企业融资难。当虚拟经济发展处于繁荣时期，将资金投向股市、汇市以及房地产市场等虚拟经济领域，可以获得比投资于实体经济高得多的回报率。因此，当虚拟资产的价格急剧上升、市场通胀预期加大时，在高投资回报率预期的诱导下，大量流动性资本将从实体经济领域流向回报率更高的虚拟经济领域，形成生产性投资的"挤出效应"，加剧实体经济融资难问题，严重阻碍实体经济发展。另一方面，畸形的虚拟经济也会不断推高实体经济企业的融资成本。畸形的虚拟经济可能造成进入实体经济的资金被逐渐"榨干"，而经济系统中的资金供求失衡势必进一步推高资金价格，加重实体经济企业融资负担，阻碍实体经济健康发展。

其次，畸形的虚拟经济会形成资产价格泡沫，进而可能诱发泡沫经济，积聚潜在的巨大风险。当虚拟经济过度自我循环和膨胀时，其对实体经济的消极影响将可能由最初的"挤出效应"演变为"破坏效应"。由于虚拟资产采用的是资本化的定价方式，其价格主要取决于市场供求关系和人们的心理预期。当人们对虚拟资本的价格预期过高，导致虚拟资产价格非理性上涨，其市场价格严重脱离客观价值时，不但会引发通货膨胀，还可能诱导大量的境内外"热钱"要么涌向房地产等固定资产，推高虚拟资本的价格，要么直接流入虚拟经济系统中频繁进行短期的投机交易。而这又会进一步加剧市场流动性过剩，在诸多因素的相互综合作用下，虚拟资产的价格被不断推高并呈现出螺旋式上升状态，最终可能完全脱离其客观价值，导致经济泡沫不断膨胀。这些泡沫累积到一定程度就会形成泡沫经济，形成虚假的经济繁荣，给整体经济的平稳运行带来潜在的巨大风险。

最后，畸形的虚拟经济可能严重危及世界经济安全，特别是强力冲击广大发展中国家的实体经济。经济全球化时代，国际金融危机可能通过国际贸易、对外直接投资以及国际金融市场等途径跨国"传染"，对部分国家甚至世界各国的实体经济产生巨大冲击。当今世界，国际金融市场日益一体化，金融业务趋向国际化和自由化，名目众多的金融创新更是催生了以各种对冲基金为主的国际投机资本。21世纪以来，国际投机资本快速扩张，总量迅猛增长，流动性强。一些投机者正是利用了虚拟资本的流动性强、交易便捷的特点，通过国际贸易、资本流动和汇率变动等各种渠道在国际资本市场大肆投机，其资本便成为国际经济中的"游资"。这些国际游资不断推高虚拟资本的价格，一旦经济泡沫破灭，将会引发区域性甚至是全球性金融危机乃至经济危机，严重冲击世界各国特别是广大发展中国家的实体经济，导致一个地区、国家甚至是世界经济掉入发展停滞或衰退的陷阱，如1997年亚洲金融危机和2008年国际金融危机都是典型案例。

总之，我们要正确认识实体经济与虚拟经济之间相互依赖、相互制约的辩证关系，始终坚持优先大力发展实体经济。同时，既要充分发挥虚拟经济服务实体经济的积极作用，又要避免虚拟经济对实体经济的消极作用，推动实体经济与虚拟经济协调发展。

## 第三节 实体经济与第三产业的关系

### 一 第三产业的范畴界定

在中国国民经济核算体系中，除第一产业（农、林、牧、渔业）和第二产业（采矿业、制造业、电力、热力、燃气及水生产和供应业、建筑业）之外的经济活动被称为第三产业。第三产业主要包括直接服务业、工业化服务业和金融服务业。直接服务业是以人的体力及其技能直接为社会提供各种服务，其劳动生产率往往难以持续提高，而服务的单位产出价格却随着经济社会的发展趋于上升。工业化服务业是以工业技术为支撑的为生产活动提供服务的经济活动，其劳动生产率一般随着工业技术的发展进步而不断提高，而单位产出价格可能趋于下降。金融服务业是金融服务机构为社会提供各种资金融通服务的经济活动，其出发点和落脚点都应是为实体经济服务，但金融服务业也具有相对独立性，可能脱离实体经济而自我膨胀和循环，最终危及实体经济的发展。通常情况下，第三产业中的直接服务业被称为"传统服务业"，工业化服务业和金融服务业则被统称为"现代服务业"。中国的第三产业既包含实体经济属性的部分，也包含虚拟经济属性的部分。最广义的实体经济包括第一产业、第二产业以及第三产业中扣除金融业和房地产业的服务业。第三产业是国民经济和社会发展的重要基础，其发达程度是衡量一国经济社会现代化发展水平和经济结构优化的重要标志，具有改善民生福祉的重要作用。

## 二 实体经济[①]与第三产业的关系

实体经济与第三产业之间并不矛盾，实体经济是第三产业健康发展的坚实基础，而第三产业特别是生产性服务业也可以促进实体经济发展。

### （一）实体经济是第三产业稳健发展的基础

自古以来，人类所从事的一系列经济活动，归根结底都是为了满足自身日益增长的美好生活需要，因此，最具现实意义的经济活动终究是实体经济。发达稳健的实体经济是保持国民经济持续平稳较快发展的主要推动力，任何一个国家都离不开实体经济的健康发展。发达稳健的实体经济是第三产业健康发展的前提和基础。只有做大做强做优实体经济，才能产生对第三产业的真实需求，从而拉动第三产业尤其是生产性服务业大发展，才能以稳健的实体经济带动金融等第三产业中的虚拟经济部分大发展，而这种建立在实体经济基础之上的虚拟经济才是健康、适度的虚拟经济。同时，随着实体经济的发展，其对第三产业特别是生产性服务业也会提出更高要求，加快第三产业的发展步伐，从而不断提高第三产业在国民经济总量中的比重。反之，如果过早强调第三产业与虚拟经济，大量资本不是投入实体经济而是投入服务业和资本市场，一旦第三产业中的虚拟经济部分严重脱离实体经济，并且在整个国民经济中所占的比例增加到一定程度时，经济结构将严重失衡，最终导致产业"空心化"，那么第三产业的发展也就逐渐失去了实体经济的有力支撑，甚至陷入完全自我循环的状态，最终国民经济的发展就会出现貌似繁荣实则"体虚"的状况。那么，第三产业最终也只能成为无源之水而逐渐衰退，难以实现可持续发展。对于正处于工业化中后期的中国来说，要牢牢把握发展实体经济这一坚实基础，把以制造业为主体的实体经济作为发展的重中之重。

### （二）第三产业特别是生产性服务业可以促进实体经济发展

第三产业的发展不仅直接关系到中国经济的增长，而且攸关中国经济的发展质量和效益。改革开放以来，中国第三产业得到较快发展，2013年

---

[①] 这里所说的实体经济主要是指前文所提到的第一层次和第二层次的实体经济。

第三产业占国内生产总值的比重提高到 46.1%[①]（2023 年已增至 54.6%[②]），第一次超过了第二产业，并且仍然具有巨大的发展空间。第三产业尤其是生产性服务业与实体经济紧密相连，生产性服务业实质上也是实体经济，它是一条连接其他产业发展的好纽带。近年来，第三产业在推动实体经济高质量发展、提升生产力和经济发展水平上发挥着越来越重要的作用，如现代物流业、商务咨询以及许多从事设计和研发的生产性服务业都是为实体经济服务的。不过，特别值得注意的是，第三产业中的金融服务业对实体经济的作用具有双重性。如果金融服务业与实体经济的发展相匹配，那么其提供的服务将促进实体经济发展；反之，如果金融服务业过度自我扩张和衍生膨胀，甚至带动实体经济的产品和资产过度金融化，那么其将催生巨大的虚拟经济"泡沫"，而过度膨胀的虚拟经济就会过度吸纳社会资源，最终严重阻碍实体经济的发展，甚至带来巨大的金融风险或经济危机。但是，生产性服务业仍然是中国实体经济的"短板"，唯有在持续创新中不断提升第三产业的发展水平，使其成为实体经济稳健发展的强大"助推器"，推动三次产业协同发展，方能加快构建现代化经济体系，不断增强中国实体经济的整体竞争力。

---

[①] 中华人民共和国国家统计局：《2013 年国民经济和社会发展统计公报》，国家统计局网站，https://www.stats.gov.cn/sj/zxfb/202302/t20230203_1898455.html。

[②] 中华人民共和国国家统计局：《中华人民共和国 2023 年国民经济和社会发展统计公报》，国家统计局网站，https://www.stats.gov.cn/sj/zxfb/202402/t20240228_1947915.html。

# 第三章
# 中国发展实体经济的现状

改革开放 40 余年来,中国经济迅猛发展,年均增长率约 10%。通过分析中国发展实体经济的优势和劣势,研究其面临的发展机遇和严峻挑战,可以更好地把握中国实体经济的发展现状和未来走势。

## 第一节 中国发展实体经济的优势

改革开放 40 余年来,中国经济取得了举世瞩目的成就,已成为世界第二大经济体、制造业世界第一大国、世界货物贸易第一大国、外汇储备世界第一大国、全球汽车产销第一大国,在这么短的时期内取得如此伟大的发展成就,堪称世界经济奇迹。中国发展实体经济拥有技术、市场和劳动力等突出优势,为今后的发展奠定了更加坚实的物质基础、技术基础和体制基础。

### 一 实体经济发展成就辉煌

重视发展实体经济是中国的优良传统。15 世纪以前,中国制造业引领世界风骚上千年,特别是中国丝绸和陶瓷品牌享誉全球,这是中国制造业的骄傲。鸦片战争后,中国实体经济经历了一个漫长的觉醒、挣扎和奋起的艰辛发展历程。当时中国的有识之士发出了"实业救国"的嘹亮口号,一大批优秀的实业家运用他们的智慧和信念,不仅创造出巨大的商业财富,而且为中国发展实体经济奠定了坚实基础。中华人民共和国成立后,中国确立了实现工业化的奋斗目标,相继建设了一大批工业项目,初步奠定了国民经济的基础。改革开放 40 余年来,中国顺应世界经济和科技发展趋势,充分发挥中国特色社会主义制度优势，依靠科技创新驱动和全面深化改革开放，大力发展以制造业为代表的实体经济，推动实体经济发展实现惊人跨越，实体经济总量规模大幅扩张、产业结构得到不断优化、质量效益获得显著提升，推动中国从积贫积弱发展为名副其实的世界性实体经济大国。根据最广义实体经济的概念界定，本书构建了由4个一级指标、14个二级指标组成的实体经济发展评价指标体系（见表3-1），总结改革开放40余年来中国发展实体经济取得的辉煌成就。

表3-1 中国实体经济发展成就评价指标体系

| 一级指标 | 二级指标 | 一级指标 | 二级指标 |
| --- | --- | --- | --- |
| 实体经济规模指标 | 实体经济总量（亿元）<br>实体经济总量占GDP比重（%） | 实体经济效益指标 | 实体经济劳动生产率[万元/（人·年）]<br>实体经济能耗（吨标准煤）<br>实体经济投资产出率（%） |
| 实体经济结构指标 | 第一产业增加值（亿元）<br>第二产业增加值（亿元）<br>第三产业增加值（亿元）<br>第一产业增加值占比（%）<br>第二产业增加值占比（%）<br>第三产业增加值占比（%） | 实体经济国际地位指标 | 中国制造业增加值占全球的比重（%）<br>全球品牌价值500强中国品牌上榜数量（家）<br>世界500强中国公司上榜数量（家） |

资料来源：笔者依据罗能生、罗富政《改革开放以来我国实体经济演变趋势及其影响因素研究》（《中国软科学》2012年第11期）中的部分内容自制。其中，实体经济劳动生产率＝实体经济总量÷实体经济部门劳动者人数，其中实体经济部门劳动者人数指全国就业人员数扣除金融业和房地产业的从业人员数；实体经济能耗＝能源消费总量÷实体经济总量，因虚拟经济部门能源资源消耗比重极低，且在《中国统计年鉴》中无法获取相关数据，故以全国能源消耗数据代替实体经济部门能源消耗数据；实体经济投资产出率＝实体经济总量÷全社会固定资产投资总额。

**（一）改革开放以来中国实体经济总量规模扩张进程**

根据最广义的实体经济的概念界定，本书选取实体经济总量、实体经济总量占中国国内生产总值的比重两个指标，采集相应数据测算中国实体经济总量规模和所占比重的演变。改革开放40余年来，中国实体经济发展迅猛，总量规模不断扩张，从1978年的3522.5亿元增加到2023年的1086182.8亿元，增加了300多倍；其中1984~1988年、1992~1995年、2003~2007年、2010~2012年、2015~2019年、2021年等时期的实体经济总量实现了跨越式增长。实体经济总量占国内生产总值的比重则呈现不断下降的趋势，从1978年的95.75%下降到2020年的84.51%（改革开放以来的最低点），共计下降了11.24个百分点，中国经济"脱实向虚"风险显现。改革开放初期，实体经济总量所占比重较高，维持在92%~96%；20世纪90年代后，实体经济总量所占比重大幅下降，基本上在87%~91%之间徘徊；2012年以来，实体经济总量所占比重相对稳定，基本上在85%~87%之间徘徊，在一系列推动经济"脱虚向实"政策措施的作用下，特别是近年来房地产业相对低迷的情况下，2023年实体经济总量所占比重为86.17%（见图3-1）。总体上看，改革开放以来中国实体经济总量规模呈现快速增长的发展势头，实体经济总量占国内生产总值的比重降幅明显，但依然维持在较高水平，为推动中国经济社会高质量发展、构筑未来发展战略优势奠定坚实基础。

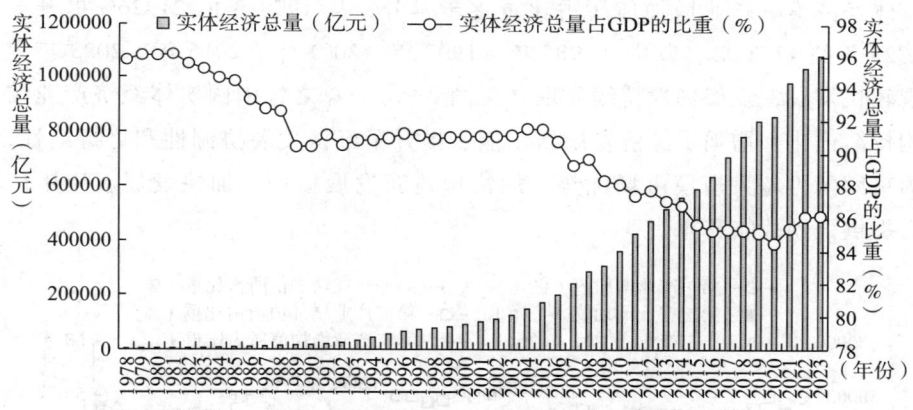

**图3-1 改革开放以来中国实体经济总量规模扩张进程**

资料来源：笔者依据国家统计局"年度数据"中相关数据自制。

## （二）改革开放以来中国实体经济产业结构优化进程

按照中华人民共和国国家统计局的行业划分标准，本书将实体经济相应地划分为三大产业：实体经济第一产业是指农、林、牧、渔业（不含农、林、牧、渔专业及辅助性活动）；实体经济第二产业是指采矿业（不含开采专业及辅助性活动），制造业（不含金属制品、机械和设备修理业），电力、热力、燃气及水生产和供应业，建筑业；实体经济第三产业是指除去金融业和房地产业的服务业。改革开放40余年来，中国实体经济三大产业增加值实现迅猛增长，其中，实体经济第一产业增加值从1978年的1018.5亿元增加至2023年的89755.2亿元，增加了87倍以上；实体经济第二产业增加值从1978年的1755.1亿元增加至2023年的482588.5亿元，增加了约274倍；实体经济第三产业增加值从1978年的748.9亿元增加至2023年的

513839.1亿元，增加了685倍。改革开放以来，中国实体经济产业结构显著优化，其中，实体经济第一产业增加值所占比重持续下降，20世纪90年代以前第一产业增加值所占比重比较平稳，20世纪90年代以后呈现快速下降的发展趋势，2023年其所占比重只有8.26%。实体经济第二产业增加值所占比重相对平稳，基本上围绕50%上下波动，其中，2011年达到53.24%的最高点；2020年因受疫情影响其所占比重降至44.78%，在一系列助企纾困政策的推动下，呈企稳回升态势，2021年其所占比重回升至46.00%；受全球经济形势影响，加之国内结构性、政策性等因素的作用，2023年实体经济第二产业增加值所占比重降至44.43%，这是改革开放以来的最低点。实体经济第三产业增加值所占比重逐步攀升，从1978年的21.26%提升至2023年的47.31%，其中，1985年、1992年、2001年、2016年、2023年实现较快发展，发展韧性持续显现（见图3-2）。总之，中国实体经济产业结构持续优化，增强了经济发展新动能，提升了经济发展协调性和可持续性，为巩固国内超大规模市场优势、加快构建新发展格局、加快发展新质生产力提供强劲战略支撑。

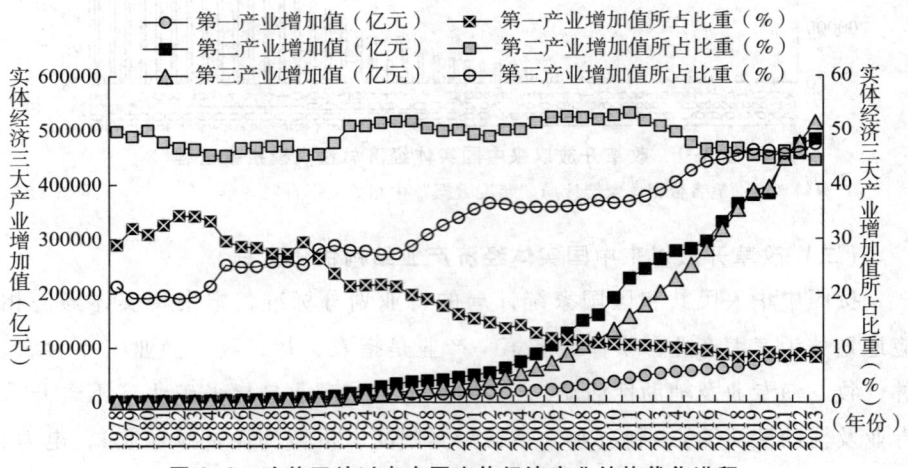

图3-2 改革开放以来中国实体经济产业结构优化进程

资料来源：笔者依据国家统计局"年度数据"中相关数据自制。

### （三）改革开放以来中国实体经济质量效益跃升进程

改革开放以来，通过优化创新资源配置，增强科技创新能力，加快推动经济社会发展全面绿色转型，中国实体经济质量效益日渐跃升。中国实体经济劳动生产率大幅提升，从1978年的0.088提高到2022年的14.392

（增加了162倍以上），特别是2010年以来，得益于科教兴国战略和创新驱动发展战略的坚定实施，中国实体经济劳动生产率快速上升。而随着中国进入高质量发展阶段，互联网、大数据、人工智能等新一代信息技术与实体经济深度融合，必将进一步提升实体经济劳动生产率，加快推动实体经济产业迈向全球价值链中高端。中国多措并举推动节能降耗，能源利用效率显著提高，实体经济能源消耗大幅下降，从1978年的16.223下降至2023年的0.527（累计下降15.696），绿色发展理念得到较好贯彻，实体经济绿色发展成绩斐然，为加快形成能源节约型社会、助力实现"双碳"目标、建设人与自然和谐共生的现代化提供了强有力的支撑。中国实体经济投资产出率呈现先下降后回升的发展态势，从1980年的4.837下降至2016年的1.465；而随着中国深入贯彻落实创新驱动发展战略、加快推动实体经济高质量发展，中国实体经济投资产出率由2016年的1.465提升至2023年的2.131，为推动实体经济高质量发展提供强有力支撑（见图3-3）。

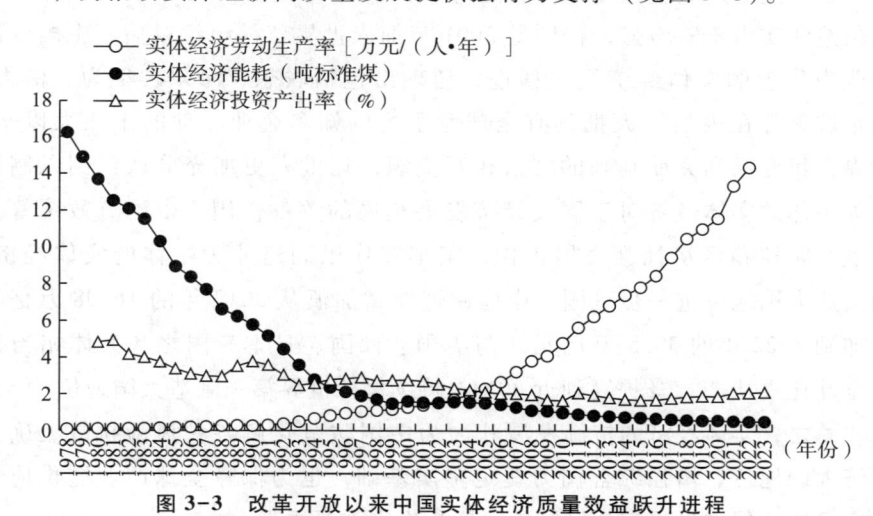

图3-3　改革开放以来中国实体经济质量效益跃升进程

资料来源：笔者依据国家统计局"年度数据"中相关数据自制。

**（四）当前中国实体经济发展所处的国际方位**

1. 制造业产出总量名列世界前茅

稳健的实体经济是中国的传统优势，而制造业是中国实体经济的主体。新中国成立初期，中国的经济基础十分薄弱，为尽快提升国力，中国坚持大力发展实体经济，相继上马了一大批工业项目，初步构建了比较完善的现代工业体系，为国民经济健康发展奠定坚实的物质基础。改革开放以来，依托强大的制造业，中国经济发展始终行驶在快车道上，曾创造了年均增速9%以上的发展奇迹，实体经济在其中发挥了极其重要的作用，可以说，中国经济发展壮大的过程也是实体经济优化升级的过程。20世纪80年代至今，全球制造业格局发生重大变迁，欧美发达国家的经济发展逐渐"脱实向虚"，而发展中国家尤其是中国制造业则迅速崛起，实现历史性的跨越式发展。据统计，世界制造业增加值从1980年的27900亿美元增加到2010年的102000亿美元，在此期间，美国制造业增加值从5840亿美元增加到18560亿美元，占世界制造业增加值的比重从20.93%降至18.20%；而中国制造业增加值从1330亿美元增加到19230亿美元，占世界制造业增加值的比重从4.78%增加到18.85%。① 2010年，中国制造业增加值占世界制造业增加值的比重首次超过美国，成为全球制造业第一大国，打破了美国连续110年占据世界头号商品生产国的历史，中国有220种工业品产量位居世界第一。②

在中国共产党坚强领导下，经过中国人民的不懈努力和艰苦奋斗，中国制造业实力不断增强，特别是2001年加入世界贸易组织以后，中国以制造业为代表的实体经济突飞猛进，涌现出包括联想、海尔、华为、格力、福耀玻璃等在内的一大批具有全球竞争力的知名企业。党的十八大以来，世界百年变局和突如其来的疫情相互交织，让世人更加充分认识到以制造业为主体的实体经济对于国民经济发展全局的关键作用。中国有效统筹推进疫情防控和经济社会发展工作，牢牢守住以制造业为主体的实体经济，制造业大国地位进一步巩固。中国制造业增加值从2012年的16.98万亿元增加到2022年的33.5万亿元（与美国、德国、日本三国之和大体相当），占全球比重从22.5%提高到近30%，持续保持世界第一制造大国地位。③

总之，实体经济的持续发展壮大为中国防范化解各种风险挑战、确立经济大国地位、增强综合国力奠定坚实基础，也为保障全球产业链供应链稳定畅通、促进世界实体经济恢复增长作出重要贡献。

---

① 《第三次工业革命的起源、实质与启示——芮明杰教授在复旦大学的讲演》，《文汇报》2012年9月17日，第00D版。
② 黄鑫：《打好工业转型升级攻坚战——访工业和信息化部党组书记、部长苗圩》，《经济日报》2012年10月17日，第6版。
③ 参见黄鑫《我国持续保持第一制造大国地位》，《经济日报》2022年7月27日，第3版；盛来运《风高浪急彰显韧劲  踔厉奋发再创新绩——〈2022年国民经济和社会发展统计公报〉评读》，国家统计局网站，https://www.stats.gov.cn/sj/sjjd/202302/t20230228_1919012.html。

2. 企业国际竞争力显著增强

改革开放 40 余年来，中国实体经济企业蓬勃发展，为数不少的大企业进军世界企业之林，竞争力显著增强。

一是企业数量快速增加。改革开放以来，持续优化的市场准入环境激发了创业创新热情，增强了市场主体活力。中国企业数量快速增长，从 1978 年的 34.84 万户增加至 2022 年 6 月底的 5038.9 万户，2023 年新设经营主体 3273 万户，日均新设企业 2.7 万户。① 中国企业综合实力大幅提升，规模以上工业企业数量由 2012 年的 34.4 万家增加至 2023 年的 48.2 万家，2023 年入围世界 500 强的制造业企业数量达到 63 家，一些行业领军企业已经形成较强的国际竞争力。② 得益于一揽子纾困帮扶政策，中国实体经济企业发展韧性不断增强，夯实了实体经济高质量发展的微观基础，为全面建设社会主义现代化国家提供了坚实支撑。

二是企业国际竞争力持续提升。在《财富》世界 500 强榜单上，中国上榜企业从 1989 年的 1 家增加到 2019 年的 129 家，首次超过美国位居世界第一。③ 从 2023 年度《财富》世界 500 强榜单来看，中国上榜企业数量持续增加，经营状况也日益向好。据统计，2023 年中国（含台湾地区）上榜企业数量达 142 家（其中，有 63 家制造业企业进入榜单，比 2012 年增加 32 家），超过美国（136 家），蝉联榜首；中国 142 家上榜公司 2022 年营收总额超 11.7 万亿美元（比 2021 年提升 1.7%），中国、美国和日本上榜公司数量占据上榜企业数量的 64% 及营收总额的 68%，有力彰显了中国实体经济的实力与潜力。④

三是品牌竞争力加速跃升。中国高度重视品牌发展工作，统筹谋划品牌发展顶层设计，2017 年将每年 5 月 10 日设立为"中国品牌日"，2023 年中共中央、国务院印发《质量强国建设纲要》，并且积极开展制造业"增品

---

① 参见余菁《改革开放四十年：中国企业组织的繁荣与探索》，*China Economist* 2018 年第 4 期；余颖《全国市场主体超 1.6 亿户》，《经济日报》2022 年 8 月 18 日，第 1 版；盛来运《风高浪急彰显韧劲　踔厉奋发再创新绩——〈2022 年国民经济和社会发展统计公报〉评读》，国家统计局网站，https://www.stats.gov.cn/sj/sjjd/202302/t20230228_1919012.html。

② 参见黄鑫《我国持续保持第一制造大国地位》，《经济日报》2022 年 7 月 27 日，第 3 版；金壮龙《推进新型工业化　构筑中国式现代化强大物质技术基础》，《学习时报》2024 年 5 月 29 日，第 1 版。

③ 王轶辰：《不忘初心　决胜 2020》，《经济日报》2019 年 12 月 11 日，第 13 版。

④ 廖睿灵：《中企上榜数量位居全球之首》，《人民日报》（海外版）2023 年 8 月 4 日，第 3 版。

种、提品质、创品牌"行动，大力实施中华老字号保护发展工程，努力做大做强中国品牌，有力推动中国品牌影响力跃上新台阶，越来越多的中国品牌闪耀世界舞台。据统计，中国有效商标注册量已突破 4600 万件，培育 1455 个中华老字号、4560 个名特优新农产品，全国各地 2500 多个地理标志产品年产值总额超过 8000 亿元；中国品牌遍布全球 200 多个国家和地区，48 个中国品牌进入"世界品牌 500 强"，① 中国入围世界品牌 500 强的工业和信息化领域品牌数量从过去的 10 个增加到 2021 年的 24 个。② 中国路、中国桥、中国港口、中国高铁、中国快递成为一张张亮丽的"中国名片"，中国天眼、天宫一号、海尔、联想、奇瑞等品牌行稳致远，华为品牌荣登全球电信领域榜首，彰显出中国品牌日益提升的影响力，显著增强了品牌对实体经济高质量发展的推动引领作用。

四是中小企业生机勃勃。中小企业是经济的"毛细血管"。中国中小实体经济企业特别是科技型中小企业数量多、科技含量高、创新能力强、市场前景好，既是解决关键核心技术"卡脖子"问题的重要力量，也是提高产业链供应链稳定性和国际竞争力的关键环节。统计数据显示，中国已培育 13.5 万多家专精特新中小企业、1.2 万家"小巨人"企业和 1557 家制造业单项冠军企业。③

这些斐然成绩反映了中国推动经济社会高质量发展的显著成效，彰显了中国实体经济的韧性、实力、活力与潜力，为培育世界一流企业、加快建设实体经济强国奠定坚实基础。

## 二 科技创新体系日益完善

近年来，中国以企业为主体、以市场为导向、产学研相结合的科技创新体系日益完善，科技创新能力显著增强，成为推动实体经济高质量发展的强大引擎。

### （一）科技研发投入快速增长

科技创新是实体经济高质量发展的强大引擎，而科技研发投入是提高

---

① 《品牌建设助力高质量发展》，央视网，https://news.cctv.com/2024/05/21/ARTIrAQhB0wkoCga5euiFoFd240521.shtml。
② 黄鑫：《我国持续保持第一制造大国地位》，《经济日报》2022 年 7 月 27 日，第 3 版。
③ 金壮龙：《推进新型工业化 构筑中国式现代化强大物质技术基础》，《学习时报》2024 年 5 月 29 日，第 1 版。

科技创新能力的重要支撑。近年来,中国深入实施创新驱动发展战略,坚定不移走中国特色自主创新道路,着力建设创新型国家和科技强国,科技研究投入保持较快增长,科技创新水平显著提升。

1995年特别是党的十八大以来,中国科技研发投入逐年快速增长。科研人才是优化科技创新生态的第一资源,因此,中国着力建设高质量科技人才队伍,研究与试验发展人员全时当量从1995年的75.17万人年增加至2022年的635.4万人年,规模连续多年稳居世界首位;入选世界高被引科学家数量从2014年的111人次增至2022年的1169人次,排名世界第二,大量高素质劳动者为加快科技创新提供了坚实的人才支撑。[1] 资本是赋能科技创新的重要力量,因此,中国持续加大科技研发经费投入力度,其中,全社会研究与试验发展经费支出从1995年的348.69亿元增加至2023年的33278亿元,比2022年增长8.1%,稳居世界第二位;研究与试验发展经费支出占国民生产总值比重屡创新高,从1995年的0.6%提高至2023年的2.64%,超过经济合作与发展组织(OECD)国家平均水平;中国高度重视基础研究,研究与试验发展基础研究经费支出从1998年的28.95亿元增加至2023年的2212亿元(比2022年增长9.3%),占科学研究与试验发展经费支出比重为6.65%,为实体经济创新发展注入了强大活力。[2]

中国科技创新能力由此得到快速提升,某些领域与欧美发达国家的差距趋于缩小,从以前的"望尘莫及"到如今的"同台竞技","并跑""领跑"领域加速涌现。世界知识产权组织2023年发布的全球创新指数(GII)显示,中国科技创新能力在130多个经济体中居第12位(是全球排名最高的中等收入经济体),自2013年起中国的排名已提升了23个位次,拥有的全球百强科技集群数量(24个)首次跃居全球第一,超过美国(21个),稳居创新型国家行列,成为国际前沿创新的重要参与者。[3] 中国科技创新能力的大幅跃升有力支撑了高质量发展,在壮大实体经济企业、助推实体经

---

[1] 黄汉权:《深刻领悟发展新质生产力的核心要义和实践要求》,《求是》2024年第11期。

[2] 《我国R&D经费投入迈上3万亿元新台阶——国家统计局社科文司首席统计师李胤解读相关数据》,国家统计局网站,http://www.stats.gov.cn/sj/sjjd/202302/t20230202_1896746.html;《中华人民共和国2023年国民经济和社会发展统计公报》,国家统计局网站,https://www.stats.gov.cn/sj/zxfb/202402/t20240228_1947915.html。

[3] 参见《我国R&D经费投入迈上3万亿元新台阶——国家统计局社科文司首席统计师李胤解读相关数据》,国家统计局网站,http://www.stats.gov.cn/sj/sjjd/202302/t20230202_1896746.html;郑韬《中国新质生产力,世界发展新动力》,《经济日报》2024年5月19日,第1版。

济产业升级等方面发挥了重要作用。

（二）企业科技创新主体地位显著增强

近年来，中国相继出台了一系列鼓励、支持和引导企业加快科技创新的政策措施，引导各类创新要素向实体经济企业集聚，优化企业科技创新的政策环境，企业科技创新主体地位不断增强。一方面，实体经济企业科技创新投入力度不断加大。近年来，中国企业科技创新投入积极性显著提高，企业研发经费规模已居世界前列，其中，企业研发经费投入占全社会比重超过77%，[1] 全国高新技术企业研发投入占全国企业投入的70%；[2] 专精特新"小巨人"企业的平均研发强度达到10.3%，679家工业企业入围全球研发投入2500强；[3] 2023年出台先进制造业企业增值税加计抵减政策，将研发费用加计扣除政策扣除比例全面提高至100%，将集成电路和工业母机产业研发费用加计扣除比例提高至120%，[4] 显著降低了相关重点产业链企业的税负水平，有力激发了实体经济企业科技创新主体活力。作为中国科技创新的"领头羊"，华为公司重视研究与创新，持续加大研发投入，十年累计投入的研发费用已超过11100亿元人民币，其中，2023年研发投入达到人民币1647亿元，占全年收入的23.4%，[5] 具备创新性及应用前景的成果十分丰硕。另一方面，实体经济企业科技创新能力显著提升。中国深入实施创新驱动发展战略，全国各地千方百计地引入各领域高层次人才，资金和人才等创新资源加快向企业集聚。中国高端制造业自主创新能力显著增强，上天、入地、下海、探微等前沿技术领跑世界，推动中国制造加速向中国创造迈进，大国重器亮点纷呈："蛟龙"潜海、双龙探极、C919首飞、"嫦娥"揽月、"北斗"组网、"九章"问世。中国正从"世界工厂"迈向"制造强国"。全国高新技术企业数量十多年前为4.9万家，2023年约40万家，[6] 高新技术企业成为重

---

[1] 陈炜伟、严赋憬：《"十四五"规划纲要实施实现"时间过半、任务过半"——从中期评估报告看"十四五"发展新成效》，《新华每日电讯》2023年12月27日，第3版。
[2] 赵永新：《我国成功进入创新型国家行列》，《人民日报》2022年6月7日，第2版。
[3] 刘艳：《工信部：我国制造业迈向价值链中高端》，《科技日报》2022年7月27日，第1版。
[4] 张帆：《结构性减税降费支持制造业》，《经济日报》2024年3月16日，第5版。
[5] 参见谷业凯：《专利为企业创新添动力》，《人民日报》2022年6月20日，第19版；华为公司简介，华为官网，https://www.huawei.com/cn/corporate-information/。
[6] 赵永新：《我国成功进入创新型国家行列》，《人民日报》2022年6月7日，第2版；盛来运：《攻坚克难回升向好　夯基蓄能向新而行——〈2023年国民经济和社会发展统计公报〉评读》，《中国统计》2024年第3期。

要的经济增长极。东部经济发达省份大力发展战略性新兴产业，着力提高科技成果转化率，实体经济企业发展生机勃勃。总之，中国以企业为主体的科技创新体系日臻完善，充满活力，在实体经济高质量发展中发挥着越来越重要的作用。

### 三　社会主义市场经济体制日趋完善

党的十四大提出建立社会主义市场经济体制以来，中国始终坚持把社会主义基本制度和市场经济结合起来，着力构建高水平社会主义市场经济体制，这是世界经济发展史上前无古人的伟大创举，为实体经济高质量发展奠定制度基石。

#### （一）宏观调控经验丰富

改革开放以来，中国实体经济运行的一个显著特点是增长速度快、波动幅度比较小，这要归功于中国积累的日益丰富的宏观调控经验。40余年来，中国经历了多轮宏观调控，经济领域宏观调控的办法措施和手段方式更加科学、务实、灵活，能够及时纠正市场失灵，防止实体经济出现大的波动。例如，2008年国际金融危机爆发后，中国适时加大宏观调控力度，果断出台并不断完善"一揽子"应对计划和政策措施，包括增加4万亿元投资、实施家电下乡等政策，及时纠正市场扭曲、有效弥补市场失灵，因此中国实体经济很快出现止跌趋势，在世界经济形势仍然比较低迷的时期率先起暖回升。又如，面对后国际金融危机时期国内外经济运行中出现的新情况和新问题，中国实施了控制货币供应量、发展生产、保证供给、搞活流通和稳定市场等措施，对居民消费价格指数（CPI）的调控成效显著，中国实体经济发展实现新跨越。中国人均GDP从2007年的2456美元增加至2023年的13686美元，[①] 这的确是一个了不起的历史性跨越。再如，一场突如其来的新冠疫情严重冲击了世界经济，但在党中央坚强领导下，中国统筹兼顾疫情防控和经济社会发展，采取了积极的财政政策和稳健的货币政策，实施了有效的逆周期调节，着力落实"稳就业、稳金融、稳外贸、稳外资、稳投资、稳预期"和"保居民就业、保基本民生、保市场主体、

---

[①] 参见《我国人均国内生产总值超过2000美元》，央视网，https://news.cctv.com/china/20080324/103823.shtml；《驻孟买总领事孔宪华在印媒〈自由新闻日报〉上发表署名文章》，外交部网站，https://www.mfa.gov.cn/zwbd_673032/wjzs/202402/t20240212_11245290.shtml。

保粮食能源安全、保产业链供应链稳定、保基层运转"等系列政策，为实体经济稳中求进保驾护航。总之，中国宏观经济政策的前瞻性、灵活性、针对性和操作性已大幅提升。中国政府宏观调控适时有力、经验日益丰富，这是实体经济高质量发展的基本保证。中国潜在的制度红利依然很大，加快建设全国统一大市场，深化社会主义市场经济体制改革，必将有利于进一步激发经济活力，推动实体经济高质量发展。中国之所以能够战胜国际金融危机和科学精准防控疫情，也得益于我们拥有坚强的领导核心、集中力量办大事的社会主义制度、长期积累的雄厚物质基础和超大规模市场等优势。

### （二）金融体系保持总体稳健

受国际金融危机冲击，发达经济体多数大型商业银行和投资银行纷纷陷入困境，甚至沦落到破产的境地，而中国金融体系始终保持总体稳健，在振兴实体经济中发挥了不可替代的重大作用。首先，中国经济结构是以实体经济为主体，虚拟经济发展迅速但水平有待提高，不存在像发达国家那样过度发展金融衍生品的现象，所购买的国际金融衍生品也不多。其次，中国资本市场尚未全面开放，只是实行了经常项目下的资本开放，即使有外资或国际游资可以通过各种渠道进入中国资本市场，但总体上仍然是可控的，也是少量的。当然，立足长远早日建立维护金融安全的"防火墙"，加大金融风险监管力度，有利于金融体系稳健发展，更好地抵御金融风险，充分发挥金融支持实体经济发展的作用。最后，中国资金供给比较充裕。中国拥有崇尚节俭的文化传统，居民储蓄率是发达国家的2~3倍，高储蓄率将继续为实体经济提供充裕的资金。中国外汇储备规模大，经济韧性强、潜力大、活力足，营商环境不断优化，对外资仍具有强劲的吸引力。充足的资金供给极大地增强了中国开放型经济的风险抵御能力，既能保障金融市场有序运行，又能促进实体经济高质量发展。当前，金融危机和疫情对全球经济的影响仍将持续一段时间，要应对危机带来的各种更大的困难和挑战，继续保持中国实体经济平稳较快发展的良好态势，就必须倍加重视和发挥社会主义市场经济体制的优越性，继续加强和改善宏观调控，充分发挥市场在资源配置中的决定性作用和更好发挥政府作用，有力推动实体经济高质量发展。

### （三）现代税收制度体系日益完善

税收是国家宏观调控的重要工具，在国家治理中具有基础性、支柱性和保障性作用。税收制度简称"税制",是国家按照一定的政策和原则构建的税收体系,①税制改革是中国经济体制改革的重要内容。党的十八大以来,中国持续推进减税降费,基本建立现代增值税制度,日益完善绿色税制体系,顺利实施个人所得税制,有效助力实体经济持续回升向好,有力激发实体经济企业创新活力。国家税务总局的统计数据显示,2013~2022年,中国新增减税降费及退税缓税缓费超过14万亿元;② 2023年新增减税降费及退税缓费超2.2万亿元,其中制造业及相关行业受益占比超四成,中小微企业受益占比超六成,③ 为合理降低小微实体经济企业综合成本和税费负担、帮助其渡过难关发挥了重要作用,也为促进经济社会发展全面绿色转型、加快建设创新型国家和实体经济强国提供了可靠保障。

## 四 产业链完整劳动力丰富

尽管中国人口红利带来的劳动力成本优势在削弱,发达国家极力倡导回归制造业,但中国作为全球最大的制造业国家仍有独特优势,如完整的产业链、劳动力数量和质量优势等,能够吸引全球知名外资企业在中国投资建设高端制造业。2022年中国吸引外国直接投资仍维持高位(延续了2021年两位数的增长),虽然2023年引资规模同比有所下降,但仍保持了万亿规模,处于历史第三高水平,新能源、高技术产业等领域备受外资关注。

### (一)产业链体系完整

现代制造业十分依赖分工合作,需要相应产业拥有大量的上下游配套商。拥有全球规模最大、门类最齐全、配套最完善、组织协作能力强、综合成本竞争优势突出的制造业,是中国发展实体经济的突出优势。中国制造业相对发达,在很多重要区域和行业都建立了比较完整的上下游产业链体系,一些企业在珠三角或长三角周边地区可以采购自己所需的几乎所有零部件。产业链集群效应既能减少从生产到销售等环节的成本,也有利于优化产业结构。中国拥有41个工业大类、207个工业中类、666个工业小

---

① 高培勇:《从结构失衡到结构优化——建立现代税收制度的理论分析》,《中国社会科学》2023年第3期。
② 张帆:《结构性减税降费支持制造业》,《经济日报》2024年3月16日,第5版。
③ 董碧娟:《高质量推进中国式现代化税务实践》,《经济日报》2024年1月30日,第11版。

类，是全世界唯一拥有联合国产业分类中所列全部工业门类的国家。①依托门类齐全的工业体系，中国形成了从终端产品、零部件、原材料到相关配套设备的完备产业链，其产业链优势无可替代，在全球产业链的关键地位也无法撼动，已成为全球产业链供应链的"稳定器"和"压舱石"。该优势不仅越南、印度等大多数发展中国家不具备，而且连相当多的发达国家在短期内也难以建立。近年来，中国高度重视提升产业链供应链稳定性和竞争力，出台了夯实产业基础能力、保产业链供应链稳定、提升产业链供应链现代化水平的相关战略举措。同时，得益于"规模经济"的成本摊薄效应，中国制造业综合成本（包含劳动力、用能、物流、税负、融资、制度性交易等）竞争力依然突出，2007年以来在全球21个主要经济体中的排名基本保持在第5、6位，领先于美国（第10~12位）、德国（第19~21位）、日本（第17~20位）等发达国家；其中，2022年中国制造业单位增加值劳动力成本为0.26，低于同期美国（0.47）、德国（0.48）等发达国家以及越南（0.42）、印度（0.30）等发展中国家，充分彰显了中国制造业的发展韧性和竞争力，将使中国长期成为富有吸引力的外商投资兴业热土，夯实了实体经济高质量发展的产业基础。②

### （二）劳动力数量和质量有优势

改革开放40余年来，中国实体经济迅猛发展，而支撑实体经济发展的新优势和动力仍在加快积聚，与其他发展中国家相比，中国在劳动力方面仍然具有一定优势。

一方面，劳动力规模优势继续存在。丰富的劳动力资源是支撑实体经济高质量发展的关键要素。尽管近年来中国劳动年龄人口逐年缓慢减少，但依然是劳动力最丰富的国家之一，人口红利继续存在。第七次全国人口普查结果显示，中国16~59岁劳动年龄人口总规模仍较大，达到8.8亿人（超过全球所有发达国家同口径全部劳动年龄人口的总和），劳动力人口资源仍然充沛；中国人口平均年龄38.8岁（美国平均年龄是38岁），依然年富力强，为推动实体经济高质量发展提供重要支撑。③

---

① 李予阳：《我国产业链优势无可替代》，《经济日报》2020年3月8日，第1版。
② 黄汉权：《五大优势彰显中国制造业的韧性和竞争力》，《中国经济时报》2024年5月8日，第A05版。
③ 《第七次全国人口普查主要数据结果新闻发布会答记者问》，国家统计局网站，http://www.stats.gov.cn/xxgk/jd/sjjd2020/202105/t20210511_1817280.html。

第三章 中国发展实体经济的现状

另一方面,劳动力质量优势更加突出。高素质人才是推动实体经济高质量发展的重要支撑。中国教育经历了70多年的普及和发展,加之培训力度不断加大,人口受教育水平明显提高,人口素质持续提升,能够源源不断地为实体经济提供规模庞大且素质优良的劳动力资源。第一,中国已建成世界最大规模的高等教育体系,劳动力素质结构发生重大变化,高学历、高素质人才越来越多,智力资源优势十分明显。2023年,中国高等教育毛入学率达到60.2%,各种形式的高等教育在学总规模4763.19万人,比2022年增加108.11万人。① 中国高等教育进入普及化阶段,接受高等教育的人口达2.4亿,新增劳动力平均受教育年限达13.8年,② 劳动年龄人口平均受教育年限达到10.9年。③ 近20年来,中国培养的工程师超过6000多万名(超过欧洲适龄工程师总和),每年理工科毕业生数量超过300万人(约为美国的5倍),劳动人口红利正升级为工程师红利,加快从人力资源大国向人力资源强国迈进。第二,中国技工群体正在发展壮大,形成独特的人力资源优势。据统计,中国技能劳动者超过2亿人,占就业人员总量26%以上,其中高技能人才超过6000万人。④ 当前乃至今后一段时期,中国技工群体的素质仍高于许多发展中国家,而成本与发达国家相比依然具有比较优势。

总之,大规模高素质劳动力队伍的形成,将源源不断地为中国实体经济高质量发展提供人口质量红利,成为支撑中国实体经济高质量发展的强大动能。

## 第二节 中国发展实体经济的劣势

尽管中国实体经济发展成绩斐然,中国制造畅销全球,被冠以"世界工厂"称号,但我们也要清醒地认识到中国实体经济还存在不少薄弱环节。2008年以来,拥有技术优势的发达国家纷纷回归制造业,具有成本比较优

---

① 程宇:《教育部:2023年中国高等教育入学机会增加 毛入学率超60%》,中国新闻网,http://www.moe.gov.cn/fbh/live/2024/55831/mtbd/202403/t20240301_1117707.html。
② 闫伊乔:《我国接受高等教育人口达2.4亿》,《人民日报》2022年5月21日,第1版。
③ 教育部发展规划司:《2021年全国教育事业统计主要结果》,教育部网站,http://www.moe.gov.cn/jyb_xwfb/gzdt_gzdt/s5987/202203/t20220301_603262.html。
④ 邱玥:《聚高技能人才之力 筑高质量发展之基》,《光明日报》2023年10月26日,第15版。

97

势的发展中国家也在加速追赶，在这样的双重挤压下，中国发展实体经济的劣势也比较明显。

## 一　企业多处于产业链中低端

尽管中国制造正向中国创造大步迈进，但中国是制造业大国而非制造业强国，缺乏核心话语权。中国实体经济企业总体仍处于国际产业链中低端，科技创新能力不强，国际高端品牌较少，创新型人才匮乏，企业总体效益不高。

### （一）科技创新能力不强

科技创新是攸关企业发展成败的重要经济活动。近年来，中国实体经济企业科技创新能力大幅提升，但是高端芯片、机器人核心部件、储能技术、生物制药等关键核心技术受制于人的局面尚未根本改变。

1. 研发投入相对不足

近年来，中国研发经费投入强度不断提升，但与美国、日本、德国3%以上的高投入水平相比仍有差距。中国企业研发投入主体作用不断增强，但研发投入依然相对不足。据统计，2021年，中国制造业占全球比重接近30%，但制造业研发投入强度仅1.54%。[1] 欧盟执行委员会发布的《2022年欧盟产业研发投入记分牌》报告显示，2021年中国企业（不计算台湾地区企业数量）上榜数量（678家）和研发投入额（1959亿欧元，增长率为24.9%）持续快速增长，这两个指标首次同时超过欧盟，位居世界第二（2022年中国上榜企业数持续增长并保持世界第二）；但是中国企业研发投入强度（3.6%）仍偏低，尚不及美国（7.8%）的二分之一，且低于全球平均水平（4.7%），而再次进入全球TOP企业的华为的排名也由此前的第二名降至第四名。[2] 同时，中国全社会增长的研发投入经费并未重点流向制造业，[3] 削弱了实体经济高质量发展动能。

2. 研发机构规模偏小

研发机构是赋能实体经济企业自主创新能力的重要载体。但中国企业所设立的研发机构数量偏少、规模不大、创新能力不强。2022年，中国规

---

[1] 刘艳：《工信部：我国制造业迈向价值链中高端》，《科技日报》2022年7月27日，第1版。
[2] 姜桂兴、吴宪宇：《全球产业研发投入的最新态势——基于〈2022年欧盟产业研发投入记分牌〉》，《科技中国》2023年第4期。
[3] 操秀英：《2025年我国将迈入制造强国第二阵列》，《科技日报》2022年1月7日，第5版。

模以上工业企业单位数为472009个，有研发活动的企业数仅175619个；规模以上工业企业R&D人员全时当量421.5万人年，R&D经费支出19361.8亿元，R&D经费支出与营业收入之比为1.39%；规模以上工业企业设立136836个研发机构（仅占全部规模以上工业企业的28.99%），其机构人员数441.9万人，机构经费支出18161.3亿元。① 大多数跨国公司拥有规模庞大的研发机构，其研发人员往往从几百人到几千人，而中国有研发活动的规模以上工业企业所设立的研发机构，研发人员平均只有约32人。② 从中国企业特别是从广大中小企业的发展现状来看，建立研发机构普遍面临人才和资金等问题。

3. 企业专利多而不强

中国已成为世界第一专利大国，但并非专利强国。世界知识产权组织（WIPO）公布的数据显示，2023年中国PCT（《专利合作条约》）国际专利申请量共69610件，仍然是PCT申请量最大的来源国，占国际专利申请量（27.26万件）25.54%的份额，其中中国华为技术有限公司以6494件PCT国际专利申请量位居全球榜首。③ 这些数据充分说明中国的创新能力持续提升，是名副其实的知识产权大国。但是，由于产学研结合尚不紧密，中国实体经济企业自主创新不足，企业专利多而不强的问题突出，特别是在关键产业、核心技术领域发明的专利占比不高，专利维持时间短，推动实体经济高质量发展仍面临不少"卡脖子"难题。

（二）国际知名品牌匮乏

品牌是实体经济企业参与市场竞争的重要利器，也是衡量国家经济竞争力的重要指标。据研究，在品牌经济时代，国际市场20%的国际知名品牌拥有80%的市场份额；④ 品牌价值每增加1%，就会给该国国内生产总值带来0.13%的提升。⑤ 中国高度重视品牌发展工作，发力加强质量品牌建设，促使中国实体经济企业增强品牌发展意识，稳步提升品牌影响力，但是仍存在不少问题。

---

① 数据来源：根据《中国统计年鉴2023》相关数据整理而得。
② 数据来源：根据《中国统计年鉴2023》相关数据整理而得。
③ 袁勇：《中国成名副其实知识产权大国》，《经济日报》2024年3月21日，第4版。
④ 石军：《发挥品牌引领作用　促进经济高质量发展》，《中国品牌》2018年第10期。
⑤ 郭丁臣：《迎接第六个中国品牌日　共话品牌高质量发展》，《中国经济导报》2022年5月10日，第2版。

### 1. 自主品牌建设滞后

中国大多数实体经济企业是在改革开放后成长起来的，长期处于"微笑曲线"底部——获利较低的加工、组装和制造环节，品牌建设起步较晚。近年来，中国加快推进品牌强国建设，中国品牌崭露头角，品牌知名度、美誉度和影响力不断攀升，逐渐成为引领全球潮流的代表，但是品牌建设仍然滞后于西方发达国家，尚未形成如苹果公司、微软、丰田等国际高端品牌。中国品牌开拓国际市场的时间较短，经验不足，具有品牌影响力的企业也相对较少。2024年1月，GYBrand全球品牌研究院发布的2024年度《世界品牌500强》报告显示，中国有73个品牌上榜，数量占比14.6%，位居全球第二，但是明显低于美国（181个品牌上榜，数量占比36.2%，位居全球第一）；排名前十名单中，美国有6个且包揽前5名，而中国仅占据3个；中国世界品牌500强企业估值合计为17649亿美元（占比18.5%），美国世界品牌500强企业估值合计为43229亿美元（占比45.2%）。[①] 可见，中国品牌整体实力与美国存在较大差距，中国品牌实力与中国经济体量并不对称，中国品牌建设与质量强国建设还存在一定差距。作为国际市场新军的中国品牌，如何撼动发达国家国际知名品牌的市场优势地位是一个严峻的课题。

### 2. 品牌科技支撑薄弱

近年来，中国高度重视品牌发展工作，深入实施质量提升行动，扎实推进质量强国建设，坚持以"中国品牌日"活动为抓手统筹谋划品牌发展的顶层设计，但品牌发展缺乏关键核心技术的有力支撑，一些传统比较优势正在丧失。从中国实体经济企业科技发展水平来看，不少品牌的竞争优势要么主要依靠行业垄断，要么主要源于低劳动成本，真正拥有科技核心竞争力的品牌为数不多，推动民族品牌成长为国际品牌、促进中国从品牌大国迈向品牌强国的科技创新能力依然亟待提升。近年来，中国用工成本逐年攀升，周边新兴发展中国家如越南、印度正加快实体经济发展步伐，而中国劳动力成本较低的传统比较优势逐步丧失，导致中国品牌建设面临挑战。

### 3. 品牌成长环境不佳

企业品牌塑造离不开良好的成长环境，但中国品牌成长环境仍有待优

---

① 张清：《从2024年世界品牌500强榜单看世界一流企业品牌建设着力点》，《中国质量万里行》2024年第4期。

化。从宏观层面来看，优秀品牌的引领作用有待提升。近年来，中国颁布40项品牌评价国家标准，中国特色的品牌价值评价机制和品牌评价国家标准体系日趋完善。但是，中国品牌评价发布的数量偏少，品牌评价活动并没有达到提升优秀品牌社会影响力的预期效果，同时，还存在市场上品牌正能量的声音不够响亮，一些优秀的国产品牌还不为消费者所熟知，而假冒伪劣商品则未被完全清除出市场等问题。① 从微观层面来看，不少实体经济企业品牌意识淡薄，急功近利思想浓重，缺乏具有可操作性的品牌建设规划。事实上，很多实体经济企业缺的不是钱，缺的是奋斗与开拓精神，缺的是真正的品牌理想，即为人类可持续发展而真正有所担当的社会责任意识。尽管近年来海外消费者对中国品牌的整体好感度略有提升，但品牌信任指数仍然较低。益普索（Ipsos）发布的2021年《益普索中国品牌全球信任指数（GTI Ⓡ）》显示，相比2019年，2021年中国品牌全球信任指数多有提升，但仅达到6%，明显低于德国品牌（71%）、美国品牌（67%）、日本品牌（67%）、英国品牌（64%）全球信任指数。② 因此，优化品牌成长环境，重塑中国品牌形象是当务之急。

#### （三）高素质技能人才短缺

人才是实体经济企业创新和发展的第一资源，是否拥有高素质技能人才攸关企业发展成败。近年来，中国深入实施科教兴国战略、人才强国战略和创新驱动发展战略，制造业人才队伍建设成效显著，制造业人才培养规模位居世界前列、人力资源结构持续优化、人才聚集高地初步形成、人才发展环境也日趋改善。但是，《人民日报》记者对100家企业的问卷调查结果显示，当被问及"目前企业迈向高质量发展，主要困难有哪些"时，选择"技术人才缺乏"的企业高达73.08%，仅次于选择"各种成本高企"的企业（75%）。③ 尽管我国积极出台相关引才政策，但是制造业企业高素质技能人才需求缺口仍然较大，企业招揽人才面临"找不到、招不来、留不住"等困境，特别是高新制造业企业复合型人才和科技领军人才匮乏，存在"一流的设计师、研发人才去高校，二流的去设计公司，三流的才来

---

① 史一棋：《健全信用机制 优化市场环境》，《人民日报》2022年6月27日，第10版。
② 《调研覆盖15国，中国品牌全球信任指数发布！》，搜狐网，https://www.sohu.com/a/506659776_190834。
③ 田俊荣等：《制造业引才须综合施策 把脉企业高质量发展——对三省六市100家企业的调查》，《就业与保障》2018年第19期。

制造业企业"及其人才流失等共性问题。① 截至2021年底，全国技能人才总量超过2亿人，高技能人才超过6000万人，技能人才占就业人员总量的比例超过26%，高技能人才占技能人才的比例仅为30%；中国《制造业人才发展规划指南》显示，到2025年，中国制造业十大重点领域人才需求缺口将达到近3000万人，缺口率高达48%，成为制约制造业高质量发展的关键因素；同时，中国人力资源和社会保障部数据显示，到2025年，中国智能制造领域人才需求将达到900万人，人才缺口预计为450万人。② 此外，长期以来中国企业缺乏具备较强创新精神和能力的现代企业家，也缺乏一大批懂得国际经营规则、能够更好地参与国际竞争的高层次经营管理人才和团队。在推动实体经济高质量发展中加快建设现代化经济体系，高素质技能人才是重要支撑。如果这种人才困境长期得不到妥善解决，势必制约中国实体经济企业的发展和国家创新能力的提升，导致中国在国际竞争格局中处于不利地位。

### （四）企业整体效益不佳

近年来，由于国内劳动力、土地和原材料价格上涨，中国实体经济企业生产成本快速上升。2008年国际金融危机后特别是新冠疫情暴发后，外需疲软、内需难以提振、国内部分行业产能过剩，国内外宏观经济整体运行态势不佳，导致中国实体经济增长速度放缓，实体经济企业生产经营困难加重，整体效益波动大。

一方面，实体经济总量增速趋缓。2008年国际金融危机爆发后，中国实体经济总量增长速度趋缓、波动较大，从2008年的18.71%骤降至2009年的7.55%；在经济复苏政策提振下，2010年和2011年中国实体经济总量增长率分别提升至17.91%和17.46%；随着中国经济发展进入新常态，实体经济总量增长率由2012年的10.81%降至2016年的7.88%，2017~2019年分别为11.57%、10.41%和7.11%；而突如其来的新冠疫情对实体经济造成巨大冲击，2020年中国实体经济总量增长率跌至1.99%；在党中央坚强领导下，中国统筹推进疫情防控和经济社会发展，2021年实体经济总量增

---

① 田俊荣等：《制造业引才须综合施策　把脉企业高质量发展——对三省六市100家企业的调查》，《就业与保障》2018年第19期。
② 周子勋：《打造人才强国须加快构建高技能人才培养体系》，《中国经济时报》2022年10月19日，第A03版。

长率提升至14.62%。①但是，当今世界百年未有之大变局加速演进，中国面临的来自外部的打压遏制随时可能升级，推动实体经济高质量发展仍面临严峻挑战。

另一方面，企业整体效益波动较大。2008年以来，中国实体经济企业面临纷繁复杂的国内外发展环境，企业整体效益波动较大。从中国规模以上工业企业利润总额同比增长率来看，2008年和2009年分别增长12.55%和13.02%，在经济复苏政策推动下，2010年增长53.58%，但是2011年和2012年分别骤降至15.73%和0.84%，2013年则提升至10.45%；因受产能过剩影响，工业"增产不增收"问题突出，2014年和2015年分别为-0.33%和-2.89%，均为负增长；2016年提升至8.66%，2017年为4.16%；但是受工业产品销售增速回落、企业成本上升挤压利润空间等因素影响，2018年和2019年又陷入负增长，分别为-4.41%、-8.11%。尽管受新冠疫情的巨大冲击，但在一揽子纾困帮扶政策推动下，特别是随着企业单位成本费用的下降和居民消费需求的持续恢复，2020年和2021年中国规模以上工业企业利润总额同比增长率分别为4.05%、27.21%。②然而，当前及今后一段时期，国内外环境的复杂性、严峻性、不确定性进一步加剧，中国实体经济企业仍面临诸多挑战。因此，加快推动实体经济高质量发展，加速"中国制造"向"中国智造"转型，是中国发展实体经济的必然选择。

## 二　科技创新体制尚不健全

近年来，中国加快科技体制改革，科技创新实力得到显著增强，但是科技创新体制尚不健全，不能适应经济社会高质量发展需要。虽然科技进步贡献率超过60%，但仍落后于美国（80%）；中国关键技术自给率偏低，对外技术依存度已经由2005年的36.7%降至10%左右，而美国对外技术依存度仅为5%。③

### （一）企业仍非创新主体

科技创新是个整体过程，包括技术创新决策、研发投入、科研组织和成果转化应用等四个紧密相连的环节，因此，任何一个环节上企业主体地

---

① 数据来源：根据国家统计局"数据查询"中的数据计算而得。
② 数据来源：根据国家统计局"数据查询"中的数据计算而得。
③ 吴苡婷：《运筹帷幄　科研管理水平如何提升？——上海高校推进高水平科技自立自强调查报告（三）》，《上海科技报》2022年9月14日，第1版。

位的缺失，都将导致其不能根据市场规律主导整个科技创新活动。党的十八大以来，中国实体经济企业研发投入主体地位不断增强，创新能力显著提升，但是创新意愿和创新能力还相对较弱，企业科技创新主体地位尚未真正确立，科技经济"两张皮"问题有待破解。

1. 企业创新内生动力不足

受实体经济与虚拟经济行业利润差距悬殊、寻租行为的存在、创新政策落实不到位、扶持政策不配套等因素制约，中国实体经济企业创新动力不足，企业不愿创新、不敢创新的现象一直存在。全球知名专业信息服务提供商科睿唯安发布的"2022年度全球百强创新机构"榜单显示，中国上榜企业仅5家，明显低于日本（35家）和美国（18家）；① 欧盟执行委员会发布的《2023年欧盟工业研发投资记分牌》显示，2022年度全球工业企业研发投入2500强企业的研发投入总额为12499亿欧元，较2021年同比增加了12.8%，其中，中国大陆共有679家企业上榜，研发投入总额（2220亿欧元）占2500家企业总额的17.8%，而美国以827家企业保持领先，研发投入总额（5265亿欧元）占2500家企业总额的42.1%。② 同时，中国实体经济企业仍然不是自主创新的决策主体、不是配置创新资源的主体、不是拔尖创新人才等创新资源集聚的主体，在产学研合作机制中，尽管直接参与市场竞争的企业更加了解产业技术的创新需求，但是企业能够参与科技创新活动的途径有限。由于技术创新的主体地位尚未真正确立，中国实体经济企业缺乏参与科技创新活动的激情，创新能力不强，导致实体经济高质量发展受阻。

2. 企业科技经费不足

研发经费投入是科技创新活动的硬核基础，也是反映一国对科技研发活动支持力度的重要指标。实现科技与经济的有效结合，广大实体经济企业的创新意识是基础，创新投入则是关键。党的十八大以来，中国研发经费保持较快增长态势，国家在科技立项和经费支持方面对实体经济企业加大了扶持力度，但是与发达国家相比仍有差距。从投入来看，2023年中国研发经费总量稳居世界第二位，但仅约美国的一半；中国全社会研发经费投入强度（2.64%）与2021年美国的3.45%、德国的3.14%、日本的3.27%、

---

① 胡立彪：《让企业真正成为创新主体》，《中国质量报》2022年3月7日，第2版。
② 《全球企业研发投入Top50：华为进入前五!》，凤凰网，https://tech.ifeng.com/c/8VfZwbogmYF。

韩国的4.81%等相比，仍有较大差距。① 中国的科技机构多数是国家经营管理，受传统思维模式影响，政府的科技经费主要投向科研院所和高校，投向企业特别是中小企业则明显不足。据统计，中国90%以上的科技资源为国有科研机构或大专院校所有，② 即掌握在其手中并为其所使用，民间科技机构因处于体制之外，缺乏必要的扶持与引导而发展困难。因此，由于科技管理体制不够健全，尽管中国科技经费投入每年都在增加，但是实体经济仍然面临科技经费不足的问题。

3. 创新环境有待优化

企业是市场经济的活动主体，在国家创新体系中的作用不可替代。为了激发企业创新活力，必须优化我国创新环境。一方面，中国企业特别是广大民营企业尽管机制比较灵活，自主创新效率较高，但是其技术和管理基础比较薄弱，不愿承担创新风险，加之其所获得的创新资源有限，创新能力难以提升。另一方面，知识产权保护有待加强。近年来，中国知识产权保护立法和司法成果丰硕，知识产权保护力度日趋加强，但仍然存在恶意抢注商标行为高频发生、"傍名牌"现象屡禁不止等突出问题，即使是驰名商标的认定也是纠纷不断，因此，知识产权保护的相关法律法规亟待进一步规范，以形成打击知识产权侵权的高压态势。

**（二）科技资源配置不合理**

当前，中国在科技人才、科研经费和相关制度等科技资源配置上普遍存在重复、分散、封闭和低效等诸多问题，科技服务实体经济的成效仍然不尽如人意。

1. 拔尖创新人才不足

科技创新的关键是人才，尤其是创新型人才。改革开放40余年来，中国不断优化引才、聚才和用才环境，创新型人才队伍不断发展壮大。中国科协创新战略研究院发布的《中国科技人力资源发展研究报告（2020）》显示，截至2020年底，中国科技人力资源总量为11234.1万人，继续保持增长态势，稳居世界首位。③ 但是，中国重点领域和关键环节拔尖创新人才不足、人才外流现象依然突出。

---

① 郭铁成：《从科技投入产出看2022—2023年中国创新发展》，《国家治理》2024年第5期。
② 曾丽雅：《科技创新的体制障碍与改革方向》，《企业经济》2012年第11期。
③ 李宇：《11234.1万！中国科技人力资源规模稳居世界首位》，人民网，http://hn.people.com.cn/n2/2022/0626/c336521-40011745.html。

一方面，拔尖创新人才不足。拔尖创新人才是深入实施创新驱动发展战略、增强高质量发展新动能的关键支撑。据统计，研发人员以全职研究人员/百万人口计算，中国为1307.1人/百万人口，位居全球第48位，在一定程度上说明中国创新人才储备不足。① 统计数据显示，中国科技创新领军人才和重点领域创新团队来自大专院校的占56%，来自科研院所、企业的分别占33%和10%，② 这说明实体经济企业拔尖创新人才明显不足。2019年，中国每万名就业人员中R&D人员的全时当量为62.0人年，R&D人员投入强度仅高于土耳其等发展中国家，丹麦、韩国等国家该指标值是中国的3倍以上；中国每万名就业人员中R&D研究人员全时当量为27.2人年，丹麦、韩国等国家该指标值是中国的5倍以上。③ 中国科技领军型人才和专家型人才等高层次创新型人才匮乏，制约实体经济转型升级和科技实力提升。

另一方面，人才外流现象依然突出。由于中国科研机构和企业机构的用人机制、科研环境和薪酬标准均与欧美发达国家存在一定差距，广大科技工作者的积极性、主动性和创造性没能充分调动起来。国务院新闻办公室发布的《新时代的中国青年》白皮书显示，1978~2019年，中国各类出国留学人员累计超过650万人，回国留学人员累计达420余万人；而受新冠疫情、国际关系变化等因素影响，2020年留学生学成回国77.7万人，2021年回国就业学生预计达104.9万人。④ 尽管中国正由最大人才流出国转变为主要人才回流国，但中国花费巨大人力、财力、物力培养的拔尖创新人才流失问题不容忽视。根据《"基础学科拔尖学生培养试验计划"实施十年高校自评报告》，从"基础学科拔尖学生培养试验计划"（以下简称"珠峰计划"）文本中10年的数据来看，学生出国学习人数累计近6000人，清华大学、北京大学、南京大学出国学习人数居前三名；从"珠峰计划"毕业生去向来看，32%的学生进入世界前50名学科深造，而这些排名位居世界前列的高校基本在国外，而学生毕业后能否回国报效则存在诸多不确定性，

---

① 郑永和等：《我国科技创新后备人才培养的理性审视》，《中国科学院院刊》2021年第7期。
② 中华人民共和国科学技术部编《中国科技人才发展报告（2020）》，科学技术文献出版社，2021，第27页。
③ 中华人民共和国科学技术部编《中国科技人才发展报告（2020）》，科学技术文献出版社，2021，第13页。
④ 中华人民共和国国务院新闻办公室：《新时代的中国青年》，《人民日报》2022年4月22日，第11版。

部分高校感慨拔尖计划实施的结果是"为他人作嫁衣"。① 总之，由于人才发展的体制机制障碍仍未消除，加上大量顶尖人才外流，长期以来中国缺乏世界一流的科学家，缺乏科技拔尖人才，如果这种局面长期不能得到改变，势必制约中国实体经济企业核心竞争力的提升。

2. 经费配置效率不高

党的十八大以来，中国把科技创新摆在经济社会发展的突出位置，研发经费投入持续大幅增长，2012年、2019年和2022年分别突破1万亿元、2万亿元和3万亿元，2023年达到3.3万亿元（比2022年增长8.1%），其中基础研究经费2212亿元，比2022年增长9.3%。② 但是，由于科技管理体制不够健全，中国研发经费短缺与闲置浪费并存，研发经费配置效率有待提高。

一方面，基础研究经费占比偏低。近年来，中国基础研究投入水平明显提升，基础研究经费投入规模位居世界第二，但是研发投入结构不尽合理。据统计，2023年中国基础研究经费占研发经费的比例为6.65%（连续5年保持6%以上），③ 与发达国家基础研究投入占比大多处于13%~25%的水平相比还有较大差距；同时，长期以来中国企业基础研究经费投入极少，其研发经费中基础研究占比仅为0.5%，多数企业在自主创新上追求"短平快"，倾向于将研发经费投向风险小、难度低的成品开发和组装等环节，而欧美创新强国的占比普遍在5%以上。④ 基础研究是科技创新的源头，加强基础研究是实现科技自立自强的必然要求。由于基础研究经费配置不足，中国无法在大科学装置、数据信息中心以及实验室等重大科技基础设施建设上加大投入力度，因此原始创新能力受到严重制约，难以出现重大科技创新成果，导致缺乏领先的核心技术。

另一方面，区域科技经费配置失衡。从科技基础条件平台到创新基础设施再到研发经费投入，长期以来中国主要向东部城市倾斜，向大城市倾

---

① 雷金火、黄敏：《中国拔尖创新人才培养：实践、困境、优化——基于中国部分一流大学人才培养实践的研究》，《上海师范大学学报》（哲学社会科学版）2022年第4期。
② 数据来源：根据中华人民共和国国民经济和社会发展统计公报（2012~2023年）的相关数据整理而成。
③ 数据来源：根据中华人民共和国国民经济和社会发展统计公报（2019~2023年）的相关数据整理而成。
④ 刘垠：《全社会研发经费投入连续保持两位数增长——专家解读〈2021年全国科技经费投入统计公报〉》，《科技日报》2022年9月1日，第1版。

斜，而对中西部的科技经费投入则明显不足。例如，2022年北京、天津、河北、山东、江苏、上海、浙江、福建、广东、海南等东部地区投入研究与试验发展（R&D）经费20237.5亿元，占全国R&D经费总额的65.74%；从分地区来看，2022年，R&D经费投入超过千亿元的省（市）有12个，分别为广东（4411.9亿元）、江苏（3835.4亿元）、北京（2843.3亿元）、浙江（2416.8亿元）、山东（2180.4亿元）、上海（1981.6亿元）、湖北（1254.7亿元）、四川（1215.0亿元）、湖南（1175.3亿元）、安徽（1152.5亿元）、河南（1143.3亿元）和福建（1082.1亿元），而R&D经费投入在200亿元以下的省（自治区）有8个，分别为贵州（199.3亿元）、吉林（187.3亿元）、甘肃（144.1亿元）、新疆（91.0亿元）、宁夏（79.4亿元）、海南（68.4亿元）、青海（28.8亿元）和西藏（7.0亿元）。[①] 区域科技创新资源配置失衡，将导致区域实体经济发展失衡，不利于缩小区域发展差距。

### （三）科技成果转化率低

根据国家知识产权局的统计数据，截至2023年底，中国（不含港澳台）发明专利拥有量为401.5万件（同比增长22.4%），成为世界上首个国内有效发明专利数量突破400万件的国家；其中，代表较高专利质量指标、体现专利技术和市场价值的国内（不含港澳台）高价值发明专利拥有量达到166.5万件（同比增长25.7%），占比41.5%，而属于战略性新兴产业的有效发明专利所占比重为70.0%；每万人口高价值发明专利拥有量达到11.8件，较"十三五"末提高5.5件。[②] 这些统计数据有力说明了中国知识产权强国建设成效显著，已成为名副其实的知识产权大国和世界创新版图的重要一极，确立了全球创新领导者地位。

然而，把已有专利技术转化为现实生产力，将科技创新成果转化为实体经济高质量发展的强大引擎才是科技创新工作的根本目标。与国内有效发明专利数量跃居全球第一形成鲜明对比的是，一方面，中国专利授权量仍然偏少，2023年授权发明专利92.1万件，[③] 仅占当年国内有效发明专利数

---

[①] 《2022年全国科技经费投入统计公报》，国家统计局网站，https://www.stats.gov.cn/sj/zxfb/202309/t20230918_1942920.html。（根据统计公报的相关数据整理而得）

[②] 吴珂：《我国发明专利拥有量突破400万件——高价值发明专利占比逾四成》，《中国知识产权报》2024年1月17日，第1版。

[③] 谷业凯：《2023年我国授权发明专利92.1万件（新数据 新看点）》，《人民日报》2024年1月8日，第1版。

量的22.94%，甚至不少已获得专利授权的发明被束之高阁，积累了海量的"沉睡专利"。另一方面，长期以来中国专利转化率偏低，特别是高校和科研院所的专利转化率偏低问题尤为严重。据统计，2023年中国发明专利转让率仅9.1%（较2022年下降了2.4个百分点），发明专利产业化率仅39.6%（企业发明专利产业化率达到51.3%），①科技成果总体转化率仅30%左右（与发达国家高达60%~70%的科技成果转化率相比还有较大差距），②其重要原因在于科研成果与市场需求不匹配。中国技术研发多集中于高等院校和科研院所，但其专利转移转化水平相对较低。国家知识产权局发布的数据显示，2022年中国科研单位有效专利产业化率仅14.3%，高校仅3.5%，与美国约为50%的高校专利转化率相去甚远。③中国科技成果转化率不高的原因是多方面的，除了专利质量、权益分配机制等因素外，专利转移转化渠道不畅通、专利转让和专利许可的交易成本过高也是不容忽视的重要原因。

中国缺乏促进科技成果转化所需的资金、人才、制度环境和创新氛围，而且实体经济企业与政府、高校、科研院所之间缺乏有效的沟通交流机制，导致科研规划、科技研发与实体经济企业的实际需要脱节。因此，科技成果转化到实体经济领域的途径有待拓宽，实效有待提高。

### 三 金融体制改革任重道远

金融是现代经济的核心，是实体经济的血脉，在经济转型升级中具有不可替代的重要作用。党的十六大特别是党的十八大以来，中国持续深化金融供给侧结构性改革，信贷总量稳健增长，融资结构不断优化，统筹金融发展和安全，金融服务实体经济质效显著提升。据统计，2023年中国新增贷款超22万亿元，对实体经济发放的人民币贷款余额从2014年末的81.43万亿元攀升至2023年末的235.48万亿元，年均增速保持在10%以上，与名义经济增速基本匹配，是推动实体经济高质量发展的重要支撑。④

---

① 《2023年中国专利调查报告》，国家知识产权局网站，https://www.cnipa.gov.cn/art/2024/4/15/art_88_191587.html。
② 高志民、秦云：《集思广益 跨越科技成果转化"鸿沟"——全国政协十四届常委会第三次会议专题分组讨论综述之三》，《人民政协报》2023年8月31日，第1版。
③ 《2022年中国专利调查报告》，国家知识产权局网站，https://www.cnipa.gov.cn/art/2022/12/28/art_88_181043.html。
④ 吴雨：《金融持续发力支持实体经济健康发展》，新华社，https://www.gov.cn/yaowen/liebiao/202401/content_6926597.htm。

但是，当前中国金融服务实体经济的质效有待进一步提升，金融体制改革任重道远。

(一) 金融改革亟须深化

在中国金融体系中，由于国有资本垄断、资金供给不足以及银行之间竞争不充分，现阶段中国资本市场仍是卖方市场。

一方面，实体经济企业融资难融资贵问题悬而未决。改革开放40余年来，中国实体经济发展迅猛，规模庞大，长期存在资金需求旺盛与卖方资本市场供给不足的矛盾，特别是广大中小微企业贷款难贷款贵问题突出。当国家放松银根，强化行政管理，多渠道整治实体经济融资难融资贵问题时，能够督促金融业回归服务实体经济的天职，同时，实体经济企业也能取得一定的谈判地位。但是，在贷不贷、贷多少和利率高低等方面，实体经济企业基本上没有话语权，最终主要由银行决定。长期以来，实体经济企业融资成本结构很不合理：贷款企业要承担贷款合同中明确提出的贷款的名义利率，要以现金支付名目繁多的高昂费用，如部分放款机构放款时收取"砍头息"——以"手续费"等为由，放款时先从本金里面扣除一部分钱，[1] 还要通过存贷挂钩和支付贷款贴息等途径满足银行提出的存款回报需求。[2] 这种融资成本结构提高了银行利润率，也推高了实体经济企业的贷款成本。

另一方面，融资结构不合理，间接融资和直接融资尚不平衡不协调。近年来，中国稳步推进股票发行注册制改革，科创板、创业板相继试点注册制，设立北京证券交易所等重大改革顺利落地，有力加大直接融资力度，为实体经济高质量发展注入金融活水。然而，中国金融业内部结构失衡问题凸显，主要表现为间接融资占主导地位，直接融资比重偏低，股票、债券和期货等与实体经济紧密相连的金融产品发展相对滞后，创新不足，融资效率不高，难以充分发挥支持实体经济的应有作用。据统计，当前中国间接融资与直接融资占比为7∶3，直接融资中的债券融资与股权融资占比约为9∶1，存在"钱多本少""耐心资本"不足等问题。[3] 2012~2023年中

---

[1] 陈果静：《所有贷款产品应明示年化利率》，《经济日报》2021年4月3日，第5版。
[2] 高峰：《深化金融改革创新　促进实体经济发展——访全国政协副主席、民建中央常务副主席马培华》，《中国经济时报》2013年4月3日，第A09版。
[3] 财政部党组理论学习中心组：《坚持深化金融供给侧结构性改革——学习〈习近平关于金融工作论述摘编〉》，《人民日报》2024年4月23日，第10版。

国社会融资规模为290.20万亿元，其中企业债券社会融资规模为30.36万亿元，非金融企业境内股票融资规模为8.57万亿元，两类较典型的直接融资规模合计38.93万亿元，占全社会融资规模的比重仅为13.41%，而以各类银行贷款为主的间接融资占全社会融资规模的比重高达86.59%。① 中国直接融资特别是股权融资比重偏低，2023年沪深交易所A股累计筹资仅10734亿元，比2022年减少4375亿元。② "企业上市的机会比较稀缺，'卖方市场'特征明显，市场参与主体不够成熟，要素市场化改革仍不到位，诚信环境还不完善。"③ 这种不合理的社会融资结构，不仅导致实体经济企业融资渠道狭窄，也造成金融风险过多地向银行体系积聚而且难以得到有效缓解，进而导致整个金融系统更加脆弱。

（二）金融创新有待引导

从2008年国际金融危机的教训来看，金融如果严重背离实体经济，不仅会使银行业自身陷入巨大危机，而且会重创实体经济。尽管监管部门早已三令五申、明令禁止，但是中国一些银行机构似乎尚未吸取教训，仍背离实体经济发展需求，片面追求以规模、利润和机构等为核心指标的自我创新发展，采取"转型就收费，贷款就搭售（理财产品、保险等）"等做法。为规避金融监管和追求更高收益，银行机构大肆拆入资金，推广信托资金、银行理财等业务，"以钱生钱"，导致本应从金融业到实体经济部门的大量信贷业务，经由一系列加杠杆的所谓"金融创新"的运作后，逐渐演变为从金融业到金融业、从大银行到中小银行以及其他金融机构的资金业务，大量资金在金融机构之间"空转"，导致金融资产规模迅速膨胀、风险凸显。④ 同时，为维持资金链不断裂，很多信贷被企业用来偿还大量债务，或投放到产能过剩领域而进一步加剧过剩，或用于房地产过度开发而进一步推高房价，整体利率水平被不断推高，而实体经济企业的资金需求却难以得到满足。上述种种做法常导致原本流动性充裕的金融业出现"钱荒"现象，更令不少实体经济企业缺乏资金或者融资成本高企。这些名为

---

① 数据来源：根据国家统计局"年度数据"中相关数据计算而得。
② 国家统计局：《中华人民共和国2023年国民经济和社会发展统计公报》，国家统计局网站，https://www.stats.gov.cn/sj/zxfb/202402/t20240228_1947915.html。
③ 崔文静、夏欣：《资本市场蝶变》，《中国经营报》2022年1月10日，第B01版。
④ 李伟等：《守底线、去杠杆、调结构，促进经济平稳运行——中国2013年上半年经济形势分析与全年展望》，《中国经济时报》2013年7月25日，第A01版。

"创新"实为创收的各类金融产品和服务,事实上剥夺了实体经济部门的不少利润并将之转移到虚拟经济部门,不仅未能更好服务实体经济企业,反而增加了实体经济企业的融资成本,导致金融支持实体经济的有效性大打折扣。

### (三) 金融体系相对滞后

中国现有的金融组织体系建设相对滞后,金融机构的规模结构与实体经济企业的规模结构尚不匹配,这是广大小微企业和农户贷款难贷款贵的主要原因之一。在当前中国的银行结构中,全国性大银行数量较多,而区域性中小银行则偏少,尤其是专门为小微企业和农户服务的金融机构还十分匮乏。国家金融监管总局发布的数据显示,截至2023年12月末,中国银行业金融机构法人4490家,其中农村金融机构3765家,[①] 远远满足不了地方经济发展和小微经济主体对融资的需求。不容忽视的是,大银行基于市场定位和信息对称等问题的考虑,一般更加注重信贷集中,信贷投放"重大轻小",主要为大企业、大项目和大城市提供贷款,特别是国有企业的金融资源比较充足,而小微企业和农户获得的服务却非常有限。金融支持科技创新、绿色转型以及中小微企业也不够充分有力,弱化了商业银行对实体经济的支持力度。《中国小微企业白皮书(2020)》显示,中国中小微企业融资缺口超过20万亿元,50%以上的小微企业融资需求未能获得有效支持。[②] 近年来,在多方的呼吁和努力下,商业银行逐步提高了对小微企业的贷款比例,但这只是杯水车薪,现有的大银行仍然无法满足广大小微企业和农户的贷款需求。全国各地也相继创办了一些中小型金融机构,使小微企业"贫血"问题得到明显改善。但是,中国已有的中小型金融机构规模普遍偏小,抵御金融风险的能力偏弱,为中小企业供给资金的能力和意愿均不足,且其发展又受到某些政策约束,服务实体经济的有效性不足,实体经济融资问题依然有待解决。

### (四) 民间金融有待规范

中国人民银行认为,相对于国家依法批准设立的金融机构而言,民间金融泛指非金融机构的自然人,企业及其他经济主体(财政除外)之间以

---

[①] 《金融监管总局公布银行业金融机构法人4490家》,中国金融网,https://jrh.financeun.com/Detail/index/aid/134315.html。

[②] 郑自立:《文化产业数字化的动力机制、主要挑战和政策选择研究》,《当代经济管理》2022年第9期。

货币资金为标的的价值转移及本息支付。[①] 民间金融是把双刃剑,既在服务民营经济和"三农"中发挥重要作用,也加大了中国金融领域的风险。中国民间金融总量庞大,规模持续扩张,据统计,2005年中国民间融资规模达9500亿元,2011年民间借贷市场总规模超过4万亿元(约为银行表内贷款规模的10%~20%)。[②] 另据统计,中国民间借贷总量从2016年的5.4万亿元增加至2019年的8.6万亿元(其中,2017年民间借贷总量约占银行贷款总量的20%),增速高达59%。[③] 近年来,中国日益重视发展民间金融,积极探索扩大民间资本进入金融业、引导和支持民营金融机构发展的途径。民间资本加快进入金融服务领域,优化了中小实体经济企业的融资环境,缓解了中小实体经济企业的融资难问题,提高了民间金融服务实体经济的能力。

但是,中国现有体制内金融在机构、机制和产品创新上与小微企业和农户的需求尚不匹配,金融资源配置效率有待提高,为小微企业和农户提供金融服务的市场主体依然有限。当广大缺信息、缺抵押、缺担保的小微企业和农户无法得到体制内金融的信贷支持而又急于融资时,最终只能选择民间借贷。民间借贷的地缘优势明显、借款手续简便、放款速度较快,而且对抵押担保条件的要求相对较低,更加符合小微企业和农户的贷款需求。现阶段民间借贷已成为金融体系的重要组成部分,在一定程度上解决了正规金融未能解决的问题。但是,民间金融也是一把"双刃剑",劣势十分明显。一方面,与正规金融相比,民间金融没有国家信用作为保险,一旦民营金融机构破产倒闭,就无法切实保障存款人的切身利益,甚至可能影响经济社会稳定,因此其发展必然受到限制。另一方面,由于缺乏监管,加之为获取高额回报,不少民间资本涌入虚拟经济领域,借贷规模膨胀,利率水平高企,明显偏离了正常的民间借贷行为,有时甚至朝着高风险、近乎失控的"高利贷化"方向发展,资金价格明显超出实体经济企业的承受能力,不仅没有发挥支持实体经济的应有作用,反而压榨实体经济的利润。根据《中国民间金融发展报告(2014)》的统计数据,2013年中国家庭高息借贷的年利率平均为36.2%,大大超过银行同期的存款或贷款利率;

---

① 夏红玉:《影子银行对中小企业融资影响的实证研究——基于新三板上市公司数据》,硕士学位论文,山东大学,2016,第21页。
② 董伟:《民间借贷潜在风险巨大》,《中国青年报》2012年1月30日,第10版。
③ 陆田、雷伟悦:《民间金融风险的因素分析——基于温州指数》,《新经济》2022年第1期。

而 2014~2021 年，用于反映温州地区一定时期内民间融资价格水平及变动趋势情况的温州民间融资综合年化利率指数（即温州指数）分别为 19.68%、19.67%、18.67%、15.3%、15.9%、15.7%、15.2%、14.4%。[①] 可见，高利率是民间金融活动的重要特征，如果长此以往，谁还去坚守实体经济？而民间借贷领域的金融风险不可低估，因为一旦资金链断裂，必将引发金融系统震荡，危及实体经济发展。

### 四 职业技术教育不够发达

作为国民教育体系和人力资源开发的重要组成部分，职业教育为中国实体经济部门培养了大量的职业技术人才，具有促进就业创业、助力科技创新、增进民生福祉等重要作用。近年来，中国高度重视职业教育，大幅增加财政投入，加强师资队伍建设，日益完善学生资助和中职免费政策，加快构建现代职业教育体系，实现职业教育规模和质量双提升，显著增强了职业教育的吸引力、影响力和竞争力。《中国职业教育发展白皮书》显示，全国职业学校共设置 1300 余种专业和 12 万多个专业点，累计为各行各业培养输送 6100 万高素质劳动者和技术技能人才；2021 年，全国设置中等职业学校 7294 所（不含技工学校）、高等职业学校 1518 所（含 32 所职业本科学校）；近年来，职业学校毕业生就业率保持高位，中职、高职毕业生就业率分别超过 95% 和 90%，且专业对口就业率稳定在 70% 以上，为中国保持产业链供应链韧性、助力实体经济行稳致远提供了保障。[②]

但是，职业技术教育仍然是中国国民教育体系中比较薄弱的环节，尚不能完全适应经济发展方式转变和产业结构优化升级的要求，不能满足实体经济高质量发展对职业技术人才的需求。截至 2021 年底，全国就业人员 7.5 亿人，技能劳动者总量超过 2 亿人，仅占就业人员的 26.67%；高技能人才超过 6000 万人，仅占就业人员的 8%、仅占技能劳动者的 30%；高级工、技师和高级技师分别为 4700 万人、1000 万人和 300 万人，分别仅占技

---

[①] 参见刘希章、李富有、孙梅艳《民间金融风险引发因素、生成机理及性态演变》，《东岳论丛》2020 年第 8 期；邹雯雯《"温州指数"2017 年保持低位运行》，温州市人民政府网站，https://www.wenzhou.gov.cn/art/2018/1/18/art_1217831_15210862.html；温州市统计局、国家统计局温州调查队《温州市国民经济和社会发展统计公报》（2018~2021），温州市统计局网站，http://wztjj.wenzhou.gov.cn/col/col1243860/index.html。

[②] 张怀水：《我国已建成世界最大规模高等教育、职业教育体系——十年来我国教育事业再上新台阶；一批大学跻身世界先进水平》，《每日经济新闻》2022 年 10 月 13 日，第 3 版。

能劳动者的23.5%、5%和1.5%;① 农业第一线劳动者基本上都是没有接受过职业教育的普通农民,说明中国技能人才总量严重不足。形成鲜明对比的是,国际劳工组织提供的发达国家技工队伍的高中低结构比例分别为35%、50%和15%,高级技工占技工比例为20%~40%,日本产业工人队伍中高级技工占比40%,德国则高达50%;其农业领域中拥有专门技能的农民占比很高。② 在有些发达国家,没有达到规定学历的人甚至不允许从事农业生产。职业技术教育缺乏社会认可、教育体制改革滞后、经费投入缺乏保障等,是中国高素质职业技术工人匮乏的主要原因。

### (一) 缺乏社会认可

中国职业技术教育学会原理事会会长纪宝成指出:"关于职业技术教育,大家谈起来都认为很重要,现实生活中又离不开,打心眼里却瞧不上。"③ 中国职业教育缺乏社会认可的主要原因是传统观念的束缚、社会制度尚不健全等。

1. 传统观念的束缚

长期以来,人们把职业教育视为"二流教育""末流教育","职业教育低人一等""职业学校是'差生'不得已的选择"等偏见和杂音时有出现。传统观念中"劳心者治人,劳力者治于人"的思想仍比较牢固,现实生活中学历与收入的正相关关系一直存在,"白领"与"蓝领"社会地位不同,因此老百姓对职业教育存在偏见,多数不愿意送子女接受职业教育,从事体力劳动。纪宝成指出:"现在几乎没有市委书记、市长与县委书记、县长的孩子上职业院校,就连说职教重要的人的孩子一般都没有上职业院校。"④ 中国职业教育几乎成为"平民教育"的代名词,对于很多学生来说,上职业院校纯属无奈之举。据统计,2012年全国中等职业学校农村户籍学生占到在校生总数的82%,来自中西部地区的学生占在校生总数的近70%;父亲、母亲为农民、工人的学生人数占调查总人数的80%。⑤ 2022年,教育部发布的《中国职业教育发展白皮书》显示,职业学校70%以上

---

① 王维砚:《全国技能劳动者总量超过2亿人》,《工人日报》2022年5月12日,第3版。
② 梁启东:《突破制造业痛点,跨越"技工荒"怪圈》,《小康》2021年第13期。
③ 李剑平:《纪宝成:市长市委书记孩子几乎不上职业院校》,《中国青年报》2013年4月15日,第11版。
④ 李剑平:《纪宝成:市长市委书记孩子几乎不上职业院校》,《中国青年报》2013年4月15日,第11版。
⑤ 朱振国:《中职:贫寒学子撑起产业半边天》,《光明日报》2013年2月28日,第5版。

学生来自农村。① 尽管近年来职业院校毕业生在就业上越来越吃香，许多职业院校实行极其宽松的招生原则，甚至为农村学生减免学费，但是职业教育质量不高、缺乏吸引力、生源先天不足，发展困境难解决。

2. 社会制度尚不健全

中国现行的教育制度和用人制度导致职业院校毕业生处于"低人一等"的尴尬局面，这也是造成职业教育缺乏吸引力的重要原因。一方面，从教育制度来看，职业院校毕业生深造渠道窄，个人成长空间十分有限。随着中国经济发展水平的提高，社会对高级技术人才的需求也急剧增加。但是，中国高等职业院校数量有限，而按照2007年教育部的规定，每年高职院校的生源中，来自中等职业学校毕业生（以下简称"中职生"）的比例不能超过其招生总数的5%。② 因此，长期以来中职与高职教育衔接存在体制性障碍和人为的规定性障碍，导致学生深造提升的渠道不通畅。另一方面，用人制度的缺失挤压职业院校毕业生的职业发展空间。一是职业院校毕业生就业遭遇不少歧视性政策。目前，北京市高等职业学校毕业生已被纳入公务员招考范围，但因根深蒂固的偏见和职业教育发展质量有待提高，在中国国家机关和企事业单位招聘时，职业院校毕业生因学历低往往受到较多限制。二是职业院校毕业生职业晋升难。目前，中国人事制度在一定程度上决定了多数单位的职称评聘、工资待遇仍主要与学历挂钩，这是阻碍年轻人选择职业教育的重要原因。中国正在为技能人才探索建立"新八级工"制度，以期打破技能工人成长的"天花板"。但如果职业技能等级聘任的职数占比不变，延续"评而不聘"政策，且技能人才转评专业技术职称不是以业绩和成效为依据，将势必导致职业教育缺乏吸引力。长期以来，这些明显带有歧视性的制度设计严重动摇优秀学生接受职业教育的信心，阻碍职业教育可持续发展，也难以满足实体经济高质量发展对大量技术人才的需求。

（二）教育体制改革滞后

近年来，中国职业教育发展成就显著，多数职业院校坚持"以就业为导向"强化学生技能训练，毕业生就业率较高，为中国式现代化注入强劲

---

① 张怀水：《我国已建成世界最大规模高等教育、职业教育体系——十年来我国教育事业再上新台阶；一批大学跻身世界先进水平》，《每日经济新闻》2022年10月13日，第3版。
② 苏杨、余宇：《完善配套制度 加强中等职业教育》，《中国经济时报》2012年7月13日，第7版。注：2019年4月，我国出台《高职扩招专项工作实施方案》，提出取消高职招收中职毕业生比例限制。

动力，但是职业教育体制改革仍较滞后，缺乏科学规划与管理。

1. 专业设置未能与时俱进

中国实体经济正处于加快转型升级的关键时期，对高级技术工人和掌握新技术的创新型人才的需求越来越大，但是高级技术人才却十分匮乏。高级技术工人匮乏的一个重要原因是职业院校的专业设置未能与时俱进，同质化问题突出，难以适应实体经济高质量发展的需要。一方面，很多学校热衷于开设营销、会计、文秘和计算机应用等服务类专业，因为这些专业设置成本不高、教学相对简单、见效快，但是这些专业的人才培养方向和质量缺乏时代性和高端性，尽管毕业生就业不难，可是就业质量一般不高。另一方面，鲜有职业院校开设适应战略性新兴产业发展的新专业，一些学校新开设专业存在"新瓶装旧酒"问题。尽管2022年9月教育部发布的新版《职业教育专业简介》深度对接现代产业体系发展需要，有利于提升职业教育适应性和人才培养质量，但由于职业院校的师资力量、课程设置、实训基地建设短时期内难以满足新兴专业的发展要求，《职业教育专业简介》的贯彻落实仍需时日，导致一些战略性新兴产业领域难觅职业院校毕业生的踪影。

2. 师资队伍建设亟待加强

中国职业院校师资队伍的整体素质还不能完全适应实体经济高质量发展要求。尽管国家已经出台了一系列针对职业院校教师的培训政策，但是成效不容乐观，文化课教师所占比重偏高，而拥有职业训练资格的教师特别是"双师型"教师依然短缺，导致学生实践能力难以提升。近年来，中国职业教育蓬勃发展，但是多数职业院校新进的应届本科生和研究生等青年教师所占比重偏高。职业教育的特点是知识更新速度很快，年轻教师容易接受新知识但实践技能相对欠缺，加之专业技能比较突出的毕业生很少选择职教岗位，因此职业院校的教师招聘面临不少困难，专业师资队伍建设滞后，实训教学成本高、风险大、效果不佳，造成教学质量良莠不齐。

3. 校企合作体制尚不健全

从校企合作来看，存在"上热下不热""官热民不热""校热企不热"等问题。学校出于提高人才培养质量的目的，乐于与大中型企业加大合作力度；但如果没有政府的扶持和要求，企业则无利可图，那么企业与学校合作就没有什么积极性。行业企业与职业学校合作办学的体制机制尚不健全，行业企业的参与度低，导致职业院校的人才培养质量与企业等用人单位的实际需求相脱节。特别是一些职业学校随意安排学生顶岗实习，将学生当作廉价劳动力，难以保障职业院校学生的实习权益，致使公众对职业教育比较反感。此外，新修订的《中华人民共和国职业教育法》关于推进普职融通的顶层设计仍有待精准落地，衔接、融通职业教育内部、职业教育与高等教育之间的"立交桥"尚未根本打通，未能实现招生制度及职业资格证书、学历证书之间的衔接互通，这些也是不容忽视的问题。

### （三）经费投入缺乏保障

近年来，中国职业教育正处于大发展阶段，国家经费投入持续加大，特别是对示范性职业院校建设给予了大力支持，有力优化了这些学校的办学条件。但从总体上看，中国对职业院校的经费投入仍比较薄弱，缺乏制度保障，因而一些经济比较发达的地区就按照高中教育来投入，而更多地区职业教育投入则与普通高中倒挂。据统计，2010~2020年这11年时间，中央本级公共财政用于高等职业教育的支出从5.17亿元降至4.56亿元（2011年甚至降至1.14亿元），而同期中央本级公共财政在普通高等教育方面的支出则从612亿元翻倍至1297亿元；即便是纳入地方支出，2019年公共财政在普通高等教育和职业高等教育的投入分别为5103亿元和1309亿元，经费投入相差悬殊。[①] 作为全球职业教育体系最发达的国家，德国职业教育的经费投入以企业为主，国家为辅，企业投入大约占65%~75%，政府投入占35%~25%，有力确保经费投入的精准度；[②] 而中国大多数企业利润较薄，难以支撑长期的人力资本投入。经费投入与职业院校的发展不同步，导致多数职业院校特别是民办职业学校与不发达地区的职业学校的经费投入严重不足，办学条件依然紧张。即使是经济发达地区的职业院校，也普遍存在基础设施设备陈旧、实习实训基地匮乏、师资队伍数量不足及素质有待提高等问题。职业院校的软硬件条件均存在不足，相对于培养高素质技术人才的需要来说仍有较大差距，因此实训等方面的教育质量就难以得到保证。

---

[①] 杜恒峰：《职业教育补短板 应从投入短板补起》，《每日经济新闻》2021年6月24日，第1版。

[②] 杜恒峰：《职业教育补短板 应从投入短板补起》，《每日经济新闻》2021年6月24日，第1版。

## 第三节　中国发展实体经济的机遇

战略机遇期是指在国内外各种因素综合作用下形成的，可以为国家经济社会发展提供良好的机遇，并对国家历史命运产生全局性、长远性、决定性影响的某一特定历史时期。党的十八大报告指出："综观国际国内大势，我国发展仍处于可以大有作为的重要战略机遇期。"① 党的十九大报告强调："当前，国内外形势正在发生深刻复杂变化，我国发展仍处于重要战略机遇期，前景十分光明，挑战也十分严峻。"② 党的二十大报告进一步强调："我国发展进入战略机遇和风险挑战并存、不确定难预料因素增多的时期，各种'黑天鹅'、'灰犀牛'事件随时可能发生。"③ 当今世界，百年未有之大变局加速演进，新一轮科技革命和产业变革深入发展，第四次工业革命如火如荼，和平与发展仍然是时代主题，世界经济仍处于国际金融危机后的深度调整期。中国经济在稳健前行中面临着各种各样严峻的挑战，但也孕育着重大的发展机遇。机遇往往稍纵即逝。中国要坚持以新发展理念为引领，牢牢把握发展机遇，善于"在危机中育先机、于变局中开新局"④，才能在新发展阶段更好地推动实体经济高质量发展。

### 一　扩大国内消费市场的机遇

2008年国际金融危机特别是2020年新冠疫情暴发以来，全球经济进入高震荡、低增长时代，外需持续低迷，市场成为全球最稀缺的资源，这就倒逼中国通过扩大内需来助力实体经济高质量发展。中国扩大内需仍有广阔空间，从世界银行相关数据来看，中国居民最终消费支出仅占世界的12.3%，相当于欧盟的76.4%、美国的43%。⑤ 进入新发展阶段，中国构建新发展格局战略部署加速落地，新型工业化、信息化、城镇化和农业现代化快速发展，人均收入不断增加，消费结构加快升级，国内消费市场规模

---

① 《胡锦涛文选》第3卷，人民出版社，2016，第625页。
② 《习近平著作选读》第2卷，人民出版社，2023，第2页。
③ 《习近平著作选读》第1卷，人民出版社，2023，第22页。
④ 《习近平谈治国理政》第4卷，外交出版社，2022，第231页。
⑤ 刘卫民：《人口规模巨大为中国式现代化提供了一种"战略纵深"》，《中国经济时报》2022年11月1日，第A01版。

持续扩大，即使外需萎缩，实体经济企业回旋余地仍较大，这为推动实体经济高质量发展提供了良好的市场环境。

（一）人口基数规模庞大

中国人口基数规模庞大，已形成超大规模市场，这是推动实体经济高质量发展的独特优势和必要条件。

一方面，超大规模市场优势。美国著名政治学家汉斯·摩根索在论证人口与大国的关系时指出："一个国家如果没有足够多的人口来创造和利用国家力量的物质基础，就不可能跻身世界一流国家行列。"[1] 目前，中国人口总量有14亿多人，约占全球总人口（80亿）的18%，超过所有发达国家人口总量占全球总人口的比重（约16%）。[2] 数据显示，2023年中国社会消费品零售总额471495亿元，比2022年增长7.2%，[3] 仍是仅次于美国的全球第二大消费市场。因此，作为一个拥有庞大人口基数的国家，中国内需市场广阔，突出表现是14亿多人民的基本生活资料需求巨大，每年消耗的农产品、日用工业品和生活服务性劳务都是单个发达国家的好几倍，连住房需求也数倍于发达经济体，为形成国内大循环、推动实体经济高质量发展奠定有效的需求基础。

另一方面，消费驱动作用增强。随着中国实体经济高质量发展迈出坚实步伐，消费占内需的比重平稳提升，日益成为中国实体经济增长的第一拉动力。据统计，2023年最终消费支出对中国经济增长的贡献率达到82.5%，比2022年提高43.1个百分点，[4] 推动中国经济增长逐步由投资驱动向消费驱动转变。中等收入群体是经济社会的"稳定器"，也是拉动消费增长的主力军。中国拥有超过4亿人的中等收入群体，这是全球最大的中等收入群体。据测算，中国中等收入群体占比每提升1个百分点将增加1.1万亿元的消费支出，而"十四五"期间中国中等收入群体占比有望年均提升

---

[1] 转引自杜月明编著《中国道路开启全球治理新模式》，中央编译出版社，2017，第220页。

[2] 孟庆伟：《要实现中国式现代化必须坚持高质量发展——专访全国政协常委、著名经济学家刘伟》，《中国经营报》2022年10月24日，第A02版。

[3] 《中华人民共和国2023年国民经济和社会发展统计公报》，国家统计局网站，https://www.stats.gov.cn/sj/zxfb/202402/t20240228_1947915.html。

[4] 《国家统计局局长就2023年全年国民经济运行情况答记者问》，国家统计局网站，https://www.stats.gov.cn/xxgk/jd/sjjd2020/202401/t20240117_1946672.html。

约2个百分点，到2025年达到约5.6亿人的规模。① 中等收入群体的发展壮大，正孕育着更加广阔的消费市场。预计2035年中国消费市场总量将超过欧美总量之和，中国将成为全球新的消费中心。② 随着收入分配制度改革的持续深化，扩大消费需求长效机制的健全，种种消费障碍的清理，中国巨大的消费潜力终将变成现实。总之，快速增长的广阔的国内消费市场，是中国推动实体经济高质量发展的重大机遇。

### （二）信息消费潜力巨大

所谓信息消费，就是一种直接或间接以信息产品和信息服务为消费对象的经济活动。根据2017年国务院印发的文件，信息消费主要涵盖生活类信息消费、公共服务类信息消费、行业类信息消费、新型信息产品消费等领域。③

一方面，信息消费已成为引领消费、提振经济和改善民生的重要引擎。中国正处于居民消费结构升级与推动新型工业化、信息化、城镇化和农业现代化同步发展的关键时期，信息消费市场基础良好、发展势头强劲，是增长迅速、创新活跃、辐射广泛的消费领域之一，为带动产业链升级、推动实体经济高质量发展注入生机活力。中国信息消费新产品和新服务加速涌现，从工业和信息化部发布的《2022年新型信息消费示范项目名单》来看，151个新产品和新服务脱颖而出，④ 涉及人们日常生活的方方面面，引领信息消费新潮流。中国信息消费增长迅速、持续提质扩容，信息消费市场规模从2012年的2万亿元迅速增长至2021年的6.8万亿元，年均增速超过15%，达到同期最终消费增速的1.6倍，对经济增长的"压舱石"作用日益显著；工业和信息化部的数据显示，2022年前三季度中国信息消费规模超过5万亿元，发挥了提振经济的重要作用。⑤ 中国信息消费内容供给能力持续提升，产品和服务日益丰富，中高端产品深入大众生活，为满足人

---

① 张飞：《在城镇化进程中推进消费结构升级》，《中国经济时报》2022年9月21日，第A03版。
② 屈丽丽：《建设全国统一大市场关键是要实现"制度一律"——访中国国际经济交流中心首席研究员张燕生》，《中国经营报》2022年4月25日，第A04版。
③ 《国务院关于进一步扩大和升级信息消费持续释放内需潜力的指导意见》，中国政府网，http://www.gov.cn/gongbao/content/2017/content_5222939.htm。
④ 《工业和信息化部办公厅关于公布2022年新型信息消费示范项目名单的通知》，工业和信息化部网站，https://www.miit.gov.cn/zwgk/zcwj/wjfb/tz/art/2022/art_358fca6b535f42b1b09a9800750a05cc.html。
⑤ 韩鑫：《信息消费展现蓬勃生机》，《人民日报》2022年11月24日，第2版。

民日益增长的美好生活需要提供重要支撑。

另一方面，多重利好叠加政策暖风，信息消费前景可期、潜力巨大。得益于加速普及推广的5G、大数据、人工智能等新一代信息技术的有力支撑，中国信息消费正以前所未有的发展态势为消费者提供更多高品质、多元化、个性化的产品和服务，从而不断催生新兴消费热点、持续扩大信息消费产业规模。中国信息通信研究院发布的《中国信息消费发展态势报告（2022年）》预测，5G商用将带动VR/AR、虚拟购物等新型服务快速发展，促使新型智能终端加速普及，2020~2025年，将有望带动信息消费市场达到8.2万亿元；同时，中国信息消费群体规模持续扩大，第53次《中国互联网络发展状况统计报告》显示，截至2023年12月，中国网民规模达10.92亿人（较2022年12月新增网民2480万人），互联网普及率达到77.5%，5G终端用户数迅速增加，加之线上线下加速融合，为进一步扩大信息消费群体覆盖面、促进消费持续复苏提供有力支撑。① 中国坚定实施扩大内需战略，信息消费政策利好不断释放，2022年以来，国务院办公厅印发《关于进一步释放消费潜力促进消费持续恢复的意见》，工业和信息化部组织遴选151个新型信息消费示范项目，中共中央、国务院印发《扩大内需战略规划纲要（2022—2035年）》，不断优化的信息消费环境为释放信息消费新潜力、拓展信息消费新空间提供了有力保障。

### （三）消费结构不断升级

近年来，中国经济快速发展，居民人均收入水平不断提高，带来了消费结构的优化升级，孕育着巨大的消费增长空间。从各国消费变化规律来看，当居民收入增加时，居民消费结构也随之不断升级；一个国家从中等收入阶段迈向高收入阶段的过程，同时也是消费结构向更高层次升级的步伐明显加快时期。2023年中国人均GDP约为1.27万美元，② 超过世界人均GDP水平。按照世界银行的划分标准，目前中国属于中上等收入国家，正处于加快迈向高收入国家行列的进程中，因此消费需求增长的空间广阔。数据显示，2012~2023年，中国居民人均消费支出从12054元提升至26796元（比2022年名义增长9.2%）；中国居民恩格尔系数趋于下降，消费提质

---

① 王思北、林珑：《我国网民规模达10.92亿人》，中国政府网，https://www.gov.cn/yaowen/liebiao/202403/content_6940952.htm。

② 黄应来：《文化产业高质量发展迎重大机遇》，《南方日报》2024年5月29日，第A02版。

升级明显，2023年农村居民恩格尔系数为32.4%，城镇居民恩格尔系数为28.8%，与美国（8%）、德国（14%）、韩国（17%）等国家的差距日益缩小；2023年，中国居民人均服务性消费支出12114元（比2022年增长14.4%），占居民人均消费支出的比重为45.2%，说明中国居民消费加快向发展型、享受型升级。① 此外，中国是世界第二大经济体，2013~2023年，最终消费率保持在50%以上，② 远低于美国、日本70%~80%的水平。③ 消费结构的升级发展，使中国巨大的消费潜力完全能够转化为实体经济高质量发展的强劲动力。

（四）城镇化率稳步提高

中国扩大内需的最大潜力还在于新型城镇化。1978年中国城镇化率仅18%，7.9亿人口生活在农村，占总人口的比重高达82%，而城市人口只有1.7亿左右；2023年末中国常住人口城镇化率为66.2%（比2022年末提高0.94个百分点），明显低于发达经济体80%左右的城镇化水平；同时，66.2%是全国城镇化率的平均数，中西部地区城镇化发展水平与东部相比仍存在较大差距，因此今后一段时期内中国城镇化发展数量和质量提升还有较大空间。④ 不过，差距也是潜力。中国人口基数庞大，如果按照城镇化率保持每年1个百分点的速度估算，5年后中国常住人口城镇化率将提升至接近70%，10年后将提升至接近75%。⑤ 另据测算，城镇化率每提高1个百分点，可拉动大概万亿元规模的新增投资需求，以及2000多亿元的消费需求。⑥ 城镇化率提高意味着城镇公共服务和基础设施投资扩大，有利于增加居民收入、扩大消费需求，能够持续释放巨大的内需潜能，如果再加上满

---

① 国家统计局：《中华人民共和国2023年国民经济和社会发展统计公报》，国家统计局网站，https://www.stats.gov.cn/sj/zxfb/202402/t20240228_1947915.html；樊亚宾：《制造强国和消费强国发展的互动关系研究》，博士学位论文，中共中央党校（国家行政学院），2021，第127~134页。
② 《经济结构不断优化　发展协调性显著增强——新中国75年经济社会发展成就系列报告之八》，国家统计局网站，https://www.stats.gov.cn/sj/sjjd/202409/t20240912_1956415.html。
③ 马晓河：《迈向高收入经济体必须系统解决消费需求不足问题》，《全球化》2024年第2期。
④ 《尺素金声｜城镇化率66.2%，最大内需潜力在这里！》，人民网，http://finance.people.com.cn/GB/n1/2024/0403/c1004-40209413.html。
⑤ 张飞：《在城镇化进程中推进消费结构升级》，《中国经济时报》2022年9月21日，第A03版。
⑥ 《尺素金声｜城镇化率66.2%，最大内需潜力在这里！》，人民网，http://finance.people.com.cn/GB/n1/2024/0403/c1004-40209413.html。

足现有非户籍城市人口的消费需求，的确蕴含着广阔的消费市场。特别是中国高标准市场建设体系取得新进展，中国已成为全球最大网络零售市场，并且即将超越美国成为全球最大消费市场，吸收外资保持平稳态势，成为对外资极具吸引力的发展热土。

总之，消费是新时代扩大内需的最大动力来源，而扩大内需是推动实体经济高质量发展的主要动力。中国要更好统筹发展和安全，牢牢把握扩大内需这个战略基点，坚定实施扩大内需战略，不断健全扩大内需的长效机制，加快培育完整内需体系，全面促进消费，提高居民消费比重，使之成为实体经济高质量发展的有力保障。

## 二 提高科技创新能力的机遇

历史经验表明，重大的经济危机往往是新一轮世界性科技革命的催化剂。在新一轮世界性科技革命中，谁能率先占领新技术的制高点，谁就能在未来经济发展中抢占先机，赢得主动。后国际金融危机时期特别是新冠疫情暴发以来，尽管世界经济整体形势依然比较低迷，但世界新科技革命的发展势头更加迅猛。世界各国为了争夺未来发展制高点，非但没有减少对高科技的资金投入，反而纷纷对本国的科技发展进行更加周详的部署，实施更加有力的措施，大力提高自主创新能力。作为世界上最大的发展中国家，中国的科技创新是在全球价值链之内所进行的创新，具有明显的后发优势。中国科技创新能力的持续提高给中国创造了进一步超越的机会。总体上看，在世界科技竞争日益激烈的背景下，中国提高创新能力的机遇主要包括三个方面，即中国已有技术基础相对扎实、跨国公司研发活动具有溢出效应、可充分利用全球创新资源。

### （一）中国已有技术基础相对扎实

种种迹象表明，建立在人工智能、物联网、生命科学、机器人、新能源、智能制造等融合创新基础上的第四次工业革命浪潮袭来。美国、日本、德国等世界主要发达经济体纷纷出台国家科技创新战略和具体行动计划，把新能源技术的研发和推广摆在更加突出的位置，力争在这一轮新工业革命中抢占先机，赢得主动。第四次工业革命将严峻挑战中国"世界工厂"的地位，但也将为中国实体经济高质量发展提供难得的契机。来自欧洲专利局的研究报告显示，全球范围内与第四次工业革命相关的技术创新（涵盖物联网、大数据、5G和人工智能等领域）显著加快，中国相关技术的国际专利申请数量增长尤其迅速，2010~2018年年均增长率（39.3%）约为全球水平（19.7%）的两倍；中国在第四次工业革命领域的创新主要集中在信息互联和软件领域，华为、中兴通讯等中国企业已成为这两个领域的全球领导者。[1] 同时，第四次工业革命浪潮下以信息技术、新能源技术、新材料技术、生物技术等为主导的技术创新，必须建立在传统成熟技术的牢固基础之上，而中国实体经济经过改革开放40多年的发展所积累的技术基础和创新能力，可以说比以往任何时期都更接近世界先进水平。同时，中国拥有广阔的国内消费市场，为创新技术提供了较大的市场空间，有利于打造规模经济、降低技术研发成本。总之，面对新一轮科技革命和产业变革，所有国家大致处在同一起跑线上。中国要抓住第四次工业革命契机，不断增强自主创新能力，加快推动实体经济高质量发展。

（二）跨国公司研发活动具有溢出效应

经济全球化时代，跨国公司的技术研发全球化，已成为继贸易、生产和金融资本全球化之后世界经济发展中的一大新趋势，主要跨国公司的研发活动有三分之一是在海外进行的。一般来说，跨国公司的研发机构是吸引集聚前沿技术、高端人才和耐心资本等创新资源的重要平台，也是高新技术和创新产品的重要来源，对东道国具有示范带动作用和技术溢出效应。跨国公司研发机构的溢出效应能否充分发挥，取决于东道国所实施的政策和体制，也取决于其吸收技术的能力。中国政府明确规定，在中国依法注册的跨国公司以及他们在中国设立的研发机构都可以享受国民待遇，跨国公司的各种创新产品也都视同中国的产品创新；鼓励自主创新的优惠政策对所有企业一视同仁，这些优惠政策对跨国公司具有强大的吸引力。

跨国公司的研发机构既是推动全球产业链创新链高速发展的重要力量，也是中国构建开放创新生态、推动中国科技创新和实体经济高质量发展的重要参与者和推动者。当前，世界经济仍然比较低迷，但凭借广阔的国内市场、良好的基础设施、丰富的人才资源和稳定的社会环境等优势，中国已成为跨国公司的研发机构和地区总部集聚的一方热土。在跨国公司的全球棋局中，中国正日益从其生产中心、市场中心上升为研发中心和战略性发展中心。截至2023年9月底，全国登记在册外商投资企业（含分支机

---

[1] 任珂、沈忠浩、李骥志：《欧洲专利局：中国第四次工业革命相关技术专利申请数快速增长》，中国政府网，http://www.gov.cn/xinwen/2020-12/10/content_5568778.htm。

构）68.4万户。① 2023年中国新设立外商投资企业53766家，同比增长39.7%；外商投资布局不断优化，高技术产业引资4233.4亿元，占实际使用外资金额比重为37.3%，创历史新高。② 跨国公司在华设立地区总部、研发中心超过2000家。③ 统计数据显示，2012~2022年，中国规模以上外商投资工业企业R&D人员全时当量从33.6万人年增加到38.2万人年（增长13.7%），研发投入从1091.3亿元增加到2068.4亿元（增长89.5%），有效发明专利数从4.0万件增加到14.4万件（增长260%），④ 这体现了跨国公司研发机构在基础前沿领域的强大创新能力，也充分体现了跨国公司研发机构吸引集聚高端创新要素的重要作用。为抢夺市场，跨国公司也倾向于将中高端产业迁至中国，这为中国提升科技创新能力创造良好的机遇和条件。

### （三）可充分利用全球创新资源

随着经济全球化的深入发展，人才、技术、信息、知识和数据等创新资源在全球范围内快速流动和重组，推动了创新资源的全球配置。这就要求中国必须充分利用、有效整合全球创新资源，以不断提高中国科技创新能力与质量，掌握中国产业升级和科技创新的主动权。中国实体经济企业可以直接"走出"国门，加大对外投资力度，在发达国家兴办研发机构，也可以通过并购国外的研发机构或技术型公司，获得其核心技术、品牌和客户资源，充分利用发达国家的研发资源，以提升中国企业核心竞争力。中国可以通过引进国际科技人才、资金和技术，集聚全球创新资源，建立新型高科技企业，提高自主创新能力，中星微电子有限公司就是一个成功的典范。同时，近年来研发外包业务逐渐兴起，这是适应创新组织日趋网络化、专业化的现代创新模式的需要。因此，中国还可以充分利用研发外包的这种服务，即企业本身不进行研究开发，也不从其他具备技术优势的竞争企业购买技术，而是将研究开发活动外包给国际上专业的研发与设计的企业或机构，这是提高中国科技创新能力的重要途径。

---

① 张林保：《我国经营主体活力持续增强》，《中国消费者报》2023年11月22日，第1版。
② 谢希瑶：《2023年我国吸收外资1.1万亿元》，中国政府网，https://www.gov.cn/lianbo/bumen/202401/content_6927158.htm。
③ 《十三届全国人大常委会第三十七次会议审议多部报告》，《人民日报》2022年10月29日，第5版。
④ 数据来源：根据《中国统计年鉴2023》相关数据整理而得。

实践证明，提高科技创新能力是一国实现现代化的必然选择。在新一轮科技革命浪潮下，中国已成功进入创新型国家行列，仍需牢牢把握科技创新的历史机遇，致力于跻身创新型国家前列，加快推动实体经济高质量发展。

### 三　转变经济发展方式的机遇

党的二十大报告明确指出："高质量发展是全面建设社会主义现代化国家的首要任务。"[①] 加快转变经济发展方式，推动实体经济绿色低碳发展是实现高质量发展的关键环节和题中应有之义。进入新时代，中国扎实推进实体经济从高速增长转向高质量发展，实体经济高质量发展已站在新的更高历史起点上。但是，中国实体经济结构性矛盾突出，发展不平衡、不协调，传统发展模式难以为继。因此，中国必须紧紧抓住新一轮世界产业升级的良好机遇，促进产业结构优化升级，加快转变经济发展方式。在世界经济深度调整的背景下，中国实体经济转变发展方式的机遇主要包括以下四个方面。

#### （一）党和国家高度重视

党的十八大以来，在以习近平同志为核心的党中央坚强领导下，中国坚持走中国特色新型工业化、信息化、城镇化、农业现代化道路，加快转方式调结构促升级；坚持完整准确全面贯彻新发展理念，将"生态文明"写入宪法、将"增强绿水青山就是金山银山的意识"写入党章，彰显了党和国家加快发展方式绿色转型的坚定决心，标志着中国发展方式和治理方式的重大转变。2021年2月，国务院印发《关于加快建立健全绿色低碳循环发展经济体系的指导意见》，意味着推动发展方式绿色转型已在国家战略层面形成高度共识。中国充分发挥社会主义制度集中力量办大事的显著优势，积极构建政府主导、企业和社会各界参与、市场化运作等多元主体协同推动发展方式绿色转型的新格局，有利于政府经济决策科学有效，凝聚绿色发展合力，推动中国实体经济绿色转型升级迈出更大步伐。美国经济学家杰里米·里夫金在《零碳社会：生态文明的崛起和全球绿色新政》一书中大胆预测，到2028年，价值约100万亿美元产值的化石燃料资产即将搁置，化石能源文明将崩毁，人类将由此进入一个全新的零碳时代，以应对

---

[①] 《习近平著作选读》第1卷，人民出版社，2023，第23页。

气候变化带来的生态灾难和物种大灭绝。① 他认为，在向零碳社会、生态文明转型的过程中，中国将有望发挥带头作用。② 总之，中国拥有加快发展方式绿色转型的坚强领导核心和坚定意志，要牢牢把握机遇，努力实现经济发展方式的根本性变革。

### （二）世界绿色低碳风潮涌动

当今世界，百年未有之大变局加速演进，全球经济进入资源匮乏和环境制约的深化期，一场以低碳、环保、生态为特点的全球绿色低碳发展"大赛"正如火如荼。2008年以来，世界各国已充分认识到实体经济绿色发展的重要性，纷纷推行绿色新政，制定实体经济绿色发展目标和路线图，大力发展绿色技术和绿色产业，力图凭借绿色技术优势确立世界标准，掌控世界经济主导权。特别是近年来，联合国、经济合作与发展组织等国际组织相继出台了相关报告，欧盟提出2050年实现"碳中和"的目标，中国作出力争2030年前实现碳达峰、2060年前实现碳中和的承诺，发达国家也纷纷制定了实现碳中和的发展目标。《2023全球碳中和年度进展报告》显示，全球已有151个国家提出碳中和目标，这些国家经济总量（以购买力平价计算的GDP）占据全球总量的92%，人口占全球的89%，碳排放占全球的88%。③ 种种迹象表明，推动实体经济绿色发展已成为全球的重要议题和共同行动，既是世界各国应对气候变化、促进经济转型、创建全球绿色文化、培育新的经济增长点的战略选择，也是提升国家竞争力的关键因素和开创人类美好未来的坚实保障。谁能在这场绿色低碳发展"竞赛"中抢占先机，谁就能赢得国家发展的主动权。高质量发展是全面建设社会主义现代化国家的首要任务，是新发展阶段中国经济社会发展的鲜明主题，而仍显粗放的经济发展模式已成为制约中国实体经济高质量发展的重要因素。对中国来说，世界绿色低碳发展潮流既是巨大的挑战，也是难得的机遇。中国作为工业化的后来者，能够创新发展模式，能够追赶绿色低碳发展的世界潮流。这既是中国实现绿色发展的迫切要求，也是加快转变经济发展方式的现实需要。

---

① 〔美〕杰里米·里夫金：《零碳社会：生态文明的崛起和全球绿色新政》，赛迪研究院专家组译，中信出版社，2020，前言XIII。
② 张妮：《〈第三次工业革命〉作者里夫金接受本报专访：中国正把钱花在该花的地方》，搜狐网，https://www.sohu.com/a/408639374_162522。
③ 董梓童、王林：《我国能源科技创新跑出"加速度"》，《中国能源报》2024年5月13日，第7版。

总之，绿色低碳发展潮流将成为中国打破粗放发展模式的动力源泉，有力推动中国经济社会高质量发展，实现经济发展方式的根本性变革。

（三）产业升级空间广阔

2008年国际金融危机引发的新一轮科技革命和产业变革，在给中国带来诸多挑战的同时，也为中国产业结构的优化升级提供契机。在竞争激烈的国际市场，发达国家的产业长期以来占据高端市场。2008年国际金融危机重创了发达国家的部分跨国公司，为中国产业抢占国内外高端市场提供了更多的市场空间和竞争空间。国际金融危机爆发以来，以美国为代表的发达资本主义国家大力实施"再工业化"战略，其实质是产业升级和向全球价值链高端攀升，而以高附加值制造业、生产服务性制造业、新能源和环保等高新技术产业为代表的低碳经济，将成为世界产业结构优化升级的强大引擎。如果中国能够充分把握新一轮科技革命的机遇，依托数字化、智能化技术，加快推进传统优势产业转型升级，精心培育新能源、新材料、电动汽车等战略性新兴产业，前瞻布局人工智能、量子科技等未来产业，中国就可能在国际战略性新兴产业和未来产业发展中占据一席之地，为实体经济高质量发展注入新的活力。

（四）发展环境相对稳定

当今世界，国际经济政治形势错综复杂，但和平与发展仍然是时代主题。一方面，近年来，受地缘政治驱动和疫情影响，逆全球化趋势持续，但新型经济全球化持续深入发展，欧美发达资本主义国家纷纷实施"再工业化"战略，全球范围内绿色低碳发展潮流浩浩荡荡，新能源、新材料、生物经济方兴未艾。在今后一段时间内，中国能够在相对和平的国际环境下推动实体经济高质量发展。另一方面，中国仍然拥有相对稳定的周边环境。近年来，亚洲地区特别是东亚地区经济发展迅猛，快速崛起，中国与亚洲各国特别是周边各国的经济联系日益密切。相对稳定的发展环境是中国加快发展方式绿色转型的重要机遇。

总之，转变经济发展方式"既是一场攻坚战，也是一场持久战"[①]。中国加快发展方式绿色转型拥有众多利好因素，这也是用好战略机遇期的主要路径。机遇来之不易，机遇稍纵即逝，转变刻不容缓。只要我们抓住机遇加快发展方式绿色转型，中国实体经济就能具备更大的实力，获得更加

---

① 《胡锦涛文选》第3卷，人民出版社，2016，第357页。

广阔的发展空间。

## 第四节 中国发展实体经济的挑战

在推进工业化和国际化的进程中，中国实体经济发展成就令世人瞩目，甚至被称为"世界工厂"，正加速由中国制造向中国创造、中国智造跃升，但行业利润严重失衡、虚拟经济背离实体经济发展要求等问题导致实体经济高质量发展面临严峻挑战。

### 一 产业空心化趋势

产业空心化主要是指以制造业为核心的实体经济不断萎缩，不仅包括制造业中的物质生产和资本被大规模地迅速地转移到国外，也包括大量资本投资由生产领域转向金融业、房地产业等领域而导致制造业萎缩且物质生产在国民经济中的地位明显下降，最终造成国内物质生产与非物质生产之间的比例严重失衡的经济现象。2008年国际金融危机爆发以来，在成本居高不下、产能过剩的市场环境下，中国实体经济企业"不务正业"现象渐趋严重，大量资金从实体经济行业向房地产业和金融业等虚拟经济产业转移，资本逃离实业加剧了产业空心化问题。虚拟经济异常火爆，实体经济发展艰难，这种"冰火两重天"的状况是中国经济发展的真实写照，因此，中国必须直面产业空心化的严峻事实。

（一）虚拟经济异常火爆

由于虚拟经济部门回报率较高，对资本具有强大的吸引力，中国虚拟经济背离实体经济发展要求的现象初见端倪甚至逐步加剧。改革开放40余年来，中国虚拟经济的总量不断增加，从1978年的156.2亿元增加到2023年的174399.3亿元，增加了1100多倍；虚拟经济总量占国内生产总值的比重相应地也呈现出快速上升的发展态势，从1978年的4.25%上升到2020年的15.49%，2023年降至13.83%（见图3-4）。虚拟经济在一定程度上已经背离了实体经济的发展要求，挤占了实体经济的投资资金。在中国为应对2008年国际金融危机、缓解经济下行压力的投资中，有很大比重的资金被投入虚拟经济领域。珠三角、长三角等地一些实体经济企业不愿做实业，大量来自实体经济的资金要么被投入楼市、股市、期市、煤炭市场和古玩市场等投机炒作市场，要么进入高利贷、私募基金或者资本运作等领域。

特别值得警惕的是，中国不少实体经济企业大举进军房地产业，如"小家电之王"苏泊尔、服装巨头雅戈尔等制造业龙头放弃几十年来辛苦打拼的主业，转而投资房地产业。在核心企业云集的中国A股市场，超过六成约800家企业均涉足房地产，遍及所有行业。① 截至2017年6月底，A股3582家上市公司中共有1656家上市公司持有投资性房地产，占比46.23%，市值合计9904.66亿元，同比增长近两成。② 特别令人担忧的是，在房地产暴利的诱导下，一些科技企业正在从创新的主体演变为地产新军。据统计，在606家A股科技类上市公司中，涉足投资性房地产的公司数量从2013年的134家增加到2018年的275家（即有近半的科技类上市公司涉足房地产投资），其投资性房地产的资产总金额猛增一倍。③ 上市公司炒房只是中国公司炒房的冰山一角，非上市公司炒房规模远比上市公司庞大。这不仅加剧住房供需失衡，刺激房价飙涨，还会导致金融资源错配，严重阻碍实体经济发展。

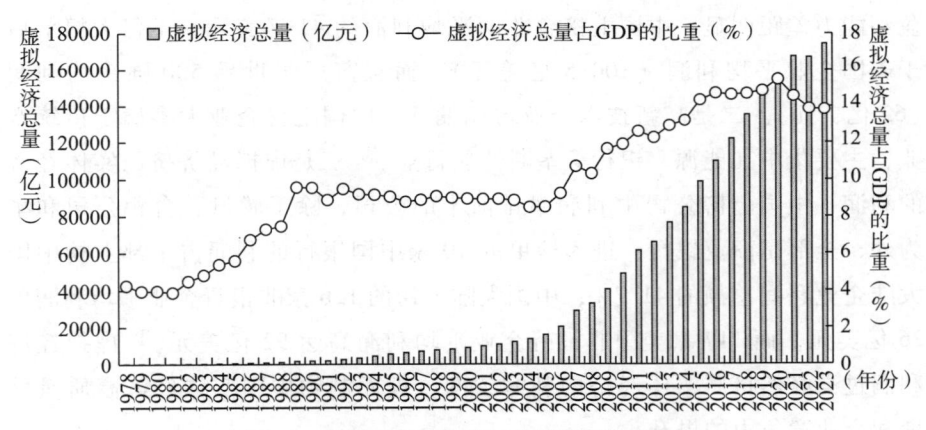

**图3-4　1978～2023年中国虚拟经济相关指标**

资料来源：笔者依据国家统计局"数据查询"中的数据自制。

近年来，中国实施严格的住房限购政策，在一定程度上，限制资本进入房地产市场，加之实体经济投资环境不佳，导致越来越多的制造业企业

---

① 李锦、谭云明编著《中国实体经济99评》，清华大学出版社，2012，第5页。
② 董建国、马姝瑞：《超千家上市公司"炒房"近万亿　精准围堵公司投机炒房》，《半月谈》2018年第14期。
③ 贾国强：《哪些科技类上市公司在做房地产？》，《中国经济周刊》2018年第43期。

将资本投向金融资产，实业投资率呈现持续下降趋势。① 随着虚拟经济规模的持续扩张、固定资产投资比例的持续下降，中国实体经济投资产出率趋于下降，从 1980 年的 4.837 降至 2015 年的 1.45（改革开放以来的最低点）；此后，随着中国经济由高速增长阶段转向高质量发展阶段，中国实体经济投资产出率呈现逐年缓慢提升的发展态势，2022 年提升至 2.131，但中国经济"脱实向虚"问题仍有待扭转。② 一方面，中国企业 500 强榜单凸显了实体经济的窘境。制造业是实体经济的主体。2012 年，中国企业 500 强榜单中共有 272 家制造业企业上榜，比 2011 年减少 7 家，这已是数量连续减少的第 5 个年头；③ 2022 年中国企业 500 强榜单中，前十名中实体经济企业有 6 家，仅 256 家制造业企业上榜，比上年增加了 7 家，④ 但比 2012 年减少了 16 家。另一方面，中国世界 500 强企业发展质量亟待提升。在 2022 年《财富》世界 500 强榜单上，中国上榜公司的营收占 500 强总营收的 31%，首次超过美国（30%），但"大而不强""结构不合理"等问题突出。一是盈利能力差距明显，中国上榜企业的平均利润约 41 亿美元，不仅大幅落后于美国企业平均利润（100.5 亿美元），而且落后于世界 500 强平均利润（62 亿美元）。二是高新技术企业占比偏低，中国上榜企业大多属于传统产业，主要集中在能源、银行等垄断性质行业。⑤ 三是虚拟经济挤压实体经济的利润，中国上榜公司中利润率排前十的公司，除了腾讯、台积公司和华为外，全部是商业银行，进入榜单的 10 家中国银行的利润占全部上榜中国大陆企业利润总额的 41.7%；中国大陆上榜的 126 家非银行企业平均利润仅 26 亿美元，而 117 家美国非银行企业平均利润高达 92 亿美元。⑥ 虚拟经济利润过高必然挤压实体经济的利润空间，进而制约中国实体经济高质量发展和企业竞争力的提升。

由此可见，产业空心化是中国经济无法回避的事实，日益膨胀的虚拟

---

① 张成思、张步昙：《中国实业投资率下降之谜：经济金融化视角》，《经济研究》2016 年第 12 期。
② 数据来源：根据国家统计局"数据查询"中的数据计算而得。
③ 马志刚：《中国制造仍具较强竞争优势》，《经济日报》2013 年 5 月 1 日，第 5 版。
④ 索炜：《2022 中国企业 500 强公布 行业结构持续优化》，新华网，http://www.xinhuanet.com/energy/20220906/913a3184b940425c8b02883634430bb5/c.html。
⑤ 梁勤：《从世界 500 强看中国大企业高质量发展方位》，《经营管理者》2022 年第 9 期。
⑥ 李锦：《从世界 500 强看中国企业与世界一流差距及发展路径》，《现代国企研究》2022 年第 9 期。

经济已经对实体经济产生了越来越严重的挤出效应，如果任其恶化恐将严重影响中国实体经济高质量发展，甚至最终酿成危机。

（二）产业结构不尽合理

改革开放40余年来，中国经济发展步入"快车道"，经济实力跃上新台阶，高质量发展成效显著，有力带动了消费需求、投资需求、国外需求等快速扩张，这是产业结构优化升级的有力支撑。2023年，中国实体经济第一产业增加值占GDP的比重为8.26%，与2012年相比降低了2.13个百分点；实体经济第二产业增加值占GDP的比重为44.43%，比2012年降低了7.34个百分点；实体经济第三产业增加值占GDP的比重为47.31%，比2012年提升了9.47个百分点，第三产业对中国实体经济增长的贡献率显著提高。[1] 从制造业内部结构来看，2023年中国高技术制造业增加值比2022年增长2.7%，全年高技术产业投资比2022年增长10.3%，[2] 工业生产的科技含量持续提高。

但是，中国经济结构性体制性矛盾依然突出，发展不平衡、不协调、不可持续，传统发展模式难以为继。据统计，中国是世界上最大的能源消费国，2022年中国内地一次能源消费量占全球能源总消费量的26.4%，比全球第一大经济体、一次能源消费总量位居世界第二的美国（15.9%）高出了10.5个百分点，[3] 但中国经济总量占全球经济总量的比重仅约18%，"资源环境约束趋紧、环境污染等问题突出"[4]。总体上看，中国实体经济产业结构仍然不尽合理，存在不少问题。实体经济第一产业基础设施薄弱（比重过低），农业现代化水平不高，农业经营规模过小，尤其是生态农业比重偏低，这与中国农业大国的地位不相符合。实体经济第二产业大而不强，工业生产总值的增长过度依赖投资而不是科技创新，大多数企业长期处于国际产业价值链的中低端，产业结构升级不易，产业研发投入不足，自主创新能力不强，核心技术受制于人，难以与发达国家相抗衡。实体经济第三产业所占比重不高，2023年占比47.31%，而且附加值不高，特别是生产性服务业比重过低，新兴服务业引领作用不强。这主要是因为中国面

---

[1] 数据来源：根据国家统计局"数据查询"中的数据计算而得。
[2] 国家统计局：《中华人民共和国2023年国民经济和社会发展统计公报》，国家统计局网站，https://www.stats.gov.cn/sj/zxfb/202402/t20240228_1947915.html。
[3] 《毕马威：2023世界能源统计年鉴》，搜狐网，https://www.sohu.com/a/730126235_121699314。
[4] 《习近平著作选读》第1卷，人民出版社，2023，第5页。

向生产、生活的服务业发展滞后，尤其是研发设计、融资租赁、咨询服务、维修检测等与制造业强相关的生产性服务业发展水平不高，与发达国家相比仍有较大差距。

（三）行业利润严重失衡

2008年国际金融危机爆发后，特别是2014年以来，中国经济发展进入新常态，得益于国家一系列宏观调控措施，实体经济与虚拟经济发展不平衡态势有所缓解。但是中国实体经济增长乏力、利润单薄，而虚拟经济规模扩张、利润畸高。这种行业利润严重失衡的状况令人十分担忧。正是由于虚拟经济利润相对较高，企业"脱实向虚"倾向越发明显。

从金融业来看，近年来中国金融业降息助力实体经济，有力推动实体经济高质量发展，但金融业增加值增速过快、占国内生产总值比重偏高，导致金融业与制造业企业所获利润仍然悬殊。一方面，1978~2021年，中国金融业增加值年均增速高达18.48%，而同期国内生产总值增速仅11.70%；中国金融业增加值占国内生产总值的比重从1978年的2.08%增加到2023年的8.00%，其中，1995~2020年中国金融业占比均值为5.98%，仅次于美国（7.25%）和英国（6.04%），超过了德国（4.69%）、日本（5.00%）、法国（3.57%）等国家。[①] 另一方面，从华顿经济研究院发布的"2022年中国上市公司百强排行榜"来看，共计500家上市公司上榜，时隔10年前10位企业中实体经济企业的数量再次达到4家；其中，上榜制造业企业238家，合计创造利润总额13058.21亿元，占500强利润总额（61322.46亿元）的比重仅21.29%；而金融业上榜企业仅80家，合计创造利润总额28694.65亿元，占500强利润总额的比重尽管降至50%以内，但仍高达46.79%。[②] 金融业本是服务于实体经济的第三产业，其利润归根结底来源于实体经济部门。令人担忧的是，中国金融业与实体经济部门之间的利润"鸿沟"仍然较大，长此以往，在竞争激烈的市场经济条件下，大量资本必然逃离实体经济部门，流向金融部门，加剧"产业空心化"。然而，"皮之

---

[①] 完颜素娟：《金融业增加值的国内外比较及对实体经济的支持研究》，《西南金融》2022年第9期。注：2023年中国金融业增加值占国内生产总值的比重，是根据国家统计局"数据查询"中的数据计算而得。

[②] 任鹏、魏娜：《2022年中国上市公司百强排行榜在上海发布》，光明网，https://difang.gmw.cn/sh/2022-08/14/content_35952370.htm；《2022年中国上市公司百强榜在沪发布：500强利润总额迈上6万亿元新台阶》，上观新闻，https://export.shobserver.com/baijiahao/html/516522.html。

不存，毛将焉附"。如果实体经济发展陷入困境，最终也会制约金融业高质量发展。

从房地产业来看，1998年以来中国房地产业快速发展，因其链条长、涉及面广，逐渐成为国民经济的支柱产业，但其投资规模持续膨胀，行业利润畸高，诱导实业"脱实向虚"。据统计，2011年入选30强的房地产企业年均毛利为42.73%，比2010年提升了4.47个百分点；平均净利率为28.91%，比2010年大幅提升了8.42个百分点。[1]受高额利润驱使，海尔、格力、七匹狼、雅戈尔、五粮液等从事实业的大量企业纷纷把投资重点转移到房地产业，加剧中国经济"脱实向虚"问题。一方面，改革开放40余年来，中国房地产业增加值一路攀升，从1978年的79.7亿元迅猛增加至2021年的77216亿元，2022年降至73766亿元，首次出现负增长（-4.47%）；2023年降至73723亿元，仍为负增长（-0.06%）。另一方面，即使国家接连实施严厉的楼市调控政策，房地产企业营业利润基本上也有增无减；1992年，中国房地产开发企业营业利润仅63.52亿元，2012年增加至6001.33亿元，2014年后缓慢增长，2016~2018年则迅猛增长，其中，2018年高达18543.71亿元（为1992年以来的最高点）；在各项房地产调控政策作用下，加之受疫情影响，2022年全国房地产开发企业营业利润降至9262.81亿元。[2] 此外，大宗商品、农产品等也成为游资热衷炒作的对象。

资本的本性是逐利，行业利润的高低决定了资本的流向。中国虚拟经济"暴利"的光环使得勤勤恳恳的实业家黯然失色，疯狂的民间借贷和暴利的房地产"盛宴"，导致实体经济极度"失血"。如果不对虚拟经济领域的暴利进行调控，抑制过度的投机炒作行为，中国实体经济的发展将面临更加空心化的格局，甚至酿成远祸。

## 二 产能过剩隐忧难消

产能过剩是指企业的实际产出小于其最优规模，即平均成本最低的产出水平。[3] 20世纪90年代以来，产能过剩问题始终与高速成长的中国实体经

---

[1] 中共中央党校经济学教研部编《稳中如何求进：中国经济热点面对面（2012）》，新华出版社，2012，第63页。
[2] 数据来源：根据《中国统计年鉴2023》和国家统计局"数据查询"的数据整理而得。
[3] 国务院发展研究中心《进一步化解产能过剩的政策研究》课题组：《当前我国产能过剩的特征、风险及对策研究——基于实地调研及微观数据的分析》，《管理世界》2015年第4期。

济如影随形,危害不小、成因复杂,多年来已成为制约中国实体经济高质量发展的"顽疾"。

(一)产能过剩隐忧仍存

2008年国际金融危机爆发后,特别是在实施"四万亿"经济刺激计划后,中国实体经济产能过剩问题日益显现和突出,成为制约实体经济发展的重要问题。2024年政府工作报告指出,中国经济持续回升向好的基础还不稳固,有效需求不足,部分行业产能过剩,①包括石化基础原料、部分非高端芯片、汽车、动力电池都出现了不同程度的产能过剩问题。② 一方面,部分传统产业产能明显过剩。据统计,2012年中国钢铁、水泥、电解铝、平板玻璃等行业的产能利用率分别为72%、73.7%、71.9%和73.1%,均明显低于79%的国际标准。③ 虽然2017年中国工业去产能超额完成既定目标,但部分领域产能过剩仍较为突出。据统计,2019年,中国约30%的车企产能利用率低于20%,僵尸企业出清有一定程度的反弹迹象且大量占据资源。④ 近年来,中国水泥熟料产能利用率维持在75%左右,水泥行业处于明显的产能过剩状态。⑤ 另一方面,部分战略性新兴产业产能过剩风险增大。2008~2012年,中国有300多个城市上马光伏项目,短时期内投资过度叠加欧美实行"双反",导致光伏产业产能严重过剩,一度濒临全行业破产边缘;2022年中国光伏组件总产能预计超过800吉瓦,市场过剩风险明显增大。⑥ 中国多晶硅产能成倍增长,2023年底其产能预计将达到240万吨,发生产能过剩的概率非常大。⑦ 中国动力电池装机量明显下滑,产能过剩隐忧渐显,据估计,到2025年中国新能源汽车市场大约需要1000~1200GWh的动力电池产能,但关联企业对外公布的产能规划已达到4800GWh,是预计需要产能的4倍多。⑧ 总体上看,2022年和2023年中国工业产能利用率分

---

① 《李强作的政府工作报告(摘登)》,《人民日报》2024年3月6日,第3版。
② 缴翼飞、潘晓霞、林润:《发展新质生产力需警惕新一轮产能过剩》,《21世纪经济报道》2024年3月15日,第8版。
③ 李彪:《产能过剩的行政垄断因素:对中国式产能过剩的再认识》,博士学位论文,西南财经大学,2021,第36~37页。
④ 裴丹、陈林:《内外双循环、僵尸企业与出口竞争力》,《中南财经政法大学学报》2021年第3期。
⑤ 祝君壁:《水泥业错峰生产缓解供需矛盾》,《经济日报》2022年8月4日,第6版。
⑥ 王轶辰:《辩证看待光伏企业扩产潮》,《经济日报》2023年2月7日,第11版。
⑦ 李锋:《上下游协同促光伏产业提质》,《经济日报》2022年11月7日,第10版。
⑧ 王帅国:《动力电池产能过剩》,《经济观察报》2022年12月5日,第13版。

别为75.6%和75.1%（同比分别下降了1.9个百分点和0.5个百分点），[①]均低于80%左右的正常水平，说明相当部分生产能力（前期投资）处于闲置状态。总之，产能过剩仍是中国实体经济高质量发展的重要障碍和政府宏观调控的重要内容之一。

### （二）产能过剩危害不小

在市场经济条件下，适度的产能过剩能够有效促进竞争，推动科技创新，但是中国部分行业的产能严重过剩，其危害不可小觑。近年来，中国实体经济企业经营困难、金融系统风险积聚、政府财政收入下降、资源环境约束趋紧和环境污染等突出问题都与产能过剩密切相关。产能过剩始终是制约中国资源有效利用的绊脚石，如果任其发展，甚至可能会使中国部分行业在优化产业结构、淘汰落后产能、加快科技进步等方面的努力付之东流，浪费大量的能源资源。据统计，2012年中国钢铁、电解铝、水泥、平板玻璃行业企业亏损面分别为28.2%、34.9%、27.8%、35.7%；主营业务收入利润率分别为1.04%、-0.29%、6.63%、0.14%，同比分别降低1.37、3.64、4.68、3.82个百分点。[②] 统计数据显示，2021年8月末，中国规模以上工业企业亏损面为20.8%，[③] 规模以上工业企业亏损总额从2012年的87.45亿元增加至2023年的15570.30亿元（最高点），[④] 实体经济之困可见一斑。如果不能及时化解产能过剩这一实体经济领域的突出矛盾，不仅可能拖累中国实体经济高质量发展，而且可能成为引发整个经济系统风险的导火索。总之，正视当前中国产能过剩情况及危害，洞悉困境背后的深层次原因，着力化解产能过剩，为推动中国实体经济高质量发展扫清各种障碍，是一个亟待解决的现实课题。

### （三）产能过剩成因复杂

2004年以来，有效抑制实体经济领域产能过剩成为中国宏观调控的主要任务之一，"十三五"期间累计退出1.5亿吨以上的钢铁落后产能和3亿

---

[①] 国家统计局：《中华人民共和国国民经济和社会发展统计公报》（2022~2023年），国家统计局网站，https://www.stats.gov.cn/sj/tjgb/ndtjgb/。

[②] 王政、左娅：《产能过剩愈演愈烈（热点解读·部长访谈）》，《人民日报》2013年7月30日，第2版。

[③] 《卢山：工业生产持续恢复 企业利润较快增长》，国家统计局网站，http://www.stats.gov.cn/xxgk/jd/sjjd2020/202110/t20211019_1823108.html。

[④] 数据来源：根据国家统计局"年度数据"中的数据整理而得。

吨左右的水泥过剩产能，地条钢实现了全面出清。① 但是，产能过剩治理成效依然不尽如人意，主要原因包括市场需求持续疲软、政府职能有待转变、产业政策难以落实等。

1. 市场需求持续疲软

后国际金融危机时期，世界百年未有之大变局加速演进，各国经济进入深度转型调整期，发达国家纷纷实施"再工业化"发展战略，力求占领未来制造业的制高点，后发国家凭借优势也奋起直追。阶段性经济快速增长形成的旺盛需求，使某些行业的产能在短时期内得到迅猛扩张。但是，突如其来的新冠疫情演变为全球公共卫生大危机，不仅严重拖累全球经济，对世界各国的供应链和产业链造成了巨大冲击，而且导致世界各地的劳动者失业加剧、劳动收入大幅下降。国际劳工组织发布的《世界就业和社会展望：2023年趋势》报告预测，2023年全球就业增长将仅为1.0%（不到2022年水平的一半），全球失业人数将达到2.08亿人（全球失业率达到5.8%）。② 同时，全球通货膨胀叠加地缘政治紧张局势，全球消费市场整体疲软，特别是当前一些国家操弄所谓"中国产能过剩论"并据此施加贸易保护主义措施，将可能进一步加剧中国产能过剩。总之，国内外市场有效需求不足加剧产能过剩，是制约中国实体经济高质量发展的重要因素。

2. 政府职能有待转变

一些地方政府官员政绩观错位，片面或者过分追求GDP。一些地方政府片面追求政绩，存在"重速度轻质量"倾向，不是从当地的产业结构、资源禀赋、环境容量、市场需求、营商环境出发进行招商引资，而是通过土地优惠、税收减免、信贷扶持以及财政补贴等方式加大招商引资力度。这种资源错配问题误导投资者将大量资金投入早已过热的投资领域，造成一些行业产能无序扩张，产能过剩问题堪忧。

3. 产业政策落实不力

在产业竞争发展的管控方面，中国实行集中审批的管理模式。但是，长期以来中央政府对地方政府的违规审批项目缺乏有效的约束和责任追究

---

① 崔浩、黄晓芳：《我国划定生态保护红线319万平方公里》，《经济日报》2023年8月16日，第2版。

② 刘亮：《国际劳工组织预计2023年全球失业人数将增至2.08亿》，光明网，https://m.gmw.cn/baijia/2023-01/16/1303256523.html。

制度，一些地方官员仍热衷于追求经济增长速度。为防范和化解产能过剩，中国政府出台了一系列日趋严厉的政策措施，使得产能过剩问题得到缓解，但中国实体经济企业落后产能"淘而不汰"、产能过剩屡治不愈等问题依然存在。"上有政策、下有对策"现象尚未消除，国家抑制产能过剩的产业政策落实不力，产能过剩问题犹存。例如2013年电解铝行业新增的1800万吨产能中，由国务院相关部门审批的仅80万吨；水泥行业违规新增产能达8亿吨。[1] 又如一些地区仍存在违规建设钢铁项目、虚假置换钢铁产能等乱象，去产能工作不力、产能置换审核把关不严，相关部门监管形同虚设。[2]

### 三 发展环境不容乐观

后国际金融危机时期，世界百年未有之大变局加速演进，中国发展实体经济的外部环境不容乐观。从国际环境来看，发达国家纷纷回归实体经济，新兴经济体也在加快发展实体经济，外需市场持续疲软。从国内环境来看，企业经营成本高企、企业家实业精神缺失、消费需求动力不足等，是制约中国实体经济高质量发展的重要因素。

#### （一）国际竞争空前激烈

2008年以来，全球经济一直处于深度调整期，特别是百年变局叠加世纪疫情，使得各国争夺国际市场和资源空间进入"白热化"阶段，世界范围内实体经济领域的竞争空前激烈，中国制造业面临发达国家高端制造"回流"与中低收入国家中低端制造"流入"的"双向挤压"，实体经济高质量发展面临更多不确定性因素。

1. 国际产业资本回流

2008年以来，欧美发达国家重新审视实体经济的重要性，纷纷实施"再工业化"战略，掀起一股重返实体经济的热潮。美国、德国、日本等发达国家不惜投入重金，建立健全政策体系，推动高端制造业发展，鼓励和支持制造业企业回归本土，力求在实体经济领域的竞争中占据制高点。美国高调回归实体经济，其"制造业回归"政策短期内取得了一定成效。制

---

[1] 王政、左娅：《产能过剩愈演愈烈（热点解读·部长访谈）》，《人民日报》2013年7月30日，第2版。
[2] 段相宇、黄秋霞：《过剩产能为何还是去不掉——河北邯郸钢铁行业去产能存在乱象问题调查》，《中国纪检监察报》2022年4月15日，第4版。

造业成为美国实体经济复苏的亮点，其制造业就业岗位增加约 40 万，这是 20 世纪 90 年代以来美国制造业部门首次出现持续性就业增长。① 2010～2014 年，美国回流企业从 16 家增加到 300 多家；特别是在特朗普政府实行的降税、贸易保护等一系列新政策的推动下，美国制造业利用外资占比 2017 年为 34.5%，2018 年高达 65.8%；制造业利用外资 1997～2007 年年均 672 亿美元，而 2008～2018 年年均 1232 亿美元，增长了约 83%。② 发达国家回归实业的强烈势头和日益强调基于价值观的国际贸易准则，导致中国产业链供应链安全受到较大冲击，中国制造业发展空间受到较大挤压。③ 2012 年中国实际使用外商直接投资金额 1117 亿美元，下降 3.7%，这是国际金融危机爆发以来首次出现年度下滑；2012 年和 2013 年中国非金融领域新批外商直接投资企业分别为 24925 家和 22773 家，分别比 2011 年和 2012 年下降 10.1% 和 8.6%；2019 年和 2021 年，中国外商直接投资（不含银行、证券、保险领域）新设立企业分别为 40888 家和 38570 家，分别比 2018 年和 2020 年下降 32.5% 和 5.7%；2022 年外商直接投资（包含银行、证券、保险领域）新设立企业为 38497 家（比 2021 年下降 19.2%），2023 年为 53766 家（比 2022 年增长 39.7%）。④ 在疫情大流行期间，中国产业链外迁压力有所减轻，但是当前仍面临国家安全边界泛化以及所谓的"民主人权""友岸外包"等非经济因素挑战。唯有深入实施创新驱动发展战略，加快推动实体经济高质量发展，中国方能在未来全球实体经济的格局重组中赢得新的竞争优势。

2. 新兴国家加速崛起

2008 年以来，越南、缅甸、印度、菲律宾以及印尼等具有更低的劳动力成本优势的发展中国家，加快推进对外开放和调整产业结构，给予加工贸易企业更多优惠政策，积极承接国际资本、技术和产业转移，使其制造业加速崛起。然而，因受人口老龄化、人口增长速度下降、严峻复杂的外部环境影响，中国制造业面临劳动力成本上升过快问题，导致中国制造业竞争力相对优势下滑。据统计，截至 2010 年，中国大陆制造业的单位劳动

---

① 马志刚：《西方制造业回流的警示》，《经济日报》2013 年 4 月 26 日，第 6 版。
② 杨正位、崔琴：《发达国家"制造业回归"的成效与启示——兼及与金砖国家的对照》，《中国浦东干部学院学报》2021 年第 1 期。
③ 夏杰长：《中国式现代化视域下实体经济的高质量发展》，《改革》2022 年第 10 期。
④ 数据来源：《中华人民共和国国民经济和社会发展统计公报》（2012～2013、2019～2023），国家统计局网站，http://www.stats.gov.cn/sj/tjgb/ndtjgb/。

力成本已超过泰国、印尼，但还远低于美国、日本、德国、法国、荷兰等发达国家，以及墨西哥、南非、俄罗斯等发展中大国，然而2016年中国制造业单位劳动力成本仅比美国低4%。[①] 2016~2020年，中国制造业月工资年均增长率为9.84%，高于美国、日本、韩国等发达国家和越南、印度等发展中国家；中国的工业用地价格是越南的2.8倍、印度的3倍。[②] 因此，在美国、印度、墨西哥等国制造业的单位劳动力成本趋于下降或保持稳定的形势下，中国制造业单位劳动力成本优势明显弱化。一些原本在中国沿海地区投资的跨国企业将部分制造环节转移到劳动力成本更低廉的东南亚国家和地区。根据《2012年世界投资报告》，2011年流入东南亚的外国直接投资为1170亿美元，比2010年增长26%，而同期中国的增长率仅8%；[③]《2022年世界投资报告》显示，2021年流入东南亚的外国直接投资为1750亿美元，比2020年增长44%，而同期中国的增长率仅21%（2020年仅增长6%）。[④] 这些新兴国家的制造业企业迅速成长，凭借低价争抢中国的海外订单，如2000年全球耐克鞋大约40%由中国制造，越南还不到15%，但是2010年以后越南取代中国成为该鞋的最大生产国，[⑤] 2020年越南制造占据耐克鞋履产能的50%以上。[⑥] 总之，在全球产业布局和全球价值链加速重构的背景下，中国唯有着力降低实体经济成本，在聚焦创新驱动、质量变革、结构调整、数实融合、环境优化中推动实体经济高质量发展，加快构建产业链供应链新格局，方能持续提升产业链供应链韧性和安全水平。

3. 外需市场持续低迷

长期以来，欧美发达国家的财政赤字和高消费发展模式成为拉动中国制造业发展的重要推动力，但外贸依存度偏高也导致中国实体经济的发展往往受制于国外需求市场。国际金融危机和欧洲主权债务危机打破了持续多年的世界经济体系，主要发达国家普遍进入去杠杆周期，积极调整消费

---

[①] 林珊、林发彬：《中国制造业分行业单位劳动力成本的国际比较》，《东南学术》2016年第6期。
[②] 邵海鹏：《制造业工资增速高于越南、印度，中国谋求供应链数字化转型》，证券时报网，https://news.stcn.com/news/202207/t20220729_4768009.html。
[③] 裴长洪：《培育中国制造新优势》，《经济日报》2013年5月20日，第10版。
[④] 杨海泉：《亚洲发展中经济体韧性凸显》，《经济日报》2022年6月16日，第4版。
[⑤] 马志刚：《西方制造业回流的警示》，《经济日报》2013年4月26日，第6版。
[⑥] 侯隽：《"Made in Vietnam"正在变得昂贵 "中国干部"管理的越南制造》，《中国经济周刊》2022年第10期。

模式，储蓄率有所回升。一段时期以来，金融危机远未离去，主要发达国家一度加快经济复苏步伐，但新兴经济体经济增速逐渐趋缓；特别是近年来，在疫情反复、俄乌冲突、通胀高企、投资减少的背景下，美国、欧元区及日本经济大幅衰退，新兴经济体经济增速大幅下滑，世界经济陷入深度衰退、经济增速急剧放缓，如国际货币基金组织（IMF）预测2023年全球经济增速将放缓至2.7%（且有25%的概率增速会低于2%）。① 全球经济发展依然充满不确定性，有效需求不足。外需低迷、订单下降、劳动力成本攀升以及来自东南亚国家的激烈竞争等，使得中国外贸型实体经济企业面临较大的竞争压力。

（二）国内环境有待优化

2008年国际金融危机爆发特别是2020年新冠疫情暴发后，中国实体经济发展所面临的新的困难和挑战导致其增速放缓，其中，国内发展环境有待优化是重要原因。

1. 企业经营成本高企

生产经营成本高企是导致实体经济企业生产经营困难的重要原因。随着工业化进程的推进，支撑中国实体经济40余年快速发展的传统要素优势正在逐步减弱，中国实体经济企业特别是中小微企业已全方位进入"高成本时代"，不同程度地存在制度性交易成本高、融资难融资贵、税费负担重等问题，利润空间狭窄导致实体经济企业不堪重负，有的被迫撤离实体经济领域，有的甚至被迫关闭和停产。2022年，中国上市公司协会会长宋志平在与珠海格力电器董事长兼总裁董明珠的对话中也指出："做实体经济、做制造业真的是很不容易，踏踏实实地做下来真的是需要硬功夫。"② 近年来，中国实体经济企业的制度性交易成本居高不下。据统计，2011年以来中国近一半的财政收入都是税外形成的（包括行政事业收费、政府性基金、社会保险、国有资本经营收入等），这些税收之外的各类收入正是制度性交易成本高企的重要原因。③ 融资难融资贵问题长期困扰中国实体经济企业发展，近年来备受关注。得益于中国人民银行适时出台降准降息政策和金融

---

① 缴翼飞：《外需走弱、订单下降为当前外贸主要矛盾 恢复和扩大消费是今年优先重点》，《21世纪经济报道》2023年2月3日，第1版。
② 梁宵：《董明珠对话宋志平：做制造业不容易》，《中国企业家》2023年第1期。
③ 冯俏彬、李贺：《降低制度性交易成本：美国税改与中国应对方略》，《中央财经大学学报》2018年第5期。

机构持续加大减费让利力度，中国实体经济综合融资成本稳中有降，融资难融资贵问题明显缓解。但是，一些银行采取大额授信权限上收总行的集中管理模式，推行"一刀切"的限贷政策，抽贷、断贷现象严重；① 银行贷款周期相对较短导致一些企业不得不通过民间融资进行周转，直接推高了企业的融资成本，加之中小微企业信用信息获取难、评估难导致商业银行授信成本居高不下，降低了银行让利于企业的空间，进而导致企业融资获得感不强。② 从税费负担来看，据测算，企业已缴税金占营业收入的比重达7.8%，其中应缴增值税占营业收入的比重达3.7%。③ 从税收收入结构来看，中国现行税收体系仍存在直接税与间接税失衡问题。据统计，2023年中国全部税收收入为181129亿元，包括增值税、国内消费税、进口货物增值税和消费税、城乡维护建设税、车辆购置税、关税、印花税等间接税收入和所得税、个人所得税等直接税收入，间接税收入与直接税收入之比大致为70∶30。④ 因此，中国税制体系仍有待完善，合理降低实体经济企业综合成本和税费负担依然任重道远。

2. 企业家实业精神弱化

工业是实体经济的主体，实业精神应指一种推崇工业等实体经济并崇尚勤奋进取等工作伦理的价值观体系。⑤ 实业精神有助于推动实体经济特别是制造业蓬勃发展，进而抑制或延缓一国经济"脱实向虚"，是建设制造强国的柔性支撑。但是，近年来中国企业家实业精神弱化，越来越多的企业不再青睐或坚守实业，普遍出现"赚快钱""钱生钱"的浮躁、急躁心理。民间曾盛行"一流企业做金融，二流企业做房产，三流企业做市场，四流企业做实业"的说法。中国企业家调查系统2011年的调查显示，73.1%的企业经营者认同"目前愿意做实业的企业家越来越少"。⑥ 不少企业家以投资虚拟经济行业为荣，从实体经济领域游离出来的大量资金被用于炒房、炒股、炒钱、

---

① 阳爱姣：《降低融资成本，金融业大有可为》，《经济日报》2017年8月14日，第9版。
② 《为企业雪中送炭 助企业焕发生机》，《金融时报》2022年3月8日，第3版。
③ 国家发展改革委宏观经济研究院课题组：《实体经济发展困境解析及对策》，《经济日报》2017年2月27日，第11版。
④ 《2023年财政收支情况》，中国政府网，https://www.gov.cn/lianbo/bumen/202402/content_6929621.htm（根据文中相关数据整理计算而得）。
⑤ 严鹏：《工业文化的政治经济学：长波、实业精神与产业政策》，《政治经济学报》2021年第1期。
⑥ 辜胜阻：《对实体经济强本固基的战略思考》，《党建》2012年第3期。

炒古董，有的甚至放弃了多年来从事的制造行业。因此，如果不能通过深化改革释放改革红利，让做实业有利可图、能够致富，以激励企业家重塑实业精神、做强实业主业，那么，企业将失去激昂的斗志、创新的动力，中国实体经济高质量发展乃至制造强国建设将面临更加严峻的局面。

3. 消费需求动力不足

消费是拉动经济增长的基础性支撑，对实体经济高质量发展具有持久拉动力。改革开放40余年来，中国创造了世所罕见的经济快速发展和社会长期稳定两大奇迹，城乡居民生活水平得到全方位提升，居民消费水平得到前所未有的提升。但是，纵向比较来看，除了1978～1982年以外，中国居民消费率整体而言呈现下降趋势，从1952年的65.64%降至2021年的38.48%（共计下降了27.16个百分点），2020年甚至下滑至37.75%。尽管2011年以来中国居民消费率呈现缓慢上升态势，但横向比较来看，中国居民消费率仍显著低于世界平均水平和中等偏上收入经济体的平均水平。比如2021年中国居民消费率仅38.48%，而高收入经济体、中等收入经济体、低收入经济体平均的居民消费率分别为58.11%、50.11%和74.39%；又如美国、英国、日本的居民消费率分别为68.21%、61.47%和53.92%，印度、巴西、俄罗斯的居民消费率分别为60.77%、60.97%和50.07%，均显著高于中国的居民消费率。[①] 中国居民消费不足，既有市场主体的创新能力不能满足人民日益增长的美好生活需要的原因，也有收入分配差距、社会保障体系、家庭负债与房价快速上升等原因，[②] 加之受疫情影响，居民因收入增长放缓、预期下降从而不敢消费、不便消费，进而导致消费对中国实体经济增长的驱动力有待提升。因此，要把恢复和扩大消费摆在优先位置，进一步健全扩大内需的长效机制，发挥好消费对实体经济增长的基础性作用，释放中国超大规模国内市场的需求潜力，使之成为推动实体经济高质量发展的不竭动力。

改革开放40余年来，中国科技创新体系稳步形成、社会主义市场经济体制日趋完善、产业链成熟、劳动力丰富、消费需求市场空间广阔，这些突出优势为中国加快发展实体经济奠定了更加坚实的物质基础、技术基础

---

[①] 臧旭恒、易行健：《中国居民消费不足与新发展格局下的消费潜力释放》（上），《消费经济》2023年第1期。

[②] 臧旭恒、易行健：《中国居民消费不足与新发展格局下的消费潜力释放》（下），《消费经济》2023年第2期。

和体制基础。同时，中国拥有扩大国内消费市场、提高科技创新能力以及转变经济发展方式的各种新机遇，大力发展实体经济正处于重要的战略机遇期。但是，后国际金融危机时期，中国制造业面临发达国家和发展中国家的双重夹击，发展实体经济的劣势也十分明显，主要表现为：企业多处于国际产业链的中低端、科技创新体制尚不健全、金融体制改革进展缓慢、职业技术教育不够发达。中国实体经济高质量发展还面临产业空心化危险、部分行业产能过剩隐忧、发展环境不容乐观等严峻问题。因此，只有充分发挥已有优势，牢牢抓住发展机遇，迎接挑战，战胜困难，才能加快推动中国实体经济高质量发展。

# 第四章
# 发达国家发展实体经济的经验与教训

实体经济是人类社会赖以生存和发展的物质基础，也是世界经济高质量发展的坚实基础。古往今来，人类经济活动的目的，归根结底是满足自身日益增长的美好生活需要。因此，从一定意义上说，实体经济才是具有真实意义的经济活动。在经历 2008 年国际金融危机洗礼和 2020 年暴发的疫情冲击大考后，世界各国都在重新审视发展实体经济的重大意义，纷纷制定了振兴实体经济的发展战略。在研究德国、美国、日本等发达国家发展实体经济的成功经验和主要教训的基础上，强调中国发展实体经济要注意借鉴发达国家的成功经验，对其发展实体经济的教训则要引以为戒。

## 第一节 发达国家发展实体经济的道路分析

纵观世界各国经济发展历程，实体经济特别是制造业是经济大国和强国崛起的根基所在。当英国这个首个"世界工厂"衰落后，重视实体经济的美国和日本相继发展为"世界工厂"，但是此后其（特别是美国）经济发展却日益"脱实向虚"，唯有德国始终坚守实体经济。

### 一 德国实体经济发展道路

德国是制造业大国，始终心无旁骛发展实体经济，坚持实业立国、品牌强国。作为世界上工业实力最为雄厚的国家之一，德国是欧元区的最大经济体，也是全球继美国、中国、日本之后的第四大经济体，在全球经济中占据重要地位。据统计，2007~2011 年，德国国内生产总值占欧盟（27国）的比例约为 19%，2011 年达到 19.5%；2010 年德国商品进出口贸易总额占欧盟（27国）的61.8%，是世界第三大进口国和出口国，商品出口总额和进口总额分别占全球的8.33%和6.93%。① 因此，当国际金融风暴和欧洲债务危机相继袭来时，全球经济哀鸿遍野，虽然德国经济也陷入短暂的衰退期，但德国凭借其强大的实体经济，快速摆脱了危机影响，实现了经济发展。2010年德国经济实现强势反弹，经济增长率高达3.6%，② 堪称欧元区火车头，也明显高于其他主要发达国家；2011年德国经济增长率为3%，就业人数突破4100万大关，③ 失业率降低至1991年以来的最低点，出口超过100亿欧元（创历史新高），是世界第二大技术出口国和欧洲创新企业密度最高的国家。④ 据统计，2018年德国制造业部门的总增加值较2017年增长3.8%，而金融业和房地产业则仅增长0.8%和1.2%。⑤

2022年，尽管德国面临乌克兰危机、能源价格大幅上涨、技术工人短缺等多重挑战，但总体上其经济实现了正增长，与2019年相比增长了0.7%，这与其强大的实体经济根基和较强的经济韧性紧密相关。2019年德国发布的《国家工业战略2030：对于德国和欧洲产业政策的战略指导方针》提出了到2030年德国制造业比重从23%提高到25%的目标，彰显了德国保持制造业比重基本稳定的坚定决心。德国坚持实业兴国战略，其科技创新、教育体制、货币政策和基础设施等都是围绕如何更好发展实体经济而制定的。因此，一大批优秀的实体经济企业和敬业的高素质雇员、一流的国家科研与创新体系、发达的基础设施、成熟的教育培训体系等，成为德国实体经济稳健发展的强大支撑。

**（一）长期坚持发展实体经济**

与美国、英国等走"去工业化"道路的发达国家截然不同，素以实体经济强盛著称的德国选择"工业立国"的发展道路，长期坚守实体经济，审慎、有序发展虚拟经济。19世纪以来，德国始终高度重视发展实体经济，工业基础十分雄厚。2015年，除金融保险、房地产活动外的其他部门（通

---

① 《宋紫峰：德国发展实体经济的主要经验》，《山东经济战略研究》2013年第6期。
② 《宋紫峰：德国发展实体经济的主要经验》，《山东经济战略研究》2013年第6期。
③ 徐占忱、刘向东：《借鉴德国经验做大做强我国实体经济》，《宏观经济管理》2012年第11期。
④ 中共中央党校经济学教研部编《稳中如何求进：中国经济热点面对面（2012）》，新华出版社，2012，第67页。
⑤ 李飚、孟大虎：《如何实现实体经济与虚拟经济之间的就业平衡》，《中国高校社会科学》2019年第2期。

常视为实体经济部门）活动增加值占德国国民生产总值的84.6%，工业部门增加值占比达26.3%，两项比重在经济合作与发展组织成员国中均处高位。①

1. 着力培育实体经济企业

长期以来，德国政府始终坚持实体经济立国的战略导向，为广大制造业企业营造良好的发展环境。为维护竞争秩序，充分发挥市场竞争机制的作用，德国制定《反不正当竞争法》、《反限制竞争法》（即"卡特尔法"）、《对外经济法》等，还通过补贴、减税等措施精心培育实体经济企业。如作为德国最重要的工业部门，汽车业是德国的第一大支柱产业，素有"制造业皇冠上的明珠"之称，为德国经济创造了巨大价值。作为全球汽车工业的领头羊，德国拥有大众、戴姆勒、宝马、西门子、巴斯夫、拜耳等国际知名大型企业，培育了大众、西门子、巴斯夫、宝马、博世等赫赫有名的"德国制造"世界品牌。2022年《财富》世界500强企业中，有28家在德国。②

德国中小企业数量庞大（约有370多万家，占全部企业总数的99%以上），极具发展活力，被视为最重要的"创新发动机"，被称为德国经济的"脊梁"，为德国贡献了约54%的增加值，占据了全部经济输出的52%，拉动了约62%的就业。③ 德国是"隐形冠军"的王国，有1307家中小企业，占全球的47.8%。④ 德国中小企业多是发展历史悠久的家族企业，具有敢于创新、高度专业化、产品国际竞争力强等特点。这些中小企业半数拥有国外生产基地，大多数有自己的销售渠道，在跨国企业生产经营链条中具有十分重要的作用。总之，德国实体经济企业善于在自身的传统特色和高端产品上下功夫，其汽车制造、机械和装备制造业领先全球，制药和环保产业闻名于世，产品质量誉满全球。

2. 适时优化产业结构

回顾历史，在以内燃机和电子电气为特征的第二次工业革命中，德国

---

① 戴慧：《德国实体经济：如何成就"隐形冠军"》，《审计观察》2017年第1期。
② 陈赟：《入围世界500强的中国企业给我们什么启示》，《上海企业》2022年第9期。
③ 曹茜芮、冯运卿：《借鉴德国经验 推动我国中小企业创新发展》，《机械工业标准化与质量》2019年第6期。
④ 董一凡：《瞭望丨镜鉴：德国"产业强国"道路上的得与失》，新华社客户端，https://baijiahao.baidu.com/s? id=1702683787825532923&wfr=spider&for=pc。

是意气风发的领导者。时至今日，德国实体经济产业结构不断优化，且实体经济产值占国内生产总值的比重仍高于其他发达国家。德国实际国内生产总值从1991年的1.5万亿欧元增加至2010年的近2.5万亿欧元，增幅约66.7%；[①] 2021年，德国国内生产总值（GDP）约为3.6万亿欧元，同比增长2.7%。[②] 德国国内生产总值产业构成随之发生了极大变化：农业增加值占国内生产总值的比重缓慢下降，从1991年的1.2%下降至2021年的0.8%；工业增加值占国内生产总值的比重逐步下降，从1991年的33.6%下降至2021年的26.6%；服务业增加值占国内生产总值的比重缓慢上升，从1991年的61.9%增加至2021年的63.0%。[③] 德国政府深谙科技是经济增长的强大引擎，重视发挥高新科技对产业结构优化升级的驱动作用。一方面，德国政府高度重视和大力支持传统工业转型升级。如昔日作为煤钢工业集中地的鲁尔区，在政府的引导和支持下，加快转型升级步伐，如今已发展成高科技云集的产业集群、颇具魅力的文化创意之所。另一方面，德国大力开拓技术附加值高的工业企业。2013年4月，德国实施"工业4.0"战略，积极推动该战略落地生根，旨在保持德国工业技术世界领先地位。2019年，德国出台《国家工业战略2030：对于德国和欧洲产业政策的战略指导方针》，将钢铁铜铝工业、化工工业、机械与装备制造业、汽车及零部件制造、光学与医学仪器制造、绿色环保科技部门、国防工业、航空航天工业和3D打印等工业领域列为重点扶持的"关键工业领域"，[④] 旨在"努力确保或重夺所有相关领域在国内、欧洲乃至全球的经济技术实力、竞争力和工业领先地位"[⑤]，进而确保就业稳定和经济繁荣。

相比其他发达国家，德国实体经济所占比重较高，制造业是其支柱产业之一，具有举足轻重的地位。据经济合作与发展组织（OECD）统计，1991～2009年，德国制造业占国内生产总值比重的平均值为23%，而同期日本、英国、法国和美国分别为21.4%、17.3%、15%和15%。[⑥] 显而易见，

---

[①] 史世伟、陈健平主编《德国经济数字地图2011》，科学出版社，2012，第74页。
[②] 谢飞：《德国经济缓慢复苏》，《经济日报》2022年1月29日，第4版。
[③] 数据来源：根据国家统计局"国家数据"、《国际统计年鉴2022》等相关数据整理而得。
[④] 黄燕芬：《德国工业战略2030：背景、内容及争议》，《人民论坛·学术前沿》2019年第20期。
[⑤] 黄燕芬：《德国工业战略2030：背景、内容及争议》，《人民论坛·学术前沿》2019年第20期。
[⑥] 《宋紫峰：德国发展实体经济的主要经验》，《山东经济战略研究》2013年第6期。

德国比美国、英国、法国等发达经济体更加注重发展实体经济。尽管受2008年国际金融危机、新冠疫情、乌克兰危机等强力冲击，德国制造业所占份额曾有所下降，但在政府强有力的政策扶持下，德国制造业持续繁荣。德国联邦统计局的数据显示，2022年，制造业增加值在德国经济中所占比重为23.5%（过去20年一直保持在23%左右，该数值远高于欧盟整体水平）。① 截至2022年10月，德国工业增加值占国内生产总值的比重为26.6%，② 彰显了德国工业强大的适应能力和调整能力。此外，德国金融、租赁、企业服务等服务业的核心业务始终是为工业制造业服务的，如果将加工制造业的比重与金融、租赁、企业服务业的比重相加，那么其占国内生产总值比重将显著增加，因此，德国传统产业和特色产业的核心地位就一目了然了。

3. 大力开拓国际市场

德国是制造业强国，制造业门类齐全，汽车、机械制造、化工医药和电子电气是其传统四大支柱产业，新能源、环保技术也是其优势产业。凭借过硬的产品质量、顶尖的技术革新、周到的售后服务，"德国制造"成为全球最受欢迎品牌，产品出口长盛不衰。德国经济技术部也努力寻求市场开放，减少贸易壁垒，为企业开拓国际市场提供强有力的支持，帮助企业提升国际竞争力。大众、西门子、宝马等诸多"德国制造"的世界高端品牌，质量享誉国际，长期占据较高的国际市场份额，大众汽车集团（Volkswagen AG）是全球最大汽车生产商之一，而宝马集团2022年保持全球豪华车细分市场第一名，在中国销量超79万辆（中国市场为宝马集团贡献了接近33%的销量）。③ 统计数据显示，1991~2007年，工业制成品出口占德国出口商品的比重高达87%，出口总额中仅13%的部分与服务业有关，而同期美国和英国与服务业有关的出口比例则超过30%。④ 凭借长期以来雄厚的实体经济基础的积淀，国土面积与中国云南省相当的德国，尽管自然资源

---

① 《打造特色品牌 培育优势产业——来自一些国家的报道》，《人民日报》2023年4月21日，第17版。
② 赵纪周：《德国模式崩了?》，新华网，http://www.xinhuanet.com/globe/2023-01/17/c_1310689394.htm。
③ 侯隽：《专访宝马全球董事长齐普策 中国式现代化是世界的机遇》，《中国经济周刊》2023年第7期。
④ 徐占忱、刘向东：《借鉴德国经验做大做强我国实体经济》，《宏观经济管理》2012年第11期。

比较匮乏，却成为欧洲经济的"火车头"，2003~2008年稳居世界头号出口大国地位，直至2009年被中国取代。1995~2012年，德国制造业出口比重从28.8%增加至46.9%。[①] 2021年德国货物和服务出口占国内生产总值的比重为47.5%，其中，货物出口总额为16319亿美元（制成品出口占比83.7%），比2020年（13825亿美元）增长18.04%；服务贸易出口总额3713亿元，比2020年（3052亿美元）增长21.66%。[②] 正是凭借制造业特别是高端制造业在国际市场上的强大竞争优势，德国在国际金融危机和欧洲主权债务危机中表现不俗，成为经济迅速复苏的"排头兵"。尽管遭遇诸多挑战，2022年德国服务业和制造业也实现了增长，商品出口额和进口额比2021年分别增长3.2%和6.7%。[③]

**（二）着力健全国家创新体系**

国家创新体系是德国实体经济的强大"稳定器"。经过多年发展，德国国家创新体系日益成熟，政府、高校和专业研究机构、企业"三位一体"，不遗余力地加快推进实体经济企业技术创新。

1. 研发投入强度较高

研发经费投入是增强自主创新能力的重要基础，也是衡量国家科技竞争力的重要标志。长期以来，坚持不懈地投入大量技术研发经费是德国实体经济具有强大竞争力的源泉。为提升国际竞争力、保障国家未来，德国政府高度重视科技创新，不仅加大政府科技研发投入力度，而且引导企业和社会力量增加创新投入，其科研经费三分之一来源于政府，三分之二来源于企业。21世纪以来，德国研发支出占国内生产总值的比重（研发强度）持续攀升，2000~2007年平均每年增长0.01个百分点，2007~2018年平均每年增长0.06个百分点；2019年德国研发投入达到1100亿欧元，研发强度约3.19%（位居世界第四），远高于经济合作与发展组织国家的平均水平（2.4%）、美国（2.8%）和欧盟各国均值（2.0%）。[④] 从德国联邦统计局发

---

[①] 王敏：《德国七大政策为工业保驾护航（四）》，中国经济网，http://intl.ce.cn/specials/zxgjzh/201312/20/t20131220_1966224.shtml。

[②] 国家统计局编《国际统计年鉴2022》，国家统计局网站，https://data.stats.gov.cn/files/lastestpub/gjnj/2022/zk/indexch.htm。

[③] 朱晟、张雨花：《德国经济2022年实际增长1.9%》，《人民日报》2023年1月17日，第17版。

[④] 郑春荣主编《德国发展报告（2022）：开启"后默克尔时代"的德国》，社会科学文献出版社，2023，第197~219页。

布的初步数据来看，2021 年，德国研发支出为 1126 亿欧元（同比增加 5.6%），创下历史新高；研发强度为 3.1%（连续五年超过欧盟增长战略"欧洲 2020"设定的目标，即研发支出至少占 GDP 的 3%），并且制定了 2025 年将研发强度提高至 3.5% 的目标。① 2021 年，从政府投入来看，德国联邦政府的科研资金投入绝对值不断增加，从 2005 年的 90 亿欧元增加至 2009 年的 121 亿；② 2010~2020 年，德国用于研发的财政预算增长了 37%，是全球增幅最高的国家之一。③ 从企业投入来看，德国实体经济企业高度重视科技创新，早已成为研发投入的主力军。据统计，1995 年德国企业界的科研投入占全德国科研投入的 60%，2007 年这一比例提升至 67.9%，④ 2018 年仍高达 66.01%，其中，制造业研发投入占全行业研发投入的比重基本上呈逐年上升趋势，近年来稳定在 85% 以上。⑤ 德国企业界研发创新投入主要集中在汽车制造、机械工程、电子电气、化工和制药等支柱产业领域，近年来航空航天、数字等先进技术领域的研发支出也显著增长。大量的研发投入推动德国创新能力持续提高，使之成为全球最具创新力的经济体之一。

2. 鼓励实用技术创新

德国历来高度重视实用技术创新。20 世纪 60 年代以来，制造业实用技术创新一直是德国的研发重点，德国在汽车、化工以及机械等制造业领域长期保持全球领先地位。德国联邦政府出台了《德国高科技战略》《思想·创新·增长——德国 2020 高科技战略》《高科技战略 2025》等，积极引导国家科技创新方向并努力使之与实体经济高质量发展实现良性互动，因此制造业企业长期拥有领先技术，其产品质量享誉世界。德国政府热情扶助创新企业，助力中小企业创新。德国 80% 的大型企业拥有独立的研发机构，中小企业则成立联合研发机构。⑥ 德国选择科技强国之路，其基本法明确规

---

① 《德国 2021 年研发支出创历史新高》，新华财经，https://finance.eastmoney.com/a/202303082656360310.html。
② 史世伟、陈健平主编《德国经济数字地图 2011》，科学出版社，2012，第 117 页。
③ 孙浩林：《德国新任联邦政府执政首年科技创新政策评述》，《全球科技经济瞭望》2022 年第 12 期。
④ 史世伟、陈健平主编《德国经济数字地图 2011》，科学出版社，2012，第 117 页。
⑤ 任继球：《先行工业化国家制造业比重稳定组和下降组的比较及启示》，《经济纵横》2022 年第 1 期。
⑥ 徐占忱、刘向东：《借鉴德国经验做大做强我国实体经济》，《宏观经济管理》2012 年第 11 期。

定科技发展政策的基本原则,即"科学自由、科研自治、国家干预为辅,以及联邦分权管理"①。德国政府不仅出台《科学技术法》《专利法》《版权法》等相应的法律法规,保护科技发明者的合法权益,激发企业和个人的创新热情,而且制定《企业技术创新风险分担计划》《中小企业研究合作促进计划》等政策,为中小企业进行技术创新保驾护航。据统计,德国制造业公司27%以上的营业额来源于创新产品;德国经济研究所(DIW)2010年的一项研究表明:德国技术导向型行业附加值的比重在全球工业化国家中居于首位。② 2023年2月,德国通过《未来研究与创新战略》,以期加强德国整体创新能力,更好地应对德国面临的主要挑战,确保其在欧洲的技术主权地位和竞争力。

3. 推进产学研密切合作

德国联邦政府高度重视理论和实践相结合,积极推进产学研密切合作,如德国工程教育具有较强的实践性,其工科大学要求学生在入学前至少要有12个月的工业训练经历,且学生在校学习期间有一半时间是在企业里继续进行工业训练,③ 以推进大学教育与工业训练一体化,为实体经济提供人力资源支撑。德国政府鼓励研究机构和实体经济企业根据市场需求深化科学研究,积极为实体经济企业提供相应帮助,提高科研成果转化率,推动实体经济高质量发展。德国知名企业大众、巴斯夫、西门子等,与弗劳恩霍夫协会(FHG)、亥姆霍兹联合会(HGF)、马普学会(MPG)、莱布尼兹联合会(WGL)等著名专业研究机构的合作日益密切,因此其技术研发方向更准、研发成果的产业转化率更高。德国政府还积极扶持创新型产业集群、构建创新技术网络、支持组建技术创新联盟、不断健全技术交易平台、加快东部地区(原东德地区)的科技和管理创新,有力提升德国技术创新水平,为实体经济高质量发展提供强大支撑。

(三) 不断完善教育培训体系

德国历来高度重视国民教育,不断完善国家的教育培训体系。德国独具特色的双元制职业教育、注重应用科学技术的高等教育体系,正是二战后德国制造业长久不衰、国家经济迅速腾飞的"秘密武器"。

---

① 史世伟、陈健平主编《德国经济数字地图2012-2013》,科学出版社,2013,第96页。
② 丁纯:《欧洲哀鸿遍野、柏林一枝独秀 德国模式缘何笑傲危机》,《人民论坛》2012年第18期。
③ 倪凯等:《发达国家高等工程教育认证体系及其启示》,《高等理科教育》2011年第5期。

1. 独具特色的双元制职业教育

德国的双元制职业教育独具特色，日趋成熟，领先全球，源源不断地为德国实体经济输送大量高技能人才。

首先，双元制职业教育的起源。德国1969年出台的《职业教育法》和其他相关法规，为当前的双元制职业教育模式奠定了制度基础。20世纪70年代，德国联邦议会技术发展后果评估办公室发布的一份人力资本报告显示：德国制造业从业人员约占其总劳动力的60%，而制造业产值约占德国工业总产值的80%。[①] 德国人认为，制造业企业从业人员素质的优劣攸关企业竞争力水平的高低，因此他们创立并长期坚持与先进制造业紧密衔接的双元制职业教育（"一元"指职业学校，另"一元"指企业等校外实训场所）。德国政府十分重视教育，长期投入大量资金，各类大专院校或专业技术学院为实体经济培养了一大批训练有素的工程师队伍。特别是双元制职业教育，可谓德国的独创，为德国发展实体经济源源不断地提供大量的具有良好技能的工人，这是"德国制造"品质优良的根本保证，也是德国经济腾飞的"秘密武器"。

其次，双元制职业教育的特点。德国双元制职业教育是一种把在企业进行的职业技能和工艺知识教育与在职业学校进行的专业理论和普通文化知识教育相结合的模式，一般为三年制，学生一般是主体中学或实科中学的毕业生，该模式注重培养学生的形象思维，旨在将学生培养为技术工人。接受双元制职业教育的学生，大约70%的时间在企业进行实践（获少量生活费），30%的时间在职业学校学习理论知识，[②] 这种培养模式对学生毕业后马上投入工作十分有利。德国双元制职业教育培训模式成效十分显著，已经被推广到实体经济的各个领域。如德国具有高中学历的毕业生，已经掌握了一定的理论知识，还必须经过为期2~3年的专门培训，通过严格的考试，真正提高动手能力后方能进入工厂工作。又如德国农民只有经过严格的培训并通过考试，获得合格证书之后方能上岗。德国拥有受到国际认可的培训体系，各类专门的培训基地不仅遍布全国，而且分布在世界各地，旨在帮助工人掌握最新的实用技术。据统计，德国有各种职业学校近9000

---

① 杨帆：《双元制职业教育——德国经济的"提速器"》，《内蒙古教育》（职教版）2013年第4期。
② 刘明、青木、林龙优：《多国为职业教育探索新路径》，《环球时报》2024年6月17日，第13版。

家，设有320多个国家承认的职业教育专业，涵盖了几乎所有制造业领域；2018年的统计数据显示，约有70%的双元制学生毕业即被实习企业留用，实现了从职业教育到就业的无缝对接；2019年德国双元制职业教育在读人数超过130万人，共有约51.3万人签订了新的学徒合同；2021年德国新签订职业教育合同约47.31万份（同比增长1.2%）。① 即使在新冠疫情防控期间，德国仍然照常举办学徒招聘会。无论是西门子、戴姆勒等世界500强公司，还是只有数名雇员的小微企业，都与职业学校有着紧密合作。德国双元制职业教育模式具有理论教育与实践教育相互渗透、充分对接的显著特点，不仅能够有效提高职业教育学员的素质水平，还能促进毕业生早日进入职业生涯、积累工作实践经验，从而持续为实体经济企业培养大量训练有素的工程师队伍和拥有专业职业技能的高级技术工人，为德国企业、生产工艺和产品保持国际竞争力提供强大的人才支撑。

最后，双元制职业教育的优势。双元制职业教育模式是德国实体经济拥有强大竞争优势的坚实基础。德国政府高度重视并不断优化双元制职业教育，吸引更多优秀人才主动接受职业技能培训。如德国并不要求企业创立者和领导人拥有大学学位，但是一般要求具有技师资格。特别值得关注的是，德国政府规定，接受双元制职业教育的学生与普通高中的毕业生同样具有报考高等院校的同等学力，可以学习相关专业，有些专业还允许学生将接受职业教育期间所获得的某些学分直接换算成高等院校的学分，这是职业教育对德国中学生和家长具有强大吸引力的主要原因。为顺应工业4.0、数字技术发展等新趋势，近年来德国政府推出了相关领域的职业教育新专业，以期持续增强职业教育的大众认可度和对年轻人的吸引力。职业技术教育体系在德国教育体系中占有极其重要的地位，据统计，德国大学毕业生占同龄人的比例仅为20%，大约80%的年轻人接受的是职业教育；② 德国54%以上的人具有中高水平的技能资格或中级技能，③ 三分之二的专业人才经历了技术工人、技师或工匠师傅级别的双元制职业教育。④

---

① 参见《职业教育，各国政府持续发力》，《人民日报》2020年11月13日，第17版；张毅荣《新冠疫情下的德国"双元制"职业教育》，《新华每日电讯》2022年8月23日，第8版。
② 翟帆：《变革的时代，世界重新审视技能》，《中国教育报》2017年7月11日，第7版。
③ 罗小芳、卢现祥：《国外发展实体经济的经验》，《湖北日报》2012年5月9日，第14版。
④ 徐占忱、刘向东：《借鉴德国经验做大做强我国实体经济》，《宏观经济管理》2012年第11期。

## 2. 追求创新的应用技术大学

德国高校云集，专业设置领域涉及面十分广泛。德国特别重视培育科学技术人才，早在20世纪60年代后期，德国就专门建立了应用技术大学。来自德国联邦教育与研究部的统计数据显示，1993~2012年，德国应用技术大学数量增加至214所，注册大学生数量达82.8万人；根据德国联邦统计局的统计数据，2019~2020年冬季学期，德国注册在校大学生人数为289.73万人，其中约35.5%选择应用技术大学。① 总体上看，应用技术大学占据德国高等教育体系核心的位置，成为推动实体经济创新发展的重要驱动力。德国慕尼黑工业大学、亚琛工业大学等应用技术大学蜚声世界。德国应用技术大学的学位与综合性大学的学位等值，而其授课则是以应用为导向，十分重视向学生灌输创新文化，培育学生的创新精神，促使自主创新成为德国工程师的不懈追求。这些大学与实体经济企业合作十分密切，尤其注重创新技术应用、知识商业化的研究发明。应用技术大学已成为德国实体经济产业一线工程师的摇篮，为实体经济创新发展培育了大量优秀人才，是二战后德国实体经济长盛不衰的强大动力。

### （四）风格独特的制造业文化

风格独特的制造业文化是德国实体经济强盛的重要原因之一。德意志民族拥有沉着、严谨、踏实的优良工作作风，这种优良传统已经贯彻到制造业的全过程。

一方面，专注发展实体经济。在德国，世代相传的中小企业为数众多，长期以来它们始终专注于传统产业或特色产业的某一领域，并且不断把产品做精做强。据统计，截至2019年，全球"隐形冠军"企业共计2734家，德国以1307家位居榜首（占总数的47.8%），② 这些企业是德国实体经济不疾而速的坚实基础。20世纪90年代，当欧美发达国家热衷于发展各类金融衍生品等虚拟经济时，德国企业依然对制造业情有独钟，它们将资金更多地投到具有高附加值的实体经济领域特别是制造业，而不是金融领域等虚拟经济，虽然这并不为世人所看好。同时，德国广大实体经济企业具有不浮躁、不冒进的优良传统。因此，德国广大实体经济企业既无须为了迎合

---

① 陆宇正、赵文君：《融合·根植·坚守：德国应用技术大学专业建设特征研究》，《教育与职业》2023年第7期。

② 杨东日：《中国专精特新"小巨人"与德国"隐形冠军"培育政策研究》，《中国工业和信息化》2023年第4期。

众多股东的要求而牵扯发展精力，又不会受制于资本市场等虚拟经济，始终专注发展实体经济，成为德国经济的"脊梁"。

另一方面，营造和谐的企业文化。经过多年的发展和积淀，德国已形成了规范、和谐、负责的企业文化。德国实体经济企业文化推崇以人为本，十分重视开发企业的人力资源，多年来固守"自己培养和造就人才"的原则，加大培训和教育力度，不断提高员工综合素质。德国实体经济企业坚持可持续发展战略，着力营造和谐、合作的企业文化氛围。长期以来，德国实体经济企业坚持精益求精和诚信为本的品牌风格，不懈追求产品质量提升和工艺流程改进。同时，德国实体经济企业十分重视培育员工的责任感，善于将企业文化融入管理过程，劳资关系比较和谐。因此，打造质量完美的产品、提供一流服务的职责，已成为广大实体经济企业员工的主动追求。

正是凭借这种踏踏实实的实业精神，依靠对实体经济某一领域的精益求精，德国成为国际产业化标准的制定者，引领国际制造业市场发展，产品出口在国际上占据较大的市场份额。因此，2008年国际金融危机爆发后，当欧美不少发达国家仍深陷虚拟经济带来的危机不能自拔时，德国依靠以汽车、精密机械、化学、电子等为主体的发达实体经济，逆势实现稳健快速增长，在世界经济复苏中一枝独秀。尽管遭遇新冠疫情、能源危机、通胀高企、技术工人短缺等挑战，德国又凭借深厚的实体经济根基于2022年实现正增长，再次证明了德国实体经济较强的韧性。

## 二 美国实体经济发展道路

美国是一个迄今只有240多年发展史的年轻国家，实体经济是其物质文明的基石。1776年以来，特别是20世纪前半叶，美国进入实体经济快速发展的黄金时期，农业生产保持稳步增长，工业生产规模急剧膨胀，对外贸易迅猛发展，迅速由世界工业大国一跃发展为世界头号超级大国，并且一直保持到今天。但是，20世纪80年代后，特别是21世纪以来，美国却走上了实体经济不断萎缩、虚拟经济日渐膨胀的弯路，出现了严重的虚拟经济与实体经济倒挂现象。美国实体经济的停滞和萎缩是资本逐利的本性使然，也是资本主义制度的必然产物。[1] 2008年国际金融危机后，美国政府重

---

[1] 杨成林：《论主权债务危机的发生》，《马克思主义研究》2012年第4期。

新深刻认识到实体经济的重要性，大力实施"再工业化"发展战略，力求重塑美国实体经济的优势。

(一) 美国实体经济地位变迁

美国对待实体经济的态度经历了从高度重视到逐渐忽视再到重新重视的演变过程，其实体经济也随之经历了从日渐崛起到日趋衰落再到重塑优势的发展过程。

1. 实体经济日渐崛起

从1776年到19世纪80年代，农业始终是美国的主导产业，是美国财富的主要来源，农业的发展壮大为工业和服务业的发展奠定了坚实基础。制造业是实体经济的核心。随着经济社会的发展，美国对制造业重要性的认识不断深化。1791年12月，时任美国财政部长的亚历山大·汉密尔顿向国会提交了《关于制造业的报告》，旨在推进美国实现从农业经济向工业经济的跨越。在这份被誉为"美国工业化的宪章"的报告中，汉密尔顿提出，"不仅国家的财富，而且国家的独立和安全看来都与制造业的发达有着实质性的关系"[①]。汉密尔顿在此提出了工业立国思想，他认为美国不应该依赖其他国家的制造业，而应该走制造业强国的经济发展道路。在南北战争爆发前，美国制造业已得到迅猛发展。据统计，1810年美国只有75000人在制造业工作，而到1860年有130多万工人在制造业工作；1890年美国制造业产值已经是农业产值的3倍，说明美国正加速实现从以农业和商业为主的经济到工业经济的巨大转变。[②] 1860年美国的制成品总量仅位居世界第四，但是到1913年美国工业生产总量已相当于英国、德国、日本和法国四国的总和，占全世界的三分之一以上；1859年美国工业生产总值还不足20亿美元，1914年其工业生产总值已高达240亿美元。[③] 二战后，汽车、钢铁和建筑业成为美国实体经济的"三大支柱"。美国制造业曾占到全球制造业的40%左右，[④] 在国际市场上拥有绝对优势。总之，美国紧紧抓住第二次科技革命的发展机遇，大力发展实体经济，经济总量迅速超越英国，成为世界

---

[①] 〔美〕罗斯托：《这一切是怎么开始的：现代经济的起源》，黄其祥、纪坚博译，商务印书馆，1995，第156页。

[②] 中国现代化战略研究课题组、中国科学院中国现代化研究中心：《中国现代化报告2004：地区现代化之路》，北京大学出版社，2004，第3页。

[③] 邱晓华：《振兴制造业与实现强国梦想——从发达国家（地区）的经验看中国发展》，《中国国情国力》2003年第6期。

[④] 董书礼：《美国制造业：在创新中调整和发展》，《求是》2009年第23期。

经济史上的第二个"世界工厂"。1895~2009年，美国始终保持制造业世界第一的国际地位，直至2010年被中国超越。

2. 实体经济日趋衰落

20世纪五六十年代，美国制造业产值占国内生产总值的比重达到27%以上，[①] 稳居世界第一。20世纪70~90年代，美国相继经历了两次产业转移浪潮。20世纪80年代，美国认为制造业是"夕阳产业"，发展实体经济的动力大为减弱。同时，美国进行大规模的产业结构调整，许多企业将工厂"移居"海外，导致制造业产业空心化问题日益凸显。因此，在日本日益强大的制造业的巨大冲击下，美国汽车、钢铁、消费类电子等工业产品的国内外市场份额均大幅下挫，制造业国际竞争力被严重削弱。20世纪80年代，美国重新认识到实体经济的重要性，大力发展信息产业。20世纪90年代，美国时任总统克林顿继续大力发展信息产业，信息产业逐渐成为美国最大的产业，美国率先实现了从工业经济时代到知识经济时代的重要跨越。20世纪90年代，美国实体经济再次得到较快发展，明显好于20世纪80年代。据统计，从1991年3月到2000年12月，美国经历了历史上最长的117个月的经济扩张期，其国内生产总值增长了近2.7万亿美元，年均增长率为3.5%，失业率从7%以上降至3.9%，且连续三年实现财政盈余。[②] 可见，以制造业为主体的实体经济是美国经济的第一大"发动机"，是美国经济的坚实基础。

但是，近几十年来，美国又逐渐忽视发展实体经济，制造业衰落，其产业结构加速向金融服务业等虚拟经济领域倾斜。为刺激互联网泡沫破灭后的美国经济，美国联邦储备委员会连续降低利率，美国政府也日益放松对国内金融业和相关市场的监管，大力鼓励金融产品创新，金融衍生品名目繁多。因此，为了追逐更高的资本投资回报率，在实体经济领域投资无门的大量资本顺势流入房地产业等领域，以金融业和房地产业为代表的虚拟经济和其他服务业逐渐取代制造业成为美国经济的主导产业。据统计，美国产业结构中服务业占比大约为77%，创造了大约80%的就业岗位，而服务业中金融服务业地位上升最快，金融业产值占国内生产总值的比重早

---

[①] 赵刚：《美国发出向实体经济回归信号 再工业化战略出炉》，中国新闻网，https://www.chinanews.com/cj/news/2010/04-15/2227062.shtml。

[②] 李长久：《美国"再工业化"与第四次技术革命》，《领导文萃》2012年第22期。

在1990年就超过了制造业（曾占比近25%），2021年第三季度其占比高达21.21%；金融业利润占美国企业利润总额的比重最高曾达40%，成为美国的支柱产业。[①]

美国虚拟经济不断膨胀，实体经济却日趋衰落。美国以制造业、建筑业和交通运输业为代表的实体经济，创造的国内生产总值份额从1950年的41.25%下降至2007年的18.70%，其中，制造业份额从1950年的27%下降至2007年的11.7%（2022年为11%）；以金融保险业和房地产及租赁服务业为代表的虚拟经济创造的国内生产总值份额则从1950年的8.63%上升为2007年的20.67%。[②] 全球金融衍生商品总值从2002年的100万亿美元暴增到2007年末的516万亿美元，为全球国内生产总值（48万亿美元）的十多倍，其中一半以上即近300万亿美元在美国。[③] 可见，2007年美国虚拟经济创造的国内生产总值份额已高于实体经济。根据联合国有关数据，1980～2011年，美国制造业增加值从5840亿美元增加到19040亿美元，占世界制造业增加值的比重从20.93%下降至16.83%，[④] 于2010年失去占据多年的世界制造业第一大国的地位。可见，去工业化直接削弱了美国工业生产能力，使其陷入虚拟经济膨胀、实体经济萎缩的困境。

总之，严重背离实体经济发展需要的日益膨胀的虚拟经济，正是美国爆发次贷危机的主要根源。1945～1980年，美国实体资产仅增长44.69%，而1980～2006年，美国虚拟资产却增长了453.00%，金融和地产所占比重为90%以上，[⑤] 2007年底美国虚拟经济的规模为实体经济的30多倍。[⑥] 虚拟经济是以实体经济为依托并为其服务的，如果一国经济日益"脱实向虚"且得不到及时管控，势必导致国家实体经济过度空心化，大量资本涌入虚拟经济引发"泡沫经济"，一旦泡沫破灭可能导致旷日持久的金融危机甚至动摇国家根基。2008年，美国华尔街次贷危机引发的国际金融危机，犹如

---

[①] 参见杨成林《论主权债务危机的发生》，《马克思主义研究》2012年第4期；杨万东《世界经济的结构性失衡与中国经济的结构性纠偏》，《理论视野》2009年第3期；王应贵《美国金融服务业占GDP超五分之一 资本市场、人力资源与经济增长之间有何联系？》，《21世纪经济报道》2022年2月23日，第5版。
[②] 李孟刚：《产业空心化问题研究》，北京交通大学出版社，2017，第78页。
[③] 陈学军：《奥巴马向过度的美国金融经济发难》，《上海证券报》2009年5月11日，第5版。
[④] 金碚、刘戒骄：《再工业化，科技创新是依托》，《人民日报》2014年1月8日，第23版。
[⑤] 李桦：《美国金融危机成因探析》，《特区经济》2009年第5期。
[⑥] 李长久：《美国"再工业化"与第四次技术革命》，《领导文萃》2012年第22期。

海啸一般席卷了全球,成为继1929~1933年世界资本主义大危机以来最为严重的一次国际金融危机。

3. 重塑实体经济优势

在遭遇2008年国际金融危机重创和经济长期下滑之后,美国社会各界深刻认识到实体经济才是实现美国经济新的增长的根基。为重塑制造业竞争优势,美国政府大力实施"再工业化"(Reindustrialization)战略,史无前例地支持制造业发展,制定复兴制造业的一系列政策措施,旨在抢占21世纪世界高端制造业的制高点。

一是奥巴马政府推出"再工业化"战略。早在2008年竞选总统时,奥巴马就提出"现在为美国制造业而战就是在为美国的未来而奋斗"[①]的观点。2009年,美国提出"可持续及均衡增长的框架协议",旨在推动美国加快回归实体经济。奥巴马政府明确提出"制造业回归美国",出台了"购买美国货"、《美国复苏与再投资法案》、《制造业促进法案》、"五年出口倍增计划"等,推出了大力发展新兴产业、直接干预制造业转型、颁布鼓励科技创新的政策、支持中小企业发展、实施税务改革、拓宽企业出口市场、出台超宽松货币政策等一系列政策措施,以期推动制造业回流,促进美国制造业复兴。在诸多利好政策推动下,美国制造业出现了明显的回流和复苏,特别是2013年12月出现快速增长,[②]为经济增长注入强劲动力,美国实体经济复苏重现活力。但从总体上看,美国"再工业化"战略收效甚微,多数行业仍未恢复至金融危机前的峰值水平;据《纽约时报》报道,2010年1月以来,美国仅增加了56.8万个制造业岗位(比非制造业就业的复苏速度慢),远不及2000~2009年损失的近600万个岗位。[③]

二是特朗普政府着力推进制造业回流。2016年竞选总统时,特朗普喊出"买美国货,雇美国人"口号,声称要通过促进制造业回流重振美国制造业,让"美国再次伟大"。特朗普政府高度重视重建美国制造业,实施了更加系统与激进的再工业化策略,如出台《先进制造业美国领导力战略》,对内进行大幅减税和放松管制,对外奉行"美国优先"外交政策,在全球范围内大搞贸易保护,力图促进制造业回流和振兴美国制造业。这些政策

---

① 张伟:《美国经济谋划全新布局》,《经济日报》2012年3月20日,第4版。
② 李媛媛:《美国制造业呈现快速增长 经济复苏重现活力》,中国新闻网,https://www.chinanews.com/cj/2014/01-06/5700694.shtml。
③ 于阳阳:《资本主义金融化视域下美国经济治理的失灵》,《当代经济管理》2022年第11期。

短时期内有利于美国促进就业和制造业回流,但是长时期内也增加了世界经济发展的不确定性,进而加大美国自身制造业发展前景的不确定性。《环球时报》刊文指出,"特朗普的政策无法阻止美国的去工业化"①。

三是拜登政府继续强化对制造业的支持。面对全球政治经济格局嬗变和新冠疫情的困扰,为保障供应链安全、重塑美国竞争优势,拜登政府将重振美国制造业作为重要议题,采取一系列措施着力推进制造业回流。拜登政府加强对芯片、电动车电池、稀土等关键产业供应链的审查,严控国外企业对关键供应链的参与,力图提升美国在关键产业的控制力和领导地位;强制政府采购商品必须包含高纯度的"美国制造",据相关规定,美国政府采购的国内产品含量门槛将于2029年提高到75%;加大对产业链美国化的补贴力度,放大美国本土产业环境优势,推动制造业回流。②

总之,从奥巴马政府开始,美国政府坚持推行制造业回归美国计划,其政策措施为美国"再工业化"提供良好保障,政策刺激初期的确取得一定成效。国际货币基金组织的统计数据显示,持续下降了30年的美国制造业在全球制造业产值中所占的比重一度回升至20%左右,说明美国以制造业为主体的实体经济在全球竞争中重获优势。③但是,美国已处于服务业主导的后工业化社会,受制于国际竞争压力增大、国内市场需求不足、产业人才和技术短缺、环境和社会成本增加等诸多因素,其制造业回流计划效果并不明显。据统计,以增加值计算的美国制造业比重从2010年的近12%下降到2021年的10.7%。④另据统计,2022年全美工业部门用电占比仅25.8%,甚至低于2013年制造业回流政策密集出台前的26.5%,更远低于主要新兴经济体的工业部门用电占比;2023年初,美国工业用电量、总用电量均同比下降,说明美国制造业回流远未达到预期效果。⑤当然,美国仍是世界第一大经济体,拥有发达的资本市场、强大的创新能力、卓越的企业家精神、灵活的劳动力市场和一流的技术学校等发展实体经济的优势。

---

① 于阳阳:《资本主义金融化视域下美国经济治理的失灵》,《当代经济管理》2022年第11期。
② 黄郑亮:《试论美国制造业回流》,《现代国际关系》2023年第4期。
③ 田野:《全球金融危机后美国产业结构的调整与变化》,博士学位论文,吉林大学,2020,第176页。
④ 卢荻、唐鹏鸣:《中美制造业研发强度:差距、成因及政策启示》,《经济学家》2023年第4期。
⑤ 王杰锋:《瞭望 | 从工业用电量看美国"制造业回流"》,新华社客户端,https://cj.sina.com.cn/articles/view/1882481753/70346459020011nl2?autocallup=no&isfromsina=no。

## 第四章　发达国家发展实体经济的经验与教训

### （二）大力支持实体经济企业

实体经济企业是美国经济中最具活力的细胞，也是推进美国工业化的主力军。美国政府积极培育大型企业，也高度重视扶持中小企业，形成了大公司占据统治地位、大中小微企业竞争共处的较具活力的经济格局。

#### 1. 积极培育大型企业

大企业是国民经济的骨干，也是创新活动的核心主体，美国政府对大型企业的发展给予极大支持。

首先，实施减税政策。美国是比较成熟发达的市场经济国家，减税是其支持大型企业发展的重要举措。如里根政府通过实施《1986年税制改革法案》，大幅降低了大型企业的所得税率，有些企业所得税率从46%降低至34%，① 增强了大企业的发展后劲。2018年1月，特朗普政府正式实施《减税与就业法案》，该法案大幅削减企业所得税率，将大型集团公司和上市企业等股份有限公司的所得税税率由15%~35%的累进税率降低至21%的统一比例税率。② 这是1986年以来美国最大规模的减税法案，减税是特朗普政府力推再工业化的核心政策之一。

其次，政府采购倾斜。政府采购是扶持大企业的一项重要策略，美国联邦政府历来依靠制度确保"购买美国货"。作为全球最早开展政府采购的国家之一，美国政府构建了涵盖法律规则、组织体系、采购机制、监督制度等全球最完善的政府采购体系。早在1761年，美国就颁布了《联邦采购法》，通过立法规范管理政府采购。1933年，美国颁布《购买美国产品法》，规定联邦政府必须遵循原产地规则采购美国产品和服务。20世纪90年代初，美国政府每年用于货物和服务的采购占其国内生产总值的26%~27%。③ 绝大多数巨额的政府采购都是交给本国大企业，大企业再按照规定将部分订单下放给中小企业。通过政府采购政策的倾斜，美国政府扶持了苹果、微软、可口可乐、IBM等一大批大企业。奥巴马政府出台"购买美国货"条款，给予美国产品报价6%的权重优势。④ 特朗普政府将政府采购作为限制中国高科技产品的歧视性政策。拜登政府强调加强运用《购买美国货

---

① 李栋：《里根经济学的政策实践及启示》，《财政研究》2012年第1期。
② 连俊、徐惠喜：《关注美国税改的外溢效应》，《经济日报》2018年1月18日，第16版。
③ 张露：《我国镇一级政府采购的研究》，硕士学位论文，苏州大学，2015，第14页。
④ 《美国政府采购，如何把钱花到位》，央视网，http://news.cntv.cn/special/thinkagain/governmentprocurement/index.shtml。

法》，敦促政府机构优先选择美国货，提高政府采购产品中"美国制造"的比重（强制采购60%美国货），以期通过发挥政府采购的引导作用重振美国制造业。①

最后，加大研发投入力度。企业是科技创新的主体，美国政府历来重视对企业科技创新的研发投入。美国的科研拨款绝大多数都投给了大企业，据统计，1950年，美国联邦政府的科研经费为27亿美元，其中超过一半（14亿美元）投入企业；20世纪50~80年代，美国政府科技拨款中投入企业的比例始终维持在50%以上，最高达到69.6%。② 这体现了美国重塑国家创新体系，维护先进技术全球领先地位以持续提升自身竞争力的坚定决心。同时，美国大企业自身也高度重视技术创新，除了投入大量研发经费外，还积极网罗全球的高科技人才。美国企业的软件和计算服务研发投入占全球的75%，IT硬件研发投入占全球的48%，医药研发投入占全球医药研发总投入的43%。③ 美国大企业具有强烈的品牌意识，培育了苹果、谷歌、微软等大量国际高端品牌。1995年，《财富》世界500强排行榜问世，美国公司的巅峰时刻是在2001年，当年其上榜公司数量高达197家；④ 在2023年《财富》世界500强排行榜上，美国企业占据136个席位，位居世界第二。⑤ 2024年凯度BrandZ最具价值全球品牌百强榜单显示，榜单前10强中美国品牌占据9席，其品牌价值总和占上榜100强品牌总价值的48%。⑥ 可见，由于新兴经济体的强劲崛起以及欧盟和日本的强大实力，美国大企业的全球优势地位逐年下降，但一批日趋成熟的高科技产业始终是美国经济的中流砥柱。

2. 重视扶持中小企业

被誉为美国经济的"脊梁"的广大中小企业是创造就业岗位的主力军，是技术创新的重要源泉，也是推动经济复苏的重要动力。来自联邦政府小

---

① 周代数：《创新产品政府采购政策：美国的经验与启示》，《财政科学》2021年第8期。
② 郝玉峰：《美国大企业科技创新的动力和机制》，《冶金管理》2006年第6期。
③ 《建设有国际竞争力的世界一流企业——"如何打造世界一流企业"研讨会发言摘登（上）》，《经济日报》2011年11月10日，第6版。
④ 《财富世界500强放榜：壳牌蝉联榜首 沃尔玛居第二》，中国新闻网，https://www.chinanews.com.cn/cj/2013/07-09/5022221.shtml。
⑤ 廖睿灵：《中企上榜数量位居全球之首》，《人民日报》（海外版）2023年8月4日，第3版。
⑥ 《凯度集团最新发布2024年凯度BrandZ最具价值全球品牌100强榜单及分析报告》，美通社，https://www.prnasia.com/story/450467-1.shtml。（数据根据文献的相关数据计算而得）

企业管理局（Small Business Administration，SBA）的数据显示，截至2019年，500人以下的美国中小企业共3070万家（约占美国企业总数的99.9%），创造了国内生产总值的43.5%，在出口中占比达31.6%；小企业每年为美国新增150万个就业岗位，创造了64%的私营部门新增就业岗位，雇用了约46.8%的私营部门员工，提供了私营部门工资总额的39.7%，提供了70%的技术创新。[①] 美国中小企业生机勃勃，主要得益于政府的立法保护和刻意扶持，其高效率的管理与服务体系也发挥了重要作用。

首先，注重立法支持。立法是扶持中小企业发展的有效举措。早在1953年，美国《小企业法》正式出台，该法律成为美国发展中小企业的基本法，明确了政府扶持中小企业的方向和重点领域。为解决不同时期中小企业的发展困局，美国政府适时出台了许多扶持中小企业发展的法律法规，如《机会均等法》《联邦政府采购法》《小企业投资法》《小企业创新发展法》《小企业投资奖励法》《扩大小企业出口法》《小企业贷款增加法》《经济复兴税法》《小企业投资中心技术改进法》《小企业就业法案》《经济刺激法案》《美国复苏与再投资法案》等。美国已建立比较完备的法律体系，确保中小企业拥有公平的发展机会，因此中小企业发展充满活力。

其次，健全管理机构。1953年，美国根据《小企业法》设立专门管理中小企业的联邦政府小企业管理局。SBA总部位于华盛顿，1958年被美国国会确定为"永久性联邦机构"，其内部组织机构日趋完善。据统计，SBA在美国十大城市设有分局，有69个地区办公室、960多个服务点，员工总人数超过4000人。[②] 经美国国会授权，SBA成为向广大中小企业提供资金支持、政府采购、技术援助、市场开拓、紧急救助等全方位、专业化服务的机构。美国还建立了小企业发展中心（SBDC）、退休经理服务团（SCORE）、小企业制造技术中心（MTC）、妇女企业中心（WBC）等全国性非营利性服务机构，每年为中小企业排忧解难，为经济发展增添活力。

再次，政府采购倾斜。政府采购配额是美国支持中小企业生存和发展的重要手段。1953年出台的《小企业法》规定，美国联邦政府采购合同份

---

① 《中国中小微企业经营现状研究2021》，驻马店市工业和信息化局网站，http://gxj.zhumadian.gov.cn/web/front/news/detail.php?newsid=33972。
② 《美国扶植中小企业发展的做法》，商务部网站，http://us.mofcom.gov.cn/article/ztdy/201312/20131200416095.shtml。

额的 23% 必须给予小企业，且大企业必须将获得的政府采购合同份额的 20% 转包给小企业。SBA 采取"拆散购买""搁置购买""颁发能力证书"等措施，竭力帮助中小企业从联邦政府采购计划中拿到合理份额的商品与劳务合同。① 如 2006~2008 年，美国中小企业获得政府采购合同金额分别达到 777 亿、833 亿和 933 亿美元。②《美国产品购买法》还明确规定，在政府采购项目中，只要本国中小企业供应商的报价不超过外国供应商报价的 12%，③ 就可以优先获得政府采购合同的订单，足见美国政府对中小企业的重视。

最后，给予税收优惠。中小企业是美国技术创新的生力军。为激励中小企业增加研发投入，美国政府根据相关法律为中小企业的科技创新活动提供许多税收优惠政策，如减少对企业新投资的税收、实施加速折旧政策、降低与中小企业密切相关的个人所得税税率、企业科研经费增长额税抵免等。美国政府出台的小企业减税法案和融资扶助政策，降低了实体经济企业的经营成本，促进了美国实体经济的复苏。

### （三）调整优化产业结构

美国经济经历了农业经济主导型→工业经济主导型→服务业经济主导型的产业结构变迁过程，是当今世界现代产业体系发展最充分的国家。1947~2017 年，美国产业结构朝高级化方向演进，其三次产业在国内生产总值中的地位和结构发生以下变化：1947 年，美国三次产业所占比重分别为 9.3%、37.7% 和 53.0%；2009 年，美国三次产业所占比重分别为 1.1%、21.5% 和 77.4%，④ 2017 年美国三次产业所占比重分别为 0.89%、19.06% 和 80.05%，服务业所占比重超过 80%。⑤ 美国不仅服务业产出雄踞全球之巅，制造业（实体经济的主体）位居全球前三，而且超越中国、印度等传统农业大国稳居全球第一农业大国的地位。但是，21 世纪以来美国"产业空心

---

① 《美国扶植中小企业发展的做法》，商务部网站，http://us.mofcom.gov.cn/article/ztdy/201312/20131200416095.shtml.
② 《美国小企业扶持政策培训考察报告》，福建省电机电器网，http://www.fjdjdq.com/content.asp?id=3717.
③ 张伟：《美国：中小企业服务完善高效》，《经济日报》2012 年 8 月 18 日，第 7 版。
④ 赵嘉、唐家龙：《美国产业结构演进与现代产业体系发展及其对中国的启示——基于美国 1947—2009 年经济数据的考察》，《科学学与科学技术管理》2012 年第 1 期。
⑤ 田野：《全球金融危机后美国产业结构的调整与变化》，博士学位论文，吉林大学，2020，第 148 页。

化"问题日益凸显，目前正处于产业结构深度调整的时期。

1. 第一产业基础十分雄厚

第一产业是实体经济的基础部分。美国第一产业主要包括农业、林业、渔业和相关的其他产业。美国人少地多，地理条件得天独厚，拥有发展第一产业的比较优势。南北战争前夕，农业在美国国民收入中所占比重高达30.8%；① 南北战争结束后，随着第二、第三产业的发展壮大，美国第一产业在国内生产总值中所占比重逐年下降。据统计，美国第一产业占比从1947年的9.3%下降至2009年的1.1%（下降了8.2个百分点），2017年降至0.89%。② 尽管如此，美国始终高度重视农业，国会积极立法，政府认真执行，发展农业有其独到之处，是世界第一的农业大国。早在1862年，林肯总统就批准建立农业部，同年还签署了《莫雷尔法案》，在加快农业技术创新和提高农业生产力方面发挥了重要的推动作用。此后，美国政府又出台《联邦农业改进与改革法案》《2002年农场安全和农村投资法案》《2008年食品、环境保护和能源法》等农业法。美国实施严格的耕地保护政策，农业部依法以合理的利率为农场主提供金融援助，重视食品安全和生态环境保护，着力化解农业产能过剩问题。因此，凭借地理位置优势、世界领先的农业科技、素质较高的从业人员、政府的刻意扶持，美国农业生产力发展迅猛。美国的转基因农作物育种技术、节水灌溉技术、农业机械化和信息化等均处于世界领先水平，精准农业服务体系非常发达，即使遭遇2008年国际金融危机，美国农业仍然稳如泰山。尽管多年来美国第一产业所占比重还不到1%，其耕地面积大约仅占全球耕地面积的13%，但其粮食产量占到世界粮食产量的16%，③ 美国仍然是世界农业大国和农业强国。

2. 第二产业不断发展变化

美国第二产业主要包括制造业、建筑、电力和采掘业等，其中制造业是主体。南北战争前夕，制造业在美国国民收入中所占比重仅为12.1%；④ 南北战争结束后，美国工业迅猛发展。统计数据显示，1884年美国制造业所占比重增加至43.0%，而农业所占比重降至40.1%，说明制造业已成为

---

① 薛伯英、曲恒昌：《美国经济的兴衰》，湖南人民出版社，1988，第16页。
② 赵嘉、唐家龙：《美国产业结构演进与现代产业体系发展及其对中国的启示——基于美国1947—2009年经济数据的考察》，《科学学与科学技术管理》2012年第1期。
③ 郭树华、包伟杰：《美国产业结构演进及对中国的启示》，《思想战线》2018年第2期。
④ 薛伯英、曲恒昌：《美国经济的兴衰》，湖南人民出版社，1988，第16页。

其国民经济中占第一位的行业；其中，工业（包括矿业）生产总值所占比重（53.4%）超过农业（46.6%），标志着美国已成为工业国。[1] 19世纪末，敏锐把握第二次科技革命发展机遇的美国，已将自己打造成世界领先的制造业大国，工业生产总值超越英国、法国，跃居世界第一。之后，随着科技的不断发展进步和商业模式的不断升级，美国从20世纪初的"铁路王国"发展成"汽车王国"。二战后，美国进军原子物理、微电子学和生物科学领域，制造业发展上了一个新台阶。20世纪末，美国凭借先进的技术引领了世界信息技术革命，制造业发展傲视全球。二战后特别是20世纪70年代后，美国将新自由主义经济理论奉为圭臬，同时也是基于降低生产成本和减少国内环境污染的考虑，大力实施全球化发展战略，开始进行大规模的产业结构调整，逐渐将大量传统制造业转移至国外，因此其制造业所占比重呈逐年下降趋势，出现了"产业空心化"现象。据统计，美国第二产业所占比重从1947年的37.7%降至2009年的21.5%（下降了16.2个百分点），其中，制造业所占比重从1947年的77.7%降至2009年的59.3%（下降了18.4个百分点）。[2] 2008年国际金融危机爆发后，美国政府出台了一系列鼓励制造业回流的相关法案，推动"再工业化"取得一定成效，2000~2021年美国制造业增加值年均增速为1.81%，同时其制造业仍位于全球产业链和价值链的上游。2020年美国工业所占比重降至17.7%（其中制造业的对应占比降至10.9%）。[3] 2021年美国制造业增加值为2.44万亿美元，仅次于中国（4.44万亿美元），但远远超过日本（1.02万亿美元）和德国（6938亿美元），说明美国制造业实力依然强大。[4]

3. 第三产业雄踞全球之巅

第三产业兴旺发达是提高国家生产力和改善人民生活水平的重要条件。随着科学技术的进步和工业规模的扩张，为了满足居民日益多样化和高级化的消费需求，美国利用科技优势坚持大力发展第三产业。20世纪中期以来，美国制造业占国内生产总值的比重趋于下降，目前为11%左右（制造

---

[1] 薛伯英、曲恒昌：《美国经济的兴衰》，湖南人民出版社，1988，第43~44页。
[2] 赵嘉、唐家龙：《美国产业结构演进与现代产业体系发展及其对中国的启示——基于美国1947—2009年经济数据的考察》，《科学学与科学技术管理》2012年第1期。
[3] 郭士伊、刘文强、赵卫东：《调整产业结构降低碳排放强度的国际比较及经验启示》，《中国工程科学》2021年第6期。
[4] 张启迪：《美国GDP虚高吗？》，《中国改革》2023年第2期。

业从业人口也不足10%),而金融、保险、地产、租赁行业等服务业增长十分迅速,早在20世纪80年代后期就已成为产值超过制造业的最重要部门。统计数据显示,美国第三产业就业人口占比1820年仅15%,此后逐年增加,1950年左右达到54%(美国成为世界上第一个"服务经济"国家,其一半以上就业人口不从事食物、衣着、房屋、汽车或其他实物生产),2000年上升至75%,2004年高达83%;而美国第三产业产值占比从1820年的32%上升到1947年的53.0%、2009年的77.4%和2017年的80.05%,成为支撑美国经济发展的主动力。① 美国商务部的统计数据显示,2020年美国服务业增加值占国内生产总值的比重已超80%,包括金融业、房地产、法律服务等。② 美国第三产业高度发达,产业门类齐全,特别是生产性服务业约占其国内生产总值的一半左右,且生产性服务业规模位居全球第一、国际竞争力强,为美国制造业长期处于全球前列发挥了重要支撑作用。③

总之,20世纪70年代之前,美国的产业结构比较协调,产业结构趋向高级化,实体经济仍占据较大比重。二战后,美国传统制造业萎缩、金融业扩张,虚拟经济占比趋于上升。

(四)创新科技振兴实业

强大的科技创新能力是美国经济雄踞全球,至今退而不衰的活力源泉。

1. 重视研发经费投入

研发经费投入是衡量一个国家或地区科技竞争力发展水平的重要指标。二战前,美国实施自由发展为主、政府立法为辅的科技政策,私人和企业是研发投入的主体,联邦政府的研发经费投入并不多。据统计,20世纪30年代是美国研发经费投入最多的一年,但经费尚不足1亿美元,R&D强度从未超过0.5%;1941年美国科研资金仅为9亿美元,80%来自私人企业和高等院校。④ 二战后,美国制定了政府支持科技研发的新体制,使政府成为科技研发的组织者和研发经费的投入主体,促进国家研发体系日益完善,实现了一系列重大的技术突破。美国是世界科技中心,政府和企业高度重

---

① 参见王庆国:《试析美国第三产业的发展及其与工业化的关系》,《经济研究导刊》2009年第15期;赵嘉、唐家龙:《美国产业结构演进与现代产业体系发展及其对中国的启示——基于美国1947—2009年经济数据的考察》,《科学学与科学技术管理》2012年第1期。
② 郭言:《美国是世界经济动荡之源》,《经济日报》2022年6月27日,第1版。
③ 张启迪:《美国GDP虚高吗?》,《中国改革》2023年第2期。
④ 孙喜杰、曾国屏:《美国R&D与基础研究经费增长和协调的统计分析及启示》,《科学学研究》2008年第4期。

视科技研发，研发投入长期位居世界前列。据统计，美国联邦研发资金从1951年15亿美元增加至2020年的1674亿美元（其研发投入稳居世界第一，基础研究投入也排名前列），增加了110多倍，重点投入国防、卫生健康、能源、航空航天等领域，源源不断的研发资金的投入推动科技快速发展，为美国振兴实体经济提供强大助力。①

2. 培育科技创新人才

美国历来高度重视科技创新人才队伍建设，其科技创新能力久居全球领先地位。一方面，着力培养科技创新人才。创新源于教育。20世纪80年代以来，历届美国总统均宣称要成为"教育总统"，美国是全球教育领域最大的投资国。据统计，美国学龄人口仅占全世界的4%，但其教育开支高达世界的28%。② 其巨额的教育经费主要投入高等教育领域，以期广纳国内外优秀人才。领先全球的高等教育是美国成为科技强国的重要原因之一。从2023年6月国际高等教育研究机构QS（Quacquarelli Symonds）发布的世界大学排名来看，美国有199所高校上榜，数量位居全球第一，③ 其中，麻省理工学院、斯坦福大学、哈佛大学分别位居第一、第三和第五位，培养了大量高科技人才和公司领导者。据统计，2010~2020年，美国获得诺贝尔奖、菲尔兹奖以及阿贝尔奖等国际顶级科技奖项的人才（58人）占全球顶级科技奖项获奖人才总量（125人）的46.4%，是名副其实的全球科技人才聚集高地，这些人才将成为美国科研的庞大生力军。④ 另一方面，多方引进优秀科技人才。美国政府不断修订移民法，以开放、多元的移民政策广纳全球优秀科技人才和专业人才。美国名牌大学凭借优厚的奖助学金和优惠的贷款政策吸引了无数来自世界各国的优秀青年，美国政府和大型企业的研发机构也吸引了一大批优秀的科技人才。据统计，美国拥有博士学位的科学家和工程师38%出生在外国，美国科学院院士22%属于外来人士，美籍诺贝尔奖获得者有35%在外国出生；21世纪以来美国每年接收的留学生人数超过50万人，且呈现出快速增长态势，由2002年的586323人增长到

---

① 程如烟：《从联邦研发资金投入看美国政府科技布局》，《世界科技研究与发展》2022年第6期。
② 赵凤波：《全球教育开支集中在少数国家》，《教师博览》2008年第2期。
③ 熊丙奇：《71所高校上榜世界大学排名 不妨以平常心看待》，《中国青年报》2023年6月30日，第8版。
④ 陈劲、杨硕、陈钰芬：《世界科技强国：内涵、特征、指标体系及实现路径》，《创新科技》2023年第5期。

2017年1094792人（年均增长率达到4.3%）；25%的外国留学生在学成后留在美国定居，21世纪以来在美留学生选择常住美国的热情依旧不减，是源源不断地充实美国"人才储备库"的生力军。① 总之，美国长期在激烈的全球科技创新人才争夺战中处于优势地位，这为其发展科技和实体经济提供了强有力的智力支持。

3. 注重完善科技立法

科技立法是有效支持科技发展和保护技术创新的利器。早在1787年9月，美国宪法就明确规定，建立专利制度促进科学和实用技术进步。美国是世界上第一个把专利权写入宪法的国家。1790年4月，第一部《美国专利法》由总统签署颁布，1802年美国专利商标局正式成立。这些具有重要意义的科技政策，有力地推进了美国科技和经济的发展进步。1865~1900年，美国被正式批准登记的发明专利约64万种。② 为解决科研与产业严重脱节的痼疾，充分调动大学和科研机构的创新热情，美国于1980年出台了《史蒂文森-威德勒技术创新法》和《专利商标法修正案》（又称《拜杜法案》）。《史蒂文森-威德勒技术创新法》明确规定，科技成果转化是联邦政府相关部门的具体职责之一。《拜杜法案》统一规范了美国的专利制度，明确研发成果的所有权归属于与政府签订合同的大学、小企业以及非营利性研究机构，推动美国科技成果转化率大幅提升，从而有力地撬动了美国的创新发展。后来美国又制定了《经济复兴税收法》《小企业创新发展法》《综合贸易与竞争法案》《美国发明法案》等一整套完整的知识产权法律体系，为产研互动提供了可靠保障。美国已形成了包括产、官、学、军在内的完善的国家技术创新体系，其科技成果转化率接近80%。③

**（五）充分发挥政府职能**

美国是比较成熟的市场经济国家，但在其实体经济跌宕起伏的发展过程中，政府并没有完全放任自流，而是积极实施一些必不可少的调控政策来扶持实体经济发展。

---

① 参见孙宁华：《美国科技创新战略为何不可持续》，《人民论坛》2017年第21期；郭哲、王晓阳：《美国的人才吸引战略及其启示》，《科技管理研究》2019年第23期。
② 马雪峰：《美国技术创新的经验及对我国的启示》，《经济问题探索》2008年第4期。
③ 葛承群：《美国提高研究与开发能力的基本经验及启示》，《世界经济与政治》1999年第1期。

1. 积极发挥调控作用

长期以来，联邦政府一直是美国实体经济的坚强后盾。为了发展实体经济，美国政府建立了专门的管理机构，直接投资公共工程，对内实施自由贸易政策、对外实施贸易保护政策，还用实物或者金融大力支持实体经济发展。美国政府还在统一货币发行、设立中央银行的基础上，通过设立存款准备金、发展投资银行和发行公债等金融手段，力促实体经济平稳健康发展。在实体经济发展初期，美国政府只是履行基本的经济职能。到了大萧条时期，针对实体经济的发展困境，美国政府扩大了自身的经济职能，全面干预国民经济，成效显著。二战后特别是面对2008年爆发的国际金融危机和2020年暴发的新冠疫情，美国政府出台了《2008年紧急经济稳定法案》《关怀法案》《2021年美国救助计划法案》等一系列法案，熟练运用财政政策、货币政策等宏观调控工具援助小微企业、相关产业等，加快推进实体经济复苏。"正是政府对金融机构、企业的援助，为日后制造业的复苏立下了汗马功劳；正是政府的不离不弃，坚定了人们创业和投资的决心。"[①]可见，发挥政府宏观调控的积极作用，对美国实体经济的复苏和发展至关重要。当然，正确处理政府与市场的关系，对于任何国家来讲，依然是一项值得深入研究的重大课题。

2. 实施贸易保护政策

美国曾是一个崇尚自由贸易的国家，但在其漫长的发展史上，美国也是依靠层层关税和非关税保护伞等贸易保护政策实现繁荣的。二战结束前，贸易保护政策始终在美国占据主导地位，美国逐渐提高关税税率，最初旨在增加财政收入，后来主要是为了保护国内的"幼稚工业"。如1861年美国通过新的关税法案，将本已很高的关税税率提高到47%，1890年麦金莱法案进一步将关税税率提高到49%，超过所有欧洲国家的水平；1913年美国已经是世界第一的经济强国，平均进口关税税率仍然达到32%，制造业关税税率更是高达44%。[②] 20世纪40年代以后，美国不再过度依赖高额关税的贸易保护政策，转而强调自由贸易原则，但其贸易保护政策日益呈现出多元化和隐蔽性的非关税壁垒特征。如为保护本国的新兴产业，美国政

---

[①] 叶雷：《向美国经济复苏借鉴什么》，《中国青年报》2013年9月30日，第2版。
[②] 邱晓华：《振兴制造业与实现强国梦想——从发达国家（地区）的经验看中国发展》，《中国国情国力》2003年第6期。

府率先启动对中国光伏产业的"双反"调查,竭力为其企业平稳发展争取市场空间。又如为打压中国科技企业,美国政府持续推行贸易保护主义政策,对中国发起了一系列贸易救济调查,阻止中国企业对美投资、否认中国的市场经济地位等,极力打压中国高科技企业,甚至限制美国企业对中国关键经济领域的投资,以期竭力维持其科技垄断地位。

3. 积极应对产能过剩

纵观美国实体经济发展史,产品和产能过剩总是与其实体经济的发展如影随形。凭借资源、技术和政府扶持等有利条件,美国农业得到了极大发展,但也不得不长期面对农产品生产过剩问题。在经济周期性波动的影响下,美国先后经历了多次比较大的产能过剩,产能过剩逐渐从农业领域扩展到传统制造业,再到高新技术产业,甚至还蔓延至金融及软件服务行业等第三产业。美国主要依靠市场机制解决产能过剩问题,但政府也会根据形势的发展变化采取必要的干预措施,努力化解产能过剩。

首先,输出过剩产能。输出过剩产能是美国化解产能过剩的重要途径。二战时期,美国的生产能力扩大了约50%,但是在战争结束后,由于国内消费需求相对不足,美国再次面临严重的产能过剩危机。美国只有实行全球化战略,才能开拓新的发展空间。因此,1948年4月美国国会通过了《对外援助法案》,即为期四年的"马歇尔计划",用国内生产过剩的物资援助欧洲国家。截至1951年中期,美国给予欧洲经济的资金援助高达130亿美元,占同期美国黄金储备的65%。[1] 该计划推动西欧国家经济快速发展,更重要的是及时地化解了美国的过剩产能,振兴了美国实体经济。据统计,1948年美国经济同比增长4%,而1950年、1951年分别高达8.7%和7.7%,这是二战后美国经济增速最高的年份。[2]

其次,拓展海外市场。拓展海外市场是美国化解产能过剩的有效途径。二战后,在多次关税及贸易总协定谈判中,美国主要奉行自由贸易和多边主义原则,有效降低了各国的关税壁垒。但是,20世纪70年代后,日本经济发展咄咄逼人,新兴工业化国家和地区日渐兴起,各国政府加大了对外贸的干预力度,因此美国国内的贸易保护主义明显抬头,力求打开更多国外市场。

---

[1] 郑长征:《产能过剩的世界应对之道》,《装备制造》2013年第6期。
[2] 郑长征:《产能过剩的世界应对之道》,《装备制造》2013年第6期。

再次,扩大国内需求。扩大内需是美国化解产能过剩的主要思路。一方面,美国主要依靠财政政策和货币政策应对产能过剩问题。长期以来,美国政府主要通过降低税率、缩小税基、加大科技和教育投入力度等扩张性财政政策,不断提振国内消费,提升生产能力。同时,降息这一扩张性货币政策也是美国政府扩大投资需求的重要手段。如21世纪初期,为刺激经济尽快复苏,美联储连续13次下调联邦基金利率,该利率由2001年1月的6.5%降至2003年6月的1%(历史最低水平)。① 2008年特别是2020年以来,为应对国际金融危机和疫情的强烈冲击,美联储紧急降息,将利率目标区间下调至0.25%以内,并推出了量化宽松计划。另一方面,美国着力完善公路、铁路、运河等基础设施,扩大公共教育投入,提高城市化发展水平,积极构建统一的国内市场,从而有效化解了产能过剩。为应对金融危机引发的产能过剩,美国政府还推出了"购买美国货"的国货战略,希望借此提振实体经济。

最后,推进产业升级。依靠科技创新促进产业转型升级是化解产能过剩的根本出路。20世纪80年代以来,为应对钢铁、汽车等传统制造业的产能过剩,美国充分发挥其在技术创新方面的比较优势,大力发展服务业特别是发展以信息产业为核心的高新技术产业,引领了信息化革命,以先进产能替代落后产能,成功解决了传统产业的升级难题,开辟了新的经济增长点,有效缓解了产能过剩对国家经济的冲击。如美国宾夕法尼亚州匹兹堡市原来是一个高污染的"钢铁城",美国联邦政府、匹兹堡的大学以及基金会投入数十亿美元的科研经费进行技术研究,终于将匹兹堡市打造成一个以医药、高科技、能源和教育为支柱产业的新城。又如为应对2008年国际金融危机引发的产能过剩,美国政府在2009年、2011年连续发布两份《美国创新战略》,决定以美国历史上增幅最大的研发经费投入,实现生物技术、清洁能源等关键领域的技术突破,占据全球竞争的制高点。2009年第四季度之后,美国产能利用率逐渐稳步回升,其中金属制品、计算机和电子设备制造业产能利用率回升至83%和80.1%,均高于过去40年的平均水平,汽车产业产能利用率从2009年53%的低谷回升至74%。②

---

① 罗熹:《美国次贷危机的演变及对我国的警示》,《求是》2008年第18期。
② 盛朝迅:《美国化解产能过剩的新经验及启示》,《宏观经济管理》2013年第8期。

## 三 日本实体经济发展道路

二战后，日本经济萧条，民生凋敝，但通过牢牢抓住发展机遇，大力发展实体经济，创造了经济增长奇迹，成为第三个"世界工厂"。据统计，日本经济在1956~1973年的18年高增长期年均增长9.2%。[1] 20世纪60~80年代，日本经济进入快速增长期，在三个十年里国内生产总值年均实际增长率分别达到10.2%、4.4%和4.6%，国内生产总值在1972年达到3130亿美元（按照当年价格计算）；日本人均国内生产总值超过2万美元，成功跨入发达国家行列。[2] 1972年，日本国内生产总值首次超过德国，成为仅次于美国的全球第二大经济体，直至2010年被中国超越。但在20世纪80年代积累的巨大经济泡沫破灭之后，20世纪90年代以来，日本改革步伐趋缓，"产业空心化"日甚，经济发展持续低迷，被称为"失去的二十年"。据统计，1991~2011年日本实际年均经济增长率仅为0.9%，1991~2000年、2001~2010年分别仅为1.1%和0.8%；因长期持续的通货紧缩，以日元现价计算的国内生产总值二十年里几乎没有变化，累计增长仅为5.8%，在发达经济体中日本的实际增长率是最低的；[3] 2010~2019年，日本经济的平均增速为1.21%。[4] 日本经济增长主要是因为宽松的货币政策催生了虚拟经济领域的"虚热"，并不是依靠国内消费需求拉动。当前，日本实体经济增长依然保持停滞态势，居民消费需求低迷，发展面临诸多难题，2023年其名义GDP被德国超越。

### （一）长期坚守实体经济

二战后，日本继承高度重视发展实体经济的优良传统，克服自然资源极其匮乏的劣势，大力发展以制造业为主体的实体经济，实体经济迅猛发展，迅速成长为世界制造业大国，"日本制造"产品的质量享誉全球。

#### 1. 坚持制造业立国战略

长期以来，日本坚持"制造业立国"的国民经济发展战略，为实体经

---

[1] 刘铮、高敬、刘骏遥：《改革开放释活力 经济发展大跨越》，《经济日报》2013年11月21日，第13版。

[2] 赵晋平：《日本经济的主要特点与中长期增长前景》，《中国经济时报》2013年8月2日，第A05版。

[3] 赵晋平：《日本经济的主要特点与中长期增长前景》，《中国经济时报》2013年8月2日，第A05版。

[4] 闫坤、汪川：《"失去"的日本经济：事实、原因及启示》，《日本学刊》2022年第5期。

济企业营造良好的发展环境，与时俱进地推进实体经济产业发展。20世纪50年代，日本大力发展黑白电视、洗衣机和冰箱等产业，60年代则着力发展彩电、空调和汽车等产业。到了20世纪70年代，日本的钢铁、石油以及化工等资本密集型产业相继崛起，继而迅速向汽车、半导体、集成电路以及电气等高技术产业升级，制造业竞争力日益强大，在国民经济中所占的比重持续攀升。据统计，1981年日本制造业产值占国内生产总值的比重为28.38%，1985年这一比例已提升至30.02%。[①] 日本在国际贸易中一枝独秀，不仅打垮了德国雄踞多年的照相机产业，还把在1965年之前没有对手的美国家电和机械设备制造商逐出了世界市场。据统计，1980年日本汽车产量达到1104万台，不仅超过美国跃居世界第一，而且超过西德、法国和英国生产量的总和。[②] 20世纪80年代初，日本凭借强大的制造业顺利进入后工业化发展阶段，其制造业总产值在GDP中所占的比重已明显低于服务业。但是，日本深知制造业在保持国家经济竞争力和稳定就业方面的重要作用，坚持大力发展实体经济，优化实体经济的发展环境。因此，尽管在"失去的二十年"里日本经济陷入低迷状态，还要应对新兴经济体日渐崛起的制造业的冲击，日本制造业年均实际增长速度却仍然略高于GDP增速。2008年国际金融危机爆发以来，日本制造业增加值占GDP的比重基本上保持在19%~21%，[③] 与德国十分接近，但明显高于美国等其他主要发达国家，仍具备较强的竞争优势。

2. 着力培育实体经济企业

企业是市场经济活动的主体。日本实体经济企业特别是制造业企业，是拉动日本实体经济平稳发展的强大引擎。长期以来，日本政府高度重视推进工业化，大力引进西方先进科技，铸就强大的制造能力。日本实体经济企业乐于坚守主业，善于持续创新，坚持诚信经营，这是日本实体经济企业能够长盛不衰的关键。日本拥有索尼、丰田、松下等世界级企业，这些企业是日本产业活力的基础，也是产业竞争的旗舰。统计数据显示，按照1988年美国《商业周刊》的排名，世界前30位大企业中，日本占据22席，[④] 当时索

---

① 鲍显铭：《日本：防止"空心化"竭力留住企业》，《经济日报》2012年3月27日，第4版。
② 王南：《日本病人》（中），《中国经济时报》2013年6月24日，第A03版。
③ 周毅、许召元、李燕：《日本制造业发展的主要经验及其启示》，《中国中小企业》2020年第9期。
④ 王南：《安倍的"强大日本"是梦幻泡影》，《中国经济时报》2014年1月7日，第A03版。

尼和松下公司所生产的彩电、随身听等各类产品迅速风靡全球。在1995年《财富》杂志首次发布的世界500强排行榜上，日本有149家公司上榜（美国有151家），从第一到第五都是日本的综合商社。[①] 1989年，日本三菱集团更是以13.7亿美元收购了被美国政府誉为"国家历史地标"的洛克菲勒中心。作为经济活力的中心源，日本所拥有的这些具有强劲发展势头的世界级大企业，已成为带动广大中小企业发展的主要力量。当然，日本中小企业往往拥有高超独特的生产技术，这是它们的安身立命之本，也是日本在技术领域占据优势地位的主要原因。日本中小企业往往不求扩张、不求全面，而是竭力做好别的企业做不到的事情。为此，它们甘当配角，扮演市场竞争中不可替代的角色，因此日本中小企业往往具有很强的生存能力。据统计，日本存续100年以上的企业有2万多家、存续200年以上的企业有近千家（超过了世界的一半）。[②] 广大中小企业是日本实体经济稳健发展的中坚力量和活力源泉，有利于扩大就业、增加居民收入和维护社会稳定。

3. 实施贸易立国发展战略

"贸易立国"的基本国策是引领日本实体经济发展壮大的重要战略。二战后到20世纪70年代，为促进实体经济发展，日本确立了"贸易立国"基本国策。在对外贸易上，日本秉持"奖出限入"政策，通过借鉴出口保险、外汇预算等外贸制度，鼓励和支持企业扩大出口，积极引进国外的高新技术和设备，对外贸易规模得到明显扩张。据统计，1955~1973年，日本对外贸易处于高速增长期（增加了15.8倍，年均增长幅度高达16.0%），在世界出口贸易额中所占比重由2.3%迅速提升至6.9%，主要出口重工业和化学工业等高附加值产品。[③] 1973年后，日本经济受累于经济危机，增速趋缓。日本政府采取加速日元国际化、发展互补型对外投资、实施战略性进口保护政策等积极措施，扩大对外贸易规模，促进经济增长。机械制造业是日本的主导产业，拥有较强的国际竞争力。从2011年全球主要商品贸易

---

[①] 参见陈赟：《我国〈财富〉世界500强企业面面观》，《通信企业管理》2022年第9期；王南：《安倍的"强大日本"是梦幻泡影》，《中国经济时报》2014年1月7日，第A03版。

[②] 参见甄子健：《日本企业科技创新情况及相关案例研究》，《全球科技经济瞭望》2022年第7期；《工匠精神：日本企业的"长寿"秘诀》，人力资源和社会保障部网站，http://www.mohrss.gov.cn/zynljss/gzjl/201706/t20170627_273227.html。

[③] 徐立军：《日本贸易立国战略辨析》，《现代日本经济》2002年第4期。

统计来看，日本的运输设备、普通机械、精密机械和电气机械出口占全球的比重保持在6%~11%，其中半导体制造设备、机床、数码相机等出口商品占全球份额超过20%，远超制造业商品4.6%的平均比重。① 同时，日本制造业在全球零部件供应中扮演重要角色，日本半导体、集成电路、汽车零部件等出口商品普遍占世界同类商品贸易量的10%左右，在全球汽车、IT零部件供应链中具有十分重要的地位。② 长期以来，正是通过科技创新和大力发展制造业，日本不断扩大出口规模，实现高额的贸易顺差，赚取了巨额外汇。因此，日本成为国际上资金比较充裕的发达国家，并凭借其资金实力积极开展"经济外交"。但是，2011~2015年，日本连续5年出现贸易逆差，其中2013年和2014年均出现巨大贸易逆差，总额分别高达12.26万亿日元和13.46万亿日元。③ 由于外部环境发生巨大改变和出口疲软、过度依赖进口，2022年日本贸易逆差创下21.73万亿日元新高，2023年5月日本贸易逆差已超过1.37万亿日元。④ 值得关注的是，日本经常项目收支变为逆差已持续多年，长此以往将从根本上动摇日本"贸易立国"战略，并可能导致日本从资金充裕国沦为资金短缺国，影响国内的投资和消费，进而影响日本经济的可持续发展。

（二）适时优化产业结构

日本高度重视优化产业结构，其产业结构经历了从轻工业到重工业再到第三产业的变迁过程（见表4-1）。二战后初期，囿于资源极度匮乏，日本只能利用国内相对丰富的劳动力资源，大力发展纺织、纤维等劳动密集型产业。随着经济恢复和国际环境变化，特别是国际能源相对廉价，日本借机加快调整产业结构。20世纪70~80年代，日本造船、机械、汽车制造业和电器产业迅速崛起，带动钢铁、石化等重化工业快速发展，产业国际竞争力得到显著增强。20世纪70年代，日本遭遇公害事件和石油危机打击，经济增速大幅趋缓。不过，日本巧妙利用危机的倒逼机制，加快调整产业结构。大企业积极实施海外投资战略，适时将劳动密集型产业转

---

① 赵晋平：《日本经济的主要特点与中长期增长前景》，《中国经济时报》2013年8月2日，第A05版。
② 赵晋平：《日本经济的主要特点与中长期增长前景》，《中国经济时报》2013年8月2日，第A05版。
③ 数据来源：根据中华人民共和国统计局网站"国际数据"整理而得。
④ 刘春燕：《日本出现巨额贸易逆差》，《人民日报》（海外版）2023年6月22日，第6版。

移至国外,国内则着力发展文化创意产业和信息产业,因此第三产业得到迅猛发展,其所占份额迅速增加。20世纪90年代前后,日本以节能和环保技术作为突破口,大力发展半导体和计算机等产业,其主导产业顺利地从"重厚长大"型重工业和化工产业转变为"轻薄短小"型机电一体化产业,并且凭借世界领先的节能技术跃居工业发达国家前列。日本信息产业发展迅猛,是经济发展的强大"助推器"。日本经济产业省于2010年公布了日本产业政策纲领性文件——《产业结构展望2010方案》,提出日本未来10年重点培育的五大战略性产业:基础设施相关产业、环保和能源产业、文化创意产业、尖端技术产业,以及包括医疗、护理、健康和生育等在内的社会公共产业。[①] 日本经济主管部门还研究制订了"产业新陈代谢计划",旨在调整传统产业,压缩和集中产能过剩行业,促使企业转向新兴产业,进而不断提高产业结构的信息化和服务化水平。日本产业结构总体较为合理,产业竞争力不断加强,但也存在产业结构高级化和空心化并存问题。统计数据显示,1946年日本三次产业结构之比为38.8∶26.3∶34.9,[②] 1980年为3.6∶37.8∶58.7,[③] 2009年该比值调整为1.5∶27.47∶70.99;[④] 2021年日本农业、工业、服务业增加值占国内生产总值的比重分别为1.0%、28.8%、69.9%,[⑤] 展现了日本产业结构的转型、优化和升级过程。近年来,日本第一产业占国内生产总值的比重较小并呈小幅下降趋势,第二产业在微小波动后保持在28%左右,第三产业呈现小幅上升趋势,其中,批发业、医疗和福祉、零售业、生活娱乐相关服务、运输业和邮政业、信息通信业等是主要组成部分。总之,日本产业结构的合理化和高级化,为实体经济的繁荣发展提供了良好条件,但是其制造业的地位不断下降、第三产业的地位趋于上升,"产业空心化"问题也引发了人们的担忧。

---

① 裴宏:《日本经济》,首都师范大学出版社,2013,第165~166页。
② 韩美琳:《高质量发展背景下中国经济产业结构转型升级研究——基于马克思主义政治经济学视角》,博士学位论文,吉林大学,2021,第113~121页。
③ 薛敬孝、白雪洁:《当代日本产业结构研究》,天津人民出版社,2002,第219页。
④ 韩美琳:《高质量发展背景下中国经济产业结构转型升级研究——基于马克思主义政治经济学视角》,博士学位论文,吉林大学,2021,第121页。
⑤ 数据来源:根据《国际统计年鉴2023》相关数据整理。

表 4-1 1945 年后日本产业结构调整变迁

| 发展阶段 | 时间 | 背景 | 产业政策 | 主导产业 |
| --- | --- | --- | --- | --- |
| 经济恢复期 | 1945~1955 年 | 战争使原有工业体系破坏，失业严重 | 倾斜生产方式政策 | 先是钢铁、煤炭，然后扩张至电力、运输 |
| 高速增长期 | 1955~1973 年 | 资本主义进入黄金时期、国际能源廉价 | 重点扶持政策 | 造船、机械等 |
| 产业调整期 | 1973~1985 年 | 第二次石油危机 | 注重质量发展政策 | 汽车和电器产业 |
| 结构转换期 | 1985~1990 年 | 产业竞争力增强 | 科技立国政策 | 半导体、计算机 |
| 经济全球化时期 | 20 世纪 90 年代以来 | 90 年代泡沫经济破灭 | "创造性知识密集型"政策 | 信息产业 |

资料来源：根据陈建主编《日本经济数字地图 2011》（科学出版社，2012，第 59 页）中的资料自制。

## （三）实施创新立国战略

1868 年明治维新以来，日本始终保持"技术立国"的优良传统。科技创新是日本经济腾飞的原动力，日本依然积极寻找、培育和提升实体经济的"新比较优势"。

### 1. 加大科技投入力度

日本是世界上最重视研发投入的发达国家之一。20 世纪 80 年代以来，日本国力日益强盛，政府提出"科学技术立国"口号，制定了《下一代产业基础技术研究开发制度》《推进创造性科学技术制度》。1995 年 11 月，日本政府提出"科学技术创新立国"发展战略，制定并颁布《科学技术基本法》。自 1996 年起，日本政府依据《科学技术基本法》制定并实施了三个分别为期 5 年的"科学技术基本计划"，共计投入 63 万亿日元研发经费。2007 年，日本政府又制定了《日本创新战略 2025》。据统计，二战后日本每年为高技术产品研制提供的政府拨款在日本全年研发费用中所占比重约 40%。[1] 而早在 1989 年，日本研发费用占国内生产总值的比重即已达到世界最高水平，此后连续 22 年居世界首位，2008 年占比高达 3.8%，远高于美国（2.77%）。[2] 2008 年以来，尽管经济持续低迷，日本依然保持较高的研发投入，特别是企业的科技创新投入较多。如 2011 年日本科研经费达 17.3 万亿日元，在发

---

[1] 王福君、沈颂东：《美、日、韩三国装备制造业的比较及其启示》，《华中师范大学学报》（人文社会科学版）2012 年第 3 期。

[2] 徐平：《苦涩的日本：从"赶超"时代到"后赶超"时代》，北京大学出版社，2012，第 290 页。

达国家中名列第一，其中国家科研经费不足20%，80%是企业的科研经费，可见日本企业高度重视技术创新。① 日本对近300家大企业的调查结果显示，汽车制造是日本企业技术研发投入的重点行业，2013年科研经费投入最多的前三名均为汽车企业，分别为丰田公司、本田公司、日产公司，其科研经费分别增长11.4%、12.4%和8.11%。② 松下、索尼、日立等大企业也投入较多科研经费，就连经济实力并不是很强的中小企业也十分重视科技研发。据统计，2019年日本总体研发投入为19.58万亿日元，占其国内生产总值的比重为3.51%，位居世界第三，仅次于以色列和韩国；其中，日本企业投入的研发经费高达14亿2133万日元，在日本全部研发投入中所占比重高达72.6%，远超德国（66%）、美国（63.1%）、法国（56.7%）和英国（54.8%），是世界上企业研发投入比例最高的国家之一。③ 在2018~2019年，科睿唯安（Clarivate Analytics）发布的"全球百强创新企业百强"榜单中，日本以39家进榜位列全球第一。日本企业的科技创新实力长期保持世界一流水准，为实体经济高质量发展奠定坚实基础。

2. 完善科技创新立法

世界经济发展实践证明，健全科技政策，完善相关法律法规，是加快科技创新、推动实体经济绿色低碳发展的重要支撑。二战后，为提升企业国际竞争力，日本十分重视产业政策的针对性和有效性。从1955年到1978年，日本政府出台《石油化学工业扶持政策》《振兴机械工业临时措施法》《振兴电子工业临时措施法》《信息处理振兴事业协会法》《振兴特定电子工业及特定机械工业临时措施法》《振兴特定信息产业临时措施法》等一系列法律法规，对加快日本产业结构优化升级发挥了十分重要的作用。为提高基础研发能力，1999年日本政府颁布《制造基础技术振兴基本法》，通过税收减免和提高人才待遇等措施强化制造业基础技术研发，着力巩固以制造业为主体的实体经济在国民经济发展中的战略地位。20世纪90年代，为加快推进国家科技创新步伐，日本提出"科技创新立国"战略。1995年，日本制定发展科技的纲领性法规——《科学技术基本法》，该法规为日本强有

---

① 闫海防：《日本企业大幅增加科研投入——300家大企业科研经费增长5.4% 连续4年保持增长》，《经济日报》2013年9月4日，第4版。
② 闫海防：《日本企业大幅增加科研投入——300家大企业科研经费增长5.4% 连续4年保持增长》，《经济日报》2013年9月4日，第4版。
③ 甄子健：《日本企业科技创新情况及相关案例研究》，《全球科技经济瞭望》2022年第7期。

力地推进科技创新奠定了法律基础，是日本科技发展史上一个关键的转折点。后来日本又颁布了《科学技术基本计划》《经济结构改革行为计划》，明确了国家科技创新发展的宏观导向，优化了科技创新的外部法律制度环境，以科技创新助推实体经济发展。

3. 培育科技创新人才

日本历来高度重视培养科技创新人才，不断优化人才培养、交流和成长环境。日本出台了培育科技创新人才的一系列计划：一是2002年实施的"240万科技人才综合推进计划"，该计划包括大量培养实战型科技人才计划、240万人终身教育计划和人才培养机构评价推进计划；二是2002年开始实施的"21世纪卓越研究基地计划"，日本文部科学省每年选择资助50所大学的100多项重点科研项目，对每项科研项目资助5年，资助金额每年1亿~5亿日元不等；三是实施"科学技术人才培养综合计划"，旨在培养富有创造性的世界顶尖科技创新人才、培养产业所需人才、创造能吸引各种人才并使其充分发挥才能的环境、建设有利于科技创新人才成长的社会环境。① 日本政府还多管齐下，广揽国外高素质的科技创新人才。如日本政府制定《外国科技人员招聘制度》等法规，积极吸纳外国专家。跨国企业和超大型企业，开出高薪招聘外国高级技术专家。日本还通过吸引留学生、并购外国企业、在国外建立研究所、高薪聘请高技术人才并委以重任等措施，想方设法吸引大量科技创新型人才，使之为日本科技创新提供源源不断的智慧。

4. 提高科技成果转化率

世界经济的发展实践证明，加强官产学研合作是加快科技创新的重要途径。日本着力健全国家创新体系，高度重视官产学研之间的合作，主张根据科技发展战略和市场需求组织共同研究，特别是对关键核心技术进行联合攻关，不断提高科技成果转化率。日本不仅设立相应的中介机构，使之成为大学科研成果向实体经济企业转移的桥梁，而且通过立法和优惠政策尽量缩短新技术从实验室走向产业化的时间。同时，日本十分重视技术引进，不断提升其技术的引入、消化和吸收能力。如大型发电机组第1号是输入，随后彻底研究开发，第2号就是地道的国产品了。日本对技术引进的方式、构成与费用的管理十分严格，确保引进有利于国家发展的项目。1950~

---

① 宋克群：《国外科技创新人才环境研究》，《中国科技奖励》2011年第8期。

1979年，日本花费100亿美元从欧美发达国家引进约3.4万项技术，其中装备制造业是日本引进技术最多的部门，为经济社会发展节约了大量的研发时间和经费。①

### （四）政府积极保驾护航

日本历来十分重视政府在经济发展中的调控作用，并将之称为"行政指导"。二战后，正是因为有了政府积极的保驾护航，才有了日本实体经济的迅猛发展。

1. 大力扶持民族工业

日本政府制定了中长期经济社会发展规划，充分利用货币杠杆调控国家经济；建立健全产业发展政策，利用财税和金融等政策法规，鼓励发展新兴产业、扶持弱小民生产业、限制产能过剩产业，严格监管企业的经济活动。日本政府通过提供低息贷款和出台税收优惠政策，精心培育战略性新兴产业，促进实体经济健康发展。2013年1月，"日本经济再生综合事务局"正式成立，政府迅速为"产业投资立国"方案提供了资金支持，力求重振日本制造业。日本政府还十分重视政企合作，如通过完善产业政策助力企业进军国际市场，鼓励企业领导人加入政府创办的咨询机构等。日本政府高度重视发展民族工业，日本前首相池田勇人曾被称为"半导体推销员"，日本经济学家也称日本战后经济体制为"官民协调经济"和"混合经济体制"。

2. 注重健全内需产业

日本政府对地方经济的强力投资促进了社会整体的均衡发展，特别是政府对内需产业的长期投资成为其实体经济崛起的强大引擎。基础设施是实体经济发展的基础和支柱，也是加快实体经济发展的强大推动力。二战后，日本政府始终十分重视发展内需产业。1966年以来，通过发行建设国债，日本政府大举推进基础设施建设，不仅促使经济落后地区旧貌换新颜，而且使地方经济增速明显提升。日本加快建设港口和高速公路等基础设施，不断完善投资环境，加快经济发展。内需产业为以工业制造业为主的实体经济提供了良好的产业条件和投资环境，助力实体经济发展。

3. 积极应对产能过剩

二战后，日本出现多次产能过剩，分别是20世纪50年代后期、70年

---

① 王福君、沈颂东：《美、日、韩三国装备制造业的比较及其启示》，《华中师范大学学报》（人文社会科学版）2012年第3期。

代经济高速增长后期、泡沫经济破灭之后的 2000~2005 年、2013 年以来的企业设备过剩。据统计，2013 年 4~6 月，日本供给过剩部分已相当于国内生产总值的 1.5%，如日本造船行业的国内总产能为 2000 万吨，但是因国内需求不断减少、国际消费需求疲软，2012 年的订单量仅为 885 万吨。① 日本政府多管齐下，积极应对产能过剩。

首先，增加产品出口。扩大出口是消化过剩产能的捷径。20 世纪 50 年代，日本确立了"贸易立国"的发展战略，主要通过鼓励产品出口来消化过剩产能，促进经济发展。据统计，日本经济的对外依存度从 1946 年的 10%左右迅速提高到 1960 年的 38.8%。② 20 世纪 90 年代初期，日本泡沫经济破裂，随之经济发展陷入困境，日本同样希望通过扩大出口消化过剩产能。但当时亚洲多个国家和地区正在加快崛起，日本汽车、家电、钢铁等传统制造业却缺乏绝对竞争优势，出口战略的成效大打折扣。因此，日本长期存在产能过剩的巨大压力，大量实体经济企业破产，造成日本陷入了长期的通货紧缩困境。

其次，扩大对外投资。扩大对外投资是消化过剩产能、优化产业结构的重要举措。20 世纪 60 年代后，日本就开始重视扩大对外直接投资，稳步转移过剩产能。20 世纪 80 年代中期以后，日本不少传统制造业已进入产业发展的成熟阶段，经济实力日趋强大，国内消费市场越发显得狭小，由于对外贸易摩擦愈演愈烈，加之日元持续大幅度升值，因此国内过度竞争、生产过剩问题日益凸显。在政府的鼓励下，日本实体经济企业加快了对亚洲"四小龙"（韩国、中国台湾、中国香港和新加坡）等地的投资，长期大举向外转移过剩产能。据统计，1985 年日本对外直接投资为 122 亿美元，1989 年达到 675 亿美元，创历史最高纪录；从海外生产比率（海外企业销售额与国内企业销售额的比率）的变动来看，20 世纪 80 年代前期，日本制造业的海外生产比率仅为 3%左右，90 年代初提高到 8%左右，2002 年则达到 17.1%，其中，电气机械业达到 26.5%，运输机械业则高达 47.6%。③ 2008 年国际金融危机爆发前，日本对外直接投资呈现上涨趋势，其中 2008 年对外直接投资额高达 132320 亿日元，为近十年来的最高值。④ 通过长期

---

① 田泓：《日本消化过剩产能 加快产业升级》，《人民日报》2013 年 10 月 22 日，第 22 版。
② 王颖颖：《美日如何应对产能过剩的挑战?》，《文汇报》2012 年 12 月 23 日，第 6 版。
③ 吕铁：《日本治理产能过剩的做法及启示》，《求是》2011 年第 5 期。
④ 陈建主编《日本经济数字地图 2011》，科学出版社，2012，第 47 页。

的投资转移，日本重化工业，电子、机电、汽车等实体经济企业相继将大量过剩的设备和产能转移至海外，有力促进了国内产业结构优化升级。

再次，规范产业政策。产业政策是日本政府化解产能过剩的重要举措之一。20世纪七八十年代，日本产能过剩问题凸显。日本主要通过强化产业政策，加大政府直接干预的力度，有效解决了产能过剩问题。如针对民间企业的产能扩张，1978年日本政府制定并出台《特定萧条产业安定临时措施法》，实行设备注册制度，规范产业准入标准，收购报废"过剩设备"等。因此，先进的生产设备只有得到政府认可注册后方能使用，企业只有达到一定的发展规模才能投资某一行业，严格的产业政策迫使不少落后企业退出市场，从而有效解决了当年的产能过剩问题。2013年12月，日本国会通过了《产业竞争力强化法案》，旨在通过放宽各种限制，促进企业投资和技术开发，激活经济，创造需求，提高产业竞争力，化解当时面临的产能过剩难题。当然，日本政府还通过完善相关法律法规，引导和支持企业重组经营资源，促进规模整合，提高实体经济企业的竞争力。

最后，着手扩大内需。在应对产能过剩、加快发展实体经济的过程中，日本政府逐渐认识到：内需不足是产能过剩的重要原因，而提高国民收入水平，扩大国内消费需求是化解产能过剩的重要途径。1960年，池田内阁推出了《国民收入倍增计划》，首次将大幅增加国民收入作为政府的重要政策目标。该计划提出：要通过实施最低工资制度、健全社会保障体系、加大财政支农力度等，用10年时间使日本的国民收入接近当时的联邦德国和法国，充分释放国民的消费需求，刺激经济增长。该计划的成效十分显著，1961～1970年，日本实现了居民劳动报酬与国民生产总值同步增长目标，年均增长率均达到10%；日本成为亚洲生活水平最高的国家，各种家庭耐用消费品，如彩电、冰箱、洗衣机、热水器等电器的普及率达到90%以上；在日本实现经济高速增长的1956～1973年，民间消费对国内生产总值增长的贡献率有10年高于60%，仅有两年低于50%。[①] 可见，正是依靠民间消费主导型发展模式，日本成功治理了产能过剩问题，实现了日本经济近20年的高速增长。

---

[①] 吕铁：《日本治理产能过剩的做法及启示》，《求是》2011年第5期。

## 第二节 发达国家发展实体经济的经验借鉴

实体经济是国民经济的坚实基础。在人类历史长河中特别是工业革命以来，人类社会创造了无与伦比的经济奇迹，积累了巨大的物质财富，这是世界各国高度重视发展实体经济的结果。总结当今世界主要发达国家在发展实体经济上的成功经验，对中国推动实体经济高质量发展、加快建设现代化经济体系具有重要的借鉴意义。

### 一 注重创新制造技术

科技创新是加快转变经济发展方式的根本动力，也是一国实体经济高质量发展的强大引擎。从德国、美国和日本等国家实体经济的变迁过程来看，制定科技创新战略、加大科技研发投入、优化科技发展政策、精心培育和积极引进高素质的创新型人才等，是这些发达国家调整优化产业结构、加快转变实体经济发展方式的共同的成功经验。同时，实体经济企业是实体经济的活动主体，科技创新则是实体经济企业的生命力。世界上实体经济强大的国家往往也是实体经济企业比较发达的国家。这些实力雄厚的国际大型实体经济企业往往发展历史悠久，拥有国际知名品牌，它们之所以能够在竞争十分激烈的世界企业之林长期立于不败之地，秘诀就在于其坚持不懈的科技创新和追求卓越的实业精神。因此，在当今世界经济发展重心回归实体经济的背景下，中国要积极借鉴发达国家的成功经验，始终坚持在战略高度上发展实体经济，深入实施创新驱动发展战略，加快推进科技创新，在促进传统制造业实现功能和工艺升级的基础上，进一步开拓新兴的、高端的制造业领域，促进中国实体经济产业向全球产业链价值链中高端动态攀升，实现绿色低碳高质量发展，使中国尽快由"制造大国"跃升为"智造强国"。

### 二 培养优质人力资源

训练有素的工程师队伍、熟练的技术工人等高素质的人力资源是实体经济高质量发展的强大智力支撑。放眼全球，实体经济强盛的国家往往也是人力资源得到充分开发的国家，其中德国和日本是典范。发达国家政府普遍比较重视教育和职业技能培训，为制造业提供源源不断的科技人才。

第四章　发达国家发展实体经济的经验与教训

尽管德国与日本都是资源比较匮乏的国家,但是两个国家特别是德国实体经济的竞争力却处于世界前列。两个国家正是凭借受过教育的具有良好技术的高素质劳动者才取得了显著的发展成就。德国拥有成熟的职业教育体制,其双元制职业教育水平领先全球,为实体经济高质量发展培育了大量的具有较强的学习能力、熟练的职业技能、良好的职业习惯和严明的职业纪律的高级技术工人,这是德国实体经济长期一枝独秀的关键因素。同时,日本经济迅速崛起与其长期重视教育也是密不可分的。日本始终高度重视基础教育,早在明治维新时期就投入巨大资源用以提升国民的识字率,注重贯彻落实教育平等理念。日本重视人力资源开发的优良传统保持至今,培养了大量的高素质人才,为实体经济高质量发展提供了强大的智力支持。中国是实体经济大国,需要大量高素质的劳动者和高级技术工人。但是,由于多方面的复杂原因,中国职业教育仍然滞后于实体经济高质量发展的需要,一方面是长期存在的大学毕业生就业难问题,另一方面是高级熟练技术工人的匮乏,这种人力资源结构性供需矛盾亟待解决。因此,中国应积极借鉴发达国家特别是德国职业教育的经验,立足中国基本国情,尽快健全现代职业教育体系,着力培养中高级职业技术人才,为实体经济高质量发展提供强有力的智力支持。

### 三　拓宽国际销售市场

广阔的国际销售市场是实体经济高质量发展的有力保障。世界各主要发达国家都十分注重开拓国际销售市场,德国堪称典范。二战后,德国主动与法国和解,积极参与和推动欧洲一体化,努力在欧洲一体化框架中求发展。正是在欧洲一体化进程中,德国获得了广阔的欧洲统一大市场,特别是得到了商品与劳务出口市场。欧盟内部市场曾发展成世界最大的单一市场,据统计,彼时其市场内人口接近5亿,经济总量位居世界第一,贸易总额占世界贸易的五分之一,吸收直接投资达世界的四分之一;德国60%的出口商品销售到欧盟其他国家。[1] 由此可见,德国通过坚持不懈的努力而建立起来的欧盟市场,对其实体经济的长远发展具有重大的战略意义。而当国际金融危机和欧债危机接踵而至时,面对需求疲软的欧美市场,德国

---

[1] 丁纯:《欧洲哀鸿遍野、柏林一枝独秀　德国模式缘何笑傲危机》,《人民论坛》2012年第18期。

及时调整出口战略,主动加强与新兴经济体合作,大力开拓欣欣向荣的新兴市场,促进德国的经济复苏和强劲增长。据统计,2011年德国对"金砖四国"的出口占德国总出口的比重从国际金融危机前的8.5%增加到11.4%,其中2010年德国对华出口增幅高达28.6%。① 另据统计,过去50年中德贸易额增长了870倍,其中2021年中德贸易额高达2453亿欧元,中国已连续6年保持德国最大贸易伙伴地位。② 中国也是制造业产品出口大国,要完整、准确、全面贯彻新发展理念,积极借鉴发达国家的成功经验,扎实推动共建"一带一路"高质量发展,加快构建以国内大循环为主体、国内国际双循环相互促进的新发展格局,不断拓宽国际销售市场,使之成为促进实体经济高质量发展的重要动力。

### 四 加大政府扶持力度

加大政府的扶持力度是发展实体经济的有力保障。首先,要正确处理政府与市场的关系。要让市场在资源配置中起决定性作用,同时更好发挥政府作用。为了推动中国制造业从中低端向中高端迈进,中国必须在国际制造业分工和竞争中重新打造比较优势。因此,要针对推动实体经济高质量发展的现实需要,通过全面深化改革开放,健全相关的体制机制,不断优化实体经济的发展环境,让实体经济企业形成合理稳定的预期,推动实体经济与虚拟经济协调发展。其次,要健全相关的法律法规,保障实体经济平稳发展。为推动实体经济高质量发展,美国联邦政府在不同时期分别制定了加快科技创新、扶持实体经济企业发展的相关政策。针对实体经济的发展需要,德国政府不仅投入巨额资金扶持职业教育发展,而且出台了《联邦职业教育法》《联邦职业教育促进法》等相关法规。二战结束后,日本政府制定了一系列产业合理化政策,1952年又颁布了《企业合理化促进法》,加快推进产业结构优化升级。最后,要完善实体经济的融资体系,确保金融为实体经济企业特别是中小实体经济企业服务。放眼全球,中小型银行是解决广大中小实体经济企业融资难问题的有效途径。当今世界,发达国家纷纷成立了社区银行、中小企业银行等中小型金融

---

① 丁纯:《欧洲哀鸿遍野、柏林一枝独秀 德国模式缘何笑傲危机》,《人民论坛》2012年第18期。
② 参见《习近平同德国总统施泰因迈尔通电话》,《人民日报》2022年12月21日,第1版;袁勇《乐见德国企业组团来华》,《经济日报》2022年11月3日,第4版。

机构，切实加大对中小实体经济企业的信贷支持力度，有力促进实体经济高质量发展。中国也是一个中小企业云集的实体经济大国，应立足基本国情，不断健全中小型银行体系，使之成为实体经济高质量发展的强大"助推器"。

## 第三节 发达国家发展实体经济的教训对中国的启示

在世界经济发展史上，美国、日本等主要发达国家都曾经以坚实的实体经济基础傲视全球。但是，20世纪中后期特别是21世纪以来，以美国为首的大多数发达国家逐渐忽视了实体经济的发展，实体经济占比大幅下降，而虚拟经济的规模却日益膨胀，世界经济系统严重失衡，最终酿成严重的国际金融危机。因此，总结当今世界主要发达国家在发展实体经济上的共同教训，对于中国坚持把振兴实体经济放到更加突出的位置，加快发展高质量实体经济具有重大的警示和借鉴意义。

### 一 要注重发展实体经济

纵观世界经济发展史，在一国经济飞速发展过程中，如果能够始终坚持正确处理实体经济与虚拟经济的关系，实现二者的协调发展，那么国家经济就能实现长期可持续发展；反之，那些处理不好二者关系的国家，如果其虚拟经济的发展严重背离实体经济的发展要求，那么国家可能会掉入金融危机乃至经济危机的陷阱。从欧美发达经济体的发展经验来看，实体经济崛起在先，虚拟经济发展在后，这几乎是一个规律。当前，中国已发展成世界实体经济大国，但还不是实体经济强国，然而其虚拟经济的功能、数量及其利润占比都已十分惊人。据统计，2012年中国国内生产总值构成中，以金融业为代表的虚拟经济约占5.53%，但贡献了整个社会利润总额的52.96%。[1] 根据张成思的统计，2004年以来中国泛金融行业的利润占比呈现上升态势，从2004年的15%左右上升至2018年的60%左右，而以制造业为主的第二产业和除金融业以外的服务业总体上呈现下降趋势，其中第二产业的下降趋势比较明显。[2] 另据统计，2020年38家A股上市银行贡献

---

[1] 朱小黄：《企业减负有助经济转型（感言）》，《人民日报》2013年11月26日，第10版。
[2] 张成思：《金融化的逻辑与反思》，《经济研究》2019年第11期。

利润 1.69 万亿元，占全部上市公司利润的比重高达 42%。① 因此，正确处理虚拟经济与实体经济的关系，将实体经济高质量发展与虚拟经济稳健发展视为同等重要，方能实现国民经济高质量发展。作为负有"守夜人"职责的政府，首先，必须坚持大力发展实体经济，夯实虚拟经济发展的根基。实体经济是国民经济高质量发展的根基。实体经济良性发展是虚拟经济健康运行的重要保障，坚固的实体经济更是虚拟经济规模扩张的基础。其次，要着力提高虚拟经济为实体经济服务的质效，优化实体经济的发展环境。金融业是发展实体经济的强劲支撑。只有坚持金融服务实体经济的本质要求，全面深化金融体制改革，加快构建与实体经济高质量发展相匹配的金融体制，确保资金投向实体经济领域，才能使金融真正成为实体经济高质量发展的强大"助推器"。总之，要特别重视实体经济与虚拟经济的总量结构调整，促进二者协调发展，充分发挥实体经济与虚拟经济在加快建设现代化经济体系中的重要作用。

### 二 要培育国际高端品牌

国际高端品牌是一国实体经济拥有强大竞争力的关键。在欧洲经济发展史上，"德国制造"曾经是廉价劣质产品的代名词，但是德国实体经济企业并不气馁，坚定不移加强技术研发和创新，不断提高产品质量，努力增加产品的附加值。如今"德国制造"已成为工艺严谨、质量上乘产品的象征，产品畅销全球。形成鲜明对比的是，"日本家电"这个曾是全球最高端、最优秀、最有保证的传统家电产业的代名词，在日本经历"失去的二十年"后，由于创造力的衰落，产品创新未能与时俱进，正不可遏制地滑向"死亡"。日本家电由于不能适应竞争日益激烈的世界电子消费品市场，加之其技术创新重投入、轻质量效益，因此投入不少，有效创新却不多，鲜有吸引客户的创新产品。相比之下，尽管美国苹果公司的研发支出占营业收入的比重低于日本索尼公司，但苹果公司能不断推出创新实用产品，拥有大量忠实用户。如今，曾经独步天下的日本实体经济企业陷于亏损的泥潭不能自拔。日本家电业逼近"沉没"，这带给世界特别是毗邻日本的中国以巨大的警示。总体上看，中国家电业仍处于全球产业链中低端，与国

---

① 李世美、狄振鹏、郭福良：《虚拟经济繁荣与实体经济放缓：金融化的分层解释与治理》，《金融发展研究》2022 年第 1 期。

际高端家电业发展水平仍有较大差距，无法满足人民日益增长的美好生活需要。可见，拥有国际知名品牌并不能一劳永逸，实体经济企业必须始终坚持守正创新而不是故步自封。因此，中国要深入实施创新驱动发展战略，加快推进供给侧结构性改革，适应世界消费品市场的发展潮流，适应激烈竞争的需要，加大科技创新投入力度，建立健全适应世界市场需求的创新体制机制，依靠科技创新驱动不断提升高端品牌的核心竞争力，由此方能长期在世界高端产品市场上占据一席之地。

### 三 要调整经济发展模式

在2008年国际金融危机的袭击下，美国、日本、德国等许多国家经济迅速跌入谷底。由于外贸依存度过高，德国和日本经济在国际金融危机中遭受重创。德国是世界上著名的高端制造业强国和全球主要外贸强国之一，其经济结构的一大问题是外贸依存度过高，2005年以来始终超过70%，其中2011~2020年德国外贸依存度均超过80%（2018年和2019年均高达88%），尽管受疫情影响2021年降至72%，但2022年又提升至79%，说明德国实体经济长期严重依赖国际市场。[①] 据统计，2013年德国超过中国成为世界第一大顺差经济体。[②] 按照欧盟的规定，外贸顺差参比值为一国国内生产总值的6%，且顺差不可持续3年以上，但是2007年德国外贸出口顺差参比值达6.6%，2014~2018年均超过6%，其中2015年德国外贸顺差甚至高达国内生产总值的7.6%；因乌克兰危机进口能源价格高昂，2022年德国外贸顺差仅797亿欧元（创2000年来最低值），其外贸顺差参比值骤降至1.97%。[③] 长期以来，强劲的出口是拉动德国实体经济增长的强大引擎。但如果世界经济发展低迷，国际市场需求疲软，德国出口势必萎缩，加之其

---

[①] 数据来源：2005~2020年德国外贸依存度根据国家统计局网站"国际数据"的相关数据计算而得；其余数据来源：《2021年德国出口大幅增长》，商务部网站，http://munich.mofcom.gov.cn/article/jmxw/202203/20220303284678.shtml；《2022年德国出口增长14.3%，进口增长24.3%》，商务部网站，http://de.mofcom.gov.cn/article/ywzx/202302/20230203382068.shtml。

[②] 《德国伊福经济研究所称2013年德国成为最大贸易顺差国》，环球网，https://china.huanqiu.com/article/9CaKrnJDWTs。

[③] 参见黄霜红《德国外贸顺差持续遭欧盟诟病》，中国新闻网，https://www.chinanews.com/gj/2013/11-05/5467268.shtml；《2022年德国贸易顺差创20余年来新低》，商务部网站，http://hamburg.mofcom.gov.cn/article/jmxw/202302/20230203391897.shtml；其中，德国外贸顺差参比值根据中华人民共和国国家统计局网站"国际数据"的相关数据计算而得。

内需长期不足,因此,德国实体经济不可避免地陷入严重衰退。对比德国,中国作为"世界工厂",外贸长期保持大进大出的态势,改革开放以来中国外贸依存度整体上呈现先上升后稳步下降趋势,从1980年的12.42%上升到2006年的最高值64.24%,此后趋于下降,从2007年的61.80%降至2020年的31.79%,2021年和2022年分别上升至34.02%和34.76%。[①] 这些数据说明,2008年以来中国加快转变经济发展方式取得显著成效,经济发展模式由外需拉动向内需驱动转变,实体经济对外需的依赖程度持续减弱。但是,当前中国外贸依存度仍然偏高,说明中国实体经济仍比较依赖外贸,经济发展模式仍亟待调整。中国要深入实施创新驱动发展战略,坚持全面深化改革、提升开放型经济水平,既要加快推动外贸稳规模优结构,发挥外贸对中国实体经济的重要支撑作用,又要推动实体经济高质量发展更多地依靠国内消费需求拉动,适度减少对外贸的依赖程度,更好地助力构建新发展格局和实现高质量发展。

### 四 要保持健康的产业结构

健康的产业结构是实体经济高质量发展的前提条件之一。2008年国际金融危机之所以爆发,美国产业结构严重失衡是重要原因之一。从美国产业结构变迁的历史过程来看,美国始终高度重视发展农业,即使遭遇国际金融危机冲击,美国农业世界第一的地位岿然不动,控制着全球的农产品市场。同时,在相当长的时期里,美国制造业称霸全球,控制着全球制造业的品牌和技术,掌握着全球贸易的主导地位。然而,20世纪70年代以来,美国加快产业结构调整步伐,大量制造业被迁至海外,以金融业和房地产为代表的虚拟经济则日益膨胀,产业空心化问题加剧。2007年,美国一、二、三次产业的比重分别为1.2%、20.9%和77.9%。[②] 失衡的产业结构、膨胀的虚拟经济,不断侵蚀着美国经济的根基,最终引发了国际金融危机。形成鲜明对比的是,尽管第三产业比重已约69%,德国依然高度重视发展第二产业,其第二产业比重约为30%,超过美国约10个百分点,而且拥有大量的外贸盈余。[③] 在经历国际金融危机的洗礼后,美国等发达经济

---

① 数据来源:根据国家统计局网站"年度数据"的相关数据计算而得。
② 李德水:《关于三次产业关系的思考》,《统计科学与实践》2012年第7期。
③ 李德水:《关于三次产业关系的思考》,《统计科学与实践》2012年第7期。

体重新深刻认识到产业结构失衡的危害和风险，纷纷提出"再工业化"发展战略，以期实现实体经济的回归与复兴。中国是传统制造业大国，长期以来，中国将发达国家的产业结构作为参照物，在调整产业结构上总是力求降低第一产业和第二产业的比重，提高第三产业的比重。据统计，2022年中国、德国、日本、美国、英国等世界主要经济体的制造业占国内生产总值的比重大致分别为27.7%、20.4%、20%、11%、9.4%，尽管中国制造业占比位居世界前列，但是从长期发展来看，中国制造业占比呈现下行态势，从2012年的31.5%降至2022年的27.7%，如果不能有力遏制制造业比重过快下降的态势，那么中国制造业相对于西方国家的优势恐将逐渐丧失。[①] 美国产业结构变迁历程及后果，带给我们极其深刻的启示。中国正处于经济恢复和产业升级的关键期，要"向实而行"加快建设更具国际竞争力的现代化产业体系，在加快发展服务业的同时，也必须夯实第一产业的基础，尤其要努力做大做强做优第二产业，着力保持制造业比重基本稳定（有学者建议最低应稳定保持在30%的水平上），[②] 巩固壮大实体经济根基，为实现中国经济高质量发展奠定坚实的产业基础。

### 五　要科学应对产能过剩

纵观世界经济发展史，产能过剩总是与市场经济国家经济的周期性波动相关，也是当今世界经济运行过程中亟待解决的一项重要课题。从美国、日本等发达经济体应对产能过剩的经验来看，主要包括扩大产品出口、增加对外投资、加快科技革新、刺激国内需求、调整产业结构等措施。总体上看，各国政府都十分重视化解产能过剩，主要通过加大宏观调控力度和调整优化产业政策，力争最大限度减少产能过剩的危害。20世纪90年代特别是2012年以来，中国出现了大规模的产能过剩，引起了政府、企业和学者的广泛关注。为了更好地解决产能过剩问题，中国要认真总结发达国家的有益经验，尤其要立足中国的基本国情，通过全面深化改革开放，以有效市场和有为政府推进全国统一大市场建设，为加快构建以国内大循环为主体、国内国际双循环相互促进的新发展格局提供坚强支撑。除了扩大产

---

[①] 何自力：《"去工业化"是特殊规律还是一般规律？》，CPEER（微信公众号），https://mp.weixin.qq.com/s/qIDN0IQ6sI7xV4oyl7KpsQ。

[②] 何自力：《厘清保持制造业占比基本稳定的理论内涵》，《中国社会科学报》2023年8月1日，第A03版。

品出口和对外投资外，各级政府要全面贯彻落实党的二十大和二十届二中、三中全会精神，正确处理政府与市场的关系，有计划、分步骤推动能耗双控转向碳排放双控，强化环保、安全等标准的硬约束，建立健全防范和化解产能过剩的长效机制，让市场在治理产能过剩中发挥决定性作用。

在深入研究德国、美国和日本等发达国家实体经济的基础上，总结了发达国家发展实体经济的成功经验，主要包括注重创新制造技术、培养优质人力资源、拓宽国际销售市场、加大政府扶持力度。同时，对于发达国家发展实体经济的主要教训，中国要引以为戒，必须注重发展实体经济、培育国际高端品牌、调整经济发展模式、保持健康的产业结构、科学处理产能过剩问题。

# 第五章
# 新时代中国实体经济高质量发展的路径选择

实体经济是财富创造的源泉和国民经济的坚实基础，也是提升综合国力的主要支撑和实现社会和谐的重要保障。坚持把发展经济的着力点放在实体经济上，不断做实做强做优实体经济特别是制造业，加快建设以实体经济为支撑的现代化产业体系，是实现中国式现代化的必然要求和必由之路。推动实体经济高质量发展是一项系统工程，需要中国政府、企业和全社会的共同努力，通过优化产业结构，激发实体经济企业活力，加强宏观调控和深化体制改革，让宏观调控这只"有形的手"和市场这只"无形的手"共同发挥作用，不断激发全社会创新创业的活力和热情，加快推动实体经济高质量发展，为实现中华民族伟大复兴的中国梦奠定坚实的经济基础。

## 第一节 推动中国实体经济高质量发展的指导思想

高质量发展是全面建设社会主义现代化国家的首要任务，推动实体经济高质量发展是中国加快建设现代化产业体系、提升国家综合竞争力的重要抓手。中国要坚持马克思列宁主义、毛泽东思想、邓小平理论、"三个代表"重要思想、科学发展观，全面贯彻习近平新时代中国特色社会主义思想，全面贯彻落实党的十八大、十九大、二十大和二十届二中、三中全会以及近年来中央经济工作会议的重要精神，完整准确全面贯彻新发展理念，牢牢把握发展实体经济这一坚实基础，坚持把发展经济的着力点放在实体经济上，坚持科技是第一生产力、人才是第一资源、创新是第一动力，不断塑造实体经济高质量发展新动能新优势。要深刻把握进一步全面深化改革的主题，坚持稳中求进工作总基调，营造鼓励脚踏实地、勤劳创业、实业致富的社会氛围,优化实体经济发展环境。

## 一 推动实体经济高质量发展是党和国家的战略部署

实体经济是人类社会赖以生存和发展的坚实基础,稳健的实体经济是社会物质财富的源泉、国家繁荣昌盛的根基、社会和谐稳定的重要保证。党的十八大报告指出:"牢牢把握发展实体经济这一坚实基础,实行更加有利于实体经济发展的政策措施,推动战略性新兴产业、先进制造业健康发展,加快传统产业转型升级,推动服务业特别是现代服务业发展壮大,支持小微企业特别是科技型小微企业发展。"[①] 党的十九大报告强调:"建设现代化经济体系,必须把发展经济的着力点放在实体经济上,把提高供给体系质量作为主攻方向,显著增强我国经济质量优势。"[②] 党的二十大报告指出,"高质量发展是全面建设社会主义现代化国家的首要任务","坚持把发展经济的着力点放在实体经济上,推进新型工业化,加快建设制造强国、质量强国、航天强国、交通强国、网络强国、数字中国"。[③] 党的二十届三中全会进一步强调,"高质量发展是全面建设社会主义现代化国家的首要任务。必须以新发展理念引领改革,立足新发展阶段,深化供给侧结构性改革","健全因地制宜发展新质产力体制机制","健全促进实体经济和数字经济深度融合制度","完善发展服务业体制机制","健全现代化基础设施建设体制机制","健全提升产业链供应链韧性和安全水平制度",不断"完善推动高质量发展激励约束机制,塑造发展新动能新优势"。[④] 这些重要会议为中国经济把脉定向,擘画了推动实体经济高质量发展的目标蓝图,构建了推动实体经济高质量发展的体制机制。由此可见,党的十八大以来,以习近平同志为核心的党中央高度重视发展壮大实体经济,作出了推动实体经济高质量发展的一系列重大决策部署,以坚定的方向、创新的思路、有力的行动,彰显了推动实体经济高质量发展的信心、决心、恒心。总之,推动实体经济高质量发展是党和国家在中国特色社会主义新时代的战略部署。中国要深入贯彻落实推动实体经济高质量发展的战略部署,加快推动

---

① 《胡锦涛文选》第 3 卷,人民出版社,2016,第 630 页。
② 《习近平著作选读》第 2 卷,人民出版社,2023,第 25 页。
③ 《习近平著作选读》第 1 卷,人民出版社,2023,第 23、25 页。
④ 《〈中共中央关于进一步全面深化改革、推进中国式现代化的决定〉辅导读本》,人民出版社,2024,第 23~26 页。

实体经济高质量发展，厚植中国式现代化的实体经济根基，在高质量发展中全面建设社会主义现代化国家。

## 二 中国实体经济高质量发展的科学内涵[①]

中国实体经济高质量发展是相对于过去高速度增长而言的，是适应社会主要矛盾变化、全面建成社会主义现代化强国的内在要求，也是符合经济发展规律的必经阶段，其科学内涵可以从以下四个方面理解。

1. 实体经济高质量发展的主题是质量变革

质量变革是指把提高实体经济的供给质量作为主攻方向，既积极向国际先进标准看齐，又勇于争夺国际标准制定权，积极开展质量提升行动，提供更多高端产品和优质服务；不仅精心培育一批具有较强国际竞争力的高质量品牌企业和产品，而且不断健全绿色低碳循环发展的经济体系，努力使绿色发展成为普遍形态，实现从"高速"到"高质"的蜕变，使中国制造和中国服务成为高质量的代名词。

2. 实体经济高质量发展的核心是效率变革

投入产出效率的高低攸关实体经济企业在市场竞争中的成败。在实体经济企业成本居高不下、资源环境承载力已近极限的背景下，深化金融、能源、交通等行政性垄断问题突出领域的改革，增强金融服务实体经济能力，降低实体经济企业成本，优化营商环境，提高生产要素的配置和利用效率，有效激发要素资源的生产潜力，提升投入产出效率，是推动实体经济高质量发展、增强实体经济吸引力和竞争力的关键。

3. 实体经济高质量发展的基础是动力变革

推进实体经济增长的动力变革，实现由要素驱动向创新驱动转变，是加快构建现代化产业体系的题中应有之义。要把创新作为引领实体经济高质量发展的第一动力，提高科技创新对实体经济增长的贡献率，培育壮大高质量发展新动能。要把人才作为支撑实体经济高质量发展的第一资源，加大知识产权保护力度，进一步激发和保护企业家精神，鼓励更多社会主体投身创新创业，推动企业发挥更大作用实现更大发展，为高质量发展积蓄基本力量。要深化教育综合改革，加快建设高质量教育体系，建设知识

---

[①] 黄聪英：《中国实体经济高质量发展的着力方向与路径选择》，《福建师范大学学报》（哲学社会科学版）2019年第3期。

型、技能型、创新型劳动者大军,注重调动和保护各个层面劳动者的积极性,源源不断地为实体经济提质增效注入新的强劲动力。

4. 实体经济高质量发展的目的是服务人民

实体经济高质量发展是国民经济发展的必然趋势,也是适应居民消费升级趋势的战略举措。新时代中国社会主要矛盾是人民日益增长的美好生活需要和不平衡不充分的发展之间的矛盾,老百姓期盼有干净的水、清新的空气、健康的食品和优质的服务。中国实体经济高质量发展的落脚点正是不断满足人民日益增长的美好生活需要,让老百姓有更多的获得感、幸福感和安全感。

### 三 推动中国实体经济高质量发展的主要思路

新征程上,加快推动中国实体经济高质量发展、大力发展壮大实体经济时不我待。中国要不断解放思想,进一步全面深化改革,不断完善宏观调控,健全推动实体经济高质量发展体制机制,释放更大改革开放红利,加快推动实体经济高质量发展。具体来说,推动中国实体经济高质量发展的主要思路包括以下四个方面。

一是优化产业结构,提升产业实力。优化产业结构是推动实体经济高质量发展的重要抓手。中国应大力实施提升价值链的发展战略,坚持把改造提升传统产业、培育壮大新兴产业和未来产业、加快发展生产性服务业统一起来,促进实体经济实现存量调整、增量优化的可持续发展目标,提升实体经济产业在全球价值链中的位置,防范化解部分领域产能过剩风险,奋力推动实体经济提质增效迈向更高水平。

二是激发企业活力,坚守实体经济。中国广大实体经济企业和企业家要通过培育和弘扬企业家精神、增强科技创新能力、培育国际知名品牌、加大人才建设力度等,不断提高自身素质、增强企业实力,持续提升实体经济核心竞争力。

三是加强宏观调控,服务实体经济。为发展壮大实体经济,中国政府要科学制定实体经济长远发展规划,通过坚持扩大内需战略、优化房地产调控政策、营造勤劳创业良好氛围等措施,正确处理实体经济与虚拟经济的关系,培厚发展实体经济的土壤,增强实体经济的吸引力,让更多资金和人才向实体经济领域聚集,扎实有力推进实体经济高质量发展。

四是深化体制改革,壮大实体经济。当前,中国实体经济高质量发展面临的困境主要是体制机制问题，只有深化金融、科技和税收体制机制改革，加强职业教育，建立有利于资源均衡配置的体制机制，制定具有长远预期的创新性政策，才能激活与调动社会各方力量协同推进实体经济高质量发展。

## 第二节　优化产业结构，提升产业实力

当前，世界各国正掀起加快产业结构调整和科技创新的新热潮，力争在新一轮竞赛中抢占未来发展制高点。优化产业结构是推动实体经济高质量发展的重要抓手，提升价值链是优化产业结构的中心环节，科技创新则是实体经济向价值链上游攀升的有力支撑。中国要加快建立健全保持实体经济特别是制造业合理比重投入机制，促进劳动、资本、土地、知识、技术、管理、数据等要素有效向实体经济特别是制造业聚集，加大对实体经济科技创新、绿色发展、数智化升级、公共服务等方面的支持力度，持续改造提升传统产业、培育壮大新兴产业和未来产业、加快发展生产性服务业，不断优化产业结构，加快形成新质生产力，促进实体经济实现存量调整、增量优化的可持续发展目标，提升实体经济产业在全球价值链中的位置，持续提高实体经济发展质效。

### 一　改造提升传统产业

传统产业是中国实体经济高质量发展的坚实基础。改造提升传统产业是产业结构调整的重点和难点，也是推动实体经济高质量发展的重要任务。中国绝不能放弃传统优势产业，必须以国家标准提升引领传统产业优化升级，加快推进传统产业现代化。

#### （一）高度重视传统产业

大力推动传统产业转型升级，既是培育和发展新质生产力的重要支撑和路径，也是加快建设自主可控、安全可靠、竞争力强的现代化产业体系基底的重要着力点。中国传统产业已经在规模体量、结构体系、科技水平、国际市场占有率等方面取得显著成效，尽管仍存在"大而不强"、"全而不精"、部分领域"产能冗余"、产业集中度不高等问题，[①] 但我们绝不能把传

---

① 《党的二十届三中全会〈决定〉学习辅导百问》，党建读物出版社、学习出版社，2024，第31页。

统产业等同于低端产业或落后产能简单退出,而要深刻认识到传统产业与战略性新兴产业及未来产业是密不可分、互为促进的关系。传统产业是支撑国民经济高质量发展和满足人民在衣食住行等方面美好生活需要的重要基础,如轻工、纺织、机械等传统产业是中国具有明显比较优势的实体经济产业,我们不仅不能放弃这些传统优势产业,反而要坚持以高质量发展为导向加快传统产业转型升级。为此,中国在思想上必须高度重视传统优势产业,增强改造提升传统产业的自觉性,以市场需求为导向推动传统产业迈向高端化、智能化、绿色化、融合化,让传统产业在转型升级中更好适应国内外市场需求变化,加快培育一批拥有自主知识产权的国际高端品牌,持续巩固提升传统产业竞争优势。

一是支持用数智技术改造提升传统产业。健全支持引导企业开展技术改造的有效机制,鼓励面向传统制造业重点领域开展共性技术研究,加快推动数智技术在传统产业的产业化应用示范。二是支持用绿色技术改造提升传统产业。加快绿色科技创新和先进绿色技术推广应用,持续优化支持绿色低碳发展的经济政策工具箱,全方位、全过程发展绿色生产力。三是以国家标准提升引领传统产业优化升级。截至2023年底,我国现有国家标准4.4万余项,要修订一批技术、安全、能耗、排放等关键核心国家标准,强化制度约束和标准引领,促进技术改造、消费提质和循环畅通。[①]

### (二) 充分利用高新技术

运用高新技术提高传统产业装备水平,增强实体经济企业自主创新能力,加快产品升级换代步伐,这是中国传统产业在全球新一轮科技革命和产业变革浪潮中赢得发展主动权、占领竞争新高地的关键举措,也是中国实体经济保持长久活力的有力武器。中国要积极借鉴发达国家的成功经验,着力构建促进传统产业技术改造的长效机制,鼓励和支持实体经济企业广泛应用数智技术、绿色技术改造提升传统产业,以国家标准提升引领传统产业优化升级,推动设备更新、工艺升级、数字赋能、管理创新,让传统产业焕发新活力,为传统产业塑造新优势。一方面,要坚持需求导向,强化关键核心技术攻关能力,充分利用互联网、大数据、人工智能、区块链等数字新技术对传统产业进行全方位、全链条、全流程改造,不断加强数

---

[①] 《〈中共中央关于进一步全面深化改革、推进中国式现代化的决定〉辅导读本》,人民出版社,2024,第34页。

字新技术在企业研发设计、生产装备、制造过程、经营管理等方面的创新与应用，构建新的产业链、供应链、价值链，塑造新的产业产品形态和新的商业运营模式，切实增强中国传统产业创新发展能力，全面重塑传统产业核心竞争力，不断完善现代化产业体系。另一方面，要实施促进企业技术改造的相关政策措施，为传统产业改造升级提供良好的制度环境，不断增强传统产业进行技术改造和研发创新的内在动力。为此，要全面贯彻落实党的二十大和二十届二中、三中全会精神，持续深化全国统一大市场建设，深入推进能源和资源价格改革，健全多层次资本市场体系，让数据、土地、资本、能源等要素向传统优势产业的改造升级倾斜，让各种所有制企业都能够公平地获得生产所需的各类资源。要进一步深化税制改革，针对传统产业中的企业实际情况实施结构性减税降费政策，切实减轻企业负担，增强企业自我发展能力，为传统产业改造升级积累资金，重塑传统产业竞争新优势。

### （三）大力推进精工生产

通过科技创新和管理变革，走精致化生产的发展道路，传统产业同样能够拥有独特的技术、精湛的工艺和强大的竞争力，进而从产业链中低端向高端攀升。正是通过精工生产，德国双立人炊具、瑞士手表以及LV包等传统制造业产品均获得世人青睐，品牌质量享誉全球。通过精工生产，这些传统优势制造业生机勃勃，拥有广阔的发展空间。国际经验证明，精工制造是促进传统产业向价值链高端攀升的有效途径。中国传统产业走精工生产的发展道路，关键要靠优化教育结构，大力发展职业教育，健全终身职业技能培训制度，推动企业员工职业技能培训常态化、精准化，源源不断培养大量适应传统产业转型升级的高级技术工人和高素质管理人才。同时，对于中国传统产业中创新能力突出、精工生产竞争力强的企业，政府在相关政策上应给予适当倾斜，以培育品牌产品和创新型企业，塑造中国传统产业竞争优势，筑牢经济高质量发展的实业基础。

## 二 培育壮大新兴产业和未来产业

《国务院关于加快培育和发展战略性新兴产业的决定》明确指出，战略性新兴产业是以重大技术突破和重大发展需求为基础，对经济社会全局和长远发展具有重大引领带动作用，知识技术密集、物质资源消耗少、成长潜力大、综合效益好的产业。① 当今世界，战略性新兴产业已成为全球竞争的制高点，谁能抢占新兴产业发展先机，谁就能占据科技制高点、争夺产业主导权、增强高质量发展新动能。美国、德国、英国、法国、日本等主要发达国家均高度重视人工智能（AI）、新能源、量子信息、通信技术、先进制造、生物技术等战略性新兴产业发展，持续加强对前沿技术和未来产业的布局，刺激政策密集出炉，加快培育未来产业。培育壮大战略性新兴产业和未来产业，既是中国调整优化产业结构、转变经济发展方式、培育新的经济增长点的关键举措，也是重塑产业竞争新优势、推动实体经济高质量发展、赢得未来发展主动权的必然选择。中国应在深入研究和洞悉战略性新兴产业和未来产业发展规律和难点的基础上，着力抓好重点领域突破、提升科技创新水平、培育拓展新兴市场、加快体制机制改革，推进战略性新兴产业和未来产业高质量发展。

（一）抓好重点领域突破

重点领域是培育壮大战略性新兴产业和未来产业的突破口。中国制造业"大而不强"，这是我们必须正视的突出问题。从中国实际出发选择基础好、条件优、需求大且能占据科技和市场制高点的战略性新兴产业和未来产业，通过新型举国体制着力抓好重点领域突破，加快形成竞争优势，是推动中国实体经济高质量发展的必由之路。一要明确发展方向，聚焦重点领域。中国要继续加大对新一代信息技术、人工智能（AI）、航空航天、新能源、新材料、高端装备、生物医药、量子科技、绿色环保等战略性新兴产业和未来产业的投资力度，健全巩固以轨道交通装备、新能源汽车、太阳能光伏、动力电池等为代表的优势产业领先地位的体制机制，加快形成新质生产力，不断塑造发展新动能新优势，力争在未来国际竞争中占据有利席位。二要适时调整方向，布局新兴领域。战略性新兴产业和未来产业都是动态概念，中国要洞悉世界科技和产业发展新方向，根据消费结构、产业结构、高新科技和竞争态势等方面的发展变化，适时调整产业发展方向，提前布局战略性新兴产业和未来产业的重点领域，打造生物制造、商业航天、低空经济等若干战略性新兴产业，开辟量子、生命科学等未来产

---

① 《国务院关于加快培育和发展战略性新兴产业的决定》，中国政府网，https://www.gov.cn/zwgk/2010-10/18/content_1724848.htm。

业新赛道，① 牢牢掌握未来具有市场生命力的核心技术，使之成为持续支持战略性新兴产业和未来产业高质量发展的技术源泉。三要完善战略性新兴产业和未来产业发展政策和治理体系，充分发挥各地特别是民间资本充裕、民营经济发达地区的突出比较优势，让市场的调节机制和政府的宏观调控得到有机结合，大力鼓励民营企业发展各具特色的战略性新兴产业和未来产业，推动战略性新兴产业和未来产业高质量发展。

### （二）提升科技创新能力

科技创新是培育壮大战略性新兴产业和未来产业的中心环节。培育壮大战略性新兴产业和未来产业要坚持以国家战略需求为导向，以新型举国体制优势积聚力量进行原创性引领性科技攻关，努力突破和掌握关键核心技术。要以提高实体经济企业科技创新能力和产业自主发展能力为目标，多措并举，夯实产业发展的科技基础、增强企业科技创新主体地位、实施产业发展规划、重点突破关键核心技术，畅通科技成果产业化途径，掌握产业发展的关键核心技术和持续创新能力，不断提高战略性新兴产业和未来产业的核心竞争力。要以国家科技重大专项为依托，提前做好支撑战略性新兴产业和未来产业发展的关键核心技术和前沿技术研发的战略部署；鼓励支持有实力的实体经济企业搭建世界领先水平的工程化平台，提升系统集成能力。要以实现产业规模化发展为目标，统筹技术开发、工程化、标准制定、市场应用等创新环节，通过实施一批带动力强、市场前景好的重大产业工程和专项，找准战略性新兴产业和未来产业发展的突破口，形成产业发展特色和优势。市场竞争是促进实体经济企业加快科技创新的重要力量。要让市场选择战略性新兴产业和未来产业的技术方向，尽快完善能耗、环保、质量、安全以及技术等综合标准体系，健全战略性新兴产业和未来产业的市场准入制度。要强化科技型中小企业在科技创新中的主体地位，鼓励和支持实体经济企业承担国家科技研发项目。国家重点实验室和工程技术研究中心应加大为实体经济企业服务力度，政府采购应优先购买科技型中小企业的创新产品特别是首台（套）产品。政府要出台更多利好政策，加快推进高校和科研机构的技术转移，特别是促进创新成果产业化。

### （三）培育拓展新兴市场

新兴市场是培育壮大战略性新兴产业和未来产业的重要动力。中国战

---

① 《中央经济工作会议在北京举行》，《人民日报》2023年12月13日，第1版。

略性新兴产业正在成长壮大,战略性新兴产业集群已进入自主创新阶段。[①]既要让市场选择战略性新兴产业和未来产业的技术方向,又需要政府适时推广若干投资示范项目,健全市场服务体系和运行机制,完善相关配套设施,通过政府补贴和价格杠杆等调控手段创造消费需求,培育并拓展新兴市场,营造各类企业公平竞争的良好环境,不断扩大消费市场规模,使市场需求潜力尽快转化为推动战略性新兴产业和未来产业高质量发展的强大动力。首先,要打造一批重大示范项目。中国要坚持面向世界科技前沿、面向经济主战场、面向国家重大需求、面向人民生命健康,[②]重点支持关键核心技术研发,坚持以应用促发展,主要选择处于产业化初期、经济社会效益显著、市场机制难以有效发挥作用的重大技术和产品,统筹衔接现有试验示范工程,组织实施数字经济、智能制造、生命健康、新材料等重大应用示范工程,转变现有消费模式,精心培育市场,促进战略性新兴产业和未来产业高质量发展。其次,着力拓宽市场。中国要加快推进5G、数据中心、工业互联网等新型基础设施建设,加强交通、能源、市政等传统基础设施数字化智能化改造,完善市场配套基础设施,同时加快健全网络安全和数据安全保障政策、制度和标准体系,全面提升网络与数据安全保障能力,培育壮大数字消费、绿色消费、健康消费等新型消费,拓宽国内外市场特别是国内市场对战略性新兴产业和未来产业的消费需求。再次,要创新商业模式,解决市场准入障碍、行业壁垒以及行业垄断等难题,主要依靠市场机制引导和激励企业创新,当然,政府也应不断优化市场准入流程管理。最后,要完善产品出口信贷保险制度,加大海外知识产权保护力度,大力支持中国战略性新兴产业和未来产业培育国际品牌,开拓国际市场,不断增强战略性新兴产业和未来产业的市场竞争力。

### (四) 加快体制机制创新

体制机制创新是培育壮大战略性新兴产业和未来产业的重要支撑。培育壮大战略性新兴产业和未来产业是一项长期的系统工程,必须正确处理政府与市场的关系,既要充分发挥市场在推进科技创新和加快产业发展中的核心动力作用,利用市场的激励机制和约束机制促进科技创新和产业升

---

① 国家信息中心战略性新兴产业研究组:《中国战略性新兴产业集群的发展历程及特征》,国家发展和改革委员会网站,https://www.ndrc.gov.cn/xxgk/jd/wsdwhfz/202103/t20210319_1269838.html。

② 《习近平著作选读》第1卷,人民出版社,2023,第29页。

级，又要正确发挥政府在扶持战略性新兴产业和未来产业发展中的规划引导作用，做到既不袖手旁观，又不越俎代庖，不断加快体制机制创新，突出实体经济企业的主体地位，为推动战略性新兴产业和未来产业高质量发展营造良好的外部环境。

一方面，要坚持"少取多予"方针，完善财政、税收和金融政策，引导社会资本投向战略性新兴产业和未来产业。战略性新兴产业和未来产业具有高投入、高风险、预期高回报等特点，需要财政、税收和金融政策长期为之提供巨额的、持续性的资金保障。在财政政策上，要通过整合现有政策资源和资金渠道，构建比较稳定的财政投入增长机制，筹资直接设立发展战略性新兴产业和未来产业的专项资金，切实大幅度增加中央财政资金投入，发挥中央财政资金杠杆效应，为发展战略性新兴产业和未来产业提供更多资金支持。在税收政策上，政府部门要在落实好已有的税收激励政策的基础上深化税制改革，从激励实体经济企业自主创新、鼓励发展新业态、培育壮大新型消费等方面入手，加快构建流转税、所得税、财产税"三足鼎立"的现代税制体系，形成支持战略性新兴产业和未来产业发展的普惠政策，着力提高社会资本投资战略性新兴产业和未来产业的积极性，充分调动民营企业参与战略性新兴产业和未来产业发展的主动性和创造性，引导更多社会资本流入实体经济领域，推进战略性新兴产业和未来产业高质量发展。在金融政策上，要构建包括比较规范的民间金融在内的多层次信贷体系，有效解决战略性新兴产业和未来产业企业特别是广大中小实体经济企业融资难问题。要健全以政策性信用担保为主体，以商业担保和互助担保为"两翼"的多层次信用担保体系，完善由各级政府共同出资设立的贷款担保基金的管理办法，加大金融服务战略性新兴产业和未来产业的力度，有效解决战略性新兴产业和未来产业企业在融资过程中所面临的担保难和抵押难问题，切实优化其贷款环境。要继续完善创业投资、场外交易以及发行债券等直接融资模式，健全多层次资本市场，满足广大创新型中小企业的融资需求。要推动股权投资基金高质量发展，使之在培育壮大战略性新兴产业和未来产业中大有作为。

另一方面，要高度重视人才的培养、引进、使用，让广大创新创业人才成为推动战略性新兴产业和未来产业高质量发展的智力支持。要建立多层次的人才培养体系，根据战略性新兴产业和未来产业的发展需要适时调整人才培养方向，优化学科专业设置，促使具备实力的高校尽快增设相关专业。要鼓励和支持实体经济企业、高等院校和科研院所之间密切合作，加大在职人员的基础理论、高端技术和管理经验的培训力度，携手培育战略性新兴产业和未来产业急需的各类优秀人才。要重视高端人才引进工作，大力引进科技创新急需的、学有专长的高端技术人才特别是领军型人才，并着力健全人才激励机制，优化人才的创业环境，激发人才的创新活力，使之成为加快战略性新兴产业和未来产业高质量发展的动力源泉。总之，中国要尽快完善财政、税收、金融和人才政策，加快形成资本向新兴产业和未来产业流动、资源向新兴产业和未来产业集聚、人才向新兴产业和未来产业集中的良好格局，培育一批具有国际竞争力的战略性新兴产业和未来产业，为实现国家富强民族复兴人民幸福提供坚实物质基础，为世界提供更多更好的中国制造和中国创造。

### 三　加快发展生产性服务业

生产性服务业是从制造业内部生产服务部门独立发展起来的，直接或间接地为农业和制造业等其他产业的生产过程提供服务的新兴服务业，具有专业化程度高、资本密集度高、技术含量高、附加值高、产业融合度高、产业链长等优势，是推动实体经济高质量发展的强大"助推器"。当前，生产性服务业已成为世界经济发展中增幅最快的行业，在世界各国特别是发达国家的 GDP 总量中所占比重越来越大。黄奇帆认为，生产性服务业涉及与制造业相关产业链的十个方面，包括产业链上新技术和新产品的研发、产业链各种零部件的检验检测和市场准入、全球产业链物流配送、产业链金融服务、产业链绿色服务、数字技术对全产业链的赋能、产品销售和零部件原材料采购、产业链上专利保护和品牌宣传、政策和市场信息咨询，以及产品售后服务等。[①] 据测算，上述十种生产性服务业占据美国 GDP 总量的 50%、欧盟 GDP 总量的 40%。而中国生产性服务业占 GDP 总量的比重仅为 17%~18%，大幅低于发达国家。生产性服务业发展不充分的问题必须引起重视并得到妥善处理。[②] 大力发展生产性服务业，既是推动实体经济高质量发展、促进高质量充分就业的重要举措，也是优化产业结构、促进实

---

[①] 齐旭：《重庆市原市长黄奇帆：制造强国建设应重视发展生产性服务业》，《中国电子报》2024 年 4 月 9 日，第 5 版。

[②] 齐旭：《重庆市原市长黄奇帆：制造强国建设应重视发展生产性服务业》，《中国电子报》2024 年 4 月 9 日，第 5 版。

体经济产业向全球价值链上游攀升的坚强后盾。因此，中国要把推动科技服务、软件和信息服务、金融服务、现代物流等生产性服务业高质量发展作为产业结构调整的战略重点。

（一）放宽市场准入条件

中国要坚持全面深化改革开放，充分发挥全国服务业发展领导小组的作用，用好22个自由贸易试验区和海南自由贸易港，尽快破解制约生产性服务业发展的各种体制机制障碍，建立宽松的市场准入机制。尤其要简化行政审批，打破行业垄断，鼓励社会资本以多种方式发展生产性服务业，为各种所有制的生产性服务业企业营造公平的竞争环境，激发企业家的创业热情，着力发展服务贸易，增强企业发展活力，稳步提高生产性服务业的专业化水平和开放程度，推动生产性服务业向价值链高端延伸。

（二）促进产业融合互动

产业融合与互动发展是现代化产业体系的一个显著特点，也是引领实体经济高质量发展的重要方向。生产性服务业与农业、制造业等实体经济产业是相互融合、共生共荣的关系：实体经济是生产性服务业发展的基础，为生产性服务业提供巨大的市场空间；而生产性服务业特别是金融资本和人力资本则是推动实体经济高质量的强大"助推器"。中国要加快构建生产性服务业与先进制造业、现代农业等实体经济产业之间的良性互动机制，积极探索三大产业之间深度融合的内在机理，不断深化业务关联、链条延伸、技术渗透和平台赋能，着力推进生产性服务业与先进制造业、现代农业相融相长、耦合共生，大力培育生产性服务业新业态新模式，全力推动生产性服务业高质量跨越式发展，培育壮大新的经济增长点，为实体经济高质量发展增添新动能。

（三）推动产业集聚发展

当今世界，集聚发展是生产性服务业的重要特征和发展趋势。中国要顺应世界经济发展潮流，洞悉生产性服务业发展水平和发展瓶颈，充分利用全国各地的优势资源，集中精力加快推动科技服务、软件和信息服务、金融服务、现代物流等生产性服务业高质量发展，努力在优势行业和重点区域打造规模大、经济效益好、产品知名度高的生产性服务业企业集团和产业集群。要加快发展研发设计、工业设计、商务咨询、检验检测认证等服务，以助力全面提高实体经济产业创新能力；推动供应链金融、信息数据、人力资源等服务创新发展，以助力提高要素配置效率；提高现代物流、采购分销、生产控制、运营管理、售后服务等发展水平,以助力增强全产业链优势,培育具有国际竞争力的生产性服务业企业。① 要加大对生产性服务业的政策扶持力度,营造宽松的产业发展环境;增强生产性服务业的自主创新能力,着力培养和吸引国际性高级技术工人和优秀管理人才,持续提升生产性服务业的管理效率,促进生产性服务企业做大做强。总之,要多措并举,切实提高中国生产性服务业占GDP的比重和发展水平,为推动实体经济转型升级乃至实现高质量发展提供有力支撑。

### 四 防范化解产能过剩风险

防范化解产能过剩风险是深化供给侧结构性改革、促进产业结构调整和推动绿色低碳发展的重要举措,事关中国实体经济高质量发展与社会长治久安。防范化解产能过剩风险是一项复杂的系统工程,中国要坚持运用系统的思维和方法,既要不断深化供给侧结构性改革,依法依规推动落后产能有序退出市场,又要从源头加快构建市场化法治化防范化解过剩产能的长效机制,加强部分领域产能过剩治理,实现更高水平的供需动态平衡,还要理性看待美西方炮制的所谓"中国产能过剩论",坚定不移办好自己的事情,推动实体经济跑出高质量发展的"加速度"。

#### (一)推动过剩产能和落后产能有序退出市场

依法依规推动过剩产能和落后产能退出市场,是防范化解产能过剩直接有效的手段。中国要充分发挥市场在淘汰过剩产能和落后产能中的决定性作用,同时遵循"严控增量、主动减量、优化存量"的原则,强化制度执行力,合理运用法律手段、经济手段和必要的行政手段,科学运用能耗、环保、质量、安全、技术等综合标准,完善企业破产制度供给,分类推进资产债务处置,妥善做好人员分流安置工作,构建过剩产能和落后产能高效退出机制,强化市场监督执法和惩戒约束,依法依规加快推动过剩产能和落后产能按照市场机制有序退出,实现转产、转型或关停,以引导和促进全社会资金更多投向满足人民美好生活需要、促进资源优化配置和进行科技创新的实体经济领域,为健全市场化法治化化解过剩产能长效机制奠定良好基础。

---

① 《中华人民共和国国民经济和社会发展第十四个五年规划和2035年远景目标纲要》,人民出版社,2021,第29页。

## （二）健全市场化法治化化解过剩产能长效机制

市场化法治化化解过剩产能长效机制是指按照市场化法治化原则，持续退出落后和不达标产能，优化存量资源配置，实现供需动态平衡的机制。① 建立市场化法治化化解过剩产能长效机制，既是《中共中央、国务院关于新时代加快完善社会主义市场经济体制的意见》的一项重要改革内容，也是推动实体经济全面绿色低碳转型的重要措施。中国要全面贯彻落实党的二十大和二十届二中、三中全会精神，处理好政府与市场关系，深化行政管理体制改革，聚焦推动高质量发展优化领导干部政绩考核评价体系，充分发挥考核评价体系的杠杆作用，坚决贯彻落实党中央决策部署，按照全国统一大市场建设要求建立健全招商引资法规制度，强化生态环境刚性约束，加强产业政策统筹协调，引导地方政府依托当地的产业结构、资源禀赋、环境容量、市场需求、营商环境等推动招商引资工作提质增效，坚决遏制煤电、石化、化工、钢铁、有色金属冶炼、建材等高耗能、高排放项目盲目发展，有力抑制产能过剩行业盲目扩张，推动实体经济全面绿色低碳转型取得实实在在的成效。要加快建设全国统一大市场，从整体上深化要素市场化配置改革，实现要素价格市场决定，促进要素自主有序流动，提高要素配置效率，加快形成市场决定要素配置的机制，建立健全生产要素从低质低效领域向优质高效领域流动的机制，不断提高要素质量和配置效率，引导各类要素协同向新质生产力集聚，更好地防范化解部分领域产能过剩风险，推动实体经济发展质量变革、效率变革、动力变革。

## （三）理性看待美西方所谓"中国产能过剩论"

近年来，中国正在兴起的以电动汽车、锂电池、光伏产品为代表的"新三样"产品出口增势迅猛，在全球市场上备受青睐，是当今中国和世界新质生产力的代表，既是中国实体经济高质量发展的重要体现，也是驱动全球特别是发展中国家绿色低碳转型发展的重要力量。然而，2024年以来，美西方一些政客和媒体持续炒作中国新能源"产能过剩"的论调，宣称"中国以新能源汽车、锂电池、光伏产品等为代表的'新三样'绿色产能过剩，中方为消化过剩产能，大量出口导致市场扭曲，损害他国经济"②，矛

---

① 《"十四五"规划〈纲要〉名词解释之66 | 市场化法治化化解过剩产能长效机制》，国家发展和改革委员会网站，https://www.ndrc.gov.cn/fggz/fzzlgh/gjfzgh/202112/t20211224_1309319.html。

② 《尺素金声 | "中国绿色产品出口损害他国经济"？纯属无稽之谈！》，人民日报客户端，https://wap.peopleapp.com/article/7408415/7240050。

头直指中国具有全球比较优势的新能源产业，蓄意扭曲中国与世界的经贸联系，试图掩盖美西方绿色转型不力和传统产业逐渐落后的尴尬现实，企图歪曲抹黑中国高质量发展道路、干扰全球经贸运行，旨在为升级绿色保护主义措施造势，遏制以中国为代表的发展中国家在全球产业链价值链的跃升路径，以不正当手段维护有关国家在全球的经济霸权。事实上，在经济全球化时代，判断一国是否存在"产能过剩"，既要以产能利用率、库存水平以及利润率等关键指标为依据，也要结合全球市场需求和未来发展潜力等做判断。数据表明，十年来，中国的产能利用率比较稳定，目前为76%左右，与美国的78%相差无几；截至2024年初，中国产成品库存指数约为49（未触及50这一红线），整体的库存水平也没有问题；2023年8月以来，中国工业企业利润一直保持增长态势，其中，2024年前两个月利润增长高达10.2%。[①] 同时，产能问题是国际分工和国际市场的反映，当前全球绿色产能不是过剩，而是严重不足。根据国际能源署的测算数据，要实现碳中和目标，全球新能源汽车、光伏装机等需求量还将大幅提升，如2030年全球新能源汽车需求量将达4500万辆，是2022年的4倍多；全球光伏新增装机需求将达到820吉瓦，是2022年的约4倍，[②] 这些数据说明当前绿色优质产能远远不能满足不断增长的需求。总之，所谓"中国产能过剩论"根本站不住脚，正如国务院总理李强所指出的，"要以市场眼光和全球视野，从经济规律出发，客观、辩证看待产能问题"[③]。中国要保持战略定力，坚定不移走高质量发展之路，心无旁骛做好自己的事，大力发展实体经济，推动构建公正、合理、透明的国际经贸规则体系，引导经济全球化健康发展。

## 第三节　激发企业活力，坚守实体经济

发展实体经济的主体是企业，而企业家是经济活动的重要主体、实体经济企业的灵魂和推动实体经济高质量发展的中坚力量。中国实体经济企

---

[①] 《锐评｜警惕"产能过剩论"背后的话语陷阱》，北京日报客户端，https://baijiahao.baidu.com/s?id=1796042581738221426&wfr=spider&for=pc。
[②] 《尺素金声｜"中国绿色产品出口损害他国经济"？纯属无稽之谈！》，人民日报客户端，https://wap.peopleapp.com/article/7408415/7240050。
[③] 《李强会见美国财政部长耶伦》，《人民日报》2024年4月8日，第1版。

业要大力弘扬企业家精神、增强科技创新能力、培育国际高端品牌、加大人才建设力度，坚定不移发展实体经济，激发实体经济发展活力，在推动实体经济高质量发展中强化实体经济吸引力和竞争力。

## 一 弘扬优秀企业家精神

企业家精神是表明企业家这个特殊群体所具有的共同特征，是他们所具有的独特的个人素质、价值取向以及思维模式的抽象表达，是对企业家理性和非理性逻辑结构的一种超越、升华。[①] 习近平总书记指出："市场活力来自于人，特别是来自于企业家，来自于企业家精神。"[②] 相关研究显示，当营商环境逐渐完善时，培育企业家精神对实体经济企业绩效有显著的促进作用。[③] 然而，中国企业家精神不够足，其创新理念和战略思维能力亟待增强。据调查，2018年，企业家中认为"创新对企业的生存发展起到了重要作用"的占比仅29.8%，制定创新战略目标的占比不足60%。[④] 2017年9月，《中共中央 国务院关于营造企业家健康成长环境弘扬优秀企业家精神更好发挥企业家作用的意见》正式印发，这是中央首次出台文件明确企业家精神的地位和价值。2020年7月，习近平总书记在企业家座谈会上从"爱国、创新、诚信、社会责任、国际视野"等方面全面阐述了企业家精神的时代内涵及本质要求，为弘扬优秀企业家精神更好发挥企业家作用提供了理论指引。党的二十大报告进一步强调："弘扬企业家精神，加快建设世界一流企业。"[⑤] 企业家精神是实体经济企业的动力引擎，是资源优化配置、科技不断进步、实体经济高质量发展的重要推动力。发展新质生产力、促进实体经济高质量发展、推动中国式现代化建设，中国更加需要企业家精神。中国要不断为实体经济企业营造更好的政策和制度环境，在全社会培育、弘扬和呵护优秀企业家精神，积极支持企业家专注创新发展，让国有企业敢干民营企业敢闯外资企业敢投，踏踏实实把企业办好，厚植中国式现代化的实体经济根基。

---

[①] 李锦、谭云明编著《中国实体经济99评》，清华大学出版社，2012，第343~344页。
[②] 《习近平外交演讲集》第1卷，中央文献出版社，2022，第208~209页。
[③] 谢众、张杰：《营商环境、企业家精神与实体企业绩效——基于上市公司数据的经验证据》，《工业技术经济》2019年第5期。
[④] 盛来运：《创新发展蹄疾步稳 提质增效任重道远——从第四次全国经济普查数据看我国创新发展》，《中国信息报》2020年2月14日，第1版。
[⑤] 《习近平著作选读》第1卷，人民出版社，2023，第24页。

## (一) 提升素质，善于创新

企业家素质的高低关乎企业发展的成败。只有拥有高素质、具有创新意识和超前意识的大量的优秀企业家，实体经济企业才能在国际经济竞争舞台上立于不败之地。中国实体经济企业家要勤于学习、终身学习，通过总结自身的经营管理经验、借鉴他人的成功经验再创新、综合研判国内外形势政策以及进修学习等方式不断提高自身素质，以适应瞬息万变的市场经济，加快企业转型升级，推动实体经济高质量发展。企业家精神最重要的部分是创新。科技创新是实体经济企业的生命，是实体经济企业可持续发展的不竭动力。企业家要勇于创新，争做创新发展的探索者、组织者、引领者，加快推进科技创新、制度创新、产品创新、品牌创新和业态创新，着力提高产品的市场竞争力，增强企业可持续发展能力。企业家要有冒险精神，优秀企业家是企业的舵手和领航者，勇于冒险、善于进行"创造性破坏"是其必备的素质。同时，推动实体经济企业转型升级，企业家心态和价值观的全面改造是关键。真正的企业家不能整天只盯着利润，而应该坚持实业兴国，注重提升产品品质，尽职尽责地为客户创造更大的价值，以实现人类的梦想为荣，以给消费者提供便利、为社会创造美感为荣，用心追求完美和独特，收获身为企业家所应有的尊严和荣誉。

## (二) 立足主业，实业报国

"金山银山来自实业这座'青山'，七业八业关键要干好主业。"[①] 主业是中国实体经济企业实现高质量发展的根基。只有发展实体经济才能真正增加社会财富。中国企业家当有"天下兴亡，匹夫有责"的豪情，要忍得下艰辛，遵循产业规律，坚持发展主业不动摇，抵挡住股票、房地产和高利贷等虚拟经济利益的诱惑。要围绕主业，抓住机遇，增强自主创新能力，坚持以品质取信、以品牌立世，做强主业，把企业可持续发展当作企业家一生甚至是数代人的事业去经营，争创全国和世界一流企业，打造百年老店。"实业报国"是指矢志实业、报效祖国，它应成为中国企业家发展实业的宗旨。实体经济企业的生存与发展，企业家所取得的辉煌成就，离不开国家和全社会的支持。因此，追求个人的富足并不是企业家精神的本质，对于优秀企业家来说，最重要的是出色地服务和回报社会，即社会责任感才是衡量企业家成败的标杆。自古以来，中国企业家就有实业兴国的理想，

---

① 王慧敏、梁孟伟：《坚守"实业"兴新昌》，《人民日报》2011年12月26日，第20版。

新时代中国企业家更要坚守实业报国的初心和科技创新的恒心，坚定追求卓越的信心和造福人类的决心。新时代中国企业家应以任正非、宗庆后、曹德旺、董明珠等优秀企业家为榜样，超越单一的盈利动机，树立矢志实业、报效国家、服务人民的理想，勇担社会责任，自觉地将企业的发展目标与经济社会高质量发展和中华民族伟大复兴的中国梦融为一体，为推进强国建设、民族复兴作出更大贡献。

**（三）勤劳致富，诚实守信**

尽管企业家的创新精神是企业发展的不竭动力，但具有"创造性破坏"能力的企业家必须时刻受到道德和法律的约束。勤劳创业和实业致富是中国实体经济高质量发展的动力源泉。勤劳致富是指勤奋劳动不怕吃苦，艰苦创业发家致富。著名的民族实业家荣德生将自己创业的成功经验概括为"勤""俭"二字，他在获得"面粉大王"称号后，丝毫不敢懈怠，毫不自夸，勤俭不改，事必躬亲。[①] 浙江温州与泉州晋江是中国民营经济重要发祥地和实体经济重镇，乘着改革开放的东风，温州秉持"走遍千山万水、说尽千言万语、想尽千方百计、吃尽千辛万苦"的"四千精神"，[②] 晋江则凭借"敢为天下先，爱拼才会赢"[③] 的顽强拼搏精神，分别创造了举世瞩目的"温州模式"和"晋江经验"，两地堪称勤劳致富的典范。中国企业家要吸取一些企业"脱实向虚"的惨痛教训，引领企业价值观念由"投机致富"回归"勤劳致富"，专注实体经济。同时，市场经济是法治经济，依法经营、诚实守信是企业家成功的基本前提。新时代中国企业家要不断自省、自律，自觉谋求道德素质的提高，遵纪守法、诚实守信、脚踏实地、艰苦创业，加快推动企业高质量发展。

总之，培育和弘扬优秀企业家精神是一项复杂的系统工程，中国政府要为企业家精神的生长提供肥沃的土壤，而广大企业家应抓住机遇，团结社会和他人，将个人的企业家精神转变成中华民族的实业精神，让企业家精神在推动实体经济高质量发展、厚植中国式现代化实体经济根基的征程

---

[①] 李锦：《时代呼唤中国企业精神——十评发展实体经济》，《中国企业报》2012年1月17日，第8版。

[②] 陆健、刘坤、常晨：《创新发展 落子如飞——浙江温州全力推动民营经济高质量发展》，《光明日报》2024年4月15日，第5版。

[③] 杨禹：《松绑！重读55位厂长经理的那封呼吁信》，《中国改革报》2024年4月15日，第1版。

上焕发新的时代光彩。

## 二 增强科技创新能力

核心技术是国之重器,科技创新是实体经济企业的"生命线",也是实体经济企业高质量发展的"动力源"。为更好统筹中华民族伟大复兴的战略全局和世界百年未有之大变局,中国实体经济企业要坚持以新发展理念为指导,坚定不移走自主创新道路,加快成长为从技术创新决策、研发投入、科研组织到成果转化全链条创新的主导力量,强化科技创新主体地位,把创新主动权、发展主动权牢牢掌握在自己手里,为实现高水平科技自立自强和支撑引领实体经济高质量发展保驾护航。

### (一) 强化技术创新决策主体地位

实体经济企业是市场经济活动的主要参与者和科技创新的主要推动者。强化企业科技创新主体地位的前提是发挥实体经济企业在技术创新决策中的主导作用。技术创新决策是实体经济企业科技创新过程中的关键环节,主要包括科技创新决策主体、科技创新目标、科技创新方案、科技创新决策实施等。为发挥好科技创新主体作用,中国实体经济企业必须主动融入新一轮科技革命和产业变革,始终牢牢把握企业技术创新的正确方向,在技术创新需求把握、战略目标设计、项目立项及考评等方面发挥主导作用,推动技术创新决策全面有效实施。[1] 如中国优秀实体经济企业常态化参与国家科技创新,紧紧围绕国家重大战略开展技术创新活动,提升企业在科技项目形成、组织、资金配置等方面的参与度和话语权,激发企业科技创新积极性、主动性。政府相关部门要不断健全需求导向和问题导向的科技计划项目形成机制,引导科研人员多从实体经济产业高质量发展需求中凝练科技研究任务,提升实体经济企业科研人员在国家重大攻关项目和重大科技决策中的话语权和研发主导权,[2] 更好发挥新型举国体制优势。

### (二) 强化研发投入主体地位

加大研发经费投入力度是提升实体经济企业科技创新能力的物质基础,也是强化实体经济企业研发投入主体地位的重要支撑。中国实体经济领域

---

[1] 参见刘凤朝、王元地、孙沛竹《企业技术创新决策主体:内涵、特征及影响因素》,《创新科技》2023年第10期;王瑞琪、原长弘《企业技术创新主体地位的内涵及其维度构建》,《技术与创新管理》2017年第6期。

[2] 金观平:《强化企业科技创新主体地位》,《经济日报》2024年2月2日,第1版。

的科技领军企业要立足世情、国情和企业实际，坚持以国家战略性需求为导向，紧扣国内外市场需求的"脉搏"，既要提高企业研发费用总额占营业收入总额比重，用好用足国家和地方鼓励企业科技创新的政策措施，如政府关于研发费用的加计扣除、财政补助等优惠政策以及高新技术企业税收优惠等普惠性政策，又要着力加大带有目标导向的基础研究和应用基础研究投入，大力提升企业原始创新能力，培养基础科学研究领域的世界级领先人才，建强企业研发中心和科技人才培养基地，瞄准新质生产力发展方向，集中力量攻克新一代人工智能、量子信息、集成电路、生命健康、脑科学、生物育种、空天科技、深地深海等战略性新兴产业和未来产业领域的核心技术，为推动实体经济高质量发展、增强实体经济竞争力提供"利器"。

（三）强化科研组织主体地位

实体经济企业处于市场最前沿，拥有洞悉用户需求更快、对新技术需求的感知更为敏锐、对产业发展趋势的把握更加准确等优势。强化实体经济企业科研组织主体地位是敏锐把握市场需求、提升科技创新效率的内在要求。中国实体经济企业要聚焦新质生产力，坚持面向世界科技前沿、面向经济主战场、面向国家重大需求、面向人民生命健康，既要围绕战略性新兴产业和未来产业等重点领域，加快建立以自身为主导的科技创新项目制度，推动科技创新更加匹配实体经济高质量发展需求，又要着力构建协同科研组织机制。[①] 中国实体经济企业要主动与国内外著名的高校、科研院所共同组建新型科技创新平台、新型研发机构、产业技术创新战略联盟等上下游紧密合作的创新联合体，进行全方位、多层次产学研合作，加强关键共性技术攻关和推广应用。其中，要强化中国实体经济企业科研组织主体地位，使其真正成为科技创新的"出题人""答题人""阅卷人"，有力推动实体经济高质量发展。

（四）强化成果转化主体地位

科技成果转化是连接科研和生产的重要桥梁，实体经济企业是促进科技成果转化的中坚力量。强化实体经济企业科技成果转化主体地位，是更好更快地改造提升传统产业、培育壮大新兴产业、超前布局建设未来产业，加快建设以实体经济为支撑的现代化产业体系的重要抓手。具有较强科技

---

[①] 胡志平、姚卿：《从制度上落实企业科技创新主体地位》，《学习时报》2023年6月28日，第A2版。

创新能力和较高研发投入实力、在行业领域处于领先地位的优秀实体经济企业，要具有全球视野，勇于开拓创新，主动担当作为，牵头建设立足本企业、深耕本行业的高水平企业研究院，洞悉企业自身的技术需求和行业发展态势，加快建设高水平企业研发平台，努力突破产业发展中的关键共性核心技术，积极探索研究院与企业、高校、科研院所协同创新模式和促进科技成果转化新途径，积极参与国际标准制定以增强行业话语权，畅通科技成果就地转化通道，实现科技成果供需高效对接，加快推动科技成果转化为现实生产力，更好培育和发展新质生产力，为实现高水平科技自立自强和推动实体经济高质量发展提供有力支撑。

### 三　培育国际高端品牌

品牌是质量、技术、信誉和文化的重要载体，是连接需求与供给的重要桥梁，也是参与全球竞争的重要资源。在品牌经济时代，培育国际高端品牌是推动实体经济高质量发展的战略举措，是实现从制造大国向制造强国跃升的重要抓手，更是推进中国式现代化的题中应有之义。中国实体经济企业要着力提高品牌科技含量、大力弘扬工匠精神、优化品牌成长环境，为中国式现代化注入更加磅礴的品牌力量。

#### （一）提高品牌科技含量

科技创新是品牌持续发展的活力之源，也是提升品牌核心竞争力的"硬核"支撑。强化科技赋能品牌创新，持续提高中国实体经济自主品牌"含金量"，才能牢牢掌握品牌发展的命脉，让更多中国品牌闪耀世界。中国实体经济企业要积极践行人才强国战略和创新驱动发展战略，持续加大研发投入强度，充分利用全球创新资源，以科技创新推进产业创新，特别是以颠覆性技术和前沿技术催生新产业、新模式、新动能，引领发展战略性新兴产业和未来产业，加快形成和发展新质生产力，同时以新质生产力赋能品牌规划、品牌设计、品牌宣传、品牌管理，打造持续创新平台，强化标准创新、科技创新、产品创新和管理创新，培育打造一批质量过硬、美誉度高、竞争优势明显的国际高端品牌，深度释放品牌活力，统筹推进科技创新和产业创新，为实体经济高质量发展和中国式现代化注入品牌力量。

#### （二）大力弘扬工匠精神

大力弘扬工匠精神是加快建设制造强国的必然选择，是推动质量强国建设的重要路径，也是塑造"中国制造"国际品牌形象的必由之路。中国实体经济企业要继承和发扬中华民族尊崇工匠精神的优良传统，围绕国家重大战略需求和企业高质量发展现实需求，瞄准创新链、产业链代际跃升，推动校企合作深度发展，培育和弘扬劳动者"执着专注、精益求精、一丝不苟、追求卓越"[①]的工匠精神，为建设一支规模宏大的知识型、技能型、创新型劳动者队伍贡献力量。中国实体经济企业要以中华优秀传统文化涵养培育工匠精神，大力引进国际先进工艺和创意设计人才，把工匠精神融入企业产品设计、生产（制造）、售后服务等全过程各环节，专注地把每一种产品和服务做到极致，做到全球品质最好，用品质赢得市场，以品质塑造品牌，不断提高品牌的辨识度、知名度和美誉度，推动更多区域品牌向国际知名品牌跃升。中国实体经济企业要推动党中央决策部署落地落实，健全大国工匠、高技能人才激励机制，在企业讲好工匠故事、褒扬工匠情怀、涵养工匠文化，倡导尊崇工匠精神的企业文化和社会风尚，激励广大劳动者恪尽职业操守，崇尚精益求精，执着追求完美，踔厉奋发、勇于创新，助力培育造就更多大国工匠和高技能人才，塑造实体经济高质量发展新动能新优势，打造更多享誉世界的国际高端品牌，为建设品牌强国贡献更大力量。

（三）优化品牌发展环境

国家强盛离不开高端国际品牌的崛起，实体经济企业高质量发展也有赖于国际高端品牌的引领。国际高端品牌建设是一项长期的系统工程，需要实体经济企业、企业家统筹谋划，久久为功，扎实推进，其中，良好的发展环境是实体经济企业品牌崛起的重要前提与基础。中国优秀实体经济企业、企业家要增强社会责任感使命感，站在实现自身高质量发展和国家长远发展的高度，全面落实企业质量安全主体责任，牢固树立"质量第一、品牌至上"理念，强化以质量和信誉为核心的品牌战略意识，加大品牌建设投入，着力在创新创意、文化赋能、品质提升、宣传推介上下功夫，健全品牌管理体系以增强品牌培育能力，坚持诚实经营以不断提升品牌形象，奋力成长为"产品卓越、品牌卓著、创新领先、治理现代"的世界一流企业。要将中华优秀传统文化融入实体经济企业品牌建设，在实体经济企业品牌建设中融入国家形象塑造，充分发挥优秀品牌在赋能创新创造、促进质量提升、引领消费潮流等方面的重要作用。要在高质量共建"一带一路"

---

① 习近平：《在全国劳动模范和先进工作者表彰大会上的讲话》，人民出版社，2020，第4页。

中积极参与国际重大交流活动，更好地利用两个市场、两种资源，推动更多中国品牌产品和服务"走出去"，有力传递国货"潮品"理念，撬动国货"潮品"升级跃迁，加快推动中国制造向中国创造转变、中国速度向中国质量转变、中国产品向中国品牌转变，为建设实体经济强国和品牌强国贡献力量。

### 四 加大人才建设力度

高素质人才是推进互联网、大数据、人工智能与实体经济深度融合发展的关键要素，集聚培养用好大批德才兼备的高素质人才是推动实体经济高质量发展的重要战略任务和重大战略支撑。中国实体经济企业要加大人才建设力度，打好引才、育才、用才、留才"组合拳"，最大限度激发高素质人才的创新创业活力，形成人才辈出、人尽其才的生动局面，为实体经济高质量发展提供强有力的人才支撑。

#### （一）有力争夺全球高端人才

习近平总书记指出："当今世界的竞争说到底是人才竞争、教育竞争。"[1] 经济全球化时代，高端人才是推动实体经济企业高质量发展、赢得国际竞争主动的战略资源，因而世界各国都千方百计地在全球范围内网罗和争夺"高精尖缺"人才。中国实体经济企业要抢抓新一轮"全球人才流动潮"机遇，围绕实体经济特别是制造业的基础共性技术、关键核心技术、"卡脖子"技术、颠覆性技术等方面的重大需求，用好国家扶持政策，既可以联合高校与科研院所精心制定并动态更新国际高端人才引进清单，精准引进一批懂技术、善经营、会管理、能创新的国际高端人才，又可以向全球发布科技创新需求和人才岗位需求，邀请全球科技专家"揭榜挂帅"，聚天下英才而用之。中国实体经济企业要认真贯彻落实以创新能力、质量、实效、贡献为导向的科学的人才评价体系，激励高端人才潜心研究和创新，充分激发高端人才创新创造的积极性、主动性和创造性，奋力突围破解"卡脖子"难题，推动实体经济企业高质量发展取得新进展新成效。

#### （二）开展高素质人才培育工程

习近平总书记强调，"国家科技创新力的根本源泉在于人"[2]，要"走好

---

[1] 《习近平著作选读》第2卷，人民出版社，2023，第474页。
[2] 习近平：《在科学家座谈会上的讲话》，人民出版社，2020，第8页。

人才自主培养之路"①。提高人才供给自主可控能力，既是汇聚实体经济企业高质量发展强劲动能的内在要求，也是确保国家人才安全的根本之策。中国实体经济企业要适应战略性新兴产业和未来产业的发展需要和传统产业转型升级的用人需求，积极创办研究机构，用足国家鼓励校企合作的政策措施，主动与高校、科研院所共建实验室，联合培养造就更多大师、一流科技领军人才和创新团队、青年科技人才、卓越工程师、大国工匠和高技能人才等德才兼备的高素质人才，促进人才在实体经济企业、高校、科研机构之间自由流动，助力提升科技成果转化率。要加大对实体经济企业现有管理人员和技术人员的专业培训力度，提高管理人员的管理能力和技术人员的操作技能，提高企业管理水平，锻造巧匠本领，不断提升实体经济供给质量。

**（三）持续完善人才服务体系**

构建符合实体经济高质量发展需要、高效便捷的人才服务体系，既是实体经济企业广聚天下英才的必然要求，也为广集高素质人才创造伟力提供坚实保障。中国实体经济企业要积极参与推进产学研一体化，建立健全创新创业平台，为高端人才营造科研氛围浓厚、产才深度融合、营商环境优化的创新创业环境，并且紧贴人才需求落实落细各项人才政策，解决好待遇、住房、医疗、子女教育等工作、生活问题。要根据实体经济企业高质量发展需求，用好中央赋予地方的揽才新权限，为符合条件的海外高端人才提供出入境便利，构建高质量、数字化的海外高端科技人才全链条体系。②要着力构建优秀的企业文化，凝聚高素质的科技人才、经营管理人才和普通工人，使员工爱岗敬业、爱企如家，与企业共命运、同成长。总之，中国实体经济企业要不断完善有利于人才成长和创新创业的体制机制，全力打造高素质人才"引得来、留得住、用得好"的良好生态，持续为实体经济企业高质量发展蓄势赋能。

## 第四节 加强宏观调控，服务实体经济

为推动实体经济高质量发展，中国政府要制订实体经济长远发展规划，

---

① 《习近平谈治国理政》第4卷，外文出版社，2022，第384页。
② 田杰棠：《抓关键环节提升创新体系整体效能》，《经济日报》2023年3月4日，第11版。

坚持扩大内需战略，优化房地产调控政策，持续优化营商环境，着力加强政府宏观调控，培厚推动实体经济高质量发展的土壤，增强实体经济吸引力，促进劳动、资本、土地、技术、数据等要素更多地向实体经济领域聚集，汇聚推动实体经济高质量发展的强劲动能。

## 一 制订长远发展规划，推动实体经济高质量发展

实体经济是国民经济的根基。习近平总书记多次强调，要"坚持把发展经济的着力点放在实体经济上"[①]，加快建设以实体经济为支撑的现代化产业体系。这是党和国家立足基本国情所做出的重要决策，也是推进中国式现代化的必然要求。加快推动实体经济高质量发展，向制造强国目标稳步迈进，这是攸关中国未来的重大战略决策，必须加快制订推动实体经济高质量发展的长远战略规划。中国要培育壮大新动能，加快绿色低碳转型，大力推动实体经济高质量发展，充分发挥实体经济在创造社会财富、保障和改善民生等方面的重要作用。要统筹考虑农业、工业和服务业等实体经济部门的产业特点、发展基础和发展前景等因素，在此基础上尽快研究制订"国家中长期实体经济高质量发展规划"，科学描绘中国主要实体经济部门高质量发展路线图，合理设定各阶段具体发展目标，并在此基础上进一步做好各地区中长期实体经济高质量发展规划与年度计划，不断做优农业、做强工业、做实服务业，坚定不移推动实体经济高质量发展。要以充分发挥市场决定性作用、更好发挥政府作用为保障，建立健全实体经济发展部际协调机制，围绕国内外市场需求和实体经济产业高质量发展的现实需要，统筹优化研发载体、资本、技术、人才、基础设施、数据等相关创新资源配置，[②] 引导更多创新资源流入实体经济部门，同时充分发挥虚拟经济服务于实体经济的重要作用。

## 二 坚持扩大内需战略，推动实体经济转型升级

内需是经济发展的基本动力。习近平同志在党的二十大报告中指出："着力扩大内需，增强消费对经济发展的基础性作用。"[③] 2023年底召开的

---

[①] 《习近平著作选读》第1卷，人民出版社，2023，第25页。
[②] 王海芸、万劲波：《优化创新资源配置 支撑高质量发展》，《光明日报》2023年6月15日，第16版。
[③] 《习近平著作选读》第1卷，人民出版社，2023，第24页。

第五章 新时代中国实体经济高质量发展的路径选择

中央经济工作会议强调，要"着力扩大国内需求"，"以提高技术、能耗、排放等标准为牵引，推动大规模设备更新和消费品以旧换新"。① 大力实施扩大内需战略是更好满足人民日益增长的美好生活需要的必然要求，也是推动中国实体经济高质量发展的强大引擎。扩大内需关键是扩大国内消费需求，这就需要尽快建立健全扩大国内消费需求的长效机制。

（一）深化收入分配制度改革，增强扩大内需的支撑力

消费是连接生产、流通、分配的关键环节，是推动实体经济高质量发展的持久动力，更是满足人民日益增长的美好生活需要的重要保障，而合理的收入分配制度是提升居民消费能力的重要因素。深化收入分配制度改革，推动居民收入保持稳步增长是扩大国内消费需求的重要基础。因此，中国要继续深化收入分配制度改革，不断优化收入分配结构，加快构建初次分配、再分配、第三次分配协调配套的制度体系。要建立工资收入水平与经济效益良性增长机制，努力实现居民收入增长和经济发展同步、劳动报酬增长和劳动生产率提高同步，提高居民收入在国民收入分配中的比重，提高劳动报酬在初次分配中的比重，切实增加低收入者收入，增加中等收入者比重，千方百计提高居民收入水平，不断增强居民消费能力，形成推动实体经济高质量发展的持久动力。

（二）健全社会保障制度，增强居民的消费意愿

完善的社会保障制度是扩大内需的强大支撑。拓宽就业渠道，提高居民收入水平，不断完善社会保障体系，这是充分释放居民有效需求的重要举措。因此，中国要持续实施就业优先战略和积极的就业政策，健全就业促进机制和就业公共服务体系，多管齐下扩大就业渠道，着力解决好大中专院校毕业生、农村剩余劳动力、城镇就业困难人员等重点群体就业问题，注重提高就业质量和水平，努力增加居民收入。要着力健全覆盖全民、统筹城乡、公平统一、安全规范、可持续的多层次社会保障体系，通过加大教育经费投入力度、完善城乡居民最低生活保障制度、完善基本养老保险和基本医疗保险体系、构建多层次的住房保障体系等措施，持续促进社会保障事业高质量发展，缓解老百姓在教育、医疗、养老、住房、婚育等方面的后顾之忧，充分释放老百姓的消费潜力，有力促进消费规模扩大和消费结构升级，使之成为推动实体经济高质量发展的强劲动力。

---

① 《中央经济工作会议在北京举行》，《光明日报》2023年12月13日，第1版。

### (三）完善消费政策，营造良好的消费环境

良好的消费环境是提升消费信心、激发消费活力的重要一环。为扩大国内消费需求，中国要不断完善消费政策，健全与消费有关的法律法规，规范市场经营秩序，努力为消费者提供更加安全放心的消费环境。要针对居民消费呈现多样化、个性化和高品质等特点，加快推进实体经济产业数字化转型，以高质量产品和服务供给激发居民更强消费意愿。要顺应国际绿色消费潮流和国内绿色消费市场快速发展趋势，深入实施创新驱动发展战略，多措并举提升绿色低碳产品供给能力，推动建立全国统一的绿色消费信息平台，规范和引导绿色消费市场健康发展，力争占领未来消费品竞争力的制高点。要加快 5G 通信、人工智能、工业互联网、物联网、现代物流等新型基础设施建设，以新业态、新模式发展壮大新型消费，为释放新消费潜力提供坚实支撑。

总之，中国要不断健全扩大国内消费需求的长效机制，使居民有稳定收入能消费、没有后顾之忧敢消费、消费环境优获得感强愿消费，充分发挥消费对经济增长的基础性作用，使之成为推动中国实体经济高质量发展的强大引擎。

### 三 优化房地产调控政策，防范化解房地产风险

房地产调控能否成功闯关攸关中国实体经济转型升级成效。中国要适应房地产市场供求关系发生重大变化的新形势，坚持房子是用来住的、不是用来炒的定位，坚持"稳地价、稳房价、稳预期"，不断完善"市场+保障"的住房供应体系，加快建立租购并举的住房制度，健全房地产市场调控的政策措施，巩固和扩大房地产市场调控成效，推动构建房地产发展新模式，防范化解房地产市场中的不规范问题对实体经济造成的风险，引导更多金融资源进入实体经济，推进实体经济与虚拟经济协调发展。

### （一）保持调控政策的稳定性和持续性

当前，中国政府调控房地产的手段应逐步从行政手段向经济手段过渡，要注意加强住房和城乡建设部、自然资源部等相关部门之间的协调性，着力处理好政府与市场的关系，既不过度干预房地产市场，又能以相应的经济手段实现有效调控，推动房地产市场平稳健康发展。在制定房地产调控的长期政策时，要确保房地产调控政策的全局性和前瞻性，即在制定政策时要充分认识到房地产业是中国的重要支柱产业，要深入了解房地产业的

内部发展规律以及现实需求,在维护实体经济稳健发展的前提下制定和实施房地产调控政策,保证调控政策的稳定性和持续性。当前及未来一段时间内,去库存成为防范化解中国房地产风险的重要工作,而加快构建房地产发展新模式既是中国促进房地产业平稳健康发展的重要之举,也是维护国家经济安全的重要内容。因此,中国要贯彻落实好党的二十届三中全会精神,发挥有为政府和有效市场的"两只手"合力,既要取消或调减住房限购政策,并从供需两端降低税负,降低住房交易成本,为城乡居民的刚性住房需求和多样化改善性住房需求提供精准的政策支持,稳步释放更多购房需求,又要始终坚持对商品房建设严控增量、优化存量、提高质量,促进房地产市场止跌回稳,还要回应群众关切,加快建立与百姓的刚性和改善性住房需求相适应的融资、财税、土地、销售等基础性制度,增加保障性和改善性住房供给,加快建立租购并举的住房制度,推动构建房地产发展新模式,促进房地产市场供需平衡、结构合理,推动房地产业高质量发展,更好满足人民群众多样化住房需求,也为实体经济高质量发展积蓄新动能。

(二)建立房地产市场信息公开和监测体系

一方面,要尽快建立健全中国房地产市场的统计体系以及相关信息的发布制度。政府可以选择合适的时机开展住房情况普查活动,更加全面地掌握广大居民的实际住房情况和未来需求,提高房地产调控政策的精准性。房地产开发商也应该向社会全面公开房地产的开发成本、销售价格和利润,而政府部门的土地出让信息也要公开、透明,扎实做好住房和房地产工作,努力实现稳地价稳房价稳预期,促进房地产市场平稳健康发展。另一方面,要尽快建立健全中国房地产市场监测预警指标体系。要对人口总量和结构变化趋势、经济增长和居民收入增长状况、金融政策变化等影响房地产市场需求变化的主要因素进行动态监测,完善房地产市场未来需求趋势的监测体系;要对土地供给状况、房地产开发企业的资金状况、金融政策与土地政策的变化情况等决定房地产市场未来供给趋势的主要因素进行动态监测,完善房地产市场未来供给趋势的监测体系,从而对房地产市场的运行现状和未来走势做出更加准确的判断,进行科学的预测和预警。同时,要利用日益完善的监测预警指标,更加准确地评估调控政策变化对房地产市场的影响,研究动态监测政策实施后房地产市场的变化情况,并对政策实施效果进行客观评价,逐步形成有利于房地产市场高质量发展的长效机制。

### （三）稳妥推进房产税改革

房地产调控旨在抑制投资投机，满足广大居民的自住需求。征收房产税是抑制房地产投机炒作行为的"杀手锏"，通过开征房产税，增加房产保有环节成本，风险厌恶型的投资者将被迫逃离房地产投资市场；而投资者抛售房产有利于满足刚需者的购房需求，减少已建成房屋的空置率，不断提高房地产市场的资源配置效率。特别是近年来中国房地产市场调控政策持续深化、精准化和常态化，房价走势将更加平稳，有利于促进房地产市场稳定、可持续发展，有望继续保持房地产业对实体经济的正向拉动效应。因此，要借鉴上海和重庆的征税经验，适当扩大房产税改革试点范围，积极稳妥地全面推进房产税改革。一方面，国家相关部门要继续完善房地产信息系统、土地数据库以及房地产批量评估等征税的基础性工作，为以后全面推进房产税改革做好相应的技术准备。另一方面，政府部门要合理设计征收房产税的实施细则，健全相应的配套政策，着力提高征税实施方案的可行性，贯彻落实中国房地产市场的调控政策，规范房地产市场的交易秩序，树立政府楼市调控的公信力，不断建立健全政府调控房价的长效机制。

### （四）完善多层次的住房保障体系

完善多层次的住房保障体系，既是满足人民群众基本住房需求、不断实现人民对美好生活向往的重要措施，也是推动房地产市场平稳健康发展、助力实体经济行稳致远的关键之举。近年来，中国多层次住房保障体系更加完善，已建成世界上最大的住房保障体系，[①] 但是保障性住房建设仍然相对滞后，在住房供给中占比偏低，尤其是特大城市的新市民、青年人等群体"买不起房、租不好房"的问题比较突出。因此，中国要坚持以人民为中心的发展思想，以满足新市民、青年人等群体的住房需求为主要出发点，以健全租购并举的住房制度为主要方向，因城施策，妥善处理政府与市场的关系，在解决人民群众基本住房需求上发挥好政府主导作用，在满足人民群众改善型住房需求上发挥好市场调节作用，在解决投机炒房问题上发挥好制度遏制作用，加快完善多主体供应、多渠道保障、租购并举的住房保障制度。对于一些普通商品住房供不应求的城市，要继续增加住房供应量，以更好地满足居民刚性和改善性住房需求；对于房价和收入不匹配的大中型城市，要深入了解新市民、青年人等群体的真正需求，在加快推进

---

① 亢舒：《保障性住房建设稳质升》，《经济日报》2023年6月12日，第1版。

新一轮保障性住房建设时综合考虑项目位置、社区配套、住房品质、物业管理等，力争实现项目整体成本可控，同时方便新市民、青年人工作生活。① 逐步形成"低端有保障，中端有支持，高端有市场"的商品房、限价房、廉租房和公租房共同发展的多层次住房保障体系，降低居住成本，更好地满足人民对美好居住空间的需求，助力提振居民的消费意愿和消费信心，为实体经济高质量发展聚势赋能。

### 四 持续优化营商环境，助力实体经济高质量发展

持续优化营商环境是努力为推动中国实体经济高质量发展释放更多活力和动力的内在要求。一方面，要积极营造勤劳创业的良好社会氛围。马克思认为劳动"是价值的唯一源泉"②。习近平总书记指出："劳动是财富的源泉，也是幸福的源泉。人世间的美好梦想，只有通过诚实劳动才能实现；发展中的各种难题，只有通过诚实劳动才能破解；生命里的一切辉煌，只有通过诚实劳动才能铸就。"③ 新征程上，中国社会迫切需要正确的精神支撑和价值引导，积极营造勤劳创业的良好社会氛围。为推动实体经济高质量发展，中国要在不断完善社会保障体系的基础上，大力提倡"勤劳创业 实业致富"观念，并在媒体上进行系列、深入的报道，积极营造鼓励脚踏实地、勤劳创业、实业致富的社会氛围。要健全相关政策措施，加大资金扶持力度，同时提供更多的信息、科技和培训等社会服务，引导和带动人们踊跃加入创业大军的队伍，营造勤劳创业的良好社会氛围。要深化收入分配制度改革，构建居民、企业和政府可支配收入协调增长机制，增加中低收入劳动者要素收入，提高劳动者的劳动报酬，保护劳动者的合法权益，让全体劳动者有尊严地劳动，从而使创造财富的一切源泉竞相迸发，创造出更多的社会财富。另一方面，要强化实体经济的吸引力。要建立健全政府与实体经济企业的常态化沟通交流机制，充分发挥财税政策的调节作用，进一步清理各种不合理收费，切实降低实体经济综合成本和税费负担，同时进一步放开市场准入，拓宽民间资本投资渠道，确保资金在实体经济领域得到优化配置，着力解决实体经济融资难融资贵的痼疾，使企业摆脱做

---

① 李晓红：《住房保障体系逐步完善 让更多市民"住有所居"》，《中国经济时报》2024年1月22日，第A04版。
② 《马克思恩格斯全集》第35卷，人民出版社，2013，第198页。
③ 《习近平著作选读》第1卷，人民出版社，2023，第118页。

实业越来越不赚钱的困境，让投资实体经济的人感到有奔头、能致富，从而增强实体经济对社会资金的吸引力。要坚持把发展经济的着力点放在实体经济上，调控实体经济与虚拟经济的回报率，改变个别领域非理性暴涨、轻易获取暴利的状况，挤压"炒"经济的空间，增强虚拟经济服务实体经济的能力。总之，要加强舆论引导，校正价值取向，在全社会构建大兴实体经济的社会风气，营造勤劳做实业能富、创新做实业大富的市场环境，厚植实体经济高质量发展的土壤，鼓励和引导实体经济企业坚守实业、做强主业、做精专业，推动中国实体经济高质量发展行稳致远。

## 第五节 深化体制改革，壮大实体经济

健全体制机制是推动实体经济高质量发展的重要保障。只有全面深化改革开放，健全有利于资源均衡配置的体制机制，制定具有长远预期的创新性政策，才能激活与调动社会力量，形成推动实体经济高质量发展的强大合力，巩固壮大中国实体经济。

### 一 完善科技体制，不断提高自主创新能力

从世界科技发展的历史和实践来看，科技兴则民族兴，科技强则国家强。只有具备强大的自主创新能力的国家，才能在激烈的国际竞争中长期立于不败之地。健全新型举国体制，提高自主创新能力，实现高水平科技自立自强，既是推动中国实体经济高质量发展的重要抓手，也是实现中国式现代化的关键之举。中国必须深入实施创新驱动发展战略，坚定不移走中国特色自主创新道路，不断深化科技体制改革，充分调动各主体各要素的积极性，最大限度激发科技创新的重大支撑和引领作用，为实现高水平科技自立自强、建设世界实体经济强国提供更加坚实的体制保障。

（一）强化企业科技创新主体地位

创新不仅是作为生产经营主体的企业在激烈的市场竞争中的取胜之道，而且是推动中国实体经济高质量发展的第一动力。习近平同志在党的二十大报告中强调："加强企业主导的产学研深度融合，强化目标导向，提高科技成果转化和产业化水平。强化企业科技创新主体地位，发挥科技型骨干企业引领支撑作用，营造有利于科技型中小微企业成长的良好环境，推动

创新链产业链资金链人才链深度融合。"① 习近平总书记的这一重要论述，明确了强化企业科技创新主体地位的战略意义，为新征程上充分发挥企业创新主力军作用指明了方向。因此，中国要站在国家长远发展的战略高度，有效整合各种创新力量，强化实体经济企业科技创新主体地位，促进科技与经济紧密结合，以科技创新有力驱动实体经济高质量发展。

1. 完善体制机制，激发企业创新活力

深化科技体制改革，关键要完善相关体制机制，激发实体经济企业创新活力，实现从"要我创新"到"我要创新"的转变，切实强化企业科技创新主体地位。一方面，要从实体经济企业科技创新的内生动力和现实需求出发，制定与科技创新政策相匹配的产业政策、金融政策以及法律法规，从政策和法律上确保实体经济企业创新活动的正常开展，为强化实体经济企业创新主体地位奠定坚实基础。如加强科技创新立法，与时俱进修订《中华人民共和国促进科技成果转化法》《中华人民共和国科学技术进步法》等，加大税费减免力度，完善支持实体经济企业科技创新的税费政策。另一方面，要深化配套改革，释放改革红利。扫除制约实体经济企业科技创新的体制性障碍，关键在于处理好政府与市场的关系，简化行政审批流程，充分发挥政府在科技创新中的关键作用，从而释放市场新活力，激发实体经济企业科技创新的内在动力。总之，有了体制机制的制度护航和加油助力，实体经济企业创新的闯劲将更大，动力也更足，必将开拓中国科技创新的一片新天地，更好地支撑和服务实体经济高质量发展。

2. 加大经费投入，助力企业科技创新

科技投入是增强科技实力的基本前提。放眼当今世界，无论是发达国家还是新兴工业化国家，均把增加科技经费投入作为提升国家综合竞争力的战略举措。中国必须更加重视科技研发活动，构建长效的科技创新投入机制，大幅增加科技创新投入，以更好地解决实体经济企业科技研发投入不足的难题。

一方面，要充分发挥财政科技经费投入的杠杆作用，认真落实国家财政科技投入的法定增长要求，鼓励地方政府加大财政科技经费投入力度，不断提高政府科技资金投入企业科技创新领域的比重，确保实现2030年全国研究与试验发展（R&D）经费支出占国内生产总值的比重达到2.8%的目

---

① 《习近平著作选读》第1卷，人民出版社，2023，第29~30页。

标。中央国有资本经营预算重点产业转型升级与发展资金，要确保加大对中央企业科技创新的支持力度。要通过完善科研项目、资金管理等政策，积极引导实体经济企业加大科技创新投入力度，并通过增加对实体经济企业基础研究研发费用的税收抵扣比例和补助、引入政策性基金、加大政府采购力度等措施，激励实体经济企业加大基础研究投入力度。要建立健全技术标准和能源资源消耗指标体系，倒逼实体经济企业不断加大科技投入力度，提高创新水平。要创新对大中型企业负责人的考核制度，倒逼实体经济企业负责人加快科技创新步伐，而对于科技创新领军人物和典型企业则应加大奖励力度，充分发挥其对科技创新的示范及引领作用。

另一方面，构建科技金融合作机制。科学技术是第一生产力，金融是实体经济的血脉，为实体经济服务是金融的天职和宗旨。促进科技与金融深度融合、良性互动，实现科技、产业、金融三者的良性循环，不仅是提高中国自主创新能力的现实选择，而且是建设创新型国家、提高实体经济综合竞争力的重大战略。因此，中国科技型实体经济企业要内外兼修，努力使自身符合金融机构的信贷要求。同时，要健全同科技创新相适应的科技金融体制，鼓励和引导商业银行、政策性银行、天使投资和专注投早、投小、投长期、投硬科技的创业投资机构构建丰富的科技金融产品体系，以全链条、全生命周期金融服务，加大对事关国家发展与安全的重大科技任务和科技型实体经济企业的金融支持力度，以金融创新撬动科技创新，助推实体经济企业在高质量发展道路上行稳致远。

3. 优化创新环境，增强企业创新动力

为增强实体经济企业科技创新的内生动力，中国应将强化以企业为主体的科技创新体系建设提升到国家战略高度。

首先，营造公平竞争的市场环境。要坚持问题导向，聚焦创新主体需求，把优化营商环境摆在现代化建设重要位置，持续打造市场化、法治化、国际化一流营商环境，为实体经济企业科技创新营造公平竞争的市场环境，促进各类创新要素加速向实体经济企业集聚，充分发挥实体经济企业在科技创新决策、研发投入、科研组织、创新收益和风险承担中的主体作用。

其次，加大知识产权保护力度。知识产权是实体经济企业重要的无形资产，也是实体经济企业创新发展过程中必不可少的宝贵财富，因此加大知识产权保护力度至关重要。党的二十大报告强调："深化科技体制改革，深化科技评价改革，加大多元化科技投入，加强知识产权法治保障，形成支持全面创新的基础制度。"① 因此，中国要着力增强实体经济企业知识产权保护意识，确立知识产权严保护政策导向，对实体经济企业申请发明专利、注册商标，尤其是培育自主知识产权项目等，要加大政策和资金支持力度，鼓励实体经济企业积极参与国际技术标准制定和修订，不断完善实体经济企业知识产权保护体系，让实体经济企业创新行为得到应有回报。要尽快制定并颁布能够真正保护知识产权的法律法规，实行更加严厉的侵权赔偿标准，提高侵权成本，降低维权成本，依法严惩侵犯知识产权的各种违法犯罪行为，让实体经济企业创新利益得到应有保护，为实体经济企业创新发展提供一个更加公平的竞争环境。

最后，营造鼓励创新的文化氛围。要善于继承和发展鼓励创新的中华优秀传统文化，借鉴国外的创新理念，努力营造勇于创新、鼓励成功、宽容失败的社会氛围。要通过微博、微信、抖音、快手、B站等新媒体与电视、广播、报刊等传统媒体，大力传播创新精神和创新实践，不断拓宽创新文化的宣传渠道，激发全社会的创新精神，为创新型国家建设添砖加瓦，更好地支撑引领实体经济高质量发展。

### （二）提高科技资源配置效率

为提高实体经济的竞争力，中国必须深入贯彻落实创新驱动发展战略，深化科技领域"放管服"改革，提高创新型人才、科研经费等科技资源配置效率，营造良好创新生态，不断激发创新主体活力，更好助力实体经济高质量发展。

**1. 完善评价使用机制，壮大科技人才队伍**

高素质科技人才是实现高水平科技自立自强的关键。为发展壮大实体经济，必须推动中国的科技事业发展，而培养和引进大规模复合型的高素质科技人才是夯实实体经济高质量发展的技术基础，也是实现中华民族伟大复兴的必由之路。

首先，创新科技人才自主培养机制。要遵循创新型人才的成长规律，建立健全人才自主培养机制。要坚定不移走自主创新和人才自主培养的道路，通过加快建设吸引集聚人才平台、设立国家专项基金等，鼓励和支持高校、科研院所和创新型企业联合培养更多大师、战略科学家、一流科技领军人才和创新团队、青年科技人才、卓越工程师、大国工匠、高技能人

---

① 《习近平著作选读》第1卷，人民出版社，2023，第29页。

才等，不断提高科技人才供给自主可控能力。可以依托国际交流合作项目，特别是国家人才计划和科技计划，鼓励科技人才走出国门，加大与国外相关机构的沟通和交流，培育更多高素质科技人才。可以专门建立适合拔尖的归国（来华）科技人才的成长机制，为其提供有针对性的创业项目，多措并举让顶尖科技人才引得进、留得住、用得好。

其次，健全创新人才引进机制。当今世界，国与国之间的竞争实质上是人才的竞争。中国是顶尖人才流失大国，坚定不移地创新科技人才引进的方式、政策和机制，营造良好的引才氛围，吸引更多海外顶尖人才回国（来华）创新创业，已成当务之急。要贯彻落实《国家"十四五"期间人才发展规划》，加快组织实施高技能领军人才培育计划，加大对引才企业和创新人才的政策和资金扶持力度，用好国内人才。要坚持需求导向，完善海外引进人才支持保障机制，形成具有国际竞争力的人才制度体系，为引进的海外顶尖人才提供良好的事业平台和完善的服务保障，增强对海外顶尖人才归国创新创业的吸引力，精准引进一批能以国外先进技术和理念带动中国相关技术空白领域发展的"高精尖缺"人才，用好全球创新资源，助力强化关键核心技术攻关。

最后，完善科技人才评价机制。要借鉴发达国家汇聚顶尖人才的成功经验，健全拔尖科技人才的选拔和考核制度，坚持向用人主体授权，为人才"松绑"。为此，要摒弃那种简单地将论文、科研项目、专利等方面的数量与科技人员的评价和职称晋升直接挂钩的不科学做法，加快建立以科技人才的创新能力、质量、实效、贡献为导向的更加合理的评价体系。要深化科技奖励制度改革，不断健全与我国社会主义市场经济体制相适应、与创新型科技人才的工作绩效相匹配的，能够有效激发科技人才创新潜力的激励政策，增强科技奖励的公正性、严肃性、权威性和荣誉性。如允许和鼓励科技人员以职务发明成果参与科技创新的收益分配，稳步提高不可或缺的高技能人才的待遇和社会地位，营造有利于人才潜心做研究、搞创新的良好氛围。

总之，要深化人才机制改革，创新薪酬制度和奖励制度，培植拔尖科技人才创新创业的肥沃土壤，让规模宏大的创新型人才能够聚精会神、心情舒畅地搞研究并且多出创新成果，推动中国实体经济高质量发展不断跃上新台阶。

## 2. 加强科技经费统筹，提高经费使用效率

只有不断完善科技经费管理制度，加强科技经费统筹和绩效管理，提升国家科技创新体系整体效能，才能为中国实体经济高质量发展提供强大的技术支撑。

首先，强化科技经费保障机制。要健全相关法律法规，建立符合科技发展规律的经费投入机制。要充分发挥本级人民代表大会和上级科学技术行政部门对全国以及各地科技经费投入的监督作用，确保科技经费投入达到全国和区域的法定增长要求。要确保科技经费投入科技研究开发，切实提高研究与试验发展（R&D）经费支出占国内生产总值的比重。要持之以恒加大对基础研究的资金投入力度，大力加强基础科学研究，不断增强原始创新能力，以高质量基础研究支撑高水平科技自立自强，为建设世界科技强国、制造强国夯实根基。

其次，优选科技经费投入对象。要鼓励和支持国家实验室、国家科研机构、高水平研究型大学、科技领军企业等国家战略科技力量，紧跟世界科技发展前沿，聚焦关键共性技术、前沿引领技术、现代工程技术、颠覆性技术创新，在完善国家重大科技任务选题方式、健全将实体经济企业和地方符合国家战略需求的项目纳入国家科技计划体系的选择机制基础上，科学制定全国和各地区各类科技创新的年度计划、基础研究计划和重点研发计划等，合理确定稳定支持和竞争性项目经费的比例。要按照科研机构自由申报和国家统筹安排相结合的原则，严格遴选科技创新的领军人才和创新团队，给予他们比较持续稳定的资金支持。要深化重大科技项目立项和组织管理方式改革，有力有序推进创新攻关"揭榜挂帅""赛马"等制度更好地落地见效，优化科技经费配置，充分激发各类创新主体攻坚克难的积极性。要充分调动科学家、实体经济企业、政府部门、科技服务平台的积极性、主动性和创造性，开拓更多高效的科技与经济之间的直通通道，确保科技立项能够与实体经济企业的技术需求真正对接，实现科研成果直接或间接地转化到实体经济领域，推动实体经济高质量发展。

最后，完善科技经费公开制度。要建立统一的国家科技创新计划和项目管理的信息服务平台，对所有科技创新计划的资助领域、申请程序、经费数额、验收标准等都进行网上公示。除了确需保密的科研项目外，所有科技项目的经费总额、经费使用、项目进展、验收结果、预算决算以及会计审计等方面也应全部公开，以避免科研项目的重复申报，提高科技资金

使用效率。要严惩科技经费管理及使用方面的违法违规行为，确保科技经费的安全合理使用。

3. 改革科技管理体制，大力推进协同创新

只有深化科技管理体制改革，尽快解决中国科技管理体制中存在的多头管理、协调不力等问题，才能凝聚科技创新合力强化协同创新，真正把创新驱动发展战略落到实处，增强中国科技创新活力，更好助力实体经济高质量发展。

一方面，要明确各相关政府部门的科技管理职能，统筹协调各个层面的科技工作，尽量避免过度的行政干预，同时持续优化公平竞争的市场环境，充分激发市场主体的内生动力和创新活力，加快建设和完善有效市场与有为政府共同作用的科技创新治理体系。要完善统筹协调的科技宏观决策体系，建立健全能够统筹各种创新力量、具有足够政治权威的国家级科技管理协调机构，如充分发挥新组建的中央科技委员会作用，加强党中央对科技工作的集中统一领导，减少职能交叉重复，超前谋划部署国家实体经济领域科技发展重大战略、重大规划、重大政策，统筹解决科技领域战略性、方向性、全局性重大问题，提高重大科技项目决策效率，优化创新资源配置效率，更好发挥新型举国体制优势，大幅提高关键核心技术自主创新能力。要借鉴国外科技项目"管评分开"的管理经验，将科技项目的立项、经费的分配交由政府部门管理，而项目的评价和验收则交给一个独立于政府部门的专家团体负责，加快构建公开、公正、高效的科技管理体制。

另一方面，着力推进协同创新。协同创新是世界各国推进科技创新的重要范式，强调企业、政府、金融机构、高校、科研院所、新型研发机构以及用户单位等，为实现重大科技创新的核心目标必须投入各自的优势资源，发挥各方能力优势，密切合作以整合互补性资源，协作开展创新活动，以加快知识和创新的生产、传播和应用，不断提高国家创新水平和综合实力。协同创新是中国深入实施创新驱动发展战略、持续加快创新型国家建设的重大举措，也是实现产学研共赢、提升实体经济综合竞争力的必由之路。政府要借鉴国外协同创新的成功经验，在推进协同创新中发挥重要作用，从协同有关部门和地方建立科技创新服务平台入手，按照"整合优势、共享资源、弥补不足、合作创新"原则，重点鼓励和支持企业、政府、金融机构、高校、科研院所、新型研发机构以及用户单位等，加快构建多元主体的协同创新模式，明确科技资源的分类标准，完善科技资源共享的法

规,实现各类优质创新资源在产学研之间自由流动和有效配置,着力推进协同创新,不断提高中国科技创新绩效。

### (三) 提高科技成果转化率

党的二十大报告强调:"强化目标导向,提高科技成果转化和产业化水平。"① 所谓科技成果转化,是指为提高生产力水平而对科技成果所进行的后续试验、开发、应用、推广直至形成新技术、新工艺、新材料、新产品,发展新产业等活动。② 科技成果转化是连接科研与生产的重要桥梁,也是国家科技创新发展链条的关键节点。提高科技成果转化率是一项复杂的系统工程,中国要加大宏观调控力度、加强政府监督管理、优化考核评价体系、完善创新服务体系,健全有利于科技成果转化的体制机制,强化实体经济企业在解决科研机构"不想转""不敢转""不会转"问题上的重要作用,切实提高创新成果转移转化成效,推动创新链、产业链、资金链、人才链深度融合,将更多创新链的"好技术"加快转化为产业链的"新应用",不断增强实体经济高质量发展的技术支撑能力。

1. 加大宏观调控力度,壮大国家战略科技力量

加大宏观调控力度,围绕供给端加强科技成果高质量供给是提高科技成果转化率和产业化水平的战略举措。中国必须加大宏观调控力度,加强科技创新的顶层设计和规划,健全国家和地区科技计划项目攻关机制,在与实体经济高质量发展联系密切的关键核心技术领域持续加大投入,大幅提高基础研究经费投入占比,更好发挥新型举国体制优势,让原创性、颠覆性科技创新成果竞相涌现,并通过整合国家和地区"大校、大院、大所、大企"丰富的优势资源,有力推动更多科技成果转化落地。要明确科研项目立项目标,在制定相关科技规划、计划和编制项目指南时应广泛听取相关行业、企业的意见,让实体经济企业和产业界在编制应用性科技计划活动中拥有更多话语权,确保科技计划项目从源头上推动科技创新与实体经济高质量发展紧密结合,稳步提升关键核心技术自主创新能力,加快推动创新成果向现实生产力转化,为中国实体经济高质量发展提供不竭动力。

---

① 《习近平著作选读》第1卷,人民出版社,2023,第29页。
② 《〈中华人民共和国促进科技成果转化法〉——1996年5月15日第八届全国人民代表大会常务委员会第十九次会议通过 根据2015年8月29日第十二届全国人民代表大会常务委员会第十六次会议〈关于修改《中华人民共和国促进科技成果转化法》的决定〉修正》,《人民日报》2015年12月25日,第21版。

## 2. 加强政府监督管理，优化成果转化环境

政府是推动科技成果转化的重要力量，加强政府监督管理是提高科技成果转化率和产业化水平的重要保障。政府要建立健全促进科技成果转化的法律法规，完善科技成果转化的管理制度，构建程序清晰、流程简便、转化高效的科技成果转化程序，为推动高校、科研院所、科研平台、科技企业等创新主体的科技成果转化有序运行、高效转化提供有力保障。要明确科技成果转化工作的相关责任主体，健全相关责任主体促进科技成果转化的考核体系，广泛凝聚各方合力，扎实开展科技成果转化联动监督，强化落实监管职责，保障科技成果转化的真实性、合法性和安全性，同时着力解决影响科技成果转化的现实困难，不断优化科技成果转化环境，共同推动科技成果高质量转化，从而更好支撑和服务中国实体经济高质量发展。

## 3. 优化考核评价体系，激发人才创新活力

良好的考核评价体系是推动科技成果转化、激发人才创新活力的"指挥棒"。中国要积极借鉴国外的成功经验，引导高校、科研院所、实体经济企业等各类创新主体坚持以质量、绩效、贡献为核心的评价原则，积极探索优化科技成果转化的人才考核评价体系，如建立职务科技成果资产单列管理制度、在专职科研岗职称评审中增设科技成果转化职称系列，允许科技人员在科技成果转化收益分配上拥有更大自主权，健全科技成果转化绩效与专职人员收入分配挂钩的激励机制，[①] 完善科技成果转化的利益分配机制，对科技成果转化业绩突出的机构和科研人员给予奖励，切实提高科技成果转化的回报率，更好推动和激励高校、科研院所、实体经济企业等创新主体的科研人员提高科技成果转化率和产业化水平，不断提升中国自主创新能力。要加快构建集"技术型官员—战略科学家—硬科技企业家—硬科技投资家—高端工程师—技术经理人"于一体的科技成果转化的专业人才体系，[②] 建立健全面向实体经济高质量发展的科技成果转化专业人才评价体系，充分激发专业人才创新活力，为科技成果落地提供"加速度"。

## 4. 完善创新服务体系，畅通成果转化渠道

完善创新服务体系是提高科技成果转化率和产业化水平的内在要求和有力保障。要着力打造以科技领军企业为主体、以高校和科研院所为依托、

---

[①] 陈晓红：《推动科技成果加快转化为现实生产力》，《新湘评论》2024年第8期。
[②] 米磊：《以体系化力量助力硬科技成果转化》，《光明日报》2023年4月20日，第16版。

第五章　新时代中国实体经济高质量发展的路径选择

以全国性技术交易市场为枢纽的全链条科技成果转化服务体系。加快建设涵盖研发阶段、成果中试阶段、成果产业化阶段的科技成果转化项目全生命周期服务。搭建更多高质量的实体经济产业科技创新联盟，推进大中小企业融通创新发展，集中力量打造高水平科技创新平台，努力为科技成果转化提供辐射面广、支撑力强的概念验证中心、中试验证平台、量产平台等支撑，打通科技成果转化应用的"最后一公里"。完善首台（套）、首批次、首版次应用政策，鼓励和引导高校、科研院所采用"先使用后付费"的方式，将科技成果许可给中小微实体经济企业使用，鼓励企业积极应用新技术和新产品，不断增强其创新能力和市场竞争力。

## 二　深化金融改革，确保金融服务实体经济

金融业与实体经济密不可分，都是经济社会高质量发展和国民经济生活的重要组成部分。实体经济是金融业健康发展的基石，百业兴则金融兴，百业稳则金融稳；金融业则是现代经济的核心、实体经济的血脉，发展实体经济需要金融业的强劲支撑。当前，我国正处于实现中华民族伟大复兴的关键时期，处于推动新型工业化、信息化、城镇化和农业现代化同步发展的重要阶段。党的十八大报告指出："深化金融体制改革，健全促进宏观经济稳定、支持实体经济发展的现代金融体系。"[1] 党的二十大报告强调："深化金融体制改革，建设现代中央银行制度，加强和完善现代金融监管，强化金融稳定保障体系。"[2] 2023年10月召开的中央金融工作会议强调："要加快建设金融强国，全面加强金融监管，完善金融体制，优化金融服务，防范化解风险，坚定不移走中国特色金融发展之路，推动我国金融高质量发展，为以中国式现代化全面推进强国建设、民族复兴伟业提供有力支撑。"[3] 因此，中国要坚持和加强党对金融工作的领导，牢牢把握发展实体经济这一坚实基础，加快建设金融强国，坚持金融服务实体经济的根本宗旨，积极稳妥推进金融改革创新，充分发挥金融市场机制作用，构建与实体经济高质量发展相匹配的金融体制，实现金融与实体经济的良性互动，确保资金投向实体经济，让金融成为中国实体经济高质量发展的强大"助

---

[1] 《胡锦涛文选》第3卷，人民出版社，2016，第629页。
[2] 《习近平著作选读》第1卷，人民出版社，2023，第24~25页。
[3] 《中央金融工作会议在北京举行》，《经济日报》2023年11月1日，第1版。

推器"。

(一) 加快金融改革步伐

当前，中国实体经济正处于转型升级的关键时期，必须有序推进金融改革，通过深化利率市场化改革、建立存款保险制度、规范发展民间金融等措施，构建金融支持实体经济高质量发展的长效机制，充分发挥金融服务实体经济的主力军作用。

1. 深化利率市场化改革，优化金融资源配置

在市场经济条件下，利率市场化是实现金融资源优化配置的重要杠杆，是中国深化金融体制改革的中心环节，也是有效治理企业"脱实向虚"行为的重要抓手。[①] 稳步推进利率市场化改革，有利于充分发挥市场配置资源的决定性作用，有力驱动实体经济转型升级。利率市场化改革不仅是金融业扩大经营自主权的诉求，而且是实体经济企业更多地分享金融业发展红利的必然。中国推进利率市场化改革已经取得显著成效，然而利率市场化改革是一项宏大复杂的系统工程，需要培育各方面条件，改革只能循序渐进。首先，要借鉴国外改革实践经验，坚持深化金融供给侧结构性改革，着力推进贷款市场报价利率（LPR）改革，建立存款利率市场化调整机制，健全市场化利率形成、调控和传导机制，疏通资金进入实体经济的渠道，促进实体经济融资成本稳中有降，持续优化实体经济融资结构和资金供给结构，同时给予银行期限溢价的自主决定权，但也要防止金融业与实体经济的投资回报率差距过大，力争实现金融业和实体经济的双赢。其次，继续健全上海银行间同业拆放利率（Shanghai Interbank Offered Rate，Shibor）的运行机制，扩大这个基准利率的使用范围并提高其影响力，优化中国金融市场的基准利率体系。最后，放宽金融市场准入、建立存款保险制度和贷款担保制度以及推进汇率市场化改革，完善基础配套工作，为推进利率市场化改革提供所需的各种基础条件。总之，要建立以中央银行利率为基础、以货币市场利率为中介、由市场供求决定金融机构存贷款利率水平的市场利率机制，优化金融资源配置，更好满足实体经济合理资金需求，不断提升金融服务实体经济的质效。

2. 健全存款保险制度，防范化解金融风险

所谓存款保险制度，就是通过向银行企业收取保费，建立存款保险基

---

[①] 李华民、邓云峰、吴非：《如何治理企业脱实向虚？——基于利率市场化改革的效用识别、异质性特征与机制检验》，《财经理论与实践》2020年第4期。

金,并事先规定一个能涵盖大多数储户的赔付上限,承诺在银行破产清算时,由存款保险机构对限额及限额以下存款全额赔付,对超过限额的存款按限额赔付。2008年爆发的国际金融危机重创全球金融业,拖累全球实体经济发展。在国际金融危机的现实教训下,众多国家相继建立相关的存款保险制度。存款保险制度是一国金融安全网的重要组成部分,推行该制度不仅有利于构建金融机构的优胜劣汰机制,维护金融秩序的安全和稳定,而且有利于保障储户的个人利益。中国金融市场日趋成熟,全面推进利率市场化是大势所趋,而存款保险制度则是利率市场化的基石。中国要健全适合国情的存款保险制度,以市场机制防范和化解风险,让金融与实体经济共同实现良性循环。首先,要借鉴外国的成功经验,尽快建立具有独立法人地位的存款保险机构,如中央存款保险公司,然后在不同经济区域下设分公司,进行统一经营管理,维护金融秩序的安全和稳定。其次,确定存款保险范围、费率和金额。为确保存款保险机构能够对储户进行有效赔偿,中国要完善强制性存款保险模式。关于存款费率,为维持存款保险基金的日常运行,存款保险公司要根据存款规模向所有强制投保的金融机构收取一定比率(比率可以相对较低)的固定保费。关于保险金额,可以实行限额保险。专家认为,中国规定的50万元最高偿付限额,可为99.6%的存款人提供全额保险,[①] 保险覆盖面较广。最后,贯彻落实相关法律法规。要深入贯彻落实《存款保险条例》,积极有效实施存款保险制度,加大相关法律法规的宣传力度,提高民众对存款保险的认知水平,增强存款人的风险防范意识,更好地保障存款人的合法权益。总之,建立健全存款保险制度有利于培育更多中小金融机构,形成更具活力、更加开放的金融体制,让实体经济的融资渠道更加畅通无阻。

3. 规范发展民间金融,助推实体经济发展

党的十八大报告提出"加快发展民营金融机构"[②],党的十八届三中全会指出,"在加强监管前提下,允许具备条件的民间资本依法发起设立中小型银行等金融机构"[③],可见中国高度重视民间金融的规范发展。民间金融的发展壮大有利于改变中国金融组织结构与实体经济结构的不匹配状况,

---

[①] 温源、刘伟:《存款保险制度,织就金融"安全网"》,《光明日报》2015年4月2日,第8版。

[②] 《胡锦涛文选》第3卷,人民出版社,2016,第629页。

[③] 《十八大以来重要文献选编》(上),中央文献出版社,2014,第518页。

是推动实体经济高质量发展的强劲力量。当然，规范发展民间金融是中国金融体制改革的一场攻坚战，只有多管齐下，让民间金融在阳光下健康有序发展，才能更好地支持实体经济高质量发展。

一方面，放宽市场准入限制，加快发展民营金融机构，引导民间资本流向实体经济。要把放宽市场准入摆在中国金融体制改革的首要位置，适度降低金融市场准入门槛，将更多符合条件的民间金融组织逐渐改造成规范运作的金融机构。要鼓励民间资本投资入股金融机构和参与金融机构重组改造，允许民间资本发起或参与设立村镇银行、民营银行、金融租赁公司、消费金融公司等金融机构，积极培育一批类似于中国民生银行、浙商银行股份有限公司等以民间资本为主发起成立的民营银行，创新金融机构经营管理模式，提供更多创新金融产品和服务，拓宽支持实体经济转型升级的直接融资体系，为实体经济高质量发展提供广覆盖、差异化、高效率的金融服务。要健全民营金融机构的优胜劣汰机制，推动民营金融机构稳健发展。

另一方面，健全法律法规，加大对民间金融的监管力度，为实体经济高质量发展保驾护航。民间金融是推动中国实体经济高质量发展的重要力量，在法治轨道上提升民间金融服务实体经济质效至关重要。要加快完善民间金融相关的法律法规。一要明确界定民间金融的定义，对民间金融的法律地位、组织形式、市场准入、资金投向、利率浮动范围、税务征收和市场退出机制等做出明确规定，规范民间金融机构的经营活动。二要明确规定民间金融的监管主体和服务机构，创新民间金融的监督管理机制，建立民间信贷信息的采集网络，健全民间金融的动态监测系统，健全金融监管制度体系，确保将民间金融纳入正常的金融监管体系，防止大量民间资本空转套利，使其更加方便甚至主动流向实体经济，从而有效防范化解民间借贷风险。三要明确区分合法民间借贷活动与非法集资、高利贷等违法行为，区分民间借贷的资不抵债行为与金融诈骗行为。对于合法的民间借贷要予以法律保护，对于投资咨询公司和担保公司等机构的借贷行为则要加大监督管理力度，而对于非法吸收公众存款和集资诈骗等非法集资活动则要明确处罚标准，对类似的违法犯罪行为要坚决给予严厉打击。同时，增强民众的风险防范意识，引导公众理性投资，从而为民间金融的阳光化发展创造良好的运行环境和条件，使民间借贷合法化、规范化，更好服务中国实体经济高质量发展。

## （二） 引导金融创新方向

金融的基本功能是为实体经济提供资金融通服务，而实体经济对金融服务的需求也会随着经济社会的发展而不断变化。金融创新是实体经济高质量发展的"助推器"，为了给实体经济提供更好服务，金融机构和金融市场必须根据市场需求不断创新金融产品和服务。但是，历次金融危机和经济危机告诫世人：金融创新如果偏离实体经济发展需求，甚至搞"伪创新""乱创新"，那么金融业的发展就可能走上偏路，最终成为无源之水、无本之木。中国金融业必须吸取这些经验教训，使金融创新必须牢牢把握为实体经济服务的大方向，更好满足实体经济高质量发展需求，以金融高质量发展助力实体经济强国、金融强国建设。

1. 树牢正确理念，坚持服务实体经济

金融业与实体经济是相互依存、互利共赢的关系。金融业牢固树立正确理念，坚持金融服务实体经济的根本宗旨，这是提升金融服务实体经济质效的重要前提。中国金融业要认真学习并深入贯彻习近平总书记在省部级主要领导干部推动金融高质量发展专题研讨班开班式上的重要讲话精神，牢固树立推动实体经济高质量发展的经营观、业绩观、风险观，做到诚实守信，不逾越底线；以义取利，不唯利是图；稳健审慎，不急功近利；依法合规，不胡作非为，积极培育中国特色金融文化，坚定不移走中国特色金融发展之路，促进金融与实体经济高质量协同发展。[①] 也就是说，中国金融业要始终坚持和加强党对金融工作的集中统一领导，聚焦主责主业，坚持把服务实体经济作为根本宗旨，坚持稳中求进工作总基调，恪守正道，引导金融机构和从业人员恪守市场规则和职业操守，着力破解"资金流向实体经济"这一核心难题；要勇于探索，善于创新，做好金融产品服务和开发，健全服务实体经济的尽职免责规定，建立敢贷愿贷能贷会贷的长效机制，疏通资金进入实体经济的渠道，提高金融资源配置效率和能力；要增强金融风险防范意识和防控能力，牢牢守住不发生系统性金融风险的底线，在服务实体经济高质量发展中获得合理回报、实现自身价值。中国要加快构建完备有效的现代金融监管体系，全面提升监管质效，统筹推进实体经济和金融高质量发展，为全面推进实体经济强国、金融强国建设作出

---

[①] 《坚定不移走中国特色金融发展之路　推动我国金融高质量发展》，《人民日报》2024年1月17日，第1版。

新的更大贡献。

2. 优化信贷结构，助力实体经济转型升级

优化信贷结构是满足实体经济高质量发展融资需求的重要抓手。中国实体经济正处于转型升级的关键时期，经济活动更加复杂，资金需求日趋多元。中国金融业要深入贯彻落实中央金融工作会议精神，积极做好"五篇大文章"，在风险可控的前提下，根据"总量适度、审慎灵活、精准有效"的要求，优化信贷结构，保持货币信贷和融资总量合理稳定增长，更好服务实体经济高质量发展。要围绕服务现代化产业体系建设，将更多信贷资源配置到创新水平高、市场发展前景好的战略性新兴产业、未来产业、现代服务业等实体经济重点领域，并适当向传统产业技术改造和劳动密集型产业升级等领域倾斜。要用好普惠小微贷款支持工具，提升金融服务意愿、能力和可持续性，扩大信贷增量，稳住信贷存量，确保加大对涉农、小微企业、民营企业的普惠性、持续性的信贷资金支持力度，提高金融服务的覆盖面和可得性。要厚植绿色金融理念，坚持"区别对待、有扶有控"原则，既要持续强化对新能源、绿色低碳转型等重点领域的绿色信贷供给，又要提高信贷门槛，严格控制对高污染、高耗能、高排放产业和落后产能行业的信贷投入，执行生态环境"一票否决制"，让"三高"实体经济陷入资金壁垒，努力实现银行信贷政策与国家产业政策的有机统一，更好满足实体经济企业多层次、多样化融资需求，助力提升产业链供应链韧性和安全水平。

3. 创新服务方式，提升金融服务实体经济质效

中国实体经济高质量发展对金融体系提出更高要求，其金融需求日益多样化，创新服务方式是提升金融服务实体经济质效的有力手段。中国要优化整合金融机构，通过数字化技术和金融创新简化交易流程，尽量节省交易时间、降低交易成本，提高金融机构的管理水平和运营效率；要加快金融产品创新、银行网点调整以及融资渠道建设，使金融服务的触角伸向全国各地，为实体经济高质量发展提供更加便捷的多样化专业性金融产品和服务。金融业不能搞偏离实体经济需求、危害金融稳定、规避监管的"伪创新""乱创新"，其产品创新、技术创新和服务创新要始终立足于实体经济高质量发展的现实需要，着力做好科技金融、绿色金融、普惠金融、养老金融、数字金融"五篇大文章"，持续疏通资金进入实体经济的渠道，为科技创新、先进制造、绿色发展、中小微实体经济企业等实体经济高质量发展的重点领域和薄弱环节提供更多优质金融产品和服务，让金融"活

水"更好浇灌实体经济。金融业要认真做好市场需求调研和客户需求分析，按照实体经济企业的生产经营特征、项目现金流周期、借款人资金运用特点等方面的实际情况，开发符合实体经济高质量发展需求的金融产品，提供专业性、定制化和高效率的金融服务，力争将有限的信贷资金配置到急需资金的地区、行业、企业和项目，提高金融服务实体经济高质量发展的个性化水平。

### （三）健全金融市场体系

作为现代经济的核心，金融市场包括货币市场和资本市场，既是国家宏观调控的重要平台，也是实体经济企业融通资金的主要渠道。实体经济企业的融资方式主要有两种，即直接融资和间接融资。加快构建直接融资与间接融资协调发展的结构合理的金融市场体系，是持续提升金融服务实体经济质效的重要路径。

一方面，拓展直接融资渠道，支持实体经济高质量发展。资本市场在资源配置、风险缓释、政策传导、预期管理等方面有独特而重要的功能。[①] 党的二十大报告强调，要"健全资本市场功能，提高直接融资比重"[②]。积极培育多层次资本市场体系，大力发展直接融资，显著提高直接融资比重，不仅能够降低实体经济企业融资成本，而且可以减轻实体经济企业对银行贷款的依赖，分散金融风险，因此，拓展直接融资渠道理应成为中国金融体制改革的重点。当前，中国拓展直接融资渠道，健全多层次资本市场体系是关键。既要加快推动股票发行注册制走深走实，积极发展多元化股权融资，鼓励和扶持更多符合条件的实体经济企业发行股票进行融资，全面提升上市公司质量；也要畅通债券、基金、融资租赁等融资渠道，促进股票、债券、期货市场高质量协调发展，更好发挥资本市场枢纽功能，引导更多资金投入实体经济，以多元化融资结构优化金融资源配置，全面发挥金融服务实体经济转型升级的关键作用。要培育壮大一支实力强大、种类丰富的专业机构投资队伍，全力助推实体经济高质量发展。总之，要鼓励发展各种直接融资活动，着力提高实体经济企业直接融资比重，降低实体经济企业融资成本，提振实体经济企业经营活力，更好助力实体经济高质量发展。

---

① 易会满：《努力建设中国特色现代资本市场》，《求是》2022年第15期。
② 《习近平著作选读》第1卷，人民出版社，2023，第25页。

另一方面,完善间接融资体系,降低实体经济企业融资成本。改革开放以来,中国银行业在服务实体经济方面发挥了主力军作用。要按照"国有主导,大、中、小共生"的改革思路,构建大型国有金融机构、中小特色金融机构、政策性金融机构等并存发展的多元格局,不断提高间接融资效率,优化金融资源配置,降低实体经济融资成本。一要健全中国特色现代金融企业制度。国有大型金融机构要坚持和加强党的集中统一领导,自觉提高政治站位,以加快建设金融强国为目标,以推进高质量发展为主题,以完善公司治理作为转变体制机制的重要着力点,以堪当金融强国重任的金融队伍为重要支撑,以深化金融供给侧结构性改革为主线,全力做好科技金融、绿色金融、普惠金融、养老金融、数字金融"五篇大文章",建立健全金融服务实体经济高质量发展的激励约束机制,激励金融机构扩大实体经济中长期贷款、信贷规模,强化对科技创新、绿色低碳和中小微实体经济企业等领域的金融支持,满足实体经济多层次、多元化、多类型的金融服务需求,当好服务实体经济高质量发展的主力军和维护金融稳定的压舱石,持续为培育新质生产力注入强劲的金融动能。二要着力发展面向小微实体经济企业和"三农"的中小型金融机构。发展中小型金融机构是吸纳规模庞大的民间资本的重要渠道,也是小微实体经济企业和"三农"获得更多资金支持的重要来源。因此,要降低准入门槛,加大财政税收政策扶持力度,重点发展农村信用合作社、村镇银行和农村银行等金融机构,尤其要积极发展小型专业化的金融服务机构,将大量民间资金引向正规金融机构。中小型金融机构则要坚持立足基层,避免盲目扩张,要根据小微实体经济企业和"三农"的金融需求,创新金融产品和信贷模式,不断扩大中小型金融组织资金供给规模,提高金融服务质效。总之,中国金融业要坚持从实体经济高质量发展的融资需求出发,不断深化改革开放,形成大银行为大企业服务,小银行为小企业服务,其他金融机构为其他经营主体服务的多层次、广覆盖、高效率的间接融资服务体系,让不同所有制、不同规模、不同成长阶段的实体经济企业都能获得相应的金融支持和个性化金融服务。

### (四)完善金融监管体系

国际金融的发展经验表明,完备有效的金融监管体系是建设金融强国的重要组成部分,也是应对金融创新挑战、顺应国际金融监管趋势的内在要求。中国要加快完善中央和地方金融监管体系,构建央地协同金融监管新格局,协调金融监管与金融创新的关系,全面加强金融监管,为有力有效防控金融风险、服务实体经济高质量发展提供有力保障。

1. 完善中央金融监管制度

坚持和加强党中央对金融工作的集中统一领导,加快完善中央金融监管制度,是提高中国金融监管水平、保持金融服务实体经济活力的关键。中国要完善党领导金融工作的体制机制,发挥好中央金融委员会、中央金融工作委员会等金融领域最高决策层的重要作用,建立健全金融监管责任落实和问责制度,完善金融监管规则,丰富金融科技监管工具,依法将各类金融活动全部纳入监管,不断提高金融监管的透明度和法治化水平,尤其要加大对银行同业业务、表外业务以及跨境资金流动的监管力度,以切实提高金融监管有效性,有效抑制金融机构过度扩张。要对交叉性金融业务和金融控股公司的监管职责和规则提出明确要求,完善金融监管政策,加大风险排查力度,填补金融监管真空,实现金融监管横向到边、纵向到底,减少监管套利行为。要健全全国性资金流向监控系统,密切监测信贷资金和证券发行募集资金的流向,确保资金流向实体经济,严防资金违规涌向虚拟经济,在优化金融资源配置中推动实体经济高质量发展。要着力改进和完善金融监管协调机制,避免重复监管,同时健全存款保险制度,使金融监管政策与财政政策、货币政策得到有机统一,实现金融监管协调工作的规范化、常态化。总之,要通过完善中央金融监管体系,实现金融机构的优胜劣汰,保持金融体系的生机活力,提高信贷资源配置效率,提高金融风险防控能力,为中国实体经济高质量发展创造良好的外部环境。

2. 明确地方政府金融监管权责

地方是防范和化解金融风险的重要战场。组建地方党委金融委员会和地方金融工作委员会,既是在地方层面加强党对金融工作的领导、深化地方金融监管体制改革的重要举措,也是能够显著推动实体经济企业"脱虚"后"向实"、提升实体经济企业主业业绩的重要路径。[1] 中国要加强党对金融工作的全面领导,明确地方党委金融委员会、地方金融工作委员会、地方金融监督管理局在管理地方法人金融机构中的"权"和"责",把金融工作的重心放在加强机构党的建设、防范处置风险、做好地方金融机构日常

---

[1] 王蕾、陈靖、何婧:《地方金融监管改革与实体企业回归本源——基于地方金融"办升局"的准自然实验》,《财经研究》2024年第1期。

监管上，主动承担属地风险处置和维稳责任，做到既压实地方政府防范和化解金融风险的主体责任，又防止地方政府干涉金融机构的具体经营管理，发挥好地方党委金融委员会、地方金融工作委员会落实属地责任的重要作用，营造有利于实体经济高质量发展的金融生态。要尽快建立健全地方金融风险监测制度，优化监测指标体系，加强对地方法人金融机构运行状况的监测和分析，不断提高金融风险预判水平，自觉履行好风险处置责任，从而有力遏制高利贷、非法集资和地下钱庄等违法金融活动，高质量推进地方实体经济与金融共生共荣。

3. 正确处理金融监管与金融创新的关系

金融创新是金融高质量发展的关键，而完备有效的金融监管是促进金融创新的制度保障。正确处理金融监管与金融创新的关系，寻求金融监管与金融创新高水平动态平衡，是提升金融市场发展活力的内在要求，也是充分发挥金融服务实体经济高质量发展的强大"助推器"作用的必由之路。

一方面，必须提高对金融创新活动的包容度。金融创新一般是指将金融体系内各种要素重新优化组合并进行创造性变革的行为。[①] 当前，国际经济金融形势风云变幻，金融创新为实体经济高质量发展提供强劲动能，但也增加了系统性金融风险，需要完备有效的金融监管加以约束。同时，中国金融业仍然是创新不足而不是创新过度。因此，金融业推进金融创新必须始终把握提高效率、改善服务和降低风险等基本原则，注意把握金融创新的界限和力度，坚持在市场化法治化轨道上强化金融产品和服务创新，确保金融产品和服务更好满足实体经济高质量发展需求。金融监管机构要平衡好创新与风险，在风险可控的前提下，对金融创新坚持包容审慎的监管导向，对于一时看不准、没有把握监管好的金融创新，可以先局部试点试验，[②] 引导风险投资和"耐心资本"更好服务新质生产力发展，扎实推进中国实体经济高质量发展。

另一方面，要严厉打击金融监管缺失造成的"伪创新""乱创新"。在金融领域，以规避金融监管为目的和脱离实体经济发展需要的"伪创新""乱创新"层出不穷，助长金融市场乱象，埋下了经济社会发展隐患。因

---

[①] 吴卫星：《推进金融创新必须加强金融监管》，《光明日报》2024 年 5 月 28 日，第 11 版。
[②] 中共中央党史和文献研究院：《以金融高质量发展助力强国建设、民族复兴伟业——学习〈习近平关于金融工作论述摘编〉》，《人民日报》2024 年 4 月 15 日，第 5 版。

此，中国要加快填补金融监管制度空白，健全监管协同机制，落实兜底监管责任，形成防控金融风险合力，并运用大数据、云计算、人工智能等先进的金融监管手段，全面强化机构监管、行为监管、功能监管、穿透式监管、持续监管，切实增强金融监管水平，提升内部调控能力，以"全覆盖、无例外"助力消除监管空白和盲区，严控金融创新产品风险，坚决打击金融犯罪行为，坚持"挤水分""防空转"的政策导向，有效防止金融业因"伪创新""乱创新"而剑走偏锋，为实体经济高质量发展提供健康、稳定的金融支持。要加强对金融创新的风险评估，增强对经济金融运行风险的识别和管理能力，加强金融风险源头管控，做到对风险早识别、早预警、早暴露、早处置，尽早控制风险源，防范化解金融风险特别是防止发生系统性金融风险，维护金融稳定，更好统筹高质量发展和高水平安全。

总之，金融体制改革攸关中国实体经济的未来，也关乎世界经济发展前景。只有深化金融改革，打造多元化、高效率、强监管的多层次金融体系，处理好虚拟经济与实体经济的关系，才能充分释放金融体制改革红利，使金融更好更有效地服务于实体经济转型升级。

### 三 加强职业教育，培养更多熟练技术工人

规模庞大的高素质熟练技术工人是中国实体经济高质量发展的关键要素，也是中国实现由实体经济大国向实体经济强国历史性跨越的重要依托。大力发展职业教育是培养更多熟练技术工人的决胜之道，也是打造"人才红利"的重要途径。在全球回归实体经济的浪潮下，中国职业教育前景广阔、潜力巨大，只有加快转变观念，把大力提高职业技术工人的技术技能素质和培养其职业精神摆在加快推动实体经济高质量发展的突出位置，加大职业教育经费投入力度，促进职业教育体制改革创新，建立健全符合中国国情的现代职业教育体系，才能为稳定职业技术工人队伍、提高中国产业综合竞争力打下坚实基础，有力助推实体经济高质量发展。

#### （一）提高职业教育社会认同度

职业教育的社会认同度主要体现在社会公众包括职业教育的利益相关者对职业教育社会存在与价值创造的认同，同时在舆论评价、行为导向和教育选择等方面保持心理认可和理性接受。[1] 为尽快提高中国职业教育社会

---

[1] 李名梁：《发展职业教育亟须提高社会认同度》，《光明日报》2013年7月13日，第10版。

认同度，既要切实优化发展职业教育的舆论氛围、改革歧视职业教育的相关制度，又要注重打造中国特色职业教育品牌，提高职业教育的利益相关者参与职业教育活动的积极性。

1. 优化发展职业教育的舆论氛围

2022年10月，习近平总书记在参加党的二十大广西代表团讨论时指出："不能瞧不起产业工人。我们建设现代化，就要抓制造业，搞实体经济。一定要转变观念，大力培养产业工人。"① 因此，报刊、广播、电视、户外四大传统媒体和网络媒体、手机媒体、数字电视、博客、播客、搜索引擎等新媒体，要积极响应国家职业教育的发展政策，对于职业教育在促发展、调结构、惠民生等方面的重大作用，要通过周密的策划和全面的动员，运用群众喜闻乐见的方式加大宣传报道力度，不断优化职业教育发展的舆论氛围，使老百姓对职业教育的认识更加全面。要通过在期刊报纸上开设职业教育专栏，在现代传媒上反复播放介绍职业教育的公益广告，让老百姓关注职业教育，并充分认识到职业教育是一种具有较强职业性和应用性的特定类别教育，与其他教育不存在等级高低的差别。这有利于在全社会营造尊重劳动、崇尚技能、鼓励创造的舆论氛围，为职业教育发展营造良好环境。

2. 改革歧视职业教育的相关制度

在加快发展现代职业教育体系的进程中，政府要深入职业院校进行调研，厘清并加快解决职业教育发展中面临的各种问题，构建有利于职业教育良性发展的制度。当前，大力发展职业教育应从教育制度和用人制度改革入手，尽快纠正歧视职业教育的认识和做法，平等对待普通教育与职业教育。一方面，要积极推进高考制度改革，贯彻实施好普通高等学校招生与职业院校招生的分类考试制度。面向中职毕业生的职业教育高考，招生主体主要是全国高职高专院校以及其他应用型高校，其考试内容可以做适当调整，如技能课占70%，文化课占30%，专门培养强基础和重技能的职业本科生，满足高端制造业企业对高级职业技术人才的需求。另一方面，各级劳动部门要尽快改变不合理的用人评价机制和薪酬工资标准，各级工会组织也应发挥积极作用，规范开展工资集体协商，切实提高技能人才的

---

① 转引自杨程《新职业呼唤职业教育更高质量发展》，《光明日报》2022年10月31日，第10版。

薪酬待遇和社会地位，增强技能人才的获得感与职业荣誉感、自豪感。

3. 打造中国特色职业教育品牌

在中国从制造大国向制造强国迈进的过程中，大力培育"金牌蓝领"，打造中国特色职业教育品牌，提升职业教育软实力，加快建设知识型、技能型、创新型劳动者大军，是增强实体经济核心竞争力、推动实体经济高质量发展的重要支撑。教育部、各级地方政府和职业教育相关院校，要积极筹办全国性或区域性职业技能大赛，赛项的设置要紧跟产业结构优化升级和战略性新兴产业、未来产业的发展战略；在赛项比重设置上，高端装备制造业、新能源、节能环保等战略性新兴产业与元宇宙、脑机接口、量子信息等未来产业以及现代服务业的赛项应占较大比重，比赛的内容要直接与实体经济企业科技发展水平和相关行业标准接轨。通过参与各种层次的职业技能大赛，学生不仅可以展示自己的技能和才华，而且能够锻造过硬的心理素质，重塑发展信心，坚定职业远景，实现高质量就业。除了各种层次的职业技能大赛，教学成果展示也是宣传中国职业教育特色和成就的重要途径。因此，现代传媒要全面系统地宣传国家大力发展职业教育的方针政策，推广独具特色的职业院校办学经验，提升技能人才就业创业能力，打造中国特色职业教育品牌，为实体经济培养高素质能工巧匠。

（二）加快体制机制改革创新

打铁还需自身硬。加快现代职业教育发展，体制机制改革是关键。中国职业院校要深刻领会党和国家关于发展职业教育的重要指示，全面把握职业教育在实体经济高质量发展中的重大作用，加快推进职业教育体制机制改革创新，努力培养更多符合中国实体经济高质量发展需要的高级技术工人。

1. 优化专业结构

优化职业院校的专业结构，使之与中国经济社会高质量发展和产业结构调整方向密切结合，才能充分发挥其服务经济社会的重大作用。一方面，国家和各级地方政府要充分发挥宏观调控作用，优化职业教育的专业结构。为满足中国战略性新兴产业、未来产业和现代服务业高质量发展的需要，也为了给国家和地区经济社会高质量发展提供各类急需紧缺的管理人才和技术工人，各地区要认真制定重点扶持发展的专业目录，引导职业院校同步规划和调整专业结构。各级政府应为相关职业院校的品牌专业、新兴专业和重点培育项目等提供必要的资金扶持，助力职业院校提升专业发展水平。同时，对于一些需求量不大但人才十分匮乏的高技能专业，可以选择在某些职业院校集中开设，不断提高职业教育的专业性和引领产业发展的能力。另一方面，职业院校要全面对接现代化产业体系建设，积极寻求行业的指导，主动调整和优化各自的专业结构。职业学校要紧密跟踪人才市场的需求状况，运用已有的办学资源和优势，积极创造条件，尽快开设区域经济社会发展急需的特色专业与优势专业，优先发展先进制造、人工智能、新能源、新材料、生物技术等产业需要的一批新兴专业，要加快冶金、医药、建材、轻纺等领域传统专业的升级改造，也要舍弃一些低水平重复建设、就业率低的专业，实现专业结构动态调整。总之，要适应中国现代化产业体系发展需要，加快培养一大批中高端技能型人才，为实体经济高质量发展提供重要支撑。

2. 加强师资队伍建设

师资队伍是完成教育教学任务的主体，因此提升职业院校教师的教学能力、实践能力以及科技创新能力是提高职业教育质量的关键。一方面，要建立多元化引进机制，拓宽教师引进渠道，充分提高"双师型"教师综合素质。既可以在中国相关高校建立急需紧缺专业教师师资班，也可以积极聘请行业企业中的高级技术人员甚至能工巧匠到学校兼职，实现专兼结合，使各类人才在企业和职业院校之间的流动畅通无阻。如职业院校要不断完善高层次人才管理制度和人才成长机制，拿出一定比例的教师编制数额，用来动态聘请行业组织和企业中既有实践经验又有一定理论知识的专业技术人员出任专业教师或实习指导教师，还可以鼓励相关产业领域的优秀企业家、高级工程师和高素质职业技术人员等到职业院校任教，建立结构合理的"双师结构"专业教学团队。另一方面，多管齐下加大教师培训力度。要帮助教师尽快树立现代教育理念，鼓励和支持广大教师积极参与"挂职锻炼""进修培训""企业顶岗"等技能培训活动，落实教师到对接企业实践的相应制度，加大教师职业技能培训力度，健全青年教师成长机制。对于国家级和省级重点院校和示范校，政府每年可以给予一定的专业教师培训补助经费。总之，打造一支素质优良、结构合理、专兼结合、相对稳定的"双师型"师资队伍，是不断提高职业院校毕业生培养质量、更好助力实体经济高质量发展的关键。

3. 推动校企深度合作

中国行业企业参与职业教育的途径偏少，造成劳动力市场的信息资源、职业院校的教育资源与行业企业的实训资源难以实现综合配置。因此，推动校企深度合作，提高资源配置效率迫在眉睫。首先，政府要健全相应的法律法规，实行鼓励校企深度合作的优惠政策。比如，如果企业接收职业院校师生实践实习或者为职业院校提供实训设备、工艺流程、岗位标准以及技能教师等，那么企业就能享受税收减免、国家财政补贴等优惠政策，从而有效激发实体经济企业参与职业院校办学的积极性和主动性。其次，健全职业教育行业协调工作机构，切实加大职业院校、实体经济企业和职业教育行业之间的合作力度，积极推广订单式培养、委托培养、定向培养等人才培养模式，增强职业教育的实用性和针对性，以更好满足行业企业对职业院校毕业生的需求。最后，政府可以出台鼓励政策，引导和支持职业院校利用已有的人、财、物等资源创办公司企业，为社会提供创意产品和优质产品，形成"校中有厂、厂中有校"的校企一体格局。

4. 健全职业教育体系

为提高职业教育社会认可度，必须加快建立上下衔接、左右贯通的终身学习的现代职业教育体系。要通过构建四通八达的教育"立交桥"，实现职业教育内部不同层次教育、职业教育与其他类型教育之间，在学籍、课程等方面的衔接、互通，建立健全职业教育之间及其与普通本科教育之间的专业纵向学分逐级互认机制。要加快教育体制改革，只要职业院校的学生修满相应层次的学分，就能获得本科院校的毕业证书。实行这样的制度不仅能够极大地拓宽职校生接受高等教育的渠道，而且能够使广大职业院校毕业生继续接受高等教育的强烈愿望得到满足，提高职业院校毕业生向上流动的能力，从而增强职业教育对家长和学生的吸引力。教育部门要把职业教育扩展到全民教育和终身教育上，对进城务工的农村劳动者和返乡农民工进行相应的职业技能培训。通过健全现代职业教育体系，培养造就农村的专业示范户、科技致富带头人，各类企业的高素质技术工人、管理人员、营销人员，个体工商业主，国内外劳务市场的技术型"打工仔"等四种类型人才，形成全方位、多层次、多元化和终身化的职业技术工人培训体系。

（三）构建经费投入保障机制

职业教育的现代化离不开稳定的经费投入保障机制。一般情况下，职业技术工人的培养需要更多实习实训，因此，成本往往远高于普通高中和普通大学。根据世界银行的研究，职业院校生均经费为同级普通教育的

2.53倍，实验实习设备设施的成本更高。① 近年来，中国不断加大对职业教育的经费投入力度，然而不少地区的投入水平仍然不及普通教育，无法满足职业教育学校的发展需要。2021年教育经费执行情况统计数据显示，中国中等职业教育生均教育经费仅约为普通高中生均教育经费的1.37倍，远未达到联合国教科文组织的统计数值，即普通教育的3倍左右。② 中国正处于新型工业化、城镇化、信息化和农业现代化加快推进时期，无论是新生劳动力的就业还是规模庞大的农村劳动力转移，都有待于充分发挥职业教育学校的培训教育作用。为提升现代职业教育发展水平，中国必须千方百计加大对职业教育应用型人才培养的投入力度。国家和各级政府都要继续加大职业教育经费投入力度，使之与职业学校的发展规模相适应。要健全职业教育经费投入机制，既要加大职业教育的国家财政投入力度，也要提高社会资本投资兴办职业教育的积极性，着力构建一个以国家投入为主体，以实体经济企业、民间资金、外资投入为补充的比较稳定的职业教育投资体系。通过整合各方的资金投入和职业技术教育资源，增加图书馆馆藏书目，加快完善职业院校的多媒体教室、实训设备、师生生活条件等软硬件设施，以增强师资队伍的稳定性、保证学生的培养质量、实现职业院校的可持续发展。

### 四 深化税制改革，切实减轻实体经济企业负担

深化税制改革，优化税制结构，合理降低实体经济综合成本和税费负担，既是推进税收治理体系和治理能力现代化的有力支撑，也是助力实体经济高质量发展的重要举措。要全面贯彻落实党的二十大和二十届二中、三中全会以及中央经济工作会议精神，积极稳妥推进税制改革，着力优化税制结构，不断健全地方税和直接税体系，加快推动实体经济转型升级。

#### （一）加强税制改革顶层设计

加强税制改革顶层设计，既是高质量推进新发展阶段税收现代化的战略举措，也是更好服务和支撑实体经济高质量发展的基本遵循。中国新一轮税制改革要站在推进国家治理体系和治理能力现代化的高度，牢牢把握高质

---

① 李名梁：《发展职业教育亟须提高社会认同度》，《光明日报》2013年7月13日，第10版。
② 朱德全、彭洪莉：《职业教育促进共同富裕的发展指数与贡献测度——基于教育生产函数的测算模型与分析框架》，《教育研究》2024年第1期。

量发展这个首要任务，加强谋划和顶层设计，加快构建与推动实体经济产业高端化、智能化、绿色化发展相适应的税制改革整体方案，打造一个集"优化资源配置、维护市场统一、促进社会公平、实现国家长治久安"[①] 于一体的"职能均衡"、具有大国竞争力的与中国式现代化相适应的现代税收制度。要主动对接供给侧结构性改革，持续深化税制改革，完善税收制度，逐步降低间接税（包括增值税、营业税、消费税等）占全部税收收入的比重，增加直接税（包括企业所得税、个人所得税、房地产税、遗产和赠与税等），提高直接税占全部税收收入的比重，扭转间接税和直接税之间的结构失衡，在保持宏观税负和基本税制稳定的前提下不断优化税制结构，促进结构性减税降费政策落实落细，营造良好的税收环境，重点支持科技创新和制造业高质量发展，为实体经济高质量发展增添新势能。

### （二）深化增值税改革

实践证明，退税减税降费是助力实体经济企业纾困解难最公平、最直接、最有效的措施。党的十八大以来，为从制度上解决重复征税问题、营造公平合理的税制环境，中国持续深化增值税改革，全面推开营业税改征增值税的税制改革，基本建立起更加科学的现代增值税制度，持续释放减税降费政策红利，为实体经济企业科技创新注入不竭动力、为绿色低碳发展赋能增效、为扩大内需保驾护航，有力激发实体经济高质量发展活力。但是，中国增值税改革仍需持续深化，目前仍存在现行增值税的基本税率偏高、优惠政策过多、征管能力和服务水平不高、立法尚未最终完成等问题。为此，中国各级税务机关要站在新时代党和国家事业发展全局的高度，充分认识深化增值税改革的重大意义，把贯彻落实好深化增值税改革、切实减轻实体经济企业税收负担摆在重中之重的地位。要坚持增值税税收中性原则的改革取向，保持税收的公平性和效率性。增值税立法要全面落实税收法定原则，不断规范税收优惠政策，加快完善对科技创新、先进制造、绿色发展、协调发展和中小微实体经济企业等重点领域和关键环节的支持机制，在法治轨道上推进税收现代化行稳致远。要不断完善增值税留抵退税制度，简并和下调增值税税率，清理增值税优惠、免税政策，提高增值税税收征管和服务水平，巩固增值税第一大税种地位，更好地发挥税收在国家治理中的基础性、支柱性和保障性作用，为实体经济高质量发展提供

---

[①] 《习近平著作选读》第1卷，人民出版社，2023，第167页。

坚实有力的支撑和保障。①

（三）优化和延续税费优惠政策

税费优惠政策主要是指国家制定的减轻或免除企业和个人税负、鼓励投资创业的一系列优惠措施，旨在提高经营主体市场竞争力、推动经济社会高质量发展。作为积极财政政策的重要内容，税费优惠政策是直接、有效、公平的惠企政策，也是中国助企纾困、推动实体经济高质量发展的关键举措。近年来，中国紧紧围绕推进高质量发展这个首要任务，聚焦巩固壮大实体经济根基、加快建设现代化产业体系等，延续、优化和完善了一批支持高水平科技自立自强、先进制造业和重点产业（行业）发展、小微企业和个体工商户发展的税费优惠政策，切实减轻了实体经济企业的税费负担，激发了实体经济企业活力，巩固增强中国经济回升向好态势。然而，当前中国税费优惠政策的规范性、统一性、公平性、前瞻性不足，在激励绿色低碳发展方面仍有提升空间。为此，中国要坚持稳中求进、统筹兼顾、注重实效的基本原则，着力统筹好减轻实体经济企业税费负担与提高财政收入稳定性、可持续性的关系，不仅要延续、优化前期出台的减税降费政策，多措并举推动这些减税降费政策落实落细，而且要将部分行之有效的现行税费政策逐步上升至法律层面，保持税费优惠政策的连续性和稳定性。既要不折不扣落实好研发费用税前加计扣除、科技成果转化税收减免等结构性减税降费政策，重点支持科技创新和实体经济高质量发展，又要及时修订法规条款，尽可能从中央层面对税收制度和税费优惠政策的执行口径进行统一规定，提高税费优惠政策的针对性、公平性和有效性。中国还要适当降低先进技术装备和资源品进口关税，不断完善绿色税制、落实绿色税收政策，加大对绿色低碳发展领域的税收抵免力度，构建有利于减轻实体经济企业税费负担的长效机制，促进实体经济企业向高端化、智能化、绿色化转型升级。②

---

① 参见汪卢俊、苏建《增值税改革促进了中国全要素生产率提高吗？——基于增值税转型和"营改增"改革的研究》，《当代经济研究》2019 年第 4 期；朱江涛《中国增值税改革：历程、特色与展望》，《税务研究》2024 年第 2 期。

② 参见中国财科院"企业成本"调研"税费政策"专题组等《税费优惠政策对企业成本的影响研究》，《财政科学》2023 年第 12 期。

# 结　语

经过长期深入研究，本书在实体经济的理论基础和中国发展实体经济的现状、发达国家发展实体经济的经验和教训，以及新时代推动中国实体经济高质量发展的对策建议等方面，形成了一些较为明确的观点和结论。

## 一　国际实体经济竞争格局和发展趋势

实体经济是国民经济健康发展的坚实基础，也是世界经济稳健运行的根本保证。在世界经济发展史上，世界各国曾经十分重视发展实体经济，创造了无与伦比的物质财富，积累了发展实体经济的宝贵经验。然而，20世纪末尤其是21世纪以来，欧美不少发达国家逐渐忽视发展实体经济，导致实体经济不断萎缩，虚拟经济日益膨胀甚至严重背离了实体经济的发展要求，最终引发了二战以来最严重的国际金融危机，并对世界实体经济造成巨大冲击。在经历2008年国际金融危机和随之而来的欧债危机洗礼后，世界各国和地区普遍深刻认识到经济发展"脱实向虚"造成经济结构失衡的严重危害，纷纷制定了回归实体经济的战略举措。改革开放40余年来，中国坚持大力发展实体经济，取得了举世瞩目的发展成就。但是，2008年以来中国经济"脱实向虚"苗头初显，引起了中国政府、学术界和实业界的极大关注。在发达国家强势回归实体经济、其他发展中国家加速追赶的浪潮下，中国推动实体经济高质量发展面临双重夹击的严峻挑战。因此，党的十八大报告明确指出，要"牢牢把握发展实体经济这一坚实基础"[1]；

---

[1] 《胡锦涛文选》第3卷，人民出版社，2016，第630页。

党的十九大报告强调,"建设现代化经济体系,必须把发展经济的着力点放在实体经济上"①;党的二十大报告强调,"坚持把发展经济的着力点放在实体经济上"②。由此可见,推动中国实体经济高质量发展是党和国家的重要决策。

### 二 马克思主义理论为中国发展实体经济奠定坚实的理论基础

马克思主义唯物史观认为,物质生产在人类历史发展中起着决定性作用。马克思主义经典作家十分重视发展农业、工业等实体经济,也十分关注科学技术对实体经济的重大作用。同时,在探索中国式现代化的伟大征程上,中国共产党始终高度重视实体经济在国民经济中的基础地位,高度重视科技创新。这些关于发展实体经济的论述极其丰富,为中国发展实体经济奠定坚实的理论基础。

### 三 实体经济是国民经济的根基

实体经济是国民经济的坚实基础,具有有形性、主导性、载体性和下降性等特点。发达稳健的实体经济是人类社会生产力发展水平的集中体现,也是创造社会财富、着力改善民生的物质基础。实体经济与虚拟经济之间是对立统一的关系,实体经济稳定运行是虚拟经济可持续发展的基础和保证,而虚拟经济对实体经济起着巨大的反作用,它们通过各自的作用机制驱动现代经济不断向前发展。同时,实体经济与第三产业密切相关,实体经济是第三产业健康发展的坚实基础,而第三产业特别是生产性服务业也可以有力推动实体经济高质量发展。

### 四 中国发展实体经济的优势和劣势并存,机遇和挑战同在

中国是一个实体经济大国,拥有实体经济发展成就辉煌、科技创新体系日益完善、社会主义市场经济体制日趋完善、产业链完整、劳动力丰富等明显优势,但也面临企业多处于产业链中低端、科技创新体制尚不健全、金融体制改革任重道远、职业技术教育不够发达等劣势。同时,当今世界,百年未有之大变局加速演进,第四次工业革命浪潮来袭,中国发展实体经

---

① 《习近平著作选读》第 2 卷,人民出版社,2023,第 25 页。
② 《习近平著作选读》第 1 卷,人民出版社,2023,第 25 页。

济拥有扩大国内消费市场、提高科技创新能力、转变经济发展方式等方面十分难得的机遇,但也面临产业空心化、产能过剩、发展环境不容乐观等严峻挑战。因此,中国必须充分发挥实体经济的比较优势,牢牢把握难得的发展机遇,迎接发展实体经济的挑战,加快推动实体经济高质量发展。

### 五 发达国家发展实体经济既有许多成功的经验,也有惨痛的教训

本书在深入研究德国、美国和日本等发达国家实体经济的基础上,总结了发达国家发展实体经济的成功经验,主要包括注重创新制造技术、培养优质人力资源、拓宽国际销售市场、加大政府扶持力度。同时,对于发达国家发展实体经济的惨痛教训,中国要引以为戒,必须注重发展实体经济、培育国际高端品牌、调整经济发展模式、保持健康的产业结构、科学应对产能过剩。

### 六 新时代中国实体经济高质量发展的路径选择

新征程上,推动实体经济高质量发展是一项系统工程,中国要在党的二十大和二十届二中、三中全会以及中央经济工作会议相关精神指导下,多管齐下,加快推动实体经济高质量发展。要通过改造提升传统产业、培育壮大新兴产业和未来产业、加快发展生产性服务业、防范化解产能过剩风险等,着力优化实体经济产业结构,增强实体经济产业实力。要通过弘扬优秀企业家精神、增强科技创新能力、培育国际高端品牌、加大人才建设力度等,坚守实体经济,不断激发实体经济发展活力,强化实体经济吸引力和竞争力。要通过制定长远发展规划、坚持扩大内需战略、优化房地产调控政策、营造勤劳创业良好氛围等措施,充分发挥政府宏观调控作用,更好服务实体经济高质量发展。要不断完善科技体制,以高水平科技自立自强支撑引领实体经济高质量发展;深化金融改革,提升金融服务实体经济高质量发展质效;加强职业教育,为实体经济高质量发展培育更多熟练技术工人;深化税制改革,切实减轻实体经济企业税费负担,形成推动实体经济高质量发展的强大合力,厚植中国式现代化的实体经济根基,夯实全面建设社会主义现代化国家的物质基础。

# 参考文献

## 一 经典著作和重要文献

[1]《马克思恩格斯文集》1~10卷，人民出版社，2009。
[2]《马克思恩格斯全集》第12卷，人民出版社，1998。
[3]《马克思恩格斯全集》第25卷，人民出版社，2001。
[4]《列宁全集》第34、40~43卷，人民出版社，2017。
[5]《斯大林全集》第7卷，人民出版社，1958。
[6]《斯大林选集》上卷，人民出版社，1979。
[7]《毛泽东文集》6~8卷，人民出版社，1999。
[8]《邓小平文选》1~2卷，人民出版社，1994。
[9]《邓小平文选》第3卷，人民出版社，1993。
[10]《江泽民文选》1~3卷，人民出版社，2006。
[11]《胡锦涛文选》2~3卷，人民出版社，2016。
[12]《习近平著作选读》第1~2卷，人民出版社，2023。
[13]《习近平谈治国理政》第1卷，外文出版社，2018。
[14]《习近平谈治国理政》第2卷，外文出版社，2017。
[15]《习近平谈治国理政》第3卷，外文出版社，2020。
[16]《习近平谈治国理政》第4卷，外文出版社，2022。
[17]《江泽民论有中国特色社会主义（专题摘编）》，中央文献出版社，2002。
[18]《十六大以来重要文献选编》（上），中央文献出版社，2005。
[19]《十六大以来重要文献选编》（中），中央文献出版社，2006。

[20]《十六大以来重要文献选编》(下),中央文献出版社,2008。

[21]《十七大以来重要文献选编》(上),中央文献出版社,2009。

[22]《十七大以来重要文献选编》(下),中央文献出版社,2013。

[23]《中共中央关于全面深化改革若干重大问题的决定》,人民出版社,2013。

[24]《十八大以来重要文献选编》(上),中央文献出版社,2014。

[25]《习近平关于科技创新论述摘编》,中央文献出版社,2016。

[26]《习近平关于社会主义经济建设论述摘编》,中央文献出版社,2017。

[27]《十八大以来重要文献选编》(下),中央文献出版社,2018。

[28]《中华人民共和国国民经济和社会发展第十四个五年规划和2035年远景目标纲要》,人民出版社,2021。

[29]《习近平外交演讲集》第1卷,中央文献出版社,2022。

[30]《习近平关于国家粮食安全论述摘编》,中央文献出版社,2023。

[31]《中共中央关于进一步全面深化改革 推进中国式现代化的决定》,人民出版社,2024。

[32]《〈中共中央关于进一步全面深化改革、推进中国式现代化的决定〉辅导读本》,人民出版社,2024。

[33]《党的二十届三中全会〈决定〉学习辅导百问》,党建读物出版社、学习出版社,2024。

[34] 江泽民:《论社会主义市场经济》,中央文献出版社,2006。

[35] 习近平:《之江新语》,浙江人民出版社,2007。

[36] 习近平:《在全国劳动模范和先进工作者表彰大会上的讲话》,人民出版社,2020。

[37] 习近平:《在科学家座谈会上的讲话》,人民出版社,2020。

[38] 习近平:《论坚持人与自然和谐共生》,中央文献出版社,2022。

[39]《闽山闽水物华新——习近平福建足迹》(上),人民出版社、福建人民出版社,2022。

## 二 中文著作和相关论文

### (一)学术著作

[1] 陈征:《〈资本论〉解说》1~3卷,福建人民出版社,2017。

[2] 陈征:《论现代科学劳动:马克思劳动价值论的新发展》,福建人民出

版社，2017。
[3] 陈征：《劳动和劳动价值论的运用与发展》，高等教育出版社，2005。
[4] 陈征：《社会主义城市地租研究》，福建人民出版社，2017。
[5] 陈征：《〈资本论〉和中国特色社会主义经济研究：〈陈征选集〉续编》，山西经济出版社，2005。
[6] 陈征等主编《〈资本论〉与当代中国经济》，福建人民出版社，2017。
[7] 陈征等主编《政治经济学》，高等教育出版社，2003。
[8] 陈征、李建平、郭铁民：《社会主义初级阶段经济纲领研究》，经济科学出版社，2000。
[9] 李建平：《〈资本论〉第一卷辩证法探索》，福建人民出版社，2017。
[10] 李建平等：《科技进步与经济增长：全面建设小康社会进程中福建科技发展的理论与实践》，中国经济出版社，2005。
[11] 李建平、黄茂兴、黄瑾主编《〈资本论〉与中国特色社会主义政治经济学》，福建人民出版社，2017。
[12] 李建平、李闽榕、高燕京主编《中国省域经济综合竞争力发展报告：2011~2012》，社会科学文献出版社，2013。
[13] 李建平、李闽榕、赵新力主编《二十国集团（G20）国家创新竞争力发展报告：2011~2013》，社会科学文献出版社，2013。
[14] 李建平、李闽榕、赵新力主编《世界创新竞争力发展报告：2001~2012》，社会科学文献出版社，2013。
[15] 李建平、李闽榕、王金南主编《全球环境竞争力报告：2013》，社会科学文献出版社，2013。
[16] 李建平等：《中国60年经济发展报告：1949~2009》，经济科学出版社，2009。
[17] 李建平、李建建、黄茂兴主编《马克思主义经济学的创新与发展——中国〈资本论〉研究会第十三次学术研讨会论文集》，社会科学文献出版社，2008。
[18] 吴宣恭主编《社会主义所有制结构改革》，浙江人民出版社，1994。
[19] 吴宣恭等：《产权理论比较——马克思主义与西方现代产权学派》，经济科学出版社，2000。
[20] 胡培兆、孙连成：《〈资本论〉研究之研究》，四川人民出版社，1985。
[21] 《胡培兆选集》，山西经济出版社，1994。

[22] 胡培兆：《有效供给论》，经济科学出版社，2004。

[23] 胡培兆：《经济学本质论——三论三别》，经济科学出版社，2006。

[24] 薛伯英、曲恒昌：《美国经济的兴衰》，湖南人民出版社，1988。

[25] 储玉坤、孙宪钧：《美国经济》，人民出版社，1990。

[26] 《何炼成选集》，山西经济出版社，1992。

[27] 金碚主编《中国工业国际竞争力——理论、方法与实证研究》，经济管理出版社，1997。

[28] 成思危：《虚拟经济论丛》，民主与建设出版社，2003。

[29] 王爱俭主编《虚拟经济与实体经济关系研究》，经济科学出版社，2004。

[30] 中国现代化战略研究课题组、中国科学院中国现代化研究中心：《中国现代化报告.2004：地区现代化之路》，北京大学出版社，2004。

[31] 周琦：《从空想到科学——对社会主义理论、运动和制度的反思》，湖南人民出版社，2005。

[32] 黄茂兴、冯潮华：《技术选择与产业结构升级——基于海峡西岸经济区的实证研究》，社会科学文献出版社，2007。

[33] 时寒冰：《中国怎么办——当次贷危机改变世界》，机械工业出版社，2009。

[34] 张季风：《日本经济概论》，中国社会科学出版社，2009。

[35] 吴振兴、袁野：《危机与转机：金融风暴、经济危机下中国经济的问题、政策分析与出路》，新世界出版社，2009。

[36] 李济琛、李成勇编著《走出金融风暴——世界没有末日》，中国时代经济出版社，2009。

[37] 朱民等：《改变未来的金融危机》，中国金融出版社，2009。

[38] 国家统计局国民经济综合统计司编《新中国六十年统计资料汇编》，中国统计出版社，2010。

[39] 《党委中心组学习参考2010》，中共党史出版社，2010。

[40] 王佳菲：《揭开经济危机的底牌：透过〈资本论〉看新危机时代》，新华出版社，2010。

[41] 查振祥：《深圳高端制造业发展路径研究》，人民出版社，2010。

[42] 张幼文等：《金融危机后的世界经济：重大主题与发展趋势》，人民出版社，2011。

[43] 人民日报理论部主编《大变局——世界经济发展新趋势解读》，人民日报出版社，2011。

[44] 成思危：《美国金融危机的分析与启示》，科学出版社，2012。

[45] 林毅夫：《解读中国经济》，北京大学出版社，2012。

[46] 林毅夫：《从西潮到东风：我在世行四年对世界重大经济问题的思考和见解》，余江译，中信出版社，2012。

[47] 王锦、谭云明编著《中国实体经济99评》，清华大学出版社，2012。

[48] 叶桐、卢达溶编著《实体经济导论》，清华大学出版社，2012。

[49] 中共中央党校经济学教研部编《稳中如何求进：中国经济热点面对面（2012）》，新华出版社，2012。

[50] 张锋强：《金融的未来：华尔街的救赎与实体经济的出路》，人民邮电出版社，2012。

[51] 史世伟、陈健平主编《德国经济数字地图2011》，科学出版社，2012。

[52] 陈建主编《日本经济数字地图2011》，科学出版社，2012。

[53] 徐平：《苦涩的日本：从"赶超"时代到"后赶超"时代》，北京大学出版社，2012。

[54] 韩凤荣：《金融危机后的新世界》，北京理工大学出版社，2012。

[55] 陈华强、何宜庆：《银行体系与实体经济》，中央编译出版社，2013。

[56] 周莹莹、刘传哲：《虚拟经济与实体经济协调发展研究》，经济管理出版社，2013。

[57] 杨其川、王强主编《观察.2：重塑实体经济》，中国发展出版社，2013。

[58] 《瞿秋白文集：政治理论编》第7卷，人民出版社，2013。

[59] 韩毅、张兵主编《美国经济数字地图（2012-2013）》，科学出版社，2013。

[60] 裴宏主编《日本经济》，首都师范大学出版社，2013。

[61] 《新理念　新思想　新战略80词》，人民出版社，2016。

[62] 李孟刚：《产业空心化问题研究》，北京交通大学出版社，2017。

[63] 杜月明编著《中国道路开启全球治理新模式》，中央编译出版社，2017。

[64] 冯俊主编《中国治理新方略》，人民出版社，2017。

[65] 吴敬琏等主编《中国经济新时代：构建现代化经济体系》，中信出版社，2018。

[66] 本书编辑组编《国企公开课》第一辑（下），人民出版社，2019。

[67] 国务院发展研究中心课题组：《高质量发展的目标要求和战略重点》（上、下），中国发展出版社，2019。

[68] 曹立主编《推动中国经济高质量发展》，人民出版社，2019。

[69] 新华月报编《新中国70年大事记：1949.10.1—2019.10.1》（下），人民出版社，2020。

[70] 中华人民共和国科学技术部编《中国科技人才发展报告（2020）》，科学技术文献出版社，2021。

[71] 黄奇帆：《战略与路径——黄奇帆的十二堂经济课》，上海人民出版社，2022。

[72] 吴晓求等：《谋局：中国资本市场的变革与突围》，经济日报出版社，2022。

[73] 郑庆东主编《习近平经济思想研究文集（2022）》，人民出版社，2023。

[74] 郑春荣主编《德国发展报告（2022）——开启"后默克尔时代"的德国》，社会科学文献出版社，2023。

[75] 中国教育科学研究院编著《2023中国职业教育质量年度报告》，高等教育出版社，2023。

[76] 中华人民共和国科学技术部编《中国科技人才发展报告（2022）》，科学技术文献出版社，2023。

（二）期刊文献

[1] 李建平：《新自由主义市场拜物教批判——马克思〈资本论〉的当代启示》，《当代经济研究》2012年第9期。

[2] 李建平、黄茂兴：《国家创新竞争力：重塑G20集团经济增长的战略基石》，《福建师范大学学报》（哲学社会科学版）2012年第5期。

[3] 李建平：《大力开展文本研究，推进马克思主义理论的创新》，《思想理论教育》2008年第1期。

[4] 黄聪英、李建平：《中国共产党发展实体经济的百年征程、辉煌成就与基本经验》，《当代经济研究》2021年第10期。

[5] 吴宣恭：《论作为政治经济学研究对象的生产方式范畴》，《当代经济研究》2013年第3期。

[6] 吴宣恭：《美国次贷危机引发的经济危机的根本原因》，《经济学动态》2009年第1期。

[7] 胡培兆:《金融危机与精英道德》,《经济学动态》2009 年第 7 期。

[8] 胡培兆:《从历史与现实的双重视角看〈资本论〉——纪念〈资本论〉出版 140 周年》,《中国经济问题》2007 年第 6 期。

[9] 胡培兆:《生产劳动与非生产劳动的争论之我见》,《中国经济问题》1988 年第 6 期。

[10] 葛承群:《美国提高研究与开发能力的基本经验及启示》,《世界经济与政治》1999 年第 1 期。

[11] 孟令国、邓学衷:《虚拟经济对实体经济的影响及建议》,《广东社会科学》2000 年第 6 期。

[12] 徐立军:《日本贸易立国战略辨析》,《现代日本经济》2002 年第 4 期。

[13] 邱晓华:《振兴制造业与实现强国梦想——从发达国家（地区）的经验看中国发展》,《中国国情国力》2003 年第 6 期。

[14] 郝玉峰:《美国大企业科技创新的动力和机制》,《冶金管理》2006 年第 6 期。

[15] 江小涓:《利用全球科技资源 提高自主创新能力》,《求是》2006 年第 7 期。

[16] 董书礼:《美国制造业：在创新中调整和发展》,《求是》2006 年第 23 期。

[17] 陈晓枫、叶李伟:《金融发展理论的变迁与创新》,《福建师范大学学报》（哲学社会科学版）2007 年第 3 期。

[18] 蔡强、杨惠昶:《马克思的信用扩张理论与当代金融自由化理论之比较》,《当代经济研究》2008 年第 2 期。

[19] 孙喜杰、曾国屏:《美国 R&D 与基础研究经费增长和协调的统计分析及启示》,《科学学研究》2008 年第 4 期。

[20] 马雪峰:《美国技术创新的经验及对我国的启示》,《经济问题探索》2008 年第 4 期。

[21] 罗熹:《美国次贷危机的演变及对我国的警示》,《求是》2008 年第 18 期。

[22] 王伟光:《运用马克思主义立场、观点和方法，科学认识美国金融危机的本质和原因——重读〈资本论〉和〈帝国主义论〉》,《马克思主义研究》2009 年第 2 期。

[23] 杨万东:《世界经济的结构性失衡与中国经济的结构性纠偏》,《理论

视野》2009 年第 3 期。

[24] 李慎明：《当前资本主义经济危机的成因、前景及应对建议》，《国外社会科学》2009 年第 4 期。

[25] 李桦：《美国金融危机成因探析》，《特区经济》2009 年第 5 期。

[26] 信春华、赵金煜：《基于内生经济增长理论的高技术标准促进经济增长作用机理分析》，《科技进步与对策》2009 年第 13 期。

[27] 王庆国：《试析美国第三产业的发展及其与工业化的关系》，《经济研究导刊》2009 年第 15 期。

[28] 刘鹤：《国际金融危机冲击和中国的政策应对》，《经济研究参考》2010 年第 1 期。

[29] 刘冠军、刘刚：《虚拟经济与实物经济互动的文献综述及逻辑辨析》，《山东社会科学》2010 年第 11 期。

[30] 吕铁：《日本治理产能过剩的做法及启示》，《求是》2011 年第 5 期。

[31] 周莹莹、刘传哲：《我国虚拟经济与实体经济的联动效应——基于资本市场、金融衍生品市场与实体经济数据的实证研究》，《山西财经大学学报》2011 年第 5 期。

[32] 倪凯等：《发达国家高等工程教育认证体系及其启示》，《高等理科教育》2011 年第 5 期。

[33] 宋克群：《国外科技创新人才环境研究》，《中国科技奖励》2011 年第 8 期。

[34] 郑新立：《成功应对国际金融危机的中流砥柱》，《求是》2011 年第 13 期。

[35] 吴宁、冯旺舟：《资本主义全球金融危机与马克思主义》，《马克思主义研究》2012 年第 1 期。

[36] 赵嘉、唐家龙：《美国产业结构演进与现代产业体系发展及其对中国的启示——基于美国 1947—2009 年经济数据的考察》，《科学学与科学技术管理》2012 年第 1 期。

[37] 孙妍、郑贵廷：《虚拟资本及其对实体经济发展之效应研究》，《求索》2012 年第 1 期。

[38] 李栋：《里根经济学的政策实践及启示》，《财政研究》2012 年第 1 期。

[39] 安世银：《重视推动实体经济稳健发展》，《理论学刊》2012 年第 2 期。

[40] 王福君、沈颂东：《美、日、韩三国装备制造业的比较及其启示》，

《华中师范大学学报》（人文社会科学版）2012年第3期。

[41] 李侠：《障碍、协调与国家科学顾问委员会——关于科技体制改革的一些思考》，《科学与社会》2012年第3期。

[42] 邓任菲：《基于实体经济和虚拟经济范畴的文献综述》，《武汉金融》2012年第3期。

[43] 辜胜阻：《对实体经济强本固基的战略思考》，《党建》2012年第3期。

[44] 李锦：《时代呼唤中国企业精神》，《企业家信息》2012年第3期。

[45] 张平：《牢牢把握发展实体经济这一坚实基础》，《政策瞭望》2012年第3期。

[46] 杨成林：《论主权债务危机的发生》，《马克思主义研究》2012年第4期。

[47] 戴相龙：《提高金融对实体经济的服务水平和国际竞争力》，《宏观经济管理》2012年第4期。

[48] 陶武先：《转型升级背景下的实体经济发展探析》，《经济体制改革》2012年第4期。

[49] 杨晓龙：《我国实体经济实现转型发展的路径选择》，《学术交流》2012年第5期。

[50] 赵曼湘：《大力推进实体经济发展的现实阻隔与对策选择》，《吉首大学学报》（社会科学版）2012年第5期。

[51] 孟祺：《美国再工业化的政策措施及对中国的启示》，《经济体制改革》2012年第6期。

[52] 夏杰长：《优先发展以实体经济为导向的服务业》，《中国经贸》2012年第6期。

[53] 贾怀勤：《发展服务经济与实体经济关系之思考》，《国际贸易》2012年第6期。

[54] 金碚：《牢牢把握发展实体经济这一坚实基础》，《求是》2012年第7期。

[55] 徐策：《关注金融业与实体经济利润反差问题》，《宏观经济管理》2012年第7期。

[56] 李德水：《关于三次产业关系的思考》，《统计科学与实践》2012年第7期。

[57] 孙工声：《正确理解金融服务实体经济的内涵》，《中国金融》2012年

第 8 期。

[58] 唐斯斯：《增强实体经济活力 遏制产业空心化》，《宏观经济管理》2012 年第 9 期。

[59] 季仙华：《以金融体制改革推动经济发展》，《红旗文稿》2012 年第 10 期。

[60] 罗能生、罗富政：《改革开放以来我国实体经济演变趋势及其影响因素研究》，《中国软科学》2012 年第 11 期。

[61] 徐占忱、刘向东：《借鉴德国经验做大做强我国实体经济》，《宏观经济管理》2012 年第 11 期。

[62] 曾丽雅：《科技创新的体制障碍与改革方向》，《企业经济》2012 年第 11 期。

[63] 乔晓楠、张欣：《美国产业结构变迁及其启示——反思配第-克拉克定律》，《高校理论战线》2012 年第 12 期。

[64] 丁纯：《欧洲哀鸿遍野、柏林一枝独秀 德国模式缘何笑傲危机》，《人民论坛》2012 年第 18 期。

[65] 李长久：《美国"再工业化"与第四次技术革命》，《领导文萃》2012 年第 22 期。

[66] 郭芳、蒲小雷：《2012 年中国实体经济发展报告》，《中国经济周刊》2012 年第 49 期。

[67] 洪银兴：《当前国际经济形势对我国实体经济的负面影响》，《经济研究参考》2012 年第 71 期。

[68] 杨帆：《双元制职业教育——德国经济的"提速器"》，《内蒙古教育》（职教版）2013 年第 4 期。

[69] 《宋紫峰：德国发展实体经济的主要经验》，《山东经济战略研究》2013 年第 6 期。

[70] 郑莹、张彦博：《中国特色社会主义工农业关系的开创性探索——重温毛泽东同志〈论十大关系〉》，《当代经济研究》2013 年第 8 期。

[71] 盛朝迅：《美国化解产能过剩的新经验及启示》，《宏观经济管理》2013 年第 8 期。

[72] 刘琳：《德国高技术战略为什么能够成功》，《决策探索》（下半月）2013 年第 9 期。

[73] 林木西、崔纯：《生产性服务业与装备制造业的互动发展》，《当代经

济研究》2013年第12期。

[74] 陈文玲：《2013—2014年世界经济形势分析与展望》，《全球化》2014年第2期。

[75] 黄聪英：《金融支持福建实体经济发展的制约因素与路径选择》，《福建师范大学学报》（哲学社会科学版）2014年第2期。

[76] 国务院发展研究中心《进一步化解产能过剩的政策研究》课题组：《当前我国产能过剩的特征、风险及对策研究——基于实地调研及微观数据的分析》，《管理世界》2015年第4期。

[77] 黄聪英：《新常态下我国职业教育的发展困境与路径选择》，《教育探索》2015年第12期。

[78] 林珊、林发彬：《中国制造业分行业单位劳动力成本的国际比较》，《东南学术》2018年第6期。

[79] 黄聪英：《福建实体经济供给侧结构性改革的着力方向与路径选择》，《福建论坛》（人文社会科学版）2016年第8期。

[80] 张成思、张步昙：《中国实业投资率下降之谜：经济金融化视角》，《经济研究》2016年第12期。

[81] 戴慧：《德国实体经济：如何成就"隐形冠军"》，《审计观察》2017年第1期。

[82] 李扬：《"金融服务实体经济"辨》，《经济研究》2017年第6期。

[83] 王瑞琪、原长弘：《企业技术创新主体地位的内涵及其维度构建》，《技术与创新管理》2017年第6期。

[84] 舒展、程建华：《我国实体经济"脱实向虚"现象解析及应对策略》，《贵州社会科学》2017年第8期。

[85] 黄群慧：《论新时期中国实体经济的发展》，《中国工业经济》2017年第9期。

[86] 陈文玲、梅冠群：《2017—2018年世界经济的趋势、矛盾与变量》，《南京社会科学》2017年第12期。

[87] 孙宁华：《美国科技创新战略为何不可持续》，《人民论坛》2017年第21期。

[88] 郭树华、包伟杰：《美国产业结构演进及对中国的启示》，《思想战线》2018年第2期。

[89] 余菁：《改革开放四十年：中国企业组织的繁荣与探索》，*China Economist*

2018年第4期。

[90] 冯俏彬、李贺：《降低制度性交易成本：美国税改与中国应对方略》，《中央财经大学学报》2018年第5期。

[91] 石军：《发挥品牌引领作用　推动中国经济高质量发展》，《中国品牌》2018年第10期。

[92] 董建国、马姝瑞：《超千家上市公司"炒房"近万亿　精细围堵公司投机炒房》，《半月谈》2018年第14期。

[93] 田俊荣等：《制造业引才须综合施策　把脉企业高质量发展——对三省六市100家企业的调查》，《就业与保障》2018年第19期。

[94] 贾国强：《哪些科技类上市公司在做房地产?》，《中国经济周刊》2018年第43期。

[95] 李飚、孟大虎：《如何实现实体经济与虚拟经济之间的就业平衡》，《中国高校社会科学》2019年第2期。

[96] 刘晓欣、张艺鹏：《中国经济"脱实向虚"倾向的理论与实证研究——基于虚拟经济与实体经济产业关联的视角》，《上海经济研究》2019年第2期。

[97] 黄聪英：《中国实体经济高质量发展的着力方向与路径选择》，《福建师范大学学报》（哲学社会科学版）2019年第3期。

[98] 汪卢俊、苏建：《增值税改革促进了中国全要素生产率提高吗？——基于增值税转型和"营改增"改革的研究》，《当代经济研究》2019年第4期。

[99] 谢众、张杰：《营商环境、企业家精神与实体企业绩效——基于上市公司数据的经验证据》，《工业技术经济》2019年第5期。

[100] 曹茜芮、冯运卿：《借鉴德国经验　推动我国中小企业创新发展》，《机械工业标准化与质量》2019年第6期。

[101] 高荣伟：《美国制造业为何萎缩?》，《当代县域经济》2019年第10期。

[102] 张成思：《金融化的逻辑与反思》，《经济研究》2019年第11期。

[103] 蔡万焕：《经济金融化视角下的美国经济结构与中美经贸摩擦》，《教学与研究》2019年第11期。

[104] 黄燕芬：《德国工业战略2030：背景、内容及争议》，《人民论坛·学术前沿》2019年第20期。

[105] 郭哲、王晓阳：《美国的人才吸引战略及其启示》，《科技管理研究》

2019年第23期。

[106] 黄聪英：《现代化经济体系构建的现实基础与战略选择——以福州市为例》，《福建农林大学学报》（哲学社会科学版）2020年第2期。

[107] 李华民、邓云峰、吴非：《如何治理企业脱实向虚？——基于利率市场化改革的效用识别、异质性特征与机制检验》，《财经理论与实践》2020年第4期。

[108] 刘希章、李富有、孙梅艳：《民间金融风险引发因素、生成机理及性态演变》，《东岳论丛》2020年第8期。

[109] 周毅、许召元、李燕：《日本制造业发展的主要经验及其启示》，《中国中小企业》2020年第9期。

[110] 张金昌、潘艺、黄静：《实体经济"降成本"效果评价》，《财政科学》2020年第10期。

[111] 李玉：《后金融危机时代美国制造业现状及启示》，《西南金融》2020年第10期。

[112] 原帅、何洁、贺飞：《世界主要国家近十年科技研发投入产出对比分析》，《科技导报》2020年第19期。

[113] 杨正位、崔琴：《发达国家"制造业回归"的成效与启示——兼及与金砖国家的对照》，《中国浦东干部学院学报》2021年第1期。

[114] 严鹏：《工业文化的政治经济学：长波、实业精神与产业政策》，《政治经济学报》2021年第1期。

[115] 裴丹、陈林：《内外双循环、僵尸企业与出口竞争力》，《中南财经政法大学学报》2021年第3期。

[116] 傅蓓芬、曹韵、徐宏宇：《美国"芯"荒》，《竞争情报》2021年第3期。

[117] 盛朝迅、徐建伟、任继球：《实施产业基础再造工程的总体思路与主要任务研究》，《宏观质量研究》2021年第4期。

[118] 郭士伊、刘文强、赵卫东：《调整产业结构降低碳排放强度的国际比较及经验启示》，《中国工程科学》2021年第6期。

[119] 郑永和等：《我国科技创新后备人才培养的理性审视》，《中国科学院院刊》2021年第7期。

[120] 周代数：《创新产品政府采购政策：美国的经验与启示》，《财政科学》2021年第8期。

[121] 刘晓欣、田恒：《虚拟经济与实体经济的关联性——主要资本主义国家比较研究》，《中国社会科学》2021年第10期。

[122] 王海全、吴德进、陈燕和：《中国产业向东盟转移的动因、影响及趋势研究》，《福建论坛》（人文社会科学版）2021年第12期。

[123] 梁启东：《突破制造业痛点，跨越"技工荒"怪圈》，《小康》2021年第13期。

[124] 陆田、雷伟悦：《民间金融风险的因素分析——基于温州指数》，《新经济》2022年第1期。

[125] 李世美、狄振鹏、郭福良：《虚拟经济繁荣与实体经济放缓：金融化的分层解释与治理》，《金融发展研究》2022年第1期。

[126] 任继球：《先行工业化国家制造业比重稳定组和下降组的比较及启示》，《经济纵横》2022年第1期。

[127] 雷金火、黄敏：《中国拔尖创新人才培养：实践、困境、优化——基于中国部分一流大学人才培养实践的研究》，《上海师范大学学报》（哲学社会科学版）2022年第4期。

[128] 朱玲玲：《拜登政府的"清洁能源革命"：内容、特点与前景》，《中国石油大学学报》（社会科学版）2022年第4期。

[129] 闫坤、汪川：《"失去"的日本经济：事实、原因及启示》，《日本学刊》2022年第5期。

[130] 程如烟：《从联邦研发资金投入看美国政府科技布局》，《世界科技研究与发展》2022年第6期。

[131] 张定安、彭云、武俊伟：《深化行政审批制度改革 推进政府治理现代化》，《中国行政管理》2022年第7期。

[132] 甄子健：《日本企业科技创新情况及相关案例研究》，《全球科技经济瞭望》2022年第7期。

[133] 周烨：《推进产业基础高级化 助推制造业高质量发展——2022国家制造强国建设专家论坛在宁波举行》，《中国科技产业》2022年第8期。

[134] 完颜素娟：《金融业增加值的国内外比较及对实体经济的支持研究》，《西南金融》2022年第9期。

[135] 郑自立：《文化产业数字化的动力机制、主要挑战和政策选择研究》，《当代经济管理》2022年第9期。

[136] 刁伟涛:《全球视野下的中国政府债务：历史方位、层级结构与区域格局》,《经济学家》2022年第9期。

[137] 陈赟:《我国〈财富〉世界500强企业面面观》,《通信企业管理》2022年第9期。

[138] 梁勤:《从世界500强看中国大企业高质量发展方位》,《经营管理者》2022年第9期。

[139] 李锦:《从世界500强看中国企业与世界一流差距及发展路径》,《现代国企研究》2022年第9期。

[140] 陈赟:《入围世界500强的中国企业给我们什么启示》,《上海企业》2022年第9期。

[141] 夏杰长:《中国式现代化视域下实体经济的高质量发展》,《改革》2022年第10期。

[142] 侯隽:《"Made in Vietnam"正在变得昂贵 "中国干部"管理的越南制造》,《中国经济周刊》2022年第10期。

[143] 于阳阳:《资本主义金融化视域下美国经济治理的失灵》,《当代经济管理》2022年第11期。

[144] 孙浩林:《德国新任联邦政府执政首年科技创新政策评述》,《全球科技经济瞭望》2022年第12期。

[145] 易会满:《努力建设中国特色现代资本市场》,《求是》2022年第15期。

[146] 梁宵:《董明珠对话宋志平：做制造业不容易》,《中国企业家》2023年第1期。

[147] 臧旭恒、易行健:《中国居民消费不足与新发展格局下的消费潜力释放》（上）,《消费经济》2023年第1期。

[148] 张启迪:《美国GDP虚高吗?》,《中国改革》2023年第2期。

[149] 高培勇:《从结构失衡到结构优化——建立现代税收制度的理论分析》,《中国社会科学》2023年第3期。

[150] 韩文龙、晏宇翔、张瑞生:《推动数字经济与实体经济融合发展研究》,《政治经济学评论》2023年第3期。

[151] 卢荻、唐鹏鸣:《中美制造业研发强度：差距、成因及政策启示》,《经济学家》2023年第4期。

[152] 姜桂兴、吴宪宇:《全球产业研发投入的最新态势——基于〈2022

年欧盟产业研发投入记分牌〉》,《科技中国》2023年第4期。

[153] 杨东日:《中国专精特新"小巨人"与德国"隐形冠军"培育政策研究》,《中国工业和信息化》2023年第4期。

[154] 黄郑亮:《试论美国制造业回流》,《现代国际关系》2023年第4期。

[155] 陈劲、杨硕、陈钰芬:《世界科技强国:内涵、特征、指标体系及实现路径》,《创新科技》2023年第5期。

[156] 王红茹:《新组建的中央科技委什么来头》,《中国经济周刊》2023年第6期。

[157] 侯隽:《专访宝马全球董事长齐普策 中国式现代化是世界的机遇》,《中国经济周刊》2023年第7期。

[158] 王金等:《数字经济冲击下高端装备制造业数字化转型研究》,《西南金融》2023年第7期。

[159] 陆宇正、赵文君:《融合·根植·坚守:德国应用技术大学专业建设特征研究》,《教育与职业》2023年第7期。

[160] 徐金海、夏杰长:《加快建设以实体经济为支撑的现代化产业体系》,《改革》2023年第8期。

[161] 陈雨露:《数字经济与实体经济融合发展的理论探索》,《经济研究》2023年第9期。

[162] 刘凤朝、王元地、孙沛竹:《企业技术创新决策主体:内涵、特征及影响因素》,《创新科技》2023年第10期。

[163] 中新:《2023中国企业500强新特点》,《宁波经济》(财经视点)2023年第11期。

[164] 中国财科院"企业成本"调研"税费政策"专题组:《税费优惠政策对企业成本的影响研究》,《财政科学》2023年第12期。

[165] 王蕾、陈靖、何婧:《地方金融监管改革与实体企业回归本源——基于地方金融"办升局"的准自然实验》,《财经研究》2024年第1期。

[166] 朱德全、彭洪莉:《职业教育促进共同富裕的发展指数与贡献测度——基于教育生产函数的测算模型与分析框架》,《教育研究》2024年第1期。

[167] 黄群慧、盛方富:《新质生产力系统:要素特质、结构承载与功能取向》,《改革》2024年第2期。

[168] 朱江涛：《中国增值税改革：历程、特色与展望》，《税务研究》2024年第2期。

[169] 王国刚、胡臻：《构建现代金融体系加快金融强国建设》，《中国金融》2024年第4期。

[170] 张清：《从2024年世界品牌500强榜单看世界一流企业品牌建设着力点》，《中国质量万里行》2024年第4期。

[171] 陈晓红：《推动科技成果加快转化为现实生产力》，《新湘评论》2024年第8期。

[172] 李占平、王辉：《数字新质生产力与实体经济高质量发展：理论分析与实证检验》，《统计与决策》2024年第10期。

[173] 黄汉权：《深刻领悟发展新质生产力的核心要义和实践要求》，《求是》2024年第11期。

（三）报纸文献

[1] 程实：《美国金融危机到经济危机还有多远》，《中国经济时报》2008年10月30日，第A01版。

[2] 魏爱苗：《德国金融救市与促进经济增长并举》，《经济日报》2008年11月25日，第12版。

[3] 李庆文：《德国汽车工业发展的七大战略特征》，《市场报》2009年2月9日，第4版。

[4] 王月金：《这场危机是"史无前例"的》，《中国经济时报》2009年3月24日，第A01版。

[5] 姜洪、许正中：《国际金融危机正向全球性经济危机转变》，《中国经济时报》2009年4月10日，第A01版。

[6] 陈学军：《奥巴马向过度的美国金融经济发难》，《上海证券报》2009年5月11日，第5版。

[7] 齐中熙：《科技创新助企业焕发活力》，《经济日报》2009年6月12日，第6版。

[8] 魏爱苗：《德国：在应对国际金融危机中强化创新》，《经济日报》2009年11月25日，第16版。

[9] 孙勇：《去年全国办理出口退税6487亿元》，《经济日报》2010年3月31日，第7版。

[10] 梅新育：《对奥巴马出口计划不必太忧心忡忡》，《上海证券报》2010

年5月31日，第6版。

[11] 李予阳：《建设有国际竞争力的世界一流企业——"如何打造世界一流企业"研讨会发言摘登（上）》，《经济日报》2011年11月10日，第6版。

[12] 《中央经济工作会议在北京举行》，《经济日报》2011年12月15日，第1版。

[13] 谢光飞、郭朝飞：《形成新的比较优势必须发展实体经济——访国务院发展研究中心产业经济部部长冯飞》，《中国经济时报》2011年12月21日，第A01版。

[14] 中央党校中国特色社会主义理论体系研究中心：《牢牢把握实体经济这一坚实基础——深入学习贯彻中央经济工作会议精神》，《经济日报》2011年12月25日，第6版。

[15] 王慧敏、梁孟伟：《坚守"实业"兴新昌》，《人民日报》2011年12月26日，第20版。

[16] 齐东向、马志刚：《实体经济是企业发展之根》，《经济日报》2011年12月26日，第13版。

[17] 杜海涛、吴秋余：《立身之本不能丢》，《人民日报》2012年2月13日，第16版。

[18] 李慎明：《国际金融危机的影响与对策》，《经济日报》2012年2月19日，第7版。

[19] 管克江、郑红、黄发红：《中小企业如何成为"隐形冠军"》，《人民日报》2012年2月27日，第23版。

[20] 吴成良：《美国制造业能否复兴？》，《人民日报》2012年2月28日，第23版。

[21] 刘力源、钱蓓：《中国实体经济再上路》，《文汇报》2012年3月6日，第5版。

[22] 鲍显铭：《日本：防止"空心化"竭力留住企业》，《经济日报》2012年3月27日，第4版。

[23] 曾会生：《"金融压抑"导致服务实体经济不充分》，《中国经济时报》2012年4月12日，第A03版。

[24] 左世全：《谨防中国制造业掉入"三明治"陷阱》，《中国经济时报》2012年4月18日，第A07版。

[25] 杨忠阳：《中国汽车：何以跨越　惟有创新》，《经济日报》2012年4月27日，第5版。

[26] 闫海防：《日本：多管齐下应对过剩》，《经济日报》2013年5月2日，第9版。

[27] 王君：《什么样的人能称为企业家——七十四评发展经济》，《中国企业报》2012年5月8日，第8版。

[28] 罗小芳、卢现祥：《国外发展实体经济的经验》，《湖北日报》2012年5月9日，第14版。

[29] 佘惠敏：《让企业创新人才不再稀缺》，《经济日报》2013年5月10日，第6版。

[30] 李伟：《履行企业家责任，促进可持续发展》，《中国经济时报》2012年5月14日，第A02版。

[31] 冯飞、王金照：《矫正行业利润失衡　促进实体经济发展》，《中国经济时报》2012年5月15日，第A07版。

[32] 周子勋：《实体经济增长放缓　须用改革促发展转型》，《中国经济时报》2012年5月16日，第A01版。

[33] 马志刚：《让实体经济的根基更坚实》，《经济日报》2012年5月18日，第15版。

[34] 马志刚：《做大做强实体经济　做优做好虚拟经济——访全国政协委员会副主任李德水（上）》，《经济日报》2012年5月22日，第1版。

[35] 《李克强参观首届中国（北京）国际服务贸易交易会展览》，《经济日报》2012年6月2日，第2版。

[36] 雷敏：《实施扩大内需战略　有力应对国际金融危机》，《经济日报》2012年6月6日，第5版。

[37] 魏爱苗：《德国：支持企业成为创新主体》，《经济日报》2012年7月9日，第15版。

[38] 马名杰、杨超：《我国制造业创新能力提升的进展和前景》，《中国经济时报》2012年7月10日，第A07版。

[39] 苏杨、佘宇：《完善配套制度　加强中等职业教育》，《中国经济时报》2012年7月13日，第A07版。

[40] 胡培兆、邹文英：《以唯物史观对待马克思主义经典著作（学者论坛）》，《人民日报》2012年7月19日，第7版。

[41] 吕铁、贺俊、黄阳华：《如何应对第三次工业革命的影响》，《中国经济时报》2012年7月26日，第A05版。

[42] 李义平：《实体经济是经济稳定增长的根基》，《中国经济时报》2012年8月6日，第A05版。

[43] 左世全：《我国智能制造业发展战略思考》，《中国经济时报》2012年8月13日，第A05版。

[44] 张伟：《美国：中小企业服务完善高效》，《经济日报》2012年8月18日，第7版。

[45] 王勇：《美国欲重新占领全球制造业创新高地》，《中国经济时报》2012年8月23日，第A08版。

[46] 吕薇：《传统产业改造升级的动力、模式与政策》（一），《中国经济时报》2012年8月31日，第A05版。

[47] 龙昊：《赚钱的银行与走弱的实体》，《中国经济时报》2012年9月3日，第A03版。

[48] 张娜：《"中国制造"优势还会持续发挥》，《中国经济时报》2012年9月13日，第A08版。

[49] 《第三次工业革命的起源、实质与启示——芮明杰教授在复旦大学的讲演》，《文汇报》2012年9月17日，第00D版。

[50] 刘春长、关兵：《新工业革命的挑战和应对》，《中国经济时报》2012年9月24日，第A05版。

[51] 王月金、谷力：《服务和促进实体经济转型是中国金融改革的方向——访国务院发展研究中心金融研究所副所长巴曙松》，《中国经济时报》2012年10月11日，第A01版。

[52] 黄鑫：《打好工业转型升级攻坚战——访工业和信息化部党组书记、部长苗圩》，《经济日报》2012年10月17日，第6版。

[53] 朱幼平：《要中国制造，也要中国创造》，《中国经济时报》2012年10月18日，第A05版。

[54] 何倩：《中国制造业的空心化趋势》，《中国经济时报》2012年10月25日，第A05版。

[55] 李国强、娄翔毅：《德国经济政策取向、特点及启示》（上），《中国经济时报》2012年11月16日，第A05版。

[56] 谢梦、谢思佳：《抢占转型主动权助推经济回暖》，《南方日报》2012

年12月16日，第1版。

[57] 王颖颖：《美日如何应对产能过剩的挑战》，《文汇报》2012年12月23日，第6版。

[58] 张可喜：《日本：战败后舍军保民经济迅速崛起》，《经济参考报》2013年1月10日，第5版。

[59] 孙杰：《多重因素推动美国经济持续复苏——2013年美国经济预计将回升至2.5%》，《经济参考报》2013年1月10日，第8版。

[60] 王志远：《德国就业人数6年连创新高》，《经济日报》2013年1月11日，第4版。

[61] 龚迪：《重塑比较优势 抢占发展制高点》，《经济日报》2013年1月15日，第15版。

[62] 魏爱苗：《德国经济：来之不易的0.7%》，《经济日报》2013年2月27日，第4版。

[63] 朱振国：《中职：贫寒学子撑起产业半边天》，《光明日报》2013年2月28日，第5版。

[64] 赵承等：《砥砺奋进的时代图景——盘点本届政府五年工作十件大事》，《经济日报》2013年2月28日，第6版。

[65] 罗杰·奥尔特曼：《环球视域》，《中国经济时报》2013年3月13日，第A06版。

[66] 高峰：《深化金融改革创新 促进实体经济发展——访全国政协副主席、民建中央常务副主席马培华》，《中国经济时报》2013年4月3日，第A09版。

[67] 王志远：《德国制造业缘何经久不衰》，《经济日报》2013年4月18日，第13版。

[68] 朱剑红：《发挥市场作用 化解产能过剩——访国务院发展研究中心产业经济研究部部长冯飞》，《人民日报》2013年4月22日，第19版。

[69] 马志刚：《西方制造业回流的警示》，《经济日报》2013年4月26日，第6版。

[70] 马志刚：《中国制造仍具较强竞争优势》，《经济日报》2013年5月1日，第5版。

[71] 李山：《德国：为中小企业创新扫清障碍》，《科技日报》2013年5月7日，第1版。

[72] 裴长洪：《培育中国制造新优势》，《经济日报》2013年5月20日，第10版。

[73] 郑新立：《实现发展方式转变关键在深化改革》，《经济日报》2013年5月24日，第14版。

[74] 李建伟：《美国的经济政策取向与经济发展前景》（下），《中国经济时报》2013年6月11日，第A05版。

[75] 马志刚：《我国跨越"陷阱"的有利条件》，《经济日报》2013年6月21日，第13版。

[76] 王南：《日本病人》（中），《中国经济时报》2013年6月24日，第A03版。

[77] 郑新立：《探索金融体制改革路线图》，《经济日报》2013年6月28日，第1版。

[78] 李名梁：《发展职业教育亟须提高社会认同度》，《光明日报》2013年7月13日，第10版。

[79] 范仲阳：《以人为本推动全面协调可持续发展——学习习近平总书记关于科学发展的重要论述》，《光明日报》2013年7月15日，第1版。

[80] 巴曙松、沈长征：《完善金融结构才能提升金融服务实体经济的效率》，《光明日报》2013年7月19日，第11版。

[81] 王志远：《德国中小企业：抵御危机的"中流砥柱"》，《经济日报》2013年7月25日，第4版。

[82] 李伟等：《守底线、去杠杆、调结构，促进经济平稳运行——中国2013年上半年经济形势分析与全年展望》，《中国经济时报》2013年7月25日，第A01版。

[83] 王政、左娅：《产能过剩愈演愈烈（热点解读·部长访谈）》，《人民日报》2013年7月30日，第2版。

[84] 赵晋平：《日本经济的主要特点与中长期增长前景》，《中国经济时报》2013年8月2日，第A05版。

[85] 廖政军、彭敏：《美国复苏有望加快但充满风险》，《人民日报》2013年8月9日，第3版。

[86] 许凯等：《外资并未大规模撤离中国——部分撤离更多只是短暂调整，对中国经济影响有限 新设外资企业数量在下降，但利用外资金额在上升》，《人民日报》2013年8月12日，第4版。

[87] 李伟:《以包容持续高效发展推动实现中国梦——学习习近平同志关于发展的重要论述》,《人民日报》2013年8月14日,第7版。

[88] 常艳军:《优化退税流程助外贸出口企业"过冬"》,《经济日报》2013年9月1日,第3版。

[89] 闫海防:《日本企业大幅增加科研投入——300家大企业科研经费增长5.4% 连续4年保持增长》,《经济日报》2013年9月4日,第4版。

[90] 张伟:《一花独放不是春》,《经济日报》2013年9月24日,第9版。

[91] 叶雷:《向美国经济复苏借鉴什么》,《中国青年报》2013年9月30日,第2版。

[92] 张锐:《默克尔的新使命》,《中国经济时报》2013年10月21日,第A04版。

[93] 田泓:《日本消化过剩产能 加快产业升级》,《人民日报》2013年10月22日,第22版。

[94] 王勇:《默克尔连任后的重任和挑战》,《中国经济时报》2013年10月23日,第A05版。

[95] 史蒂芬·罗奇:《占领量化宽松》,《中国经济时报》2013年10月23日,第A12版。

[96] 许志峰、王珂、吴秋余:《地方债究竟有多少》,《人民日报》2013年10月28日,第17版。

[97] 国家统计局:《改革开放铸辉煌 经济发展谱新篇——1978年以来我国经济社会发展的巨大变化》,《人民日报》2013年11月6日,第10版。

[98] 李伟:《当前中国经济形势与发展趋势》,《经济日报》2013年11月15日,第14版。

[99] 刘铮、高敬、刘骏遥:《改革开放释活力 经济发展大跨越》,《经济日报》2013年11月21日,第13版。

[100] 朱小黄:《企业减负有助经济转型(感言)》,《人民日报》2013年11月26日,第10版。

[101] 申孟哲:《中国政府债务 总体安全可控》,《人民日报》(海外版)2013年12月31日,第4版。

[102] 李晓红:《企业家精神是树立中国品牌重要推动力》,《中国经济时报》2013年12月23日,第A11版。

[103] 王南：《安倍的"强大日本"是梦幻泡影》，《中国经济时报》2014年1月7日，第A03版。

[104] 金碚、刘戒骄：《再工业化，科技创新是依托》，《人民日报》2014年1月8日，第23版。

[105] 林毅夫：《经济竞争力要重"结构性改革"》，《人民日报》2014年1月9日，第5版。

[106] 禹洋：《2008年以来美联储量化宽松四部曲》，《经济日报》2014年1月14日，第12版。

[107] 王志远：《德国去年就业人数创新高》，《经济日报》2014年2月24日，第4版。

[108] 温源、刘伟：《存款保险制度，织就金融"安全网"》，《光明日报》2015年4月2日，第8版。

[109] 马志刚：《五大变量影响世界经济未来走势——对话中国世界经济学会会长张宇燕》，《经济日报》2015年8月13日，第13版。

[110] 《〈中华人民共和国促进科技成果转化法〉——1996年5月15日第八届全国人民代表大会常务委员会第十九次会议通过 根据2015年8月29日第十二届全国人民代表大会常务委员会第十六次会议〈关于修改《中华人民共和国促进科技成果转化法》的决定〉修正》，《人民日报》2015年12月25日，第21版。

[111] 邱海峰：《全面营改增"靴子"终落地》，《人民日报》（海外版）2016年3月19日，第2版。

[112] 国家发展改革委宏观经济研究院课题组：《实体经济发展困境解析及对策》，《经济日报》2017年2月27日，第11版。

[113] 翟帆：《变革的时代，世界重新审视技能》，《中国教育报》2017年7月11日，第7版。

[114] 阳爱姣：《降低融资成本，金融业大有可为》，《经济日报》2017年8月14日，第9版。

[115] 连俊、徐惠喜：《关注美国税改的外溢效应》，《经济日报》2018年1月18日，第16版。

[116] 韩鑫：《70年 经济社会跨越式发展——货物贸易总额第一、外汇储备余额第一、高铁里程第一、银行业规模第一》，《人民日报》2019年9月25日，第2版。

[117] 王轶辰：《不忘初心　决胜2020》，《经济日报》2019年12月11日，第13版。

[118] 谢飞：《2019年德国就业人口创新高》，《经济日报》2020年1月8日，第8版。

[119] 盛来运：《创新发展蹄疾步稳　提质增效任重道远——从第四次全国经济普查数据看我国创新发展》，《中国信息报》2020年2月14日，第1版。

[120] 李予阳：《我国产业链优势无可替代》，《经济日报》2020年3月8日，第1版。

[121] 陆娅楠等：《这五年，实体经济更壮实》，《人民日报》2020年11月2日，第1版。

[122] 《职业教育，各国政府持续发力》，《人民日报》2020年11月13日，第17版。

[123] 陈果静：《所有贷款产品应明示年化利率》，《经济日报》2021年4月3日，第5版。

[124] 赵姗：《明确战略导向　稳住中国制造》，《中国经济时报》2021年5月13日，第A01版。

[125] 杜恒峰：《职业教育补短板　应从投入短板补起》，《每日经济新闻》2021年6月24日，第1版。

[126] 钟自炜：《活机制　优平台　强主体——福建深入实施创新驱动发展战略》，《人民日报》2021年11月27日，第3版。

[127] 操秀英：《2025年我国将迈入制造强国第二阵列》，《科技日报》2022年1月7日，第5版。

[128] 崔文静、夏欣：《资本市场蝶变》，《中国经营报》2022年1月10日，第B01版。

[129] 王伟中：《政府工作报告——2024年1月23日在广东省第十四届人民代表大会第二次会议上》，《南方日报》2023年1月18日，第2版。

[130] 谢飞：《德国经济缓慢复苏》，《经济日报》2022年1月29日，第4版。

[131] 王应贵：《美国金融服务业占GDP超五分之一　资本市场、人力资源与经济增长之间有何联系？》，《21世纪经济报道》2022年2月23

日，第 5 版。

[132] 胡立彪：《让企业真正成为创新主体》，《中国质量报》2022 年 3 月 7 日，第 2 版。

[133] 马玲：《为企业雪中送炭　助企业焕发生机》，《金融时报》2022 年 3 月 8 日，第 3 版。

[134] 段相宇、黄秋霞：《过剩产能为何还是去不掉——河北邯郸钢铁行业去产能存在乱象问题调查》，《中国纪检监察报》2022 年 4 月 15 日，第 4 版。

[135] 中华人民共和国国务院新闻办公室：《新时代的中国青年》，《人民日报》2022 年 4 月 22 日，第 10 版。

[136] 屈丽丽：《建设全国统一大市场关键是要实现"制度一律"——访中国国际经济交流中心首席研究员张燕生》，《中国经营报》2022 年 4 月 25 日，第 A04 版。

[137] 郭丁源：《迎接第六个中国品牌日　共话品牌高质量发展》，《中国经济导报》2022 年 5 月 10 日，第 A02 版。

[138] 王维砚：《全国技能劳动者总量超过 2 亿人》，《工人日报》2022 年 5 月 12 日，第 3 版。

[139] 闫伊乔：《我国接受高等教育人口达 2.4 亿》，《人民日报》2022 年 5 月 21 日，第 1 版。

[140] 刘虎沉：《如何让"工业心脏"更强劲》，《经济日报》2022 年 5 月 25 日，第 5 版。

[141] 赵永新：《我国成功进入创新型国家行列》，《人民日报》2022 年 6 月 7 日，第 2 版。

[142] 《深入贯彻新发展理念主动融入新发展格局　在新的征程上奋力谱写四川发展新篇章》，《人民日报》2022 年 6 月 10 日，第 1 版。

[143] 杨海泉：《亚洲发展中经济体韧性凸显》，《经济日报》2022 年 6 月 16 日，第 4 版。

[144] 谷业凯：《专利为企业创新添动力》，《人民日报》2022 年 6 月 20 日，第 19 版。

[145] 史一棋：《健全信用机制　优化市场环境》，《人民日报》2022 年 6 月 27 日，第 10 版。

[146] 郭言：《美国是世界经济动荡之源》，《经济日报》2022 年 6 月 27

日，第1版。

[147]《把科技的命脉牢牢掌握在自己手中 不断提升我国发展独立性自主性安全性》，《人民日报》2022年6月30日，第1版。

[148] 黄鑫：《我国持续保持第一制造大国地位》，《经济日报》2022年7月27日，第3版。

[149] 刘艳：《工信部：我国制造业迈向价值链中高端》，《科技日报》2022年7月27日，第1版。

[150] 祝君壁：《水泥业错峰生产缓解供需矛盾》，《经济日报》2022年8月4日，第6版。

[151] 陈希蒙：《德国汽车的"人生"之旅》，《经济日报》2022年8月7日，第12版。

[152] 佘颖：《全国市场主体超1.6亿户》，《经济日报》2022年8月18日，第1版。

[153] 张毅荣：《新冠疫情下的德国"双元制"职业教育》，《新华每日电讯》2022年8月23日，第8版。

[154] 王宝会：《聚力服务中小微融资需求》，《经济日报》2022年8月24日，第7版。

[155] 刘垠：《全社会研发经费投入连续保持两位数增长——专家解读〈2021年全国科技经费投入统计公报〉》，《科技日报》2022年9月1日，第1版。

[156] 吴苡婷：《运筹帷幄 科研管理水平如何提升？——上海高校推进高水平科技自立自强调查报告（三）》，《上海科技报》2022年9月14日，第1版。

[157] 张飞：《在城镇化进程中推进消费结构升级》，《中国经济时报》2022年9月21日，第A03版。

[158] 张怀水：《我国已建成世界最大规模高等教育、职业教育体系——十年来我国教育事业再上新台阶；一批大学跻身世界先进水平》，《每日经济新闻》2022年10月13日，第3版。

[159] 周子勋：《打造人才强国须加快构建高技能人才培养体系》，《中国经济时报》2022年10月19日，第A03版。

[160] 孟庆伟：《要实现中国式现代化必须坚持高质量发展——专访全国政协、常委、著名经济学家刘伟》，《中国经营报》2022年10月24

日，第 A02 版。

[161] 《十三届全国人大常委会第三十七次会议审议多部报告》，《人民日报》2022 年 10 月 29 日，第 5 版。

[162] 杨程：《新职业呼唤职业教育更高质量发展》，《光明日报》2022 年 10 月 31 日，第 10 版。

[163] 刘卫民：《人口规模巨大为中国式现代化提供了一种"战略纵深"》，《中国经济时报》2022 年 11 月 1 日，第 A01 版。

[164] 袁勇：《乐见德国企业组团来华》，《经济日报》2022 年 11 月 3 日，第 4 版。

[165] 李锋：《上下游协同促光伏产业提质》，《经济日报》2022 年 11 月 7 日，第 10 版。

[166] 中国社会科学院世界经济与政治研究所和虹桥国际经济论坛研究中心《世界开放报告 2022》课题组：《全球制造业格局加速调整》，《经济日报》2022 年 11 月 9 日，第 11 版。

[167] 韩鑫：《信息消费展现蓬勃生机》，《人民日报》2022 年 11 月 24 日，第 2 版。

[168] 王帅国：《动力电池产能过剩》，《经济观察报》2022 年 12 月 5 日，第 13 版。

[169] 《习近平同德国总统施泰因迈尔通电话》，《人民日报》2022 年 12 月 21 日，第 1 版。

[170] 王政、丁怡婷、韩鑫：《加快建设现代化产业体系》，《人民日报》2022 年 12 月 28 日，第 18 版。

[171] 朱晟、张雨花：《德国经济 2022 年实际增长 1.9%》，《人民日报》2023 年 1 月 17 日，第 17 版。

[172] 缴翼飞：《外需走弱、订单下降为当前外贸主要矛盾 恢复和扩大消费是今年优先重点》，《21 世纪经济报道》2023 年 2 月 3 日，第 1 版。

[173] 王轶辰：《辩证看待光伏企业扩产潮》，《经济日报》2023 年 2 月 7 日，第 11 版。

[174] 王楚涵、温文慧：《小微企业贷款余额突破 4 万亿元》，《广州日报》2023 年 2 月 9 日，第 A10 版。

[175] 田轩：《破解中小微直接融资难》，《经济日报》2023 年 2 月 11 日，第 5 版。

[176] 田杰棠：《抓关键环节提升创新体系整体效能》，《经济日报》2023年3月4日，第11版。

[177] 郑贤操：《正确引导民营经济健康发展高质量发展》，《南方日报》2023年3月27日，第A11版。

[178] 邱海峰：《超65%，城镇化进入"下半场"》，《人民日报》（海外版）2023年3月29日，第11版。

[179] 杜尚泽：《"任何时候中国都不能缺少制造业"》，《人民日报》2023年3月6日，第1版。

[180] 胡天姣：《透过硅谷银行的"一生" 看美国商业银行生态图谱》，《21世纪经济报道》2023年3月20日，第6版。

[181] 米磊：《以体系化力量助力硬科技成果转化》，《光明日报》2023年4月20日，第16版。

[182] 《打造特色品牌 培育优势产业——来自一些国家的报道》，《人民日报》2023年4月21日，第17版。

[183] 《加快建设以实体经济为支撑的现代化产业体系 以人口高质量发展支撑中国式现代化》，《人民日报》2023年5月6日，第1版。

[184] 申铖：《如何看待当前地方财政运行态势》，《新华每日电讯》2023年6月6日，第3版。

[185] 亢舒：《保障性住房建设量稳质升》，《经济日报》2023年6月12日，第1版。

[186] 王海芸、万劲波：《优化创新资源配置 支撑高质量发展》，《光明日报》2023年6月15日，第16版。

[187] 朱柏玲：《近六成本科生起薪在6000元以下》，《辽沈晚报》2023年6月15日，第A03版。

[188] 刘春燕：《日本出现巨额贸易逆差》，《人民日报》（海外版）2023年6月22日，第6版。

[189] 胡志平、姚卿：《从制度上落实企业科技创新主体地位》，《学习时报》2023年6月28日，第A2版。

[190] 熊丙奇：《71所高校上榜世界大学排名 不妨以平常心看待》，《中国青年报》2023年6月30日，第8版。

[191] 陈希蒙：《德国投资外流趋势难遏》，《经济日报》2023年7月5日，第4版。

[192] 路虹：《美国制造业回流效果不佳》，《国际商报》2023年7月10日，第4版。

[193] 廖睿灵：《中企上榜数量位居全球之首》，《人民日报》（海外版）2023年8月4日，第3版。

[194] 本报调研组：《防止脱实向虚》，《经济日报》2023年8月9日，第1版。

[195] 秦天弘：《德国经济恐持续低迷》，《经济参考报》2023年8月9日，第A04版。

[196] 崔浩、黄晓芳：《我国划定生态保护红线319万平方公里》，《经济日报》2023年8月16日，第2版。

[197] 高志民、秦云：《集思广益 跨越科技成果转化"鸿沟"——全国政协十四届常委会第三次会议专题分组讨论综述之三》，《人民政协报》2023年8月31日，第1版。

[198] 《R&D经费投入较快增长 企业研发投入主体作用进一步巩固——国家统计局社科文司统计师张启龙解读〈2022年全国科技经费投入统计公报〉》，《中国信息报》2023年9月19日，第2版。

[199] 刘萌、韩昱：《"新三样"成出口重要增长极》，《经济日报》2023年10月24日，第12版。

[200] 邱玥：《聚高技能人才之力 筑高质量发展之基》，《光明日报》2023年10月26日，第15版。

[201] 高乔：《从国内到海外，中国高铁一路疾驰》，《人民日报》（海外版）2023年10月30日，第10版。

[202] 《中央金融工作会议在北京举行》，《人民日报》2023年11月1日，第1版。

[203] 张林保：《我国经营主体活力持续增强》，《中国消费者报》2023年11月22日，第1版。

[204] 王轶辰：《辩证看待光伏行业产能过剩》，《经济日报》2023年11月30日，第6版。

[205] 李心萍、付文、刘温馨：《夯基求变 迈向高端》，《人民日报》2023年12月6日，第18版。

[206] 《中央经济工作会议在北京举行》，《人民日报》2023年12月13日，第1版。

[207] 谷业凯：《2023年我国授权发明专利92.1万件（新数据 新看点）》，《人民日报》2024年1月8日，第1版。

[208] 王政、刘温馨：《构建以先进制造业为骨干的现代化产业体系——访工业和信息化部党组书记、部长金壮龙》，《人民日报》2024年1月10日，第2版。

[209] 《坚定不移走中国特色金融发展之路 推动我国金融高质量发展》，《人民日报》2024年1月17日，第1版。

[210] 吴珂：《我国发明专利拥有量突破400万件——高价值发明专利占比逾四成》，《中国知识产权报》2024年1月17日，第1版。

[211] 李晓红：《住房保障体系逐步完善 让更多市民"住有所居"》，《中国经济时报》2024年1月22日，第A04版。

[212] 邵志媛：《商务部将持续打造"投资中国"品牌》，《国际商报》2024年1月29日，第2版。

[213] 董碧娟：《高质量推进中国式现代化税务实践——国家税务总局有关部门负责人谈落实中央经济工作会议精神》，《经济日报》2024年1月30日，第11版。

[214] 《加快发展新质生产力 扎实推进高质量发展》，《人民日报》2024年2月2日，第1版。

[215] 金观平：《强化企业科技创新主体地位》，《经济日报》2024年2月2日，第1版。

[216] 《创新之力 绿色之质 开放之势》，《人民日报》2024年2月5日，第3版。

[217] 金观平：《加快发展方式绿色转型》，《经济日报》2024年2月8日，第1版。

[218] 佘颖：《向活：市场复苏动力充盈》，《经济日报》2024年2月29日，第1版。

[219] 国家统计局：《中华人民共和国2023年国民经济和社会发展统计公报》，《人民日报》2024年3月1日，第10版。

[220] 《李强作的政府工作报告（摘登）》，《人民日报》2024年3月6日，第3版。

[221] 缴翼飞、潘晓霞、林润：《发展新质生产力需警惕新一轮产能过剩》，《21世纪经济报道》2024年3月15日，第8版。

[222] 张帆：《结构性减税降费支持制造业》，《经济日报》2024 年 3 月 16 日，第 5 版。

[223] 袁勇：《中国成名副其实知识产权大国》，《经济日报》2024 年 3 月 21 日，第 4 版。

[224] 金歆：《互联网激发经济社会向"新"力》，《人民日报》2024 年 3 月 23 日，第 5 版。

[225] 《李强会见美国财政部长耶伦》，《人民日报》2024 年 4 月 8 日，第 1 版。

[226] 齐旭：《重庆市原市长黄奇帆：制造强国建设应重视发展生产性服务业》，《中国电子报》2024 年 4 月 9 日，第 5 版。

[227] 中共中央党史和文献研究院：《以金融高质量发展助力强国建设、民族复兴伟业——学习〈习近平关于金融工作论述摘编〉》，《人民日报》2024 年 4 月 15 日，第 5 版。

[228] 陆健、刘坤、常晨：《创新发展 落子如飞——浙江温州全力推动民营经济高质量发展》，《光明日报》2024 年 4 月 15 日，第 5 版。

[229] 财政部党组理论学习中心组：《坚持深化金融供给侧结构性改革——学习〈习近平关于金融工作论述摘编〉》，《人民日报》2024 年 4 月 23 日，第 10 版。

[230] 梁桐：《世界经济增速将放缓》，《经济日报》2024 年 4 月 24 日，第 4 版。

[231] 《在经济发展中促进绿色转型 在绿色转型中实现更大发展》，《人民日报》2024 年 5 月 7 日，第 12 版。

[232] 丁怡婷、王政、王云杉：《实体经济质量效益稳步提高（经济平稳起步 持续回升向好）》，《人民日报》2024 年 5 月 8 日，第 1 版。

[233] 黄汉权：《五大优势彰显中国制造业的韧性和竞争力》，《中国经济时报》2024 年 5 月 8 日，第 A05 版。

[234] 董梓童、王林：《我国能源科技创新跑出"加速度"》，《中国能源报》2024 年 5 月 13 日，第 7 版。

[235] 郑韬：《中国新质生产力，世界发展新动力》，《经济日报》2024 年 5 月 19 日，第 1 版。

[236] 吴卫星：《推进金融创新必须加强金融监管》，《光明日报》2024 年 5 月 28 日，第 11 版。

[237] 金壮龙：《推进新型工业化 构筑中国式现代化强大物质技术基础》，《学习时报》2024年5月29日，第A1版。

### 三 译著和外文文献

[1] 〔英〕亚当·斯密：《国民财富的性质和原因的研究》（上、下卷），郭大力、王亚南译，商务印书馆，2017。

[2] 〔美〕约瑟夫·熊彼特：《经济发展理论：对于利润、资本、信贷、利息和经济周期的考察》，何畏、易家详等译，商务印书馆，2011。

[3] 〔英〕大卫·李嘉图：《政治经济学及赋税原理》，郭大力、王亚南译，商务印书馆，1972。

[4] 〔英〕马歇尔：《经济学原理》（上、下卷），朱志泰译，商务印书馆，2017。

[5] 〔英〕约翰·梅纳德·凯恩斯：《就业、利息和货币通论》（重译本），高鸿业译，商务印书馆，1999。

[6] 〔美〕罗斯托：《这一切是怎么开始的：现代经济的起源》，黄其祥、纪坚博译，商务印书馆，1997。

[7] 〔美〕迈克尔·波特：《国家竞争优势》，李明轩、邱如美译，中信出版社，2007。

[8] 〔英〕威廉·配第：《政治算术》，马妍译，中国社会科学出版社，2010。

[9] 〔美〕约瑟夫 E. 斯蒂格利茨：《自由市场的坠落》，李俊青、杨玲玲等译，机械工业出版社，2011。

[10] 〔美〕杰里米·里夫金：《零碳社会：生态文明的崛起和全球绿色新政》，赛迪研究院专家组译，中信出版社，2020。

[11] 〔美〕杰里米·里夫金：《第三次工业革命：新经济模式如何改变世界》，张体伟、孙豫宁译，中信出版社，2012。

[12] 〔日〕池田信夫：《失去的二十年：日本经济长期停滞的真正原因》，胡文静译，机械工业出版社，2012。

[13] Ted Trainer, "The Real Economy & the Bubble Economy," *Monthly Review*, 6 (2009): 62-64.

[14] Sipko Juraj, "Derivatives and the Real Economy," *Creative and Knowledge Society*, 1 (2011): 33-43.

[15] Olga Izryadnova, "Real Economy: Trends and Factors," *Other Political*

*Economy: Comparative Political Economy (Topic)*, 2 (2012): 29-34.

[16] Kenourgios Dimitris and Dimitriou Dimitrios, "Contagion Effects of the Global Financial Crisis in US and European Real Economy Sectors," *Panoeconomicus*, 3 (2014): 275-288.

## 四 学位论文

[1] 杨琳:《虚拟经济与实体经济》,博士学位论文,中国社会科学院研究生院,2001。

[2] 陈冬:《可持续基础上的跨越式发展——新型工业化的理论研究与实证分析》,博士学位论文,福建师范大学,2004。

[3] 李成刚:《金融经济与实体经济的关联》,博士学位论文,北京大学,2004。

[4] 袁增霆:《个人金融、实体经济与服务政策研究》,博士学位论文,武汉大学,2004。

[5] 张智峰:《虚拟经济与实体经济非协调发展研究》,博士学位论文,天津财经大学,2007。

[6] 朱伟骅:《虚拟经济与实体经济背离程度研究》,博士学位论文,复旦大学,2008。

[7] 段彦飞:《虚拟经济与实体经济关系研究》,博士学位论文,南开大学,2009。

[8] 龚颖安:《虚拟经济对实体经济的影响研究》,博士学位论文,江西财经大学,2010。

[9] 董俊华:《虚拟经济与实体经济关系研究》,博士学位论文,东北财经大学,2011。

[10] 仲崇文:《虚拟经济对实体经济的影响研究》,博士学位论文,吉林大学,2011。

[11] 周莹莹:《虚拟经济对实体经济影响及与实体经济协调发展研究》,博士学位论文,中国矿业大学,2011。

[12] 张谊明:《实体经济虚拟化:理论分析及现实应用》,博士学位论文,西南财经大学,2012。

[13] 刘林川:《虚拟经济与实体经济协调发展研究——基于总量与结构的视角》,博士学位论文,南开大学,2014。

[14] 张露:《我国镇一级政府采购的研究》,硕士学位论文,苏州大学,2015。

[15] 曹文文:《中国虚拟经济与实体经济行业收入分配格局研究》,博士学位论文,武汉大学,2015。

[16] 范薇:《金融发展与实体经济资本配置效率的研究——基于双方互动的视角》,博士学位论文,武汉大学,2016。

[17] 夏红玉:《影子银行对中小企业融资影响的实证研究——基于新三板上市公司数据》,硕士学位论文,山东大学,2016。

[18] 田野:《全球金融危机后美国产业结构的调整与变化》,博士学位论文,吉林大学,2020。

[19] 石凯:《经济虚拟化与实体经济发展——影响机理、统计测度和实证研究》,博士学位论文,西南财经大学,2020。

[20] 周悦:《金融体系与实体经济发展适配效应研究》,博士学位论文,吉林大学,2020。

[21] 韩美琳:《高质量发展背景下中国经济产业结构转型升级研究——基于马克思主义政治经济学视角》,博士学位论文,吉林大学,2021。

[22] 樊亚宾:《制造强国和消费强国发展的互动关系研究》,博士学位论文,中共中央党校（国家行政学院）,2021。

[23] 李彪:《产能过剩的行政垄断因素:对中国式产能过剩的再认识》,博士学位论文,西南财经大学,2022。

# 后　记

本书是在我的博士学位论文的基础上修改而成的，是我在繁忙的工作之余全身心投入的心血结晶，它蕴含着师长的谆谆教诲、家人的默默付出、朋友同学的无私帮助。在完成书稿修订工作之际，谨向多年来持续给予我指导、关心和鼓励的师长、家人、朋友同学致以深深的谢意！

首先，我要特别感谢我的恩师李建平教授。2003年，来自普通家庭的我十分有幸成为李老师的硕士研究生，也是李老师的硕士研究生关门弟子。李老师渊博的学识、严谨的治学态度、崇高的敬业精神、真诚待人的高尚品德，给我留下了极其深刻的印象，他永远是我学习的楷模。在我攻读硕士学位期间，李老师在完成繁重的教学、科研任务和处理行政事务之余，悉心指导我专业知识学习和学术论文写作，带我参加学术会议、参与各级各类课题研究，激励我在理论学习和科研实践中不断成长进步。在李老师的支持和鼓励下，2011年，我继续跟随他攻读博士学位。李老师在繁忙的教学、科研工作之余，不遗余力地指导我学习思考，像慈父一样关心我的工作和生活。我的博士学位论文，从确定选题、文献选择、拟定大纲、内容修改到最终成稿，都凝聚着李老师的真知灼见和无数心血。特别是李老师在经过两次视网膜复位手术后，仍然对我二十多万字的论文进行孜孜不倦的审阅和指导，这让我深受感动，在此向李老师致以崇高的敬意和衷心的感谢！在我博士毕业后，李老师一如既往地关心我的工作、学习和生活，悉心指导我发表学术论文、申报各级各类课题，鼓励我完善博士学位论文以出版著作，激励我在学习中不断成长进步！二十余年来，恩师是我成长道路上的一盏明灯，照亮了我前行的路程；恩师坚守的"成人不自在，自在不成人"信条，时刻鞭策我砥砺前行，激励我不断成长！师恩深似海，千言万语难以表达我对恩师的感激之情！同时，我要特别感谢我的师母綦正芳教授，多年来綦老师如慈母般给予我学习、工作和生活上的关心、指导和鼓励，不断激励我奋发向上。我想借此机会，对我的恩师和师母表达最崇高的敬意和最真挚的感谢！

其次，我要特别感谢德高望重的全国著名经济学家陈征教授，陈老师的谆谆教诲和勉励令我终生难忘；特别感谢郭铁民教授、李建建教授、廖福霖教授、李闽榕教授、张华荣教授、林子华教授、林卿教授、蔡秀玲教授、陈少晖教授、祝健教授、陈俊明教授、刘义圣教授等。多年来，他们孜孜不倦的教诲给我留下了十分深刻的印象，帮助我学习和成长。在论文开题和答辩时，他们提出的许多宝贵意见对论文的完善起到重要作用。我要特别感谢黄瑾教授、傅慧芳教授、黄茂兴教授、李碧珍教授、吴宏洛教授、叶琪教授等，他们勇于拼搏、学识渊博、才思敏捷、治学严谨，是我学习的榜样，他们的指导常常使我受益匪浅。多年来，他们在工作和学习上给予我大量的宝贵建议、热情鼓励和热心帮助，在此向他们表示最诚挚的谢意！我要特别感谢俞建群老师、吴亚芝老师、黄群老师、李颖老师、李军军老师、陈伟雄老师、何海琳老师、刘喜玲老师，我在攻读博士学位期间经常得到他们的鼓励和帮助。我要特别感谢2011级博士研究生全体同学，同窗好友的情谊永存。我要特别感谢为我提供参考文献和资料的专家学者们，正是他们扎实的基础工作和前期研究，为我当年撰写博士学位论文和如今的书稿修订提供了许多有价值的数据、图表以及观点支撑。

最后，我要特别感谢父母对我的教育、培养和支持。感谢我的父亲，他勤劳严谨的处事原则、乐观向上的人生态度、顺逆从容的可贵品格深深影响着我，是多年来激励我努力拼搏、奋发向上的力量源泉和精神支柱！十几年来，父亲默默承担起各种家务劳作如买菜做饭、接送小孩，毫无怨言，在生活上给予我无微不至的照顾，为我专注于博士学位论文写作营造了良好的环境，也为我博士毕业后专注于教学、科研乃至出版著作争取了更多的宝贵时间。同时，我要衷心感谢我的先生给予我始终如一的关心、支持和帮助！考博期间他特意请假为我送午饭，我仍记忆犹新！他为我论文的材料整理、材料录入和图表制作等花了不少时间，论文也凝聚着他的心血和智慧。当我面临科研瓶颈时，他经常以"只有劳而不获，没有不劳而获"勉励我继续努力，叮嘱我劳逸结合。虽然他经常出差在外，但只要

# 后　记

在家他就会承担起烦琐的家务和教育陪伴女儿的责任。感谢我亲爱的女儿，她乖巧懂事、活泼善良、积极进取，带给我许多欢乐和感动。希望她既能仰望星空，又能脚踏实地，敢于有梦，勇于追梦，勤于圆梦！

感谢所有关心、鼓励和支持我的人！你们的关心、鼓励和支持是我生命中的宝贵财富，将激励我积极进取、不断前进！

社会科学文献出版社马克思主义分社社长曹义恒以及编辑王小艳、赵一琳老师为本书的出版提出了很好的修改意见，付出了辛苦的劳动，在此一并向他们表示由衷的谢意。

由于本人学识有限，本书难免存在疏漏和不足，敬请读者批评指正。

黄聪英

2024年7月于福州

**图书在版编目(CIP)数据**

新时代中国实体经济高质量发展研究：基于政治经济学视域／黄聪英著．--北京：社会科学文献出版社，2025.3．--（马克思主义理论与现实研究文库）．
ISBN 978-7-5228-4643-9

Ⅰ．F124

中国国家版本馆 CIP 数据核字第 2025S4R882 号

·马克思主义理论与现实研究文库·
## 新时代中国实体经济高质量发展研究
### ——基于政治经济学视域

| 著　　者 / 黄聪英 |
|---|

| 出 版 人 / 冀祥德 |
|---|
| 责任编辑 / 王小艳 |
| 文稿编辑 / 赵一琳 |
| 责任印制 / 王京美 |

| 出　　版 / 社会科学文献出版社·马克思主义分社（010）59367126 |
|---|
| 　　　　　 地址：北京市北三环中路甲 29 号院华龙大厦　邮编：100029 |
| 　　　　　 网址：www.ssap.com.cn |
| 发　　行 / 社会科学文献出版社（010）59367028 |
| 印　　装 / 三河市尚艺印装有限公司 |

| 规　　格 / 开 本：787mm×1092mm　1/16 |
|---|
| 　　　　　 印 张：19.25　字 数：324 千字 |
| 版　　次 / 2025 年 3 月第 1 版　2025 年 3 月第 1 次印刷 |
| 书　　号 / ISBN 978-7-5228-4643-9 |
| 定　　价 / 98.00 元 |

读者服务电话：4008918866

版权所有 翻印必究